FRANZ W.
SEIDLER

Die Militär-
gerichtsbarkeit
der Deutschen
Wehrmacht
1939-1945

FRANZ W. SEIDLER

Die Militärgerichtsbarkeit der Deutschen Wehrmacht 1939-1945

Rechtsprechung und Strafvollzug

74 Abbildungen,
Faksimiles und Tabellen

HERBIG

© 1991 by F. A. Herbig Verlagsbuchhandlung GmbH, München · Berlin
Alle Rechte vorbehalten
Umschlaggestaltung: Christel Aumann, München
Verlagsredaktion: H. R. v. Zabuesnig
Reproduktion des Bildteils: Graph. Atelier Krah, München
Satz: Filmsatz Schröter GmbH, München
gesetzt aus 10/11.5 Times auf Linotronic 300
Druck und Binden: Mohndruck,
Graphische Betriebe GmbH, Gütersloh
Printed in Germany 1991
ISBN 3-7766-1706-3

Inhalt

Vorwort 9

1
Strafe und Bewährung in der Wehrmacht

Strafbestimmungen im Krieg 17

Funktion der Strafe im Dritten Reich 22
   Der zivile Bereich 22 · Die Wehrmachtjustiz 27

Organisation des Wehrmachtrechtswesens 31

Wehrmachtkriminalstatistik 39
   Auswertung 39 · Todesstrafen 42 · Zuchthausstrafen und Sicherheitsverwahrung 46 · Gefängnisstrafen 47 · Festungshaft 48 · Arreststrafen 51

Wehrmachtgnadenordnung 52

Strafaussetzung zur Bewährung 56

Bewährungstruppen 67
   Bataillon z.b.V. 500 67 · Bewährung von Luftwaffenangehörigen 74 · Bewährungstruppe 999 78
   Belegstellen 88

2
Strafvollzug in der Wehrmacht

Wehrmachtstrafanstalten 97
   Allgemeine Regelungen 97 · Arrest 107 · Festungshaft 114
   Wehrmachtgefängnis 117

Straflagerverwahrung 123
   Ziviler Strafvollzug 123 · Emslandlager 124 · Lager Nordnorwegen 128

Übernahme des Strafvollzugs durch die Wehrmacht 131

Strafvollstreckungsformen 135
  Feldstraflager des Heeres 135 · Feldstrafgefangenen-Abteilungen 144 · Sondereinheiten des Ersatzheeres 150 · Feldsonderabteilungen der Heeresgruppen 154 · Feldsonderbataillon 155 · Schiffsstammabteilungen 164 · Prüfungslager der Luftwaffe 165 · Strafvollstreckungszüge 166

Todesurteile 171
  Strafandrohung 171 · Exekutionen 174 · Beerdigungen 183
  Erhängungen und Enthauptungen 184

Standgerichtsbarkeit 186
  Belegstellen 192

3
Rechtswesen der Waffen-SS

SS-Sondergerichtsbarkeit 201

SS-Kriminalstatistik 212

Bestrafung und Begnadigung 216
  Militärstrafen 220 · Todesstrafen 224 · Konzentrationslager 228

Bewährungseinheiten 233
  Verlorener Haufen 233 · Bewährungs-Abteilung und Arbeits-Abteilung 236 · Der neue Verlorene Haufen 240 · Regelung für Legionäre 245

Rehabilitierungen 249

Freiheitsentzug 251
  Straflager der SS und Polizei Dachau 251 · Strafvollzugslager der SS und Polizei Danzig-Matzkau 253 · Straflager Salaspils 261 · Arrestanstalt der SS und Polizei 262

Sondereinheiten zur Partisanenbekämpfung 264
  SS-Fallschirmjäger-Bataillon 500 264 · SS-Kampfgruppe Matingen 266 · SS-Sondereinheit Dirlewanger 267
  Belegstellen 285

Anhang

Zusammenfassung	295
Dokumente	299
Bildtexte	319
Bildquellen	325
Abkürzungen	326
Archive	328
Literatur	329
Personenregister	332
Ortsregister	333
Sachregister	334

Vorwort

Sollte die »Bewältigungspublizistik« das Ziel verfolgt haben, in Deutschland einen Meinungskonformismus über Fragen des Dritten Reiches herbeizuführen, so ist das Unternehmen mißglückt. Nach einem halben Jahrhundert liegen die Ergebnisse vor: Schwarzweißmalerei, Legendenbildungen, Tendenzinterpretationen, Halbwahrheiten und Verfälschungen in der Sache einerseits und Meinungsverschiedenheiten, Besserwisserei, Mißgunst und Hader bei den Autoren andererseits. Zu den Themen, über die in den letzten Jahren kontrovers argumentiert wurde, gehörte die Frage: Waren die Militärrichter im Zweiten Weltkrieg noch unmenschlicher als die Strafrichter der Ziviljustiz? Waren sie selber die Scharfmacher oder nur willige Werkzeuge der militärischen Befehlshaber, die um der Mannszucht willen harte Urteile forderten? War der von 1966–1978 amtierende baden-württembergische Ministerpräsident Dr. Hans Filbinger ein typischer Vertreter seines Standes, als er in der Uniform des Marinerichters wenige Tage vor dem Kriegsende einen Fahnenflüchtigen mit der Todesstrafe belegte?
Wenn ein solches Thema politische und emotionale Wellen schlägt, tut sich die Wissenschaft schwer, die Wahrheit zu vertreten. Da argumentieren die Historiker perspektivisch, tendenziös, befangen oder subjektiv. Das wird so bleiben, solange die Geschichte des Dritten Reiches Argumente zur politischen Beweisführung zu liefern hat. Erst wenn sie eines Tages »historisiert« ist, wenn volkspädagogische Argumente ausgedient haben, wenn Moralprobleme die Tatsachendarstellung nicht mehr behindern, wird die Geschichtswissenschaft zu verläßlicheren Urteilen kommen.
Die folgende Studie macht den Versuch, die Kontroversen um die Militärjustiz des Zweiten Weltkrieges unter einem neuen Aspekt zu analysieren. Sie betrachtet die Urteile der Kriegsgerichte aus der Perspektive der Bestraften. Sie untersucht die vielen Varianten des militärischen Strafvollzugs und verfolgt das Schicksal derer, die von einem Militärgericht schuldig gesprochen wurden.
Es ist abwegig, die Todesurteile der Kriegsgerichte zum Maßstab

für die Bewertung der Militärgerichtsbarkeit zu machen. Niemand weiß, wie viele Wehrmachtangehörige im Zweiten Weltkrieg zum Tode verurteilt wurden und wie viele hingerichtet wurden. Die Schwankungsbreite zwischen 6000 und 30 000 Exekutierten zeigt, wie die vorliegenden bruchstückhaften Statistiken entsprechend der Tendenz der Autoren extrapoliert werden. Außer acht gelassen wird dabei regelmäßig, daß unter den todeswürdigen Verbrechen viele Straftaten auch von einem Zivilstrafgericht mit der Todesstrafe zu belegen gewesen wären. Eine unerwartet große Zahl von Soldaten, die zum Tode verurteilt waren und mit der Exekution rechnen mußten, wurde begnadigt. Sie hatten das den Gerichtsherren zu verdanken, die von ihrem Gnadenrecht selbst bei schweren Fällen reichlichen Gebrauch machten und die Todesstrafe in eine Zuchthausstrafe verwandelten, die dem Verurteilten die Möglichkeit gab, bei bedingter Wehrwürdigkeit als »Bewährungsschütze« eingesetzt zu werden. Tote Soldaten gab es genug. Nur lebende waren nützlich.

Auch Freiheitsstrafen wurden im Laufe des Krieges immer häufiger zur Bewährung ausgesetzt. Darunter waren nicht nur Arrest- und Gefängnisstrafen, sondern auch Zuchthausstrafen, die den Verurteilten wehrunwürdig machten und meistens den Verlust der bürgerlichen Ehrenrechte bewirkten. Es war ja in der Tat widersinnig, tausende frontverwendungsfähige Männer hinter Gittern leben zu lassen, während ihre Kameraden, die nicht straffällig geworden waren, an der Front zu Tode kamen. Wenn die Wehrmachtführung vermeiden wollte, daß Verbrechen sich lohnten, durfte niemand die Chance bekommen, sein Leben durch eine kriminelle Tat bis ans Kriegsende zu retten und dann im Falle des Sieges von einer Amnestie zu profitieren oder im Falle der Niederlage als Widerstandskämpfer heroisiert zu werden.

Für Verurteilte, die begnadigt wurden oder deren Strafe vollständig oder teilweise zur Bewährung ausgesetzt wurde, gab es sogenannte »Bewährungseinheiten«. In ihnen hatten die Soldaten die Chance, sich unter erschwerten Bedingungen vor dem Feind durch Mut und Tapferkeit auszuzeichnen und die Strafe damit zu tilgen. Sehr viele kamen dabei um. Wer das Ziel erreichte, kehrte ohne Schaden für seinen Leumund zur Truppe zurück. Diejenigen, die sich in den Bewährungseinheiten als Feiglinge entpuppten oder während der Bewährungszeit neue Straftaten begingen, steckte man in sogenannte Strafbataillone. Dort war die Chance zu überleben erheb-

lich kleiner, weil die Männer in partisanenbeherrschten Gebieten oder an der Front ohne Waffen zu Tätigkeiten herangezogen wurden, die mit großer Wahrscheinlichkeit zum Tode führten. In der Waffen-SS gab es sogar einen »Verlorenen Haufen«, in dem aus der SS Ausgestoßene lediglich die Gelegenheit zu einem »ehrenvollen Soldatentod« bekamen.
Als härteste Maßnahme gegen militärgerichtlich Verurteilte war die Straflagerverwahrung gedacht. Die zivilen Straflager waren Sammelbecken von Wehrunwürdigen, die wegen schwerer Verbrechen aus der Wehrmacht entfernt worden waren. In den Feldstraflagern des Heeres wurden die Insassen bei geringer Nahrung und unter schärfster Bewachung möglichst in Frontnähe zu schwersten körperlichen Arbeiten herangezogen. Andere Straflager hatten in sogenannten »partisanenverseuchten Gebieten« den Nachschub aufrecht zu erhalten. Soldaten, die der Ziviljustiz zur Strafvollstreckung übergeben wurden, waren im Straflager Esterwegen mit Moorarbeiten oder in Nordnorwegen mit Straßenbauarbeiten beschäftigt. Wer seine Gesundheit nicht einbüßte und felddiensttauglich blieb, riskierte, einer Sondereinheit zugewiesen zu werden, z. B. der Brigade Dirlewanger, wo das Banditentum in Uniform gepflegt wurde und wo das Leben keinen Deut wert war.
Die vielen Bewährungs-, Straf-, Sonder- und Erziehungseinheiten waren im Laufe des Krieges geschaffen worden, weil die Militärjustiz das Mittel der Strafaussetzung in einem Ausmaß handhabte, wie es die Zivilgerichte nie kannten. Trotz wachsender Zahlen von Straftaten verhinderten sie damit die Überfüllung der stationären Haftanstalten und gaben den Verurteilten unter dem Risiko des Todes, dem alle Wehrmachtangehörigen ausgesetzt waren, die Chance zur Straftilgung. Darin kann man eine militärisch angemessene, vielleicht sogar eine humane Maßnahme sehen, aber auch eine raffinierte Regelung zur Stärkung der Kampfkraft und zur Entlastung des Strafvollzugs.
Nach dem Zweiten Weltkrieg schwiegen die meisten kriegsgerichtlich Verurteilten über ihre Strafen und deren Verbüßung. Nur wenige traten an die Öffentlichkeit. Dazu gehörten diejenigen, die sich der Taten, um derentwillen sie verurteilt worden waren, rühmten, weil sie darin Formen des Widerstands gegen das faschistische Regime sahen. Zahlreiche Fahnenflüchtige wollten jetzt aus heroischen Motiven desertiert sein und forderten Entschädigung dafür, daß sie als Kriminelle behandelt wurden. In der DDR meldeten sich

zahlreiche Zeugen, die die Exekution von Soldaten als Hinrichtung von Helden des Sozialismus interpretiert wissen wollten, deren letzte Worte stets ein Bekenntnis zu ihren Idealen waren. Sie starben, so ließ man die Leser wissen, mit den Worten »Es lebe das sozialistische Deutschland«, »Es lebe der Kommunismus«, »Es lebe Stalin und die sozialistische Revolution«.
Eine andere Gruppe von Zeitzeugen berichtete von den Strapazen des Strafvollzugs. Manchmal handelte es sich um Zeugenaussagen bei Prozessen gegen Strafvollzugsbeamte oder Leiter von Strafabteilungen, manchmal um literarische oder journalistische Darstellungen über die Pein und die Mühsal im militärischen Strafvollzug. Die Neigung zu Übertreibungen wird stets dann offenbar, wenn faktisch Unmögliches erzählt wird. Die sprachliche Glätte vieler Erzählungen zeigt, daß sie häufiger reproduziert und poliert worden waren, bevor sie zu Papier gebracht wurden.
Es steht außer Zweifel, daß der militärische Strafvollzug strenger war als der zivile. In der Regel handelte es sich ja auch um Männer im wehrpflichtigen Alter, die militärdiensttauglich und zu schwerer körperlicher Arbeit imstande waren. Die größere Gefahr für Leib und Leben unterscheidet im Grundsatz den Soldaten vom Zivilisten auch im Strafvollzug. Die Zahl der Opfer war groß. In der bürokratischen Akkuratesse, mit der die Häftlinge registriert und geführt wurden, waren der militärische und der zivile Strafvollzug gleich.
Im Laufe des Krieges wurden die Strafen, die von den Militärgerichten ausgesprochen wurden, immer härter. In den letzten Monaten kann man von einer geradezu unmenschlichen Strafmaßfindung sprechen. Die Standgerichte kannten nur Todesstrafe oder Freispruch. Mit Hilfe der Wehrmachtjustiz machten die Kommandeure und Befehlshaber den letzten Versuch, Kampfmoral und Einsatzwillen aufrecht zu erhalten. Die Wehrmachtführung fürchtete, es könnte sich die Situation des Jahres 1918 wiederholen, als der Kampfwillen der Soldaten erlosch. Mit abschreckenden Strafen, die häufig über das zulässige Strafmaß hinaus gingen und lediglich dem »gesunden Volksempfinden« entsprachen, glaubte man ähnliches verhindern zu können. Dies gelang nicht. Die Moral der Truppe im Frühjahr 1945 war schlechter als die im Herbst 1918. Die Kampfgruppen, die von der Feldgendarmerie aus Flüchtenden und Versprengten zusammengestellt wurden, kämpften ohne Erfolgsaussicht und ohne Einsatzbereitschaft. Bei jedem ver-

nünftig Denkenden trat das Bestreben in den Vordergrund, das eigene Leben über das Kriegsende hinweg zu retten.
Die vorliegende Studie wird Betroffenheit auslösen. Sie stellt dar, was die Maschinerie der Militärjustiz, die in bürokratischer Perfektion ohne Reibungsverluste durch Kompetenzrivalitäten bis zum Schluß arbeitete, hervorbrachte und bewirkte. Sie macht deutlich, wie schnell der Stab über Menschen gebrochen werden konnte und für welche Bagatelldelikte aus heutiger Sicht damals schwere Strafen ausgesprochen wurden. Mancher, dem vor einem Erschießungskommando die Augen verbunden wurden, stand am Pfahl, weil er das Feldpostpäckchen eines Kameraden gestohlen oder nach einer Liebesnacht den Anschluß an seine Truppe verloren hatte. Da diejenigen, die nicht hingerichtet wurden, in der Regel die Chance zur Bewährung an der Front erhielten, und wenn sie fielen, als Rehabilitierte wie andere Gefallene registriert wurden, wird die erschreckende Strafbilanz der Militärjustiz nie zu ziehen sein.
Ein wichtiges Problem, das die Wissenschaftlichkeit der Themenbearbeitung tangiert, soll nicht unterdrückt werden. Diese Studie leidet unter der gleichen Schwäche wie die meisten Publikationen über das Dritte Reich. Selbst wenn die Autoren keine politischen Tendenzen verfolgen, stützen sich ihre Aussagen in weiten Strecken auf Gesetze, Verordnungen, Erlasse, Befehle und Protokolle der zentralen Behörden des Reiches. Die Wirklichkeit am Ort des Geschehens sah anders aus, weil viele Vorschriften im Kriegsverlauf undurchführbar waren oder ignoriert wurden. Deshalb konnte die Realität des Strafvollzugs nicht in allen Aspekten eingefangen werden. Augenzeugenberichte, die nach dem Krieg geschrieben wurden, taugen dazu ebenfalls nicht, weil sie zu einem bestimmten Zweck angefertigt wurden und meistens Objektivität vermissen lassen. Eidesstattliche Aussagen und dienstliche Berichte zum Thema sind rar. Deshalb rechnet der Autor mit Widerspruch und Berichtigung.

München, April 1991   Franz W. Seidler

1
Strafe und Bewährung in der Wehrmacht

Strafbestimmungen im Krieg
Funktion der Strafe im Dritten Reich
Organisation des Wehrmachtrechtswesens
Wehrmachtkriminalstatistik
Wehrmachtgnadenordnung
Strafaussetzung zur Bewährung
Bewährungstruppen

Strafbestimmungen im Krieg

Das Militärstrafgesetzbuch vom 16. 7. 1935 [1], nachfolgend abgekürzt MStGB, wurde am 10. 10. 1940 novelliert. [2] Im ersten Teil »Von der Bestrafung im Allgemeinen« wurden u. a. folgende Veränderungen vorgenommen: Waren in der Fassung vom 16. 7. 1935 noch lebenslängliche Freiheitsstrafen möglich, so wurde die Höchstdauer jetzt auf 15 Jahre festgelegt. Aus den besonderen Ehrenstrafen gegen Soldaten wurde die Degradierung von Offizieren gestrichen. Im § 31 MStGB wurde die Bestimmung storniert, daß Wehrunwürdigkeit stets einzutreten hat, wenn die Dauer des Verlustes der bürgerlichen Ehrenrechte drei Jahre übersteigt. Durch den Militärdienst erworbene Versorgungsansprüche wurden an den Verlust der Wehrwürdigkeit gekoppelt, während diese Frage vorher nach den Versorgungsgesetzen zu regeln war. Bestimmungen über den Verlust der Wehrwürdigkeit von Zeit- und pensionierten Offizieren wurden in der neuen Fassung weggelassen. Nach dem Wortlaut des MStGB vom 16. 7. 1935 konnten Arreststrafen als Gesamtstrafe nur zu Arrest addiert werden, während nach § 54 MStGB in der neuen Fassung bei mehr als 6 Wochen Arrest auf Gefängnis zu erkennen war. Die Bestimmung des § 55 MStGB über erhöhte Strafen gegen Vorgesetzte, die gemeinschaftlich mit Untergebenen einen strafbare Handlung ausführten oder diese unter Mißbrauch der Waffen oder der dienstlichen Befugnisse oder während der Ausübung des Dienstes vornahmen, entfiel.
Die »Verordnung über das Sonderstrafrecht im Kriege und bei besonderem Einsatz«, nachfolgend abgekürzt KSSVO, die am 17. 8. 1938 erlassen worden war [3], trat mit der Mobilmachung in Kraft. Der Chef des Oberkommandos der Wehrmacht, der die Befugnis hatte, diese Verordnung dem jeweils geltenden Recht anzupassen, soweit die Bedürfnisse der Kriegführung es geboten, gab am 12. 2. 1940 bekannt, daß aufgrund der Kriegserklärungen Englands und Frankreichs an das Deutsche Reich vom 3. 9. 1939 statt des Ausdrucks »gegenwärtiger besonderer Einsatz der Wehrmacht« das Wort »Krieg« im Verhältnis zu den Feindstaaten zu

gebrauchen sei. Auf »Zersetzung der Wehrkraft« stand nach der KSSVO grundsätzlich die Todesstrafe. Darunter fiel die öffentliche Aufforderung, den Dienst in der Wehrmacht zu verweigern, die Aufforderung von Wehrpflichtigen zum Ungehorsam, zur Widersetzung oder zur Tätlichkeit gegenüber Vorgesetzten oder zur Fahnenflucht oder zur unerlaubten Entfernung und der Entzug vom Wehrdienst durch Selbstverstümmelung. Nur in minderschweren Fällen durfte auf Zuchthaus oder Gefängnis erkannt werden.
Im Laufe des Krieges wurde die KSSVO sechsmal novelliert.
Die Erste Verordnung zur Ergänzung der KSSVO vom 1. 11. 1939 gab mit der Einführung des § 5a »Überschreitung des regelmäßigen Strafrahmens« den Richtern die Möglichkeit, strafbare Handlungen gegen die Mannszucht oder das Gebot soldatischen Mutes unter Überschreitung des Strafrahmens mit Zuchthaus bis 15 Jahren, mit lebenslangem Zuchthaus oder sogar mit Todesstrafe zu belegen. Plünderung wurde mit Gefängnis bzw. Festungshaft bestraft, bei Offizieren oder Unteroffizieren zusätzlich mit Rangverlust. Bei schweren Fällen von Plünderung konnte auch auf die Todesstrafe oder auf Zuchthaus erkannt werden.
Die Zweite Verordnung zur Ergänzung der KSSVO vom 27. 2. 1940 betraf das Gefolge der Wehrmacht. Alle Personen, die sich in irgendeinem Dienst- oder Vertragsverhältnis bei der Wehrmacht befanden oder sich sonst bei ihr aufhielten, waren dem Militärstrafgesetz unterworfen. Die Definition erfaßte alle Büro- und Schreibkräfte, technischen Hilfskräfte, Fernsprechvermittlerinnen, Bauarbeiter und die Arbeiter und Angestellten in den wehrmachteigenen Betrieben, Werften, Munitionsanstalten, Zeugämtern u. dgl. Sie wurde am 27. 2. 1940 vorübergehend insofern eingeschränkt, als die Oberbefehlshaber der Wehrmachtteile bestimmten, wer im einzelnen dazugehörte, z. B. im Operationsgebiet das gesamte Gefolge, aber im Reichsgebiet nur die am Kriegsgeschehen Beteiligten, z. B. das Personal der Fliegerhorste und Flugplätze. Alle drei Wehrmachtteile erließen Erläuterungen für die Anwendung der Militärgesetze auf das Gefolge. Da die Bestimmungen auf Soldaten zugeschnitten waren, sollte bei der Strafzumessung im Einzelfall geprüft werden, was militärisch sinnvoll war. Grundsätzlich waren die Strafen zwar so festzulegen, als ob es sich um Soldaten handelte, aber geschärfter Arrest gegen Frauen war z. B. unzulässig. Die Vollstreckung von weitergehenden Strafen war Sache der Justizverwaltungen. [4]

Die Dritte Verordnung zur Ergänzung der KSSVO vom 15. 8. 1942 stellte im Absatz 4 des § 5 unrichtige Angaben, die gemacht wurden, um sich von der Erfüllung des Wehrdienstes freistellen zu lassen, unter Gefängnisstrafe.
Die Vierte Verordnung zur Ergänzung der KSSVO vom 31. 3. 1943 bedrohte Täter, die Nachteile für die Kriegführung oder die Sicherheit des Reiches verschuldeten, mit zeitigem bzw. lebenslangem Zuchthaus und, »wenn der regelmäßige Strafrahmen nach gesundem Volksempfinden zur Sühne nicht ausreicht«, auch mit der Todesstrafe.
Die Fünfte Verordnung zur Ergänzung der KSSVO vom 5. 5. 1944 brachte eine Neuformulierung des § 5a KSSVO. Sie erweiterte den Umfang der Todesstrafe auf fahrlässige strafbare Handlungen und auf Taten, die vor dem Inkrafttreten der Verordnung begangen worden waren. [5]

Artikel 1
§ 5 a der Kriegssonderstrafrechtsverordnung erhält folgende Fassung:

„§ 5 a
Überschreitung des regelmäßigen Strafrahmens
(1) Bei allen Tätern, die durch eine vorsätzliche strafbare Handlung einen schweren Nachteil oder eine ernste Gefahr für die Kriegführung oder die Sicherheit des Reichs verschuldet haben, kann unter Überschreitung des regelmäßigen Strafrahmens die Strafe bis zur Höchstgrenze der angedrohten Strafart erhöht oder auf zeitiges oder lebenslanges Zuchthaus oder auf Todesstrafe erkannt werden, wenn der regelmäßige Strafrahmen nach gesundem Volksempfinden zur Sühne nicht ausreicht. Das gleiche gilt für alle fahrlässigen strafbaren Handlungen, durch die ein besonders schwerer Nachteil oder eine besonders ernste Gefahr für die Kriegführung oder die Sicherheit des Reichs verschuldet wurde.
(2) Bei strafbaren Handlungen gegen die Manneszucht oder das Gebot soldatischen Mutes kann der regelmäßige Strafrahmen ebenso überschritten werden, wenn es die Aufrechterhaltung der Manneszucht oder die Sicherheit der Truppe erfordert."

Artikel 2
Artikel 1 gilt auch für Taten, die vor dem Inkrafttreten dieser Verordnung begangen sind.

Die Sechste Verordnung zur Durchführung der KSSVO vom 10. 10. 1944 bezog in den § 64 MStGB auch Versprengte, die sich nicht innerhalb eines Tages wieder der Truppe anschlossen, und deutsche Kriegsgefangene, die sich nach der Flucht nicht innerhalb eines Tages bei einem Truppenteil meldeten, in das Vergehen der unerlaubten Entfernung ein. [6]

Entsprechend der KSSVO für den militärischen Bereich wurden auch für die Zivilbevölkerung besondere Kriegsstrafgesetze erlassen. Dazu gehörten unter anderem die »Verordnung über außerordentliche Rundfunkmaßnahmen vom 1. 9. 1939, [7] die Kriegswirtschaftsverordnung vom 4. 39. 1939, [8] die Volksschädlingsverordnung vom 5. 9. 1939, [8] die Strafbestimmungen gegen Wehrkraftzersetzung vom 25. 11. 1939 [10] und die Verordnung gegen Gewaltverbrecher vom 5. 12. 1939 [11]. Während es vor 1933 nur drei Tatbestände gab, bei deren Regelung auf Todesstrafe erkannt werden konnte, gab es 1944 gesetzliche Todesstrafandrohungen für 46 Delikte. Die »rücksichtslose Ausschaltung lebensunwerter Verbrecher« sollte der Reinigung des Volkskörpers, der rassischen Auslese und der Veredelung des »aufwärtsstrebenden Volkes« dienen.[12] Die Vermehrung todeswürdiger Straftatbestände während des Dritten Reiches bedeutete das Eingeständnis, daß die nationalsozialistische Erziehung ihr Ziel nicht erreicht hatte, einen Gemeinsinn zu schaffen, der Kriminalität selten macht. Jetzt mußte die Justiz in die Bresche treten: Doch sie scheiterte ebenfalls. Die Abschreckung versagte. Auch mit höchsten Strafandrohungen ließ sich die wachsende Kriminalität nicht eindämmen. Ein drittes Instrumentarium wurde herangezogen: »Schutzhaft« und »Vorbeugungshaft«. Immer häufiger blieb es dem Ermessen der Geheimen Staatspolizei überlassen, ob sie einen Delinquenten einem Gericht übergeben oder in einem Konzentrationslager »unschädlich machen« wollte. In einem Abkommen zwischen dem Reichsjustizminister Thierack und dem Reichsführer-SS Himmler vom 8. 9. 1942 erhielt die Gestapo das Recht, Gerichtsurteile mittels »Sonderbehandlung« zu korrigieren. Außerdem wurden alle in Sicherheitsverwahrung befindlichen Kriminellen und alle in den Justizhaftanstalten einsitzenden Strafgefangenen mit mehr als acht Jahren Haftstrafe zwecks »Vernichtung durch Arbeit« an die Polizei ausgeliefert. Die Strafverfolgung von Polen und Angehörigen anderer Ostvölker ging generell an die Polizei über. [13] Von diesem Zeitpunkt an ging es im Deutschen Reich nicht mehr um eine gerechte, sondern nur noch um eine möglichst effektive Verbrechensbekämpfung in dem Sinne, daß Wiederholungstaten möglichst ausgeschlossen werden sollten. Die Geheimhaltung der Lebensumstände in den Konzentrationslagern, wo sich die potentiellen Wiederholungstäter sammelten, war jedoch insgesamt gesehen der Abschreckung abträglich. Je mehr Straftäter der ordentlichen Justiz entzogen wurden, desto auffälliger wurde für den Bürger die Grauzone der Rechtsausübung. [14]

Funktion der Strafe im Dritten Reich

Der zivile Bereich

Die Diskussion der Jahre 1933 bis 1939 über die Strafrechtsreform verfolgte das Ziel, das Strafrecht der nationalsozialistischen Ideologie anzupassen. Der »Schutz der Gemeinschaft und der immateriellen Güter des Volkes« sollte Vorrang haben vor dem Schutz des einzelnen und seines Eigentums. Im »Zweiten Buch« des Entwurfs waren die einzelnen Straftatbestände nach ihrer Wertigkeit in fünf Gruppen gegliedert.
- Schutz des Volkes vor den Delikten Hoch- und Landesverrat, Förderung des Bolschewismus, verräterische Volksentfremdung, Verletzungen der Ehre des deutschen Volkes
- Schutz der Volkskraft vor Delikten, die Rasse und Erbgut betrafen, die Wehrkraft und den völkischen Wehrwillen zersetzten und die Volksgesundheit schädigten
- Schutz der Volksordnung vor Delikten wie Angriff auf die Volksführung, Verstöße gegen die öffentliche Ordnung und Auflehnung gegen die Staatsgewalt
- Schutz der Persönlichkeit gegen Mord und Totschlag und Angriff auf die persönliche Freiheit
- Schutz vor strafbarem Eigennutz mit den Straftatbeständen Betrug, Diebstahl, Unterschlagung usw.

Keine im nationalsozialistischen Sinne strafbare Handlung sollte unbestraft bleiben, vor allem nicht Verstöße gegen die Gemeinschaft. Wenn kein Gesetz vorhanden war, dessen Wortlaut eine Tat unter Strafe stellte, konnte sie »nach dem Grundgedanken eines Strafgesetzes und nach gesundem Volksempfinden« geahndet werden. [15]

Mit der Zulassung von Analogieschlüssen verstieß das nationalsozialistische Recht gegen das fundamentale Prinzip »Nulla poena sine lege«.

Da die Strafe zuvörderst als ein Mittel galt, »dessen sich die Gemeinschaft zum Schutz ihres Lebens bedient«, richtete sich die gerechte Strafe nach dem jeweiligen Schutzbedürfnis der Gemein-

schaft. In Kriegszeiten war es besonders groß. Das erklärt die steigende Zahl schwerer Strafen, auch von Todesurteilen, zwischen 1939 und 1945.[16]
Eine zweite einschneidende Veränderung des geplanten nationalsozialistischen Strafgesetzbuches betraf die Würdigung der Täterpersönlichkeit. Das bisherige »Erfolgsstrafrecht« sollte durch ein »Willensstrafrecht« ersetzt werden, in dem zwischen Täter, Anstifter und Gehilfen nicht mehr unterschieden wurde, da alle an der Gefährdung der Volksgemeinschaft beteiligt waren. Maßgebend für die Strafzumessung sollte die Intensität des rechtsbrecherischen Willens sein. Wichtiger als die Frage »Was hat der Täter getan?« sollte für den Richter die Frage sein »Was hat der Täter gewollt?«. Zum Schutz der Gemeinschaft gegen störende Kräfte mußte der Kriminelle »ausgeschaltet« und dem verbrecherischen Willen potentieller Täter im Sinne der Abschreckung entgegengewirkt werden. Da nicht in erster Linie die Tat, sondern der Täter bekämpft werden sollte, hatte der Richter die Strafe so zu bemessen, daß sie sowohl dem Schutzbedürfnis wie dem Sühneverlangen des Volkes entsprach.[17]
Obwohl das neue Strafrecht vor Kriegsbeginn nicht mehr in Kraft trat, wurden die darin vorgesehenen Normen in der Strafrechtsgesetzgebung zwischen 1933 und 1945 bereits angewandt. Die Einteilung der Angeklagten in »Tätertypen« erleichterte die Strafmaßfindung. In der »Verordnung gegen Volksschädlinge« vom 5.9.1939 wurde z.B. der Tätertyp des Volksschädlings mit drei Verbrecherbildern festgelegt: der Plünderer, der »Meintäter« und der Saboteur. Er umfaßte Rechtsbrecher, die ihre Straftat unter Ausnützung der durch den Krieg verursachten besonderen Verhältnisse begingen und die Widerstandskraft des Volkes schwächten. Dafür konnte die Todesstrafe ausgesprochen und durch Erhängen vollstreckt werden. Die »Verordnung gegen Gewaltverbrecher« vom 5.12.1939 schuf den Straftätertyp des »Gewaltverbrechers« oder »Gangsters«, für den ebenfalls die Todesstrafe vorgesehen war. Darüber hinaus rechtfertigte die Typologie des Unverbesserlichen, bei dem Strafen und erzieherische Maßnahmen ohne Wirkung blieben und der immer wieder rückfällig wurde, den Ausschluß aus der Gemeinschaft. Der Richter hatte nur zu entscheiden, ob Strafverschärfungen in Form von Sicherheitsverwahrung zum Schutz der Öffentlichkeit ausreichten oder ob der Schutz der Gesellschaft die Todesstrafe erforderte. Bei diesen

Überlegungen spielte »der Wert oder der Unwert der Persönlichkeit des Täters« die entscheidende Rolle. »Hat er sich selbst durch seine gemeinschaftsschädliche Gesinnung oder durch die Schwere der Schuld, die er zu sühnen hat, außerhalb der Volksgemeinschaft gestellt, so hat er die Todesstrafe verdient ...«[18] Die Härte bei der Anwendung der Strafgesetze war aber auch gleichzeitig ein Eingeständnis, daß die Maßnahmen der Vorbeugungshaft, die ab 1937 ergriffen worden waren, nicht den richtigen Personenkreis erfaßt hatten. Am 9. 7. 1937 waren z. B. in einer Sonderaktion rund 2000 »Berufs- und Gewohnheitsverbrecher oder gemeingefährliche Sittlichkeitsverbrecher in polizeiliche Vorbeugungshaft« genommen worden. Mitte Juni 1938 hatten ähnliche Razzien gegen Arbeitsscheue und Asoziale stattgefunden. [19]
Im Dritten Reich hatte das Richteramt nicht wie in demokratischen Staaten die Funktion, als »dritte Gewalt« die Staatsführung zu kontrollieren, sondern sie hatte ihr zu dienen. Der Richter galt als »Träger der völkischen Selbsterhaltung« und als »Gehilfe der Staatsführung«. Er sollte die ideologisch anerkannten Werte des Volkes schützen. Mit jedem Urteil hatte er den völkischen Gestaltungsprozeß zu beeinflussen und die Anschauungen, Wertvorstellungen und Gewohnheiten der Bevölkerung zu steuern, wie es seine nationalsozialistische Führungsfunktion verlangte. [20] Die Richter waren verantwortlich für die Rechtsgüter der Volksgemeinschaft. Sie nahmen sie unter ihren »zeitgemäßen Schutz«. Was schutzwürdig war, bestimmten die Ideologie und der Führer. Da nach der nationalsozialistischen Lehre u. a. die Jugend als besonders schutzbedürftig galt, wurde z. B. Sittlichkeitsverbrechern, die sich an Kindern vergingen, die Todesstrafe angedroht. [21] Straftaten gegen das Wohl des Reiches oder das Ansehen der Reichsregierung und der NSDAP standen seit der »Verordnung des Reichspräsidenten zur Abwehr heimtückischer Angriffe gegen die Regierung der nationalen Erhebung« vom 21. 3. 1933 unter Strafe.
Die Strafe diente im Dritten Reich nicht mehr wie in der Weimarer Republik vorrangig der individuellen Sühne und der Erziehung des Straffälligen, sondern war »staatlicher Reinigungsakt und Rache dafür, daß der Täter die Treuepflicht gegenüber der Gemeinschaft verletzt« hatte. [22] Die Anschauungen der Volksgemeinschaft von Pflicht und Ehre als Ergebnis der nationalsozialistischen Erziehung prägten die Maßstäbe der Strafzumessung. Da konnten selbst solche Delikte strafwürdig sein, auf die kein bestimmtes Strafgesetz

Anwendung fand, die aber nach dem »gesunden Volksempfinden« eine Bestrafung verdienten. Das Rechtsprinzip »nullum crimen sine lege« wurde ins Gegenteil verkehrt, weil nach dem »gesunden Volksempfinden« jeder Täter eine Strafe verdiente: »Nullum crimen sine poena«. [23] Der Richter brauchte nur über das Strafmaß zu befinden.

Die große »volkshygienische Aufgabe des Strafrechts« bestand in der Säuberung der Volksgemeinschaft von Straftätern. Strenge wurde als ein Gebot der Selbsterhaltung des deutschen Volkes interpretiert. Unverbesserliche Verbrecher wurden ausgemerzt, um den Prozeß der Auslese zu fördern. Die rücksichtslose Härte, die sogenannte Gewohnheitsverbrecher traf, wurde damit gerechtfertigt, daß nur durch radikale Maßnahmen das Volk gesund erhalten, gereinigt und zum Wachstum geführt werden könne. [24] Die rigorose Praktizierung des Vergeltungsstrafrechts ließ alle Gesichtspunkte erzieherischer Art außer acht.

Weil die Gefahren wuchsen, die der Volksgemeinschaft während des Krieges drohten, wurde der Kreis der todeswürdigen Verbrechen erheblich erweitert. Landesverräter, Fahnenflüchtige, Plünderer, Volksschädlinge usw. wurden den Gewaltverbrechern gleichgestellt. Das entsprach in den harten Zeiten des Krieges nicht nur den militärischen Erfordernissen, sondern auch angeblich dem »gesunden Volksempfinden«. Es war Aufgabe der Richter, einsichtig für die Öffentlichkeit darzulegen, daß die Todesstrafe in solchen Fällen einen Verbrecher traf, der auch in den Augen der Volksgemeinschaft todeswürdig war. Nur wenn Gerichtsurteile von der Zustimmung der Volksgenossen getragen würden, so argumentierte man, könnte das Vertrauen zur Rechtspflege wachsen und die Meinungsbildung in der Volksgemeinschaft weiterentwickelt werden. [25] Diesen Prämissen entsprechend sollte im Krieg mit rücksichtsloser Härte und Strenge gegen sogenannte »Gemeinschaftsschädlinge« vorgegangen werden, die die Geschlossenheit und den Kampfeswillen des deutschen Volkes sabotierten. Milde Urteile wurden von der Exekutive gerügt. In den »Richterbriefen«, die ab 1942 vom Reichsjustizministerium herausgegeben wurden, kritisierte Thierack zahlreiche Urteile wegen des zu geringen Strafmaßes. Der nächtliche Handtaschenraub eines Vorbestraften und der mehrfache Paketdiebstahl eines 19jährigen Arbeiters verdienten seines Erachtens härtere Strafen als ein paar Jahre Zuchthaus, weil der eine »in feiger und hinterlistiger Weise sich im Krieg an wehrlosen Frauen vergreift und die Sicherheit auf der verdunkelten Straße gefährdet« und weil der andere sich »am Hab und Gut unserer Volksgenossen vergreift«. Nur wenn solche Delikte drastisch mit der Todesstrafe belegt würden, würde allen Verführbaren klar werden, was ihnen drohe, wenn sie in ähnlicher Weise gegen die Gesetze verstießen. Der Reichsminister der Justiz forderte: »Der Schutz der Volksgemeinschaft verlangt, daß die Strafe im Krieg in derartigen Fällen vor allem der Abschreckung dient. Vorbeugen ist hier stets besser als Heilen. Jede zu milde Strafe gegen einen Volksschädling schadet der Gemeinschaft und birgt die Gefahr einer seuchenähnlichen Verbreitung und allmählichen Zersetzung der Abwehrfront in sich. Es ist aber immer besser, der Richter vernichtet einen solchen Seuchenträger rechtzeitig, als daß er später hilflos einer solchen verseuchten Mehrheit gegenüber steht.« [26]

Die individuelle Schuld – im Strafrecht der Weimarer Republik Maßstab für die Strafzumessung – war im Dritten Reich zweitrangig. Im Vordergrund stand die Wirkung der Straftat auf die Volksgemeinschaft. Menschen, die versagten, wurden als schwächliche Psychopathen hingestellt. Die Neurotiker wurden für ihre Neurosen selbst verantwortlich gemacht. Mangelnder Gesundheitswille galt als Zersetzung der Wehrkraft. Debilität war in Verbindung mit Straftaten ebensowenig ein Entschuldigungsgrund wie Trunkenheit.

Die erzieherische Wirkung der Strafe auf den Verurteilten ließ die Justiz im Dritten Reich außer acht. Nur in der Jugend- und Kleinkriminalität wurde dem Richter empfohlen, auf die Täterpersönlichkeit näher einzugehen, damit für den Jugendlichen die angemessenen Erziehungsmethoden gefunden und im Bereich der leichten Kriminalität geprüft werden könne, ob das Strafverfahren nicht bei Erfüllung bestimmter Auflagen überhaupt eingestellt werden könnte. Gleichzeitig wurde jedoch gewarnt, die empfohlene Auflagenpraxis zum Anreiz für Straftaten werden zu lassen. Nach der Auffassung des Reichsjustizministers fürchteten kleine Rechtsbrecher nämlich die auferlegte Strafe weniger als den lästigen Strafregistereintrag. [27]

Die Richter durften sich im Dritten Reich bei der Straffindung frei fühlen, solange sie die ideologischen Grundlagen der Rechtsprechung berücksichtigten. Auf das Gesetz kam es weniger an als auf den »Geist des Gesetzes«. Der Reichsjustizminister warnte die

Richter, sich »sklavisch der Krücken des Gesetzes zu bedienen«. Kein Richter sollte »ängstlich nach Deckung durch das Gesetz suchen«, sondern er sollte verantwortungsfreudig »die Entscheidung finden, die für die Volksgemeinschaft die beste Ordnung des Lebensvorgangs ist«. [28] Deutlicher läßt sich die Abwendung von Recht und Gesetz nicht charakterisieren.

Die Wehrmachtjustiz

Die Wehrmachtjustiz paßte sich der nationalsozialistischen Rechtspflege an. Die meisten Kriegsrichter hatten, als sie ab 1939 einberufen wurden, schon eine mehrjährige Praxis in der nationalsozialistischen Rechtsfindung hinter sich.
Die Einteilung in Tätertypen gab es auch in der Militärgerichtsbarkeit. Statt von Volksschädlingen sprach man hier von Wehrmachtschädlingen. Andere Gruppierungen betrafen »Wehrkraftzersetzer«, »Saboteure« oder »Träger wehrfeindlichen Geistes«. Diese Pauschaleinteilungen der Angeklagten schlugen sich in der Regel im Strafmaß nieder. Die gemeinschaftsschützende Funktion der Strafe hatte auch im Militärstrafrecht Vorrang vor der Sühnefunktion. Da in der kämpfenden Truppe das Risiko des Todes groß war und längere Freiheitsstrafen nicht als Übel, sondern geradezu als Wohltat empfunden wurden, war im militärischen Bereich die Strafverschärfung hin zur Todesstrafe folgerichtig und einsichtiger als im Zivilstrafrecht. Was die Freiheitsstrafen anbelangte, bot die Einrichtung von Strafvollzugslagern und Bewährungseinheiten an der Front eine Möglichkeit, Urteile im Sinne der militärischen Gemeinschaft zu vollstrecken. [29]
Zwischen 1933 und 1945 fällten die Zivilstrafgerichte etwa 16 000 Todesurteile. [30] Die Zahl der von den Wehrmachtgerichten verhängten Todesurteile ist strittig. Aus Hochrechnungen der unvollständigen Wehrmachtkriminalstatistik kam man auf 10 000 bis 30 000 Todesurteile.[31] Der Schutz der Truppe »durch fortgesetzte organische Ausschließung des unverbesserlichen asozialen Verbrechers« wurde wie im Zivilstrafrecht als »ein Gebot der Selbsterhaltung ... und damit ein Gebot der Gerechtigkeit« interpretiert.[32] Nur gelegentlich wurden zur Würdigung der Täterpersönlichkeit die Wehrpsychologen oder Psychiater herangezogen. Die Gerichte fürchteten die entlastenden Argumente, die möglicherweise in der Persönlichkeit des Täters aufgedeckt werden könnten. [33] Die

Urteile, die die Kriegsgerichte verhängten, konnten so streng sein, wie sie wollten, wenn sie nur von der Gemeinschaft der »gutgesinnten« Soldaten mitgetragen wurden. Strafen, die der Überzeugung der Truppe nicht entsprachen, wirkten kontraproduktiv. Damit Kritik an harten kriegsgerichtlichen Urteilen nicht aufkam, mußten die Soldaten immer wieder über das Militärstrafrecht belehrt werden und die Folgen von Überschreitungen der Militärstrafgesetze für die Truppe kennenlernen. Die Teilnahme an den Belehrungen wurde unterschriftlich bescheinigt. Damit sollte festgehalten werden, daß der Vorgesetzte seine Dienstobliegenheiten erfüllt hatte und der Belehrte gewarnt war.

In den Streitkräften erlaubte § 5a der Kriegssonderstrafrechtsverordnung nach der ersten Novellierung vom 1. 11. 1939 die Anwendung der Todesstrafe in fast unbegrenztem Ausmaß, wenn es die Aufrechterhaltung der Mannszucht oder die Sicherheit der Truppe erforderten. »Mannszucht« und »Sicherheit der Truppe« waren Schlüsselbegriffe des Militärstrafrechts. Mannszucht galt als Garant für den Zusammenhalt der Truppe, als Grundlage der Disziplin, als Voraussetzung für das Funktionieren von Befehl und Gehorsam, als oberstes Gebot des militärischen Lebens und als wichtigste Prämisse für die Schlagkraft der bewaffneten Macht. Der Begriff hatte seit jeher eine bedeutende Stellung im Militärstrafrecht aller Nationen. [34] Ein Kommentar bezeichnet die Mannszucht als »Lebensnerv« des Militärs: »Eine Militärstrafrechtspflege, welche die Mannszucht als oberstes Gebot des militärischen Organismus aus dem Auge verlöre, brächte den Lebensnerv des militärischen Organismus in Gefahr.« [35]

Das Militärstrafgesetz drohte bereits vor dem Krieg jedem, der die Mannszucht in der Wehrmacht zu untergraben versuchte, hohe Strafen an. Im Krieg hieß das Delikt »Zersetzung der Wehrkraft«. Besonders gefährlich für die Mannszucht war die Verleitung zum Ungehorsam, zur Widersetzung, zur Tätlichkeit gegen Vorgesetzte und zu unerlaubtem Entfernen bzw. Fahnenflucht. Hitler befürwortete die ausschließliche Androhung der Todesstrafe in § 5a KSSVO. Für die Oberbefehlshaber der Wehrmachtteile gab Keitel die Ansichten Hitlers folgendermaßen wieder:

> »Er sei der Meinung, daß im Kriege, und zwar schon am Anfang des Krieges, mit den härtesten Mitteln durchgegriffen werden müsse, um die Mannszucht innerhalb der Truppe zu erhalten und um jeden Versuch einer Feigheit von vorneherein zu unterdrücken. Wenn an der Front gerade die Besten ihr Leben

für das Vaterland lassen müßten, könne niemand es verstehen, daß man zur gleichen Zeit Feiglinge und Saboteure in Zuchthäusern konserviere. Die Gerichtsherren müßten berücksichtigen, daß größte Härte gegen solche Elemente, staatspolitisch gesehen, die größte Milde sei; denn die abschreckende Wirkung, die von einer rücksichtslosen Anwendung der Todesstrafe ausstrahle, werde viele hundert und tausend andere Soldaten daran hindern, den Versuchungen zu erliegen, die der Krieg mit sich bringe.«[36]

In der SS wurde die Mannszucht unter dem Gesichtspunkt gewürdigt, daß der Angehörige dieses Ordens den anderen ein Vorbild sein und erzieherisch wirken müsse:

»Über die Unterordnungspflicht hinaus muß sich der SS- und Polizeiangehörige aber auch sonst diszipliniert verhalten. Vom Auftreten des einzelnen schließt man auf den Wert der Gemeinschaft, der er angehört. Wer sich nicht an die bestehenden Gesetze und an die Ordnung hält, von dem kann man auch nicht erwarten, daß er auf andere erzieherisch einwirken kann. Der SS- und Polizeiangehörige hütet sich deshalb vor allen Verstößen gegen die Mannszucht. Unzulässig ist die unbefugte Versammlung zur Beratung über militärische Angelegenheiten oder Einrichtungen, das Unterschriftensammeln zu einer gemeinsamen Beschwerde, das Erregen von Mißvergnügen, hetzerische Reden.«[37]

Wenn es um die Mannszucht ging, waren die Kriegsrichter vom OKH ermächtigt, ohne Auftrag durch den Gerichtsherrn selbständig tätig zu werden und »alle zur Durchführung des Ermittlungsverfahrens und zur Vorbereitung der Hauptverhandlung erforderlichen Prozeßhandlungen selbständig vorzunehmen und in der Hauptverhandlung die Anklage mündlich vorzutragen«, wenn der Gerichtsherr nicht erreichbar war. In eiligen Fällen durfte sogar die Urteilsbestätigung durch den Gerichtsherrn fernschriftlich oder fernmündlich eingeholt werden. [38]

1942 tadelte das Oberkommando des Heeres die Militärgerichte, daß sie ihre Aufgabe, »an der Aufrechterhaltung und Festigung von Disziplin und Mannszucht mitzuwirken«, nur ungenügend erfüllten, weil sie sich in der »rechtlichen Erledigung der anfallenden einzelnen Straffälle erschöpfen« und weil ihre Zusammenarbeit mit der Abteilung IIa der Stäbe als der für Offizier- und Mannschaftspersonalien zuständigen Stelle ungenügend sei. Auf dem IIa-Berichtsweg könnten auch die Oberbefehlshaber der Heeresgruppen und die Kommandierenden Generale ohne gerichtsherrliche Aufsichtsbefugnis über die in ihrem Bereich vorkommenden Straf- und Disziplinarfälle informiert werden. Auch die Chefs der Stäbe und Ersten Generalstabsoffiziere müßten aus den Rechtsfällen Schlüsse

für die Schlagkraft und den Kampfwert ihrer Truppe ziehen können. [39]
Hitlers Unzufriedenheit mit den Militärgerichten konzentrierte sich auf die milden Urteile bei politischen Strafsachen. Deshalb übertrug er mit Erlaß vom 21. 6. 1943 diese Angelegenheiten Sondersenaten des Reichskriegsgerichts. Nach dem Attentat des 20. Juli 1944 enthob er die Wehrmachtgerichte sämtlicher politischer Strafsachen, indem er die Aburteilung politischer Straftaten von Wehrmachtangehörigen am 20. 9. 1944 den Sondergerichten der Ziviljustiz und dem Volksgerichtshof übertrug. Die Wehrmachtjustiz konnte jedoch die Abgabe vieler Strafakten verzögern oder gar umgehen. [40]
Am Ende des Krieges war die Militärjustiz in den Augen des Nationalsozialistischen Rechtswahrerbundes vorbildlich geworden. Reichsjustizminister Thierak forderte in einer Rede, daß die deutsche Rechtspflege insgesamt »soldatisch« werden müsse. Ein Militärrichter kommentierte diese Aussage mit Befriedigung. Endlich werde auch in der zivilen Justiz das »wirklichkeitsfremde Trennungsdenken zwischen Recht und Gesetz« abgebaut, das Täterstrafrecht anerkannt, die Ausrichtung der Belange des einzelnen an denen der Gesamtheit durchgesetzt. Es sei an der Zeit, daß auch dort die »Werte der Treue, Ehre, Tapferkeit, Hingabe und Disziplin als allgemeinverbindend« in den Vordergrund gerückt würden und daß sichergestellt werde, »daß keine lebensfremden Entscheidungen ergehen und Recht nach volksnahen, gemeinschaftsgebundenen Grundsätzen gesprochen« werde. [41]

Organisation des Wehrmachtrechtswesen

Jeder der drei Wehrmachtteile besaß eine eigene Militärjustizorganisation. Bei jedem Oberbefehlshaber gab es eine Rechtsabteilung, die einem Amtschef des jeweiligen Oberkommandos zugeordnet wurde, beim Heer dem Amtschef Allgemeines Heeresamt, bei der Luftwaffe dem Amtschef Luftwaffenamt und bei der Kriegsmarine dem Chef Allgemeines Marinehauptamt. Ohne Zustimmung dieses Offiziers gelangten keine Rechtsangelegenheiten von Bedeutung zu den Stabschefs und den Oberbefehlshabern der Wehrmachtteile. Die Leiter der Rechtsabteilungen hatten als Beamte im Range von Ministerialdirektoren oder Ministerialdirigenten keinen unmittelbaren Zugang zu den Spitzen der Wehrmacht. Sie besaßen auch keine direkte Befehlsgewalt. Sie waren eingebaut in die militärische Hierarchie und abhängig von den Weisungen der vorgesetzten Militärs. Ihre Stellung war nicht vergleichbar mit der entsprechender Titelträger in einer Ministerialbürokratie. Ohne Zustimmung des unmittelbaren militärischen Vorgesetzten, des Amtschefs, konnten die Leiter der Rechtsabteilungen nichts bewirken.
Für Grundsatzfragen des Wehrrechts gab es die Wehrmachtrechtsabteilung im Oberkommando der Wehrmacht. Ihre Eingliederung in den militärischen Bereich unterschied sich in nichts von der der Rechtsabteilungen bei Heer, Luftwaffe und Kriegsmarine, die das eigentliche Justizwesen ihres Bereiches dirigierten. Zu Beginn des Krieges wurde die Kompetenz der Heeresrechtsabteilung allerdings auf die Zuständigkeit für das Ersatzheer abgedrängt, weil für das Feldheer eine »Gruppe Rechtswesen« beim Generalstab des Heeres eingerichtet wurde. Beide Abteilungen zusammen bildeten die »Amtsgruppe Heeresrechtswesen«. Beim Chef der Heeresrüstung und Befehlshaber des Ersatzheeres blieb das »Amt Heeresjustizwesen« (Just), dessen Leiter gleichzeitig Chef der Rechtsabteilung im Allgemeinen Heeresamt (HR) war. Auf Anordnung Keitels trat Ende 1942 an die Stelle der Gruppe Rechtswesen beim Generalstab des Heeres die »Heeresfeldjustizabteilung«. Sie unterstand militärisch dem General z.b.V. beim OKH, fachlich und personell dem Chef des Heeresjustizwesens. Zu den Aufgaben der

bisherigen Gruppe Rechtswesen übernahm sie auch die Bearbeitung der Bestätigungs- und Gnadensachen der Gerichte des Feldheeres. [42]

Während des Krieges mischten sich in die Arbeiten der Rechtsabteilungen der Wehrmachtteile außermilitärische Kräfte ein. Dazu gehörten der Reichsführer-SS für den Bereich der Waffen-SS, der Reichsarbeitsführer für den RAD im Gefolge der Wehrmacht, die Parteikanzlei mit dem Auftrag, die Einheit von Partei und Staat in der Gesetzgebung zu gewährleisten, und das Auswärtige Amt für die Belange des Völkerrechts und des Kriegsgefangenenwesens. Ihr Einfluß erreichte jedoch bei weitem nicht das Ausmaß wie im zivilen Strafrecht. Die von der Regierung Papen am 9. 8. 1932 eingerichteten Sondergerichte zur Aburteilung von politischen Straftätern rissen dort ab 1933 immer mehr Fälle an sich. Auch das Vordringen der Gestapo in die Kompetenzen der Justiz war im zivilen Bereich augenfälliger. Sie übernahm schließlich alle staatspolizeilichen Vorgänge. Volksschädigende Straftaten wurden der SS-Schnelljustiz überantwortet. Vorbestrafte Täter mußten nach dem Verbüßen ihrer Haftstrafen mit einer Sicherheitsverwahrung im KZ rechnen. Mit einer Verfügung Hitlers vom 2. 12. 1942 wurde die Überwachung der Rechtsprechung durch die Partei von Hitler mehr oder weniger sanktioniert. [43] Solche Einbrüche der politischen Seite gab es im Wehrmachtrechtswesen nicht. Die Wehrmachtjustiz verteidigte ihre Unabhängigkeit besser als das Zivilijustizwesen, arbeitete aber im Strafvollzug ungeniert mit dem Reichsjustizministerium und dem Reichssicherheitshauptamt zusammen.

Die Hauptaufgabe der Wehrmachtjustiz im Zweiten Weltkrieg war die Aufrechterhaltung der militärischen Ordnung im Sinne der militärischen Führung. Die Verantwortung lag bei den Inhabern der Kommandogewalt, d. h. bei den Kommandeuren und Befehlshabern. Sie hatten für die Disziplin in den Einheiten und Verbänden ihres Bereichs zu sorgen und die Einsatzbereitschaft der Truppe zu garantieren. Dazu stand ihnen ein dreifaches Ordnungsinstrumentarium zur Verfügung: die Kommandogewalt, die Disziplinarstrafbefugnis und die Militärgerichtsbarkeit. Wenn Befehle im Rahmen der Kommandogewalt nicht fruchteten, wurde zum Mittel der Disziplinarstrafe gegriffen. Gingen die Verstöße der Soldaten über disziplinarisch zu bestrafende Tatbestände hinaus, so fielen sie der Militärjustiz zu.

In der Regel verfügte jeder militärische Verband über ein Kriegsge-

richt. Es führte die Bezeichnung des Verbandes, in dem es arbeitete, z. B. Gericht der 182. Infanteriedivision, Gericht des Kommandierenden Generals und Befehlshabers im Luftgau III. Das Personal der Gerichte war ein Teil der jeweiligen Kommandobehörde. Die Rechtsabteilung fungierte als Abteilung 3 des Stabes. Erst 1944 wurden die Richter in Anpassung an die Sanitätsoffiziere »Offiziere im Truppensonderdienst«, d. h. staatsrechtlich Offiziere im Sinne des Wehrgesetzes mit Disziplinarstrafbefugnis. Sie erhielten neue Amtsbezeichnungen: statt Kriegsrichter Stabsrichter, statt Kriegsgerichtsrat Oberstabsrichter, statt Oberkriegsgerichtsrat Feldrichter und statt Oberstkriegsgerichtsrat Oberstrichter. Die Kriegsgerichte wurden in Feldkriegsgerichte umbenannt. [44] Folgende Vorschriften waren bei kriegsgerichtlichen Verfahren »unter allen Umständen« zu beachten:
1. Die Hauptverhandlung mußte vor drei Richtern stattfinden: dem Vorsitzenden als juristischen Fachmann mit der Befähigung zum Richteramt, einem Offizier möglichst im Rang eines Stabsoffiziers und einem Soldaten bzw. Wehrmachtbeamten im Rang des jeweiligen Angeklagten.
2. Der Angeklagte mußte zur Anklage gehört werden und das letzte Wort bekommen.
3. Das Urteil mußte mit Stimmenmehrheit gefaßt, schriftlich niedergelegt und begründet werden.
4. Ohne die Bestätigung durch einen militärischen Befehlshaber war kein Urteil rechtskräftig.

Gerichtsherren, d. h. »Herren des Kriegsgerichtsverfahrens«, waren nach den Vorschriften der Kriegsstrafverfahrensordnung die Inhaber der Kommandogewalt im Auftrag der Oberbefehlshaber der Wehrmachtteile, d. h. beim Feldheer im allgemeinen die Divisionskommandeure, beim Ersatzheer die Wehrkreisbefehlshaber oder Kommandanten größerer Standorte, bei der Luftwaffe die Luftflottenchefs und Luftgaubefehlshaber, bei der Kriegsmarine die Kommandierenden Admirale bzw. Chefs der Kriegsmarinedienststellen. Sie ordneten die Ermittlungsverfahren an, sie verfügten die Anklage, sie bestimmten die personelle Zusammensetzung des Gerichts, sie legten Ort und Zeitpunkt des Hauptverfahrens fest, sie bestellten ggf. einen Verteidiger für den Angeklagten. Einen Instanzenweg, wie er im Zivilstrafrecht zur Anfechtung von Urteilen üblich war und vor dem Krieg auch im Militärstrafrecht existierte, gab es im Krieg nicht. Aber alle Urteile der Kriegsgerichte unterlagen einer Nachprüfung, die zur Bestätigung oder Aufhebung führen konnte. Das Bestätigungsrecht lag im allgemeinen beim Gerichtsherrn. Das Aufhebungsrecht war Sache der vorgesetzten Befehlshaber, d. h. beim Feldheer der Oberbefehlshaber der Armeen und beim Ersatzheer des Befehlshabers des Ersatzheeres. Die Gerichtsherren konnten Urteile in eigener Zuständigkeit mildern, bevor sie die Vollstreckung anordneten. Ausgenommen waren Todesstrafen und Zuchthausstrafen. Deren Abänderung konnte nur von den vorgesetzten Befehlshabern vorgenommen werden. Wenn ein Urteil auf Tod oder eine Freiheitsstrafe über einem Jahr lautete, benötigte der Gerichtsherr das schriftliche Rechtsgutachten eines richterlichen Militärjustizbeamten oder eines zum Richteramt befähigten Beamten oder Offiziers. Wenn ihm die Entscheidung des Kriegsgerichts bedenklich erschien, konnte er auch bei anderen Urteilen das Gutachten eines Militärjustizbeamten oder Offiziers mit richterlicher Qualifikation einholen. Wer in der Hauptverhandlung mitgewirkt hatte, kam als Gutachter nicht in Frage. Die Bestätigungsverfügung eines Gerichtsherrn konnte also nur lauten: »Ich bestätige das Urteil« oder »Ich bestätige das Urteil mildernd dahin, daß ...«. Sie mußte auf dem Urteil vermerkt und dem Angeklagten bekanntgegeben werden. Enthielt das Rechtsgutachten wesentliche Bedenken gegen das Urteil des Feldkriegsgerichts, so hatte der Gerichtsherr den übergeordneten Befehlshaber einzuschalten. Wenn der zur Aufhebung des Urteils berechtigte Befehlshaber das ihm vorgelegte Urteil nicht aufheben wollte, mußte er seinerseits eine Entscheidung seines übergeordneten Befehlshabers herbeiführen. Dieser entschied nach Einholung eines Rechtsgutachtens des richterlichen Militärjustizbeamten in seinem Stab, ob er das Urteil bestätigen oder aufheben wollte.

Wurde ein Urteil aufgehoben, so mußte der Gerichtsherr ein anderes erkennendes Gericht mit der Hauptverhandlung beauftragen, wenn der Befehlshaber, der das Urteil aufgehoben hatte, nicht von sich aus einen anderen Gerichtsherrn mit der Abwicklung des Falles betraute. [45]

Eine selbständige und vom Gericht unabhängige Strafverfolgungsbehörde wie die Staatsanwaltschaft kannte die deutsche Militärjustiz nicht. Als Ankläger trat in der Regel der dem Gericht beisitzende Offizier auf, der weisungsgebunden war und die Ansichten des Gerichtsherrn zu vertreten hatte. Lediglich die Ermittlungsverfahren lagen meistens in den Händen besonderer Gerichtsoffiziere, die jeweils für den Befehlsbereich eines Regimentes bestimmt wurden. Sie kamen aus der Rangklasse der Hauptleute oder Leutnante und wurden von den Gerichtsherren gelegentlich auch zur Vertretung der Anklage vor dem Kriegsgericht herangezogen. [46] Ebensogut konnte jedoch auch der dem Gericht beisitzende Offizier mit den Ermittlungen beauftragt werden, der normalerweise die Anklage vertrat. Diese den gerichtsherrlichen Entscheidungen unterworfenen Verfahrensweisen konnten zu einer Kompetenzkumulation der Kriegsgerichte führen, die mit dem zivilen Strafgerichtswesen nichts gemein hatte. Das war vor allem dann der Fall, wenn Ermittlung, Anklage und Urteil in den Händen der Mitglieder des Gerichts lagen.

Ein zweiter Vorwurf an die Wehrmachtjustiz betrifft die Weisungsgebundenheit der Militärrichter gegenüber den militärischen Vorgesetzten. § 7 (2) KStVO (Kriegsstrafverfahrensordnung) bestimmte: »Die richterlichen Militärjustizbeamten haben die Weisungen ihres Gerichtsherrn zu befolgen, soweit sie nicht als Richter im erkennenden Gericht mitwirken. Seine Entscheidungen außer der Bestätigung und Aufhebung der Feldurteile haben sie mitzuunterzeichnen. Sie übernehmen dadurch die Mitverantwortung für ihre Rechtmäßigkeit.« Ein Militärrichter, der eine Weisung oder Entscheidung des Gerichtsherrn nicht mittragen wollte, konnte, wenn seine Gegenvorstellung erfolglos blieb, lediglich einen Aktenvermerk anfertigen und dem Gerichtsherrn die alleinige Verantwortung überlassen, mehr nicht. [47] Die Weisungsgebundenheit des Militärrichters war unstrittig, wenn er die Funktion des Untersuchungsführers und des Vertreters der Anklage übernahm. Hinweise über das Strafmaß, das der Gerichtsherr aufgrund militärischer Überlegungen wünschte, wurden im allgemeinen mündlich gegeben. Sie mußten vom Vertreter der Anklage bei der Urteilsfindung befolgt werden, wenn in der Verhandlung keine wesentlich über die Ermittlungsergebnisse hinausgehenden neuen Gesichtspunkte auftauchten. Wurde ein Urteil vom Gerichtsherrn aufgehoben, so war der Anklagevertreter verpflichtet, auch in dem neuen Prozeß die Auffassung des aufhebenden Befehlshabers, wie sie aus dem Rechtsgutachten oder dem Übersendungsschreiben ersichtlich war, seinen Strafanträgen zugrunde zu legen, ob er wollte oder nicht. Nur wenn sich in der Hauptverhandlung nochmals neue Gesichtspunkte oder Tatsachen ergaben, die dem Gerichtsherrn bei seiner Entscheidung noch nicht bekannt gewesen

waren, durfte in Abweichung von der Auffassung des Gerichtsherrn oder höheren Befehlshabers eine andere Strafe beantragt werden. [48] Der Chef des Allgemeinen Marinehauptamtes im Oberkommando der Marine, Vizeadmiral Warzecha, begründete die Weisungsgebundenheit der Untersuchungsrichter und Anklagevertreter damit, daß rechtliche Zweifel an der Richtigkeit oder Zulässigkeit ergangener Weisungen irrelevant seien, weil die Verantwortung für einen Befehl derjenige trage, der ihn erteile, und nicht derjenige, der ihn auszuführen habe. [49]
Unterschiedliche Auffassungen zwischen den Gerichtsherren und den richterlichen Militärjustizbeamten rührten gelegentlich daher, daß die Gesetzgebung der Wehrmacht sich in erster Linie nach den Bedürfnissen des größten Wehrmachtteils, nämlich des Heeres, richtete und die Besonderheiten der anderen Wehrmachtteile durch die Oberkommandos bzw. die militärischen Befehlshaber bei Luftwaffe, Kriegsmarine und Waffen-SS nachträglich gewährleistet werden mußten. [50] Das Zusammenleben von Männern an Bord von Kriegsschiffen verlangte verständlicherweise andere Strafakzente als das Leben in einem Heeresbataillon, wo z. B. das Überlaufen zum Feind leichter war und eine größere Gefahr darstellte als bei der Kriegsmarine.

Auf die Unabhängigkeit des Richterstandes konnten sich die Militärjustizbeamten nur berufen, wenn sie als vorsitzende Richter fungierten. Es hing weitgehend von ihrer Persönlichkeit ab, ob sie den Vorgaben des Gerichtsherrn, wie sie aus den Strafanträgen ersichtlich waren, entsprachen oder ob sie zu einem selbständigen Urteil fanden.[51] Letzteres scheint häufiger der Fall gewesen zu sein. Es sind zahlreiche Urteile von Kriegsgerichten bekannt, mit denen die Gerichtsherren nicht einverstanden waren. Es war kein schlechtes Zeichen für das konkordante Rechtsbewußtsein der Militärrichter, wenn zwei oder drei Gerichte trotz des Vetos der Gerichtsherren und vorgesetzten Befehlshaber auf dem gleichen Strafmaß beharrten. Daß sich letztlich immer ein Gericht fand, das dem Willen der militärischen Vorgesetzten entsprach, ist eine andere Sache. Sie zeigt, daß sich der militärische Befehlshaber gegenüber den Militärgerichten durchsetzen konnte, wenn er hartnäckig genug war.

Gegen den Pionier Günther H. mußte das Gericht der 402. Ersatzdivision zweimal verhandeln, weil der Befehlshaber des Ersatzheeres, Generaloberst Fromm, wegen Fahnenflucht statt der Gefängnisstrafe ein Todesurteil forderte.

Erst das Gericht der Wehrmachtkommandantur Berlin, das mit der dritten Verhandlung beauftragt wurde, kam zu dem von Fromm gewünschten Spruch.[11] In der Strafsache gegen Oberst Armand du Plessis, der wegen Wehrkraftzersetzung angeklagt war, konnten sich die Kriegsgerichte gegen die Generale Hahm und Schörner durchsetzen. Es verblieb beim Freispruch.[53] Mit einem Freispruch endete auch das Kriegsgerichtsverfahren gegen den Kommandierenden General des LXXIV. Armeekorps, General Straube, der zum Ärger des Reichsorganisationsleiters der NSDAP, Dr. Robert Ley, die Ordensburg Vogelsang im Januar 1945 ohne Gegenwehr den Alliierten preisgegeben hatte, obwohl auch Feldmarschall Model eine Bestrafung befürwortete.[54]

Meistens behielten die Gerichtsherren mit ihrer militärischen und politischen Argumentation die Oberhand, vor allem wenn sie auf höhere Weisung ein Exempel statuieren mußten. Der Kampfkommandant und der Ortskommandant von Newel, das von der Roten Armee im Oktober 1943 wegen des Versagens einer Luftwaffenfeldeinheit im Handstreich genommen werden konnte, wurden zum Tode verurteilt und hingerichtet, obwohl sie nach dem Urteil des ermittelnden Richters keine Schuld traf. Hitler wünschte jedoch ihren Kopf, damit seine Befehle in Zukunft in ähnlichen Fällen respektiert würden. Eine Rolle spielte dabei »das unheilvolle Wirken« des Generals der Artillerie Eugen Müller[55], dem als General z.b.V. die Amtsgruppe Heeresrechtswesen, die spätere Heeresfeldjustizabteilung, unterstellt war und der in seiner Unterwürfigkeit gegen Vorgesetzte über Leichen ging.

Bekannt ist auch der Fall des Marineartilleriegefreiten Anton Melzheimer, der am 17. 1. 1944 wegen Fahnenflucht vom Gericht der Wehrmachtkommandantur Wien nur zu 10 Jahren Zuchthaus verurteilt worden war. Der Oberbefehlshaber des Marinegruppenkommandos West hob das Urteil auf und ordnete eine erneute Verhandlung an, in der gleichfalls 15 Jahre Zuchthaus zuerkannt wurden. Als oberster Gerichtsherr der Kriegsmarine kassierte Großadmiral Dönitz das Urteil erneut und beauftragte das Gericht der Kriegsmarine in Berlin mit einer neuen Verhandlung. Als auch dieses Gericht auf 15 Jahre Zuchthaus erkannte, wurde dieses Urteil mit einem Gutachten des Chefs der Marinerechtsabteilung Rudolphi erneut aufgehoben, weil der Angeklagte, der jüdischer Mischling war, »besser als jeder Deutschblütige gestellt« werde. Erst das Reichskriegsgericht sprach am 20. 7. 1944, am Tage des Attentats gegen Hitler, die erwartete Todesstrafe aus, die am nächsten Tag vollstreckt wurde.[56]

In eine besonders schwierige Lage kamen die Kriegsgerichte, wenn der Gerichtsherr Urteile zwar im Schuldspruch bestätigte, aber den Strafausspruch aufhob, d. h. wenn Teilbestätigungen ergingen, denen die Richter im Folgeverfahren im Strafmaß zu entsprechen hatten. Das führte gelegentlich dazu, daß sie Strafen für Taten verhängen mußten, die sie selbst nicht feststellen konnten. Folgendes Beispiel belegt den Sachverhalt: Ein Soldat war wegen unerlaubter Entfernung und Kameradendiebstahls zu neun Jahren Zuchthaus verurteilt worden. Der Gerichtsherr, der in dem Mann einen Gewohnheitsverbrecher sah, forderte die Todesstrafe. In der darauffolgenden Verhandlung wurde die Schuldfrage nicht mehr erörtert. Um den Gerichtsherrn zufriedenzustellen, wurde auf Fahnenflucht statt auf unerlaubte Entfernung erkannt. Das ermöglichte die Todesstrafe. [57]

Da der Gerichtsherr zugleich der Disziplinarvorgesetzte der Wehrmachtrichter war, der die dienstlichen Beurteilungen verfaßte, paßten sich viele Richter lieber den Vorstellungen der Gerichtsherren an, als daß sie gegenargumentierten. Die einzige Sicherheit der Militärrichter gegenüber dem Vorgesetzten war die Gewähr, daß keiner wegen des sachlichen Gehalts einer nicht angenehmen richterlichen Entscheidung zur Entlassung vorgeschlagen werden durfte. Die Richterentlassung war Sache des Chefs des OKW, der als einziger in Vertretung des Führers das »richterliche Lehen« zurückfordern durfte. [58] Aber Versetzungen von unliebsamen Militärrichtern konnte jeder militärische Vorgesetzte auch gegen deren Willen erwirken.

Der Verzicht auf Rechtsmittel im militärischen Strafverfahren wurde von den Militärrichtern als eine durch die außergewöhnlichen Verhältnisse des Krieges gebotene Notmaßnahme akzeptiert. Nur wenn »schwerwiegende Bedenken« gegen die Richtigkeit eines »rechtskräftigen Urteils« aufkamen oder neue Tatsachen oder Beweismittel beigebracht werden konnten, durften die Oberbefehlshaber der Wehrmachtteile, von Hitler ermächtigt, rechtskräftige Urteile aufheben und eine neue Hauptverhandlung – diesmal vor dem Reichskriegsgericht – anordnen. [59]

Wehrmachtkriminalstatistik

Auswertung

Die Wehrmachtkriminalstatistik wurde bis einschließlich November 1944 – für das Ersatzheer bis Dezember 1944 – mit bürokratischer Akribie in der Amtsgruppe Heeresrechtswesen des Oberkommandos des Heeres geführt. Bis vor kurzem waren die Unterlagen im Militärarchiv der Nationalen Volksarmee der DDR nur für Wissenschaftler aus dem Ostblock einzusehen. Die Veröffentlichungen darüber sind deshalb ideologisch geprägt. Otto Hennicke publizierte 1966 erstmals Auszüge aus dem Dokument. Seine Angaben sind zwar sachlich richtig, werden aber politisch interpretiert. Er liest aus ihnen das Absinken der deutschen Kampfmoral angesichts der Schläge durch die Rote Armee und »die wachsende Rolle des Justizterrors in der Wehrmacht für die Aufrechterhaltung der Kampfkraft der Truppen« heraus. [60]
Die Forschung der DDR konzentrierte sich besonders auf die Kriminaldelikte im Heer, weil aus ihnen am besten ablesbar schien, daß die Zahl der Straftaten nach dem Überfall auf die Sowjetunion überproportional stieg. Dieser Tendenz habe die Heeresführung mit dem Ausbau des Justizapparates vergeblich Herr zu werden versucht. Die Militärjustiz habe sich jedoch nicht als das »geeignete Instrument zur Disziplinierung im Interesse der Verwirklichung der faschistischen Kriegs- und Eroberungsziele« erwiesen. [61] Diese Aussage ist nur insofern richtig, als sich im Feldheer zwischen Oktober 1941 und Juli 1942 die Zahl der gerichtlich abgeurteilten Straftaten fast verdoppelte. Sie blieb dann aber bis April 1944 relativ stabil. [62] Für die gesamte Wehrmacht gesehen, machte die Zahl der militärischen Verbrechen und Vergehen weder in der 2. Jahreshälfte 1941 oder irgendwann danach einen Sprung nach oben, [63] noch zeigt die Zahl der verhängten Freiheitsstrafen für Zuchthaus und Gefängnis über 1 Jahr, gemessen an jeweils 100 000 Mann, im Laufe des Krieges bei Heer und Luftwaffe – und nur diese waren vom Rußlandfeldzug betroffen – auffällige Veränderungen. [64]

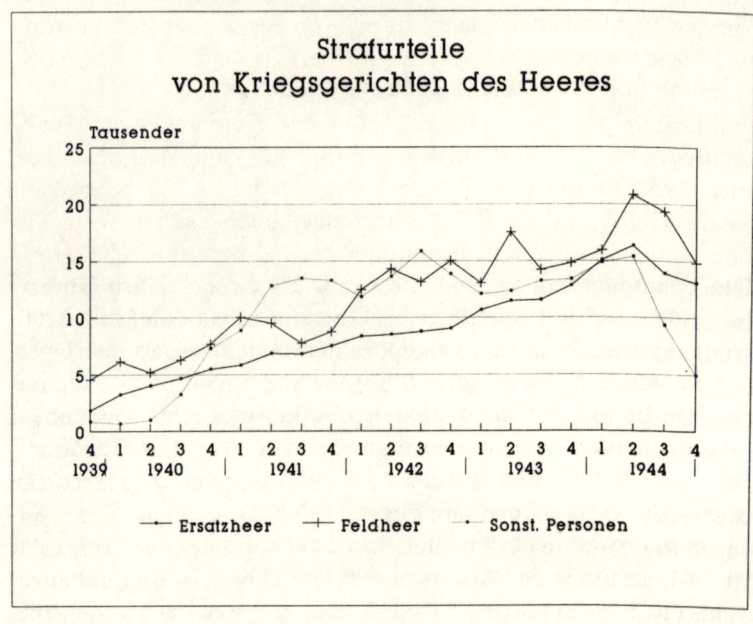

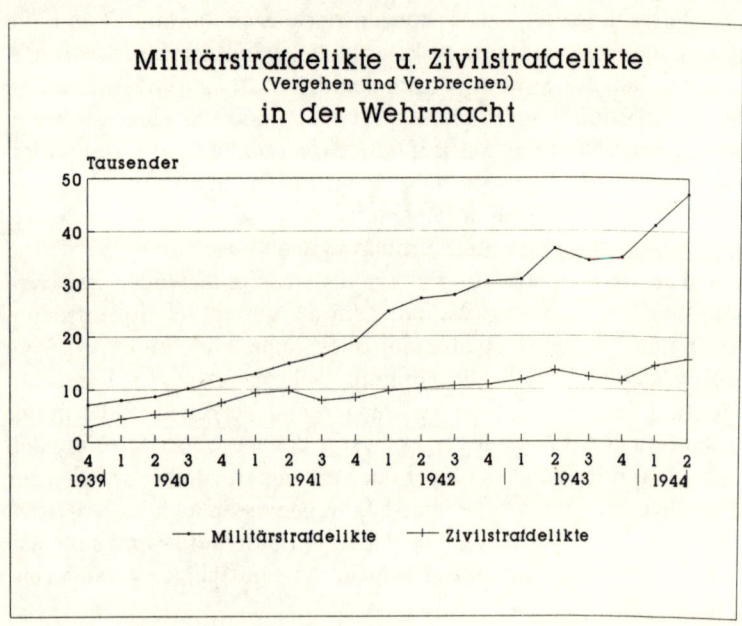

Von den Wehrmachtgerichten wurden von September 1939 bis Juni 1944 insgesamt 626 210 Straftaten abgeurteilt. 444 243 waren Militärdelikte und 181 967 zivile Straftaten. [65]
Vom Beginn des Krieges bis Ende Juni 1944 verhängten die Wehrmachtgerichte 9731 Todesurteile über Soldaten und Wehrmachtbeamte, 1950 Todesurteile über angeklagte Legionäre und Angehörige des Gefolges sowie 10 771 Todesurteile über Zivilpersonen, vor allem in den besetzten Gebieten, und über Kriegsgefangene. Hennicke behauptet, daß bis Ende 1944 an Soldaten und Wehrmachtbeamten 8650 und an Legionären und Angehörigen des Gefolges 1700 Urteile vollstreckt wurden. Diese Zahlen sind ebensowenig bewiesen wie seine Angaben über die Zeit von Januar 1945 bis zum Kriegsende. Mit Hilfe statistischer Extrapolationen kommt Hennicke für den gesamten Zeitraum des Krieges auf 15 300 Todesurteile über Soldaten und Wehrmachtbeamte, von denen 13 800 vollstreckt wurden, und auf 3500 Urteile über Legionäre und Angehörige des Gefolges, von denen 3150 vollstreckt wurden. [66] Alle Aussagen Hennickes zielen darauf ab, die Brutalität der Militärjustiz zu untermauern. Sie lassen mit Absicht außer acht, daß spätestens ab 1944 eine wachsende Zahl von Todesurteilen in

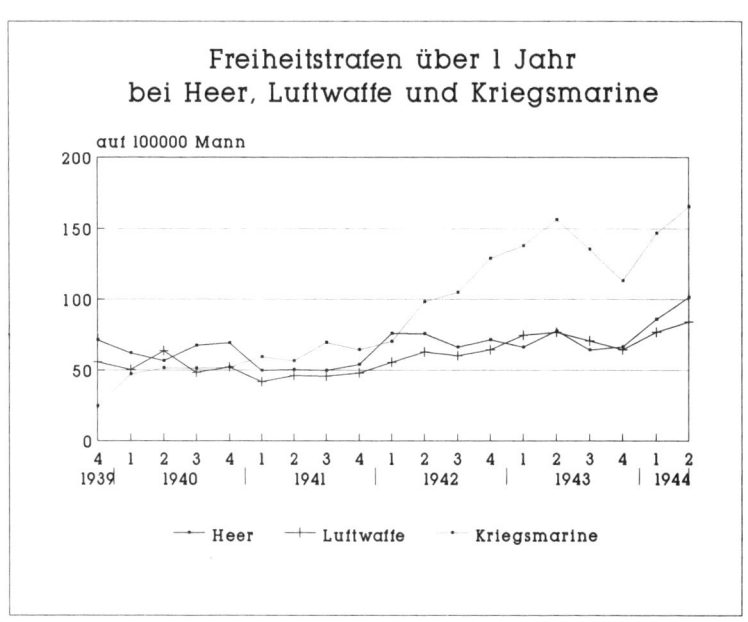

Zuchthausstrafen umgewandelt und zur Bewährung ausgesetzt wurde. [67]

Todesstrafen

Angehörige der Waffen-SS waren in weitaus größerer Gefahr, mit Todesstrafen belegt zu werden, als Soldaten der Wehrmacht. Während Heer und Marine im Jahresdurchschnitt 1940-1944 nahe beieinander lagen, betrug die Zahl der Todesurteile bei der Waffen-SS in den Jahren 1940-1942 gemessen an der Personalstärke etwa das Fünffache. Erst 1943 stieg die Zahl der Todesurteile bei Heer und Marine bis auf fast die Hälfte der gleichen Strafe bei der Waffen-SS an. Im ersten Halbjahr 1944 wuchs die Zahl bei Heer und Kriegsmarine noch einmal bei gleichzeitiger Verringerung in der Waffen-SS, so daß die bemerkenswerten Unterschiede der Vorjahre wegfielen. Daß in der Waffen-SS 1942 und 1943 eine übermäßig große Zahl von Todesurteilen ausgesprochen wurde, hing mit der Rekrutierung von Volksdeutschen und Ausländern für die Waffen-SS zusammen. Außerdem gab es bei der Waffen-SS mehr todeswürdige Verbrechen als bei den Wehrmachtteilen, weil der Ordens- und Elitegedanke in dieser politisch geprägten Organisation die Ausschöpfung des Strafrahmens verlangte. Feigheit vor dem Feind, Eigentumsdelikte und Homosexualität verstießen gegen Solidarität und Kameradschaft und wurden deshalb weit strenger bestraft als bei Heer, Luftwaffe und Kriegsmarine. [68]
Von den Todesurteilen wurden vom Beginn des Krieges bis Mitte 1944 376 an SS-Angehörigen, 138 an Polizeiangehörigen und 198 an Angehörigen der Hilfsverbände vollstreckt. [69]
Daß Legionäre und Angehörige des Gefolges auch in der Wehrmacht ab Mitte 1942 die Statistiken der Todesstrafen veränderten, geht aus einem Vergleich der Kurven hervor, mit denen die Todesstrafen bei Heer, Luftwaffe und Kriegsmarine mit Legionären und Gefolge auf der einen Seite und ohne Legionäre und Gefolge auf der anderen Seite verglichen werden. [70]
Läßt man Legionäre und Angehörige des Gefolges außer Betracht, so ergeben sich für die Verhängung von Todesstrafen in den drei Wehrmachtteilen interessante Hinweise. Umgerechnet auf jeweils 100 000 Mann haben Todesurteile bei Kriegsmarine und Heer sowohl den gleichen Umfang wie die gleiche Progression, während

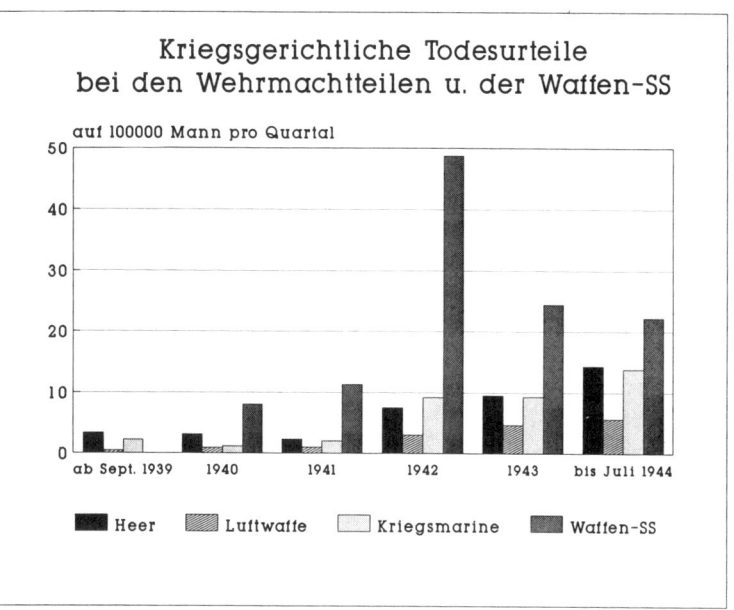

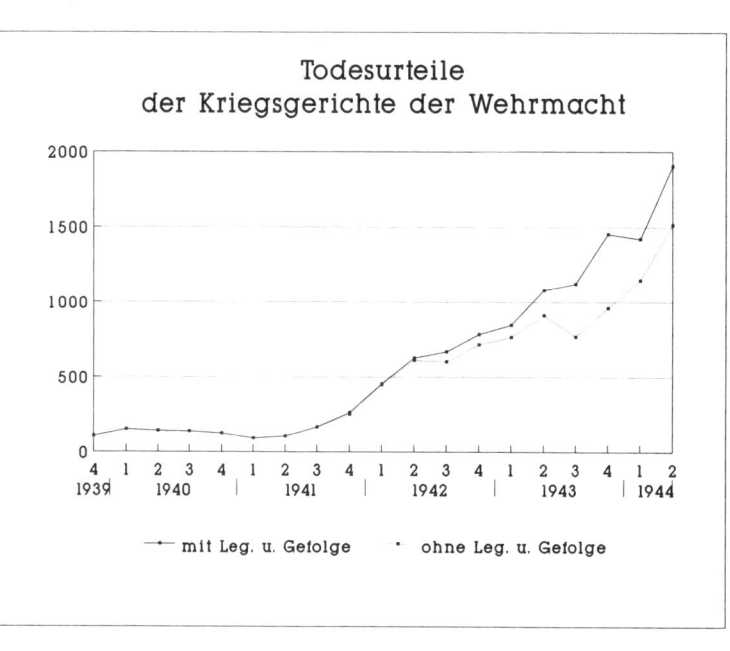

in der Luftwaffe nur etwa halb so viele Todesurteile ausgesprochen wurden. Die Strenge der Heeres- und Marinerichter erklärt sich wohl aus den Erfahrungen des Jahres 1918, nach denen entsprechend der Dolchstoß-Legende die durch die Heimat bewirkten Disziplinlosigkeiten zum Abbröckeln der Front führten. Ähnliche Erscheinungen wollte man im neuen Krieg unbedingt vermeiden. Jedes 54. Urteil eines Heereskriegsgerichts war ein Todesurteil. [71]

Insgesamt wurden von den Kriegsgerichten des Heeres bis einschließlich November 1944 10 191 Todesurteile über Soldaten und Wehrmachtbeamte gefällt. Die Steigerung wird deutlich, wenn man beachtet, daß zu Beginn des Krieges 0,6% aller Urteile auf Todesstrafe lauteten, Ende 1944 jedoch rund 6%. [72] 1943 wurden von den Kriegsgerichten erstmals mehr Todesurteile über Soldaten ausgesprochen als von zivilen Strafgerichten des ganzen Großdeutschen Reiches über Zivilisten. [73]

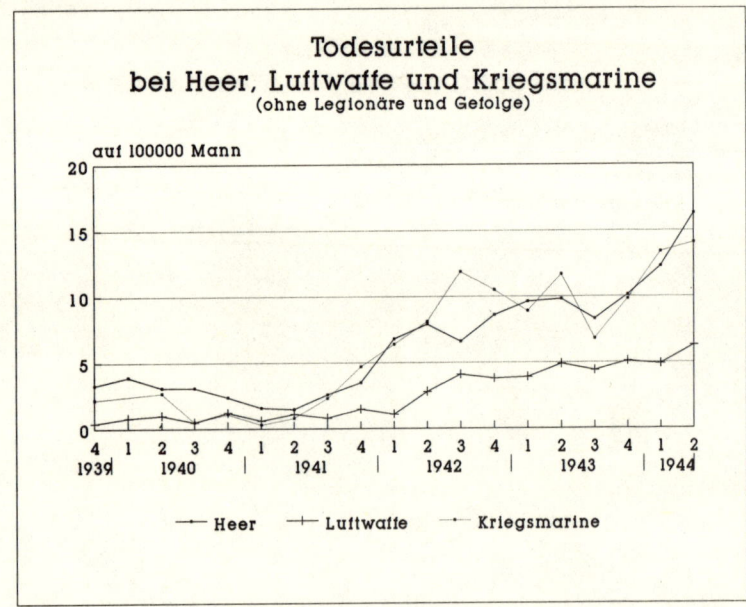

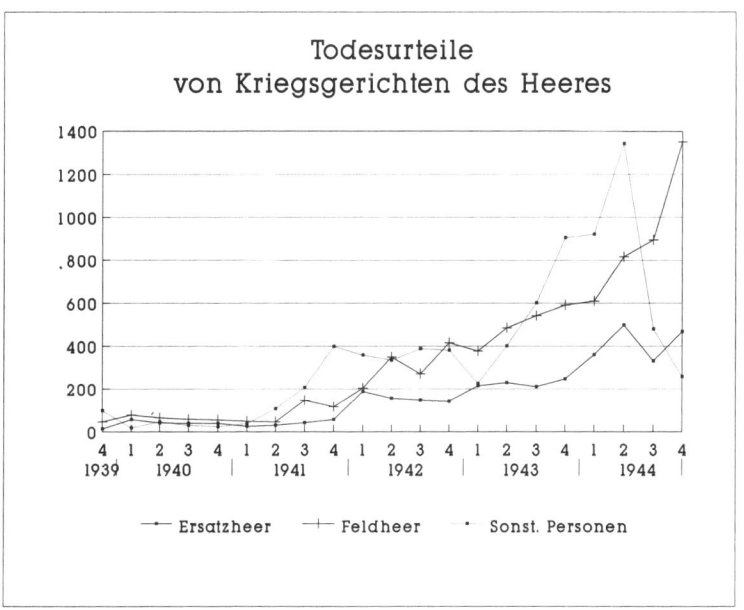

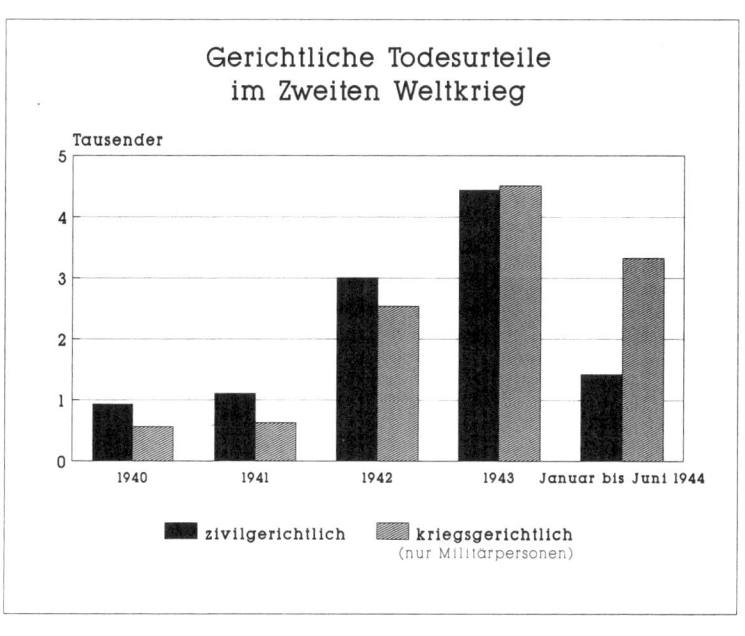

Zuchthausstrafen und Sicherheitsverwahrung

Bis Ende Juni 1944 sprachen deutsche Kriegsgerichte 22 924 Zuchthausstrafen aus. Während bis einschließlich 1941 Zuchthausstrafen in den drei Wehrmachtteilen im wesentlichen proportional zur Personenzahl verhängt wurden, stieg ihre Zahl ab 1942 bei der Kriegsmarine überproportional an. Im 1. Quartal 1943 war sie fast doppelt so hoch wie beim Heer und dreimal so hoch wie bei der Luftwaffe. Der Grund lag zum einen in der großen Zahl der bürgerlichen Vergehen und Verbrechen, die von Matrosen begangen wurden [74], zum anderen war die Disziplin auf Schiffen besonders schwer aufrechtzuerhalten, weil die Matrosen eng beieinander wohnten und endlos Wartezeiten zu überstehen hatten. Verstöße gegen die Mannszucht waren häufiger als bei Heer und Luftwaffe. Dazu kam das tief sitzende Trauma der Meuterei in der Kaiserlichen Marine von 1918. Erst im letzten Kriegsjahr nahm die Progression bei Heer und Luftwaffe einen ähnlichen Verlauf wie bei der Kriegsmarine. [75]

Von Kriegsgerichten des Heeres wurden zwischen Januar 1941 und November 1944 6048 Verurteilte zur Sicherheitsverwahrung in ein

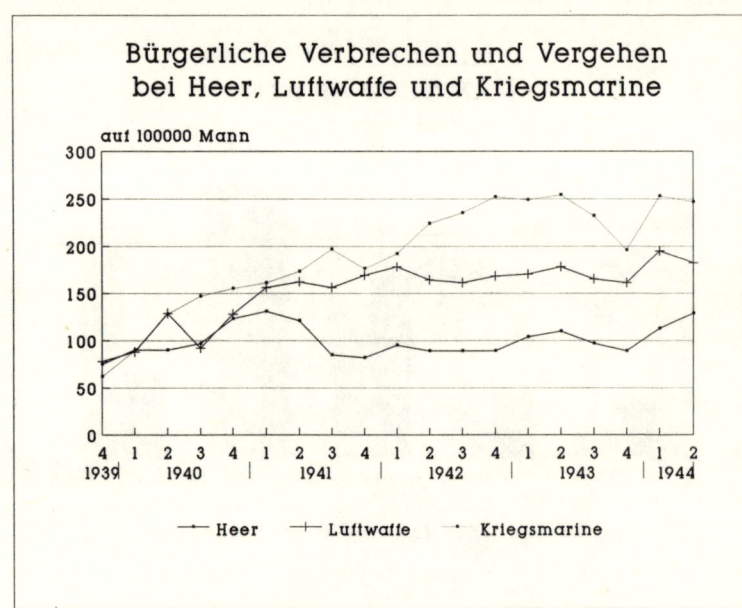

Straflager geschickt, die meisten in Verbindung mit einer hohen Zuchthausstrafe. [76] Im Laufe des Krieges sank die Rate um ein Drittel.

Gefängnisstrafen

Auch bei Gefängnisstrafen über 1 Jahr weist die Kriegsmarine eine andere Progression auf als Heer und Luftwaffe. Ab 1942 nimmt ihre Zahl unverhältnismäßg zu. Von 100 000 Mann wurden in der Kriegsmarine bis zu 138 mit Gefängnisstrafen von 1 bis 15 Jahren belegt, während bei Luftwaffe und Heer während des gesamten Kriegsverlaufs diese Gefängnisstrafen auf 40–60 Soldaten von 100 000 pro Quartal beschränkt blieben. Eine differenzierte Statistik über die Länge der ausgesprochenen Gefängnisstrafen gibt es nicht. Es wurden insgesamt 84 356 Urteile dieser Art verhängt. Auch bei Gefängnisstrafen zwischen 6 und 12 Monaten hatte die Kriegsmarine ein doppelt so großes Aufkommen wie Heer und Luftwaffe ab Mitte 1941. Bis zu diesem Datum wurden Gefängnisstrafen über 6 Monaten bis zu einem Jahr in allen Wehrmachtteilen prozentual in gleicher Höhe ausgesprochen. Es gab insgesamt

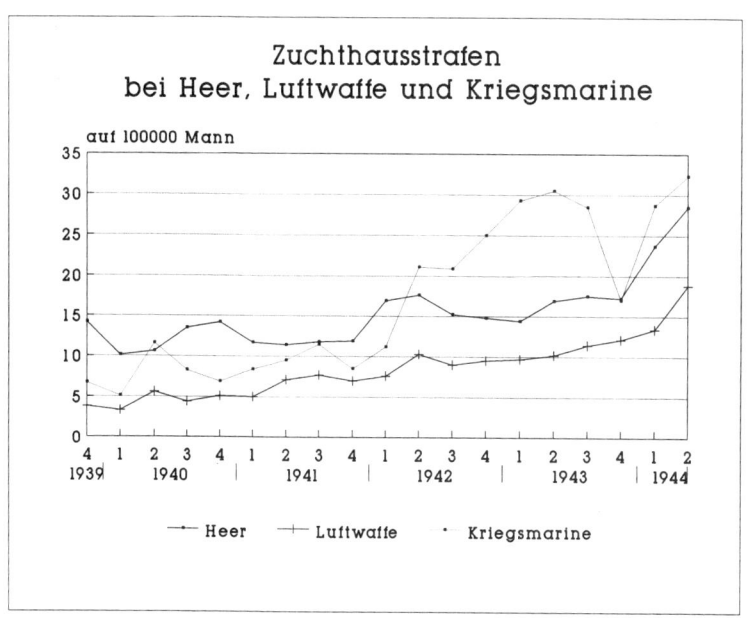

84 393 Urteile dieser Art. Bei Gefängnisstrafen bis zu 6 Monaten zeigt die Statistik dagegen eine lineare Steigerung bei allen Wehrmachtteilen. 233 259 Soldaten und Wehrmachtbeamte ereilte diese Strafe. Gefängnisstrafen bis zu 6 Monaten und von 6 Monaten bis zu einem Jahr wurden bei der Luftwaffe in größerer Zahl verhängt als beim Heer. Daraus kann geschlossen werden, daß die Luftwaffenrichter Delikte, die bei Heer und Kriegsmarine mit hohen Gefängnisstrafen oder gar mit Zuchthaus belegt wurden, nur mit Gefängnis bis zu einem Jahr bestraften. [77]

Festungshaft

Festungshaftstrafen blieben während des Zweiten Weltkrieges zahlenmäßig marginal. Beim Heer wurden von 100 000 Mann maximal 5 Soldaten im Quartal mit dieser Strafe belegt. Bei Luftwaffe und Kriegsmarine spielte sie überhaupt keine Rolle. Dort ist sogar eine sinkende Tendenz zu beobachten. Insgesamt gab es zwischen dem 28. 8. 1939 und 30. 6. 1944 nur 3390 Festungshäftlinge. [78]

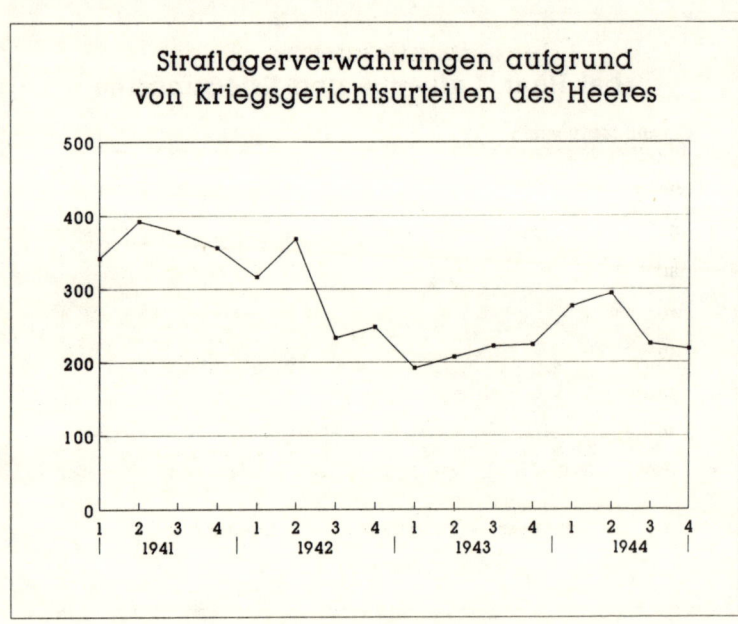

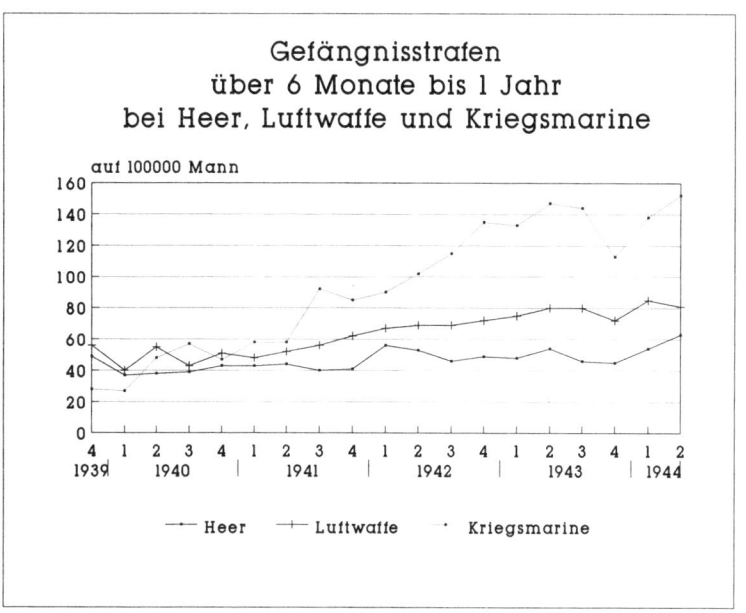

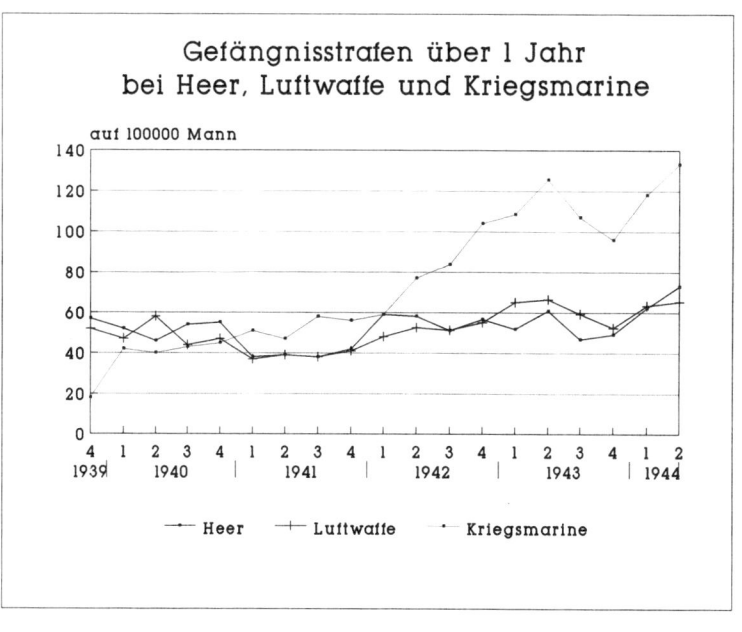

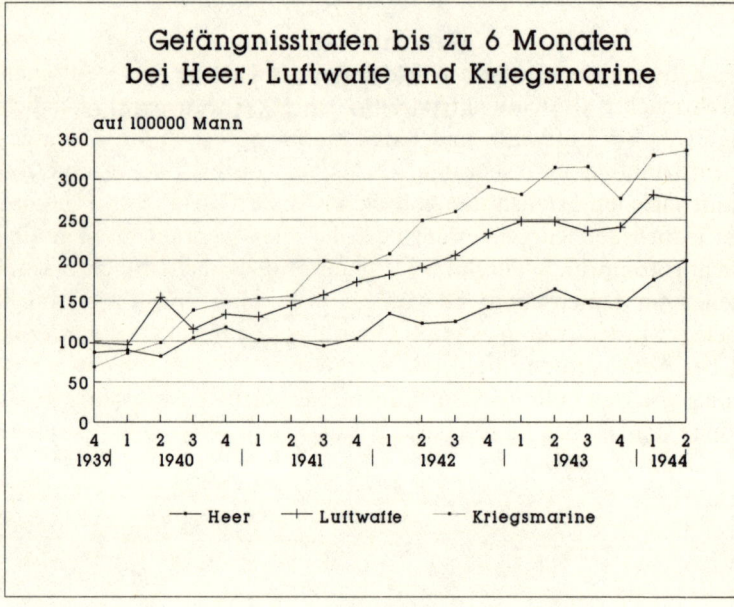

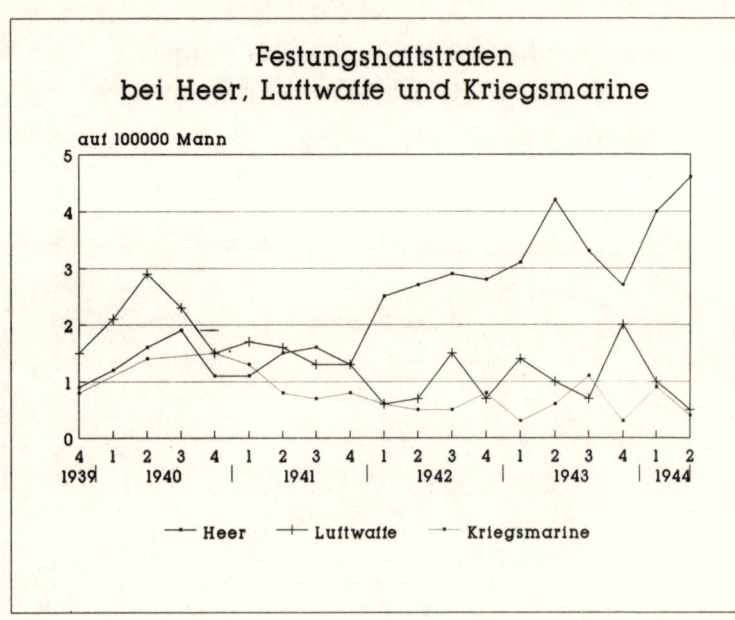

Arreststrafen

Es gab weniger kriegsgerichtliche Arreststrafen in der Deutschen Wehrmacht als Gefängnisstrafen unter 6 Monaten, nämlich 176 773. Bei Luftwaffe und Kriegsmarine sprachen die Kriegsgerichte häufiger Arreststrafen aus als beim Heer. 1942 machte die Luftwaffe am extensivsten von dieser Strafe Gebrauch. Insgesamt ist jedoch der Kurvenverlauf bei allen drei Wehrmachtteilen einsichtig konform. Während im 1. Quartal 1940 in allen Wehrmachtteilen im Durchschnitt 50 von 100 000 Mann mit Arreststrafen belegt wurden, waren es im 2. Quartal 1944 zwischen 130 und 230. Über Arreststrafen, die gemäß der Wehrmachtdisziplinarstrafordnung von den militärischen Vorgesetzten verhängt wurden, gibt es keine statistischen Unterlagen.

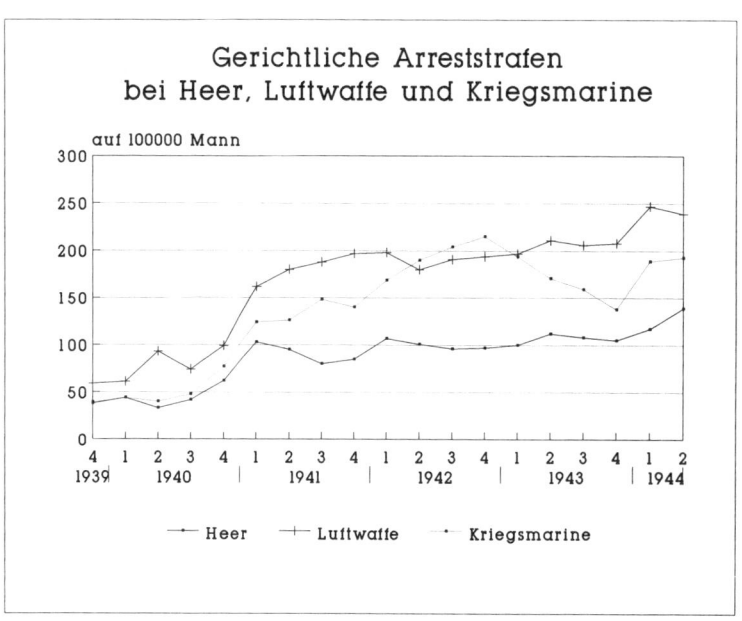

Wehrmachtgnadenordnung

Die Gnadenordnung für die Wehrmacht (WGnO) vom 1. 7. 1938 wurde am 23. 8. 1939 vom Oberbefehlshaber des Heeres, Generaloberst von Brauchitsch, durch die »Gnadenordnung für das Heer im Krieg und bei besonderem Einsatz« (KHGnO) den Besonderheiten des bevorstehenden Feldzugs gegen Polen angepaßt. Die Zuständigkeiten für Gnadenentscheidungen waren wie folgt geregelt: Dem Oberbefehlshaber der Wehrmacht, Adolf Hitler, oblag die Ausübung des Gnadenrechts in all den Fällen, in denen ihm oder dem Präsidenten des Reichskriegsgerichts nach §§ 79 Abs. 1 und 80 KStVO das Bestätigungs- und Aufhebungsrecht von kriegsgerichtlichen Urteilen zustand, d. h. insbesondere wenn Offiziere oder Wehrmachtbeamte im Offiziersrang zum Tode oder wegen eines Verbrechens oder Vergehens des Mißbrauchs der Dienstgewalt verurteilt worden waren. Die Niederschlagung von Strafverfahren war Hitler als oberstem Gerichtsherrn vorbehalten.
Die Oberbefehlshaber der Wehrmachtteile übten das Gnadenrecht in den Fällen aus, in denen gegen Offiziere oder Wehrmachtbeamte im Offiziersrang auf eine Freiheitsstrafe von mehr als sechs Monaten erkannt war und in denen Unteroffiziere, Mannschaften, Wehrmachtbeamte ohne Offiziersrang oder sonstige der Wehrmachtgerichtsbarkeit unterstellte Personen zum Tode oder zu Freiheitsstrafen von zwei oder mehr Jahren verurteilt worden waren. Während des Krieges delegierten sie das Gnadenrecht auf die ihnen unmittelbar nachgeordneten Dienststellen und Oberbefehlshaber, für das Ersatzheer z. B. auf den Befehlshaber des Ersatzheeres, Generaloberst Fromm (vgl. S. 53).
Die Oberbefehlshaber der Armeen, der Befehlshaber des Ersatzheeres und der Generalquartiermeister übten das Gnadenrecht in den Fällen aus, in denen gegen Offiziere oder Wehrmachtbeamte im Offiziersrang auf Geldstrafe oder Freiheitsstrafe bis zu sechs Monaten und gegen Unteroffiziere, Mannschaften oder Wehrmachtbeamte ohne Offiziersrang oder sonstige der Wehrmachtsgerichtbarkeit unterstellte Personen auf Geldstrafe oder Freiheitsstrafe unter 2 Jahren erkannt worden war. Bei Angehörigen der

Wehrmachtgnadenordnung 53

In: Wehrm.Kdtr. Berlin, Arch.Nr. 2716
der Wehrmachtkommandantur

Berlin

V Nr. 142 /19 43

Ich bestätige das Urteil v. 31. III. 43
Das Urteil ist zu vollstrecken.
Ich sehe zu einem Anlass hierzu
ohne ihn einen Gnadenerweis ab.
Berlin, den 2.4.4.1943.
Der Chef H. Rüst u Bd.E

gez. Fromm,
Gen. Obst.

Urteil mit Gründen abgesetzt vom OKH.
am ....
Justiz-ober-inspektor
Mit den Gründen und den richterlichen
Unterschriften zu den Akten gebracht
am 5.4.43
Herzog Justiz-inspektor
Rechtskräftig geworden am 24.4.43
.... 3.5. 19 43
Justiz-ober-inspektor

Feldurteil
Im Namen des Deutschen Volkes!

In der Strafsache gegen den Pionier Günther H o h e n s e e,
3./Pi.Ers.Btl.2 Stettin-Podejuch, z.Zt. WUG, Berlin-Tegel,
geb. am 20.1. 19 23 in Stettin,
wegen Fahnenflucht u.a.

hat das am 31. März 19 43 in Berlin
zusammengetretene Feld-Kriegsgericht der Wehrmachtkommandantur Berlin,

als Richter:

Kriegsgerichtsrat Dr. Bueren, als Verhandlungsleiter,
Oberst Conze, Panzertruppenschule,
Gefr. Krupski, Ldschtz.Btl.320,

als Vertreter der Anklage:

Feld-Kriegsgerichtsrat Dr. Koch,

als Urkundsbeamter der Geschäftsstelle:

Heeresjustiz-inspektor Bahlo,

für Recht erkannt: Der Angeklagte wird wegen Fahnenflucht
zum T o d e und zum Verlust der Wehrwürdigkeit verurteilt.
Außerdem werden ihm die bürgerlichen Ehrenrechte
für dauernd aberkannt.

Gründe

Luftwaffe, deren Straftat »mit der Eigenart der Luftwaffe zusammenhing«, z. B. fliegerischer Ungehorsam, d. h. Abweichen von der vorgeschriebenen Flugroute, sollte der Oberbefehlshaber einer Armee den Kommandeur der Luftwaffe beim Armeeoberkommando und der Generalquartiermeister den General der Luftwaffe beim Oberbefehlshaber des Heeres hören.
Ein Gnadengesuch führte nur dann zur Aufschiebung des Strafvollzugs, wenn der Gerichtsherr das Gnadengesuch befürwortete und die Wahrscheinlichkeit einer positiven Erledigung in einem solchen Umfang zu erwarten war, »daß der sofortige und weitere Vollzug der Strafe den erwarteten Gnadenerweis ganz oder teilweise gegenstandslos machen würde«. Der Gerichtsherr hatte zu jedem Gnadengesuch Stellung zu nehmen. Beim Feldheer hatte er das Gnadengesuch dem übergeordneten Armeeoberbefehlshaber oder dem Generalquartiermeister, beim Ersatzheer dem Befehlshaber des Ersatzheeres vorzulegen.
Auch Todesurteile durften nur dann ausgesetzt werden, wenn der Gerichtsherr »nach seinem pflichtgemäßen Ermessen« mit der Wahrscheinlichkeit eines Gnadenerweises rechnen konnte. Im Prinzip waren Todesurteile unverzüglich nach Bestätigung des Urteils zu vollstrecken. [79] Gegen diese Weisung wurde im Krieg häufig verstoßen, am häufigsten im Ersatzheer. Dort wurden Exekutionen auch in völlig aussichtslosen Fällen zurückgestellt, z. B. wenn der Gerichtsherr das Gnadengesuch nicht befürwortete oder bereits ein vorhergehender Begnadigungsantrag abgelehnt worden war. Die Gerichtsherren des Ersatzheeres wurden vom Chef der Heeresrüstung und Befehlshaber des Ersatzheeres Mitte 1944 verärgert darauf aufmerksam gemacht, daß der Vollzug der Todesstrafe nur dann ausgesetzt werden dürfe, wenn mit einem Gnadenerweis zu rechnen war. Im übrigen sollten sie dafür sorgen, »daß Todesurteile unverzüglich vollstreckt werden«. [80]
Am 26. 1. 1942 erließ Hitler einen »Erlaß über Gnadenmaßnahmen bei hervorragender Bewährung während des Krieges«. Mit diesem Erlaß sollte Wehrmachtangehörigen, »die gefehlt haben«, die Möglichkeit gegeben werden, »durch Tapferkeit vor dem Feind grundsätzlich ihren ehrenvollen Platz in der Volksgemeinschaft« zurückzugewinnen. Ohne Bewährung sollte kein Soldat begnadigt werden. Erst wenn der Bestrafte sich »durch besonderen Mut und beispielhaftem Einsatz hervorgetan« und »sich längere Zeit gut geführt« hatte, durfte er zur Begnadigung vorgeschlagen werden.

Die zusätzliche Tilgung der Strafe im Strafregister setzte außerdem voraus, daß er »nach seiner Persönlichkeit unter Berücksichtigung seiner Verfehlung die Gewähr für künftiges Wohlverhalten« bot. Nur in Einzelfällen war ein Gnadenerweis auch dann zulässig, wenn der »Bestrafte zu Beweisen besonderen Mutes und beispielhaften Einsatzes keine Gelegenheit hatte, sich aber in anderer Weise hervorragend bewährt und 2 Jahre lang gut geführt« hatte. [81] Die Disziplinarvorgesetzten hatten die Pflicht, geeignete Soldaten für Gnadenmaßnahmen vorzuschlagen, wenn diese von sich aus keinen Antrag stellten. Der Vorschlag des Disziplinarvorgesetzten mußte darlegen, »wann und in welcher Weise sich der Bestrafte durch besonderen Mut und beispielhaften Einsatz hervorgetan« hatte. Zeugen und sonstige Beweismittel waren anzugeben. Außerdem mußte dem Vorschlag eine eingehende Beurteilung des Bestraften beigefügt werden und er Angaben über das erkennende Gericht, die Straftat, die verhängte Strafe und die Dauer der Strafverbüßung enthalten. Bei Schwerstverwundeten hatten auch die Chefärzte der Lazarette das Recht, Gnadenvorschläge zu machen. Dazu waren ein wehrmachtärztliches Zeugnis über Zeitpunkt und Art der Verwundung und Angaben über den voraussichtlichen Grad und die Dauer der Verwundung beizufügen. [82]

Für vermißte und in Gefangenschaft geratene Soldaten waren Gnadenerweise nur zulässig, wenn eine Straftat oder ein »Verstoß gegen die soldatische und weltanschaulich-politische Haltung« ausgeschlossen war. Insbesondere mußte sichergestellt sein, daß sie nicht desertiert waren. [83]

Die Feststellung, daß ein Wehrmachtangehöriger sich durch hervorragenden Mut und beispielhaften Einsatz vor dem Feind ausgezeichnet hatte und damit »von jedem Makel befreit sei«, war dem Oberkommando der Wehrmachtteile vorbehalten. Als Gnadenerweise oder Gnadenmaßnahmen kamen in Frage: völliger oder teilweiser Straferlaß, Umwandlung in eine mildere Strafart, bedingte Strafaussetzung mit Bewährungsfrist, Aufhebung des Rangverlustes, Tilgung der Strafe im Strafregister oder Anordnung der beschränkten Auskunft, Wiederherstellung des Berufssoldatenverhältnisses, Beseitigung der fürsorge- und versorgungsrechtlichen Folgen einer Verurteilung. Art und Umfang des Gnadenerweises oder der Gnadenmaßnahme hatten sich einerseits nach der Schwere der Verfehlung und der Vorstrafen zu richten und andererseits nach den kämpferischen Leistungen und der Führung des Bestraften. »Je schwerer die Tat wiegt, desto höhere Anforderungen werden an das Maß der Bewährung gestellt.«[84] Bei Gefallenen war der Vermerk im Strafregister von Amts wegen zu löschen. Wegen der fürsorge- und versorgungsrechtlichen Folgen der Verurteilung für die Hinterbliebenen und zur Wiederherstellung des verlorenen Ranges war jedoch eine Gnadenmaßnahme erforderlich. [85] Im allgemeinen dauerten Gnadenmaßnahmen Wochen oder Monate. Die militärischen Kommandostellen klagten immer wieder darüber, daß die Belohnung für besondere Tapferkeit der Tat nicht unmittelbar folge. [86] Mit Zustimmung des Reichsjustizministeriums ermächtigte deshalb das Oberkommando der Wehrmacht am 4. 6. 1944 alle Oberbefehlshaber der Armeen und ihnen gleichgestellte Befehlshaber, allen von den Regimentskommandeuren vorgeschlagenen Bewährungsmännern sofort die endgültige Wehrwürdigkeit zuzusprechen. [87]

Für Gnadenerweise in Disziplinarsachen waren die Oberbefehlshaber der Armeen und die ihnen gleichgestellten Befehlshaber von vornherein zuständig. In diesem Fall war die Strafeintragung im Soldbuch und in den Beurteilungsnotizen unkenntlich zu machen. Die Disziplinarstrafen von Gefallenen waren grundsätzlich zu tilgen. [88]

Soldaten, denen durch ein Gerichtsurteil das Tragen von Orden und Ehrenzeichen aberkannt worden war, konnten die Erlaubnis, Orden und Ehrenzeichen wieder zu tragen, nur durch eine Gnadenentschließung des Oberbefehlshabers ihres Wehrmachtteils erlangen. [89]

Strafaussetzung zur Bewährung

Zu Beginn des Krieges wurde der Vollzug von Freiheitsstrafen für Wehrmachtangehörige und wehrwürdige Zivilpersonen im Prinzip ausgesetzt. Nur »aus wichtigen Gründen« konnte der Gerichtsherr bestrafter Soldaten und einberufener Rekruten die sofortige Verbüßung einer Strafe anordnen. [90] Im Normalfall wurde die Bestrafung zurückgestellt. Die straffälligen Soldaten blieben in der Truppe, wenn keine Gefährdung der Mannszucht zu befürchten war. Straffällige Wehrpflichtige wurden eingezogen. Damit sollte sichergestellt werden, daß der Truppe kein Personal entzogen wurde und daß es keine Möglichkeit gab, sich durch Straftaten vom

Kriegseinsatz zu drücken.[91] Der Platz von Straftätern, deren Strafe ausgesetzt war, war grundsätzlich an der Front. Dort sollten sie sich bewähren. Diese Regelung galt für alle Fälle, in denen die Truppe der Bestraften in Kämpfe verwickelt war. Das war jedoch jeweils nur bei Teilen des Feldheeres, der Luftwaffe und der Kriegsmarine möglich. Die meisten Einheiten der Wehrmacht lagen in der Etappe. Sie hatten keine Feindberührung. Bei ihnen war die Aussetzung von Strafen nicht angebracht. Wo keine Bewährung durch Tapferkeit möglich war, verlor eine Strafe, die nicht vollzogen wurde, ihre abschreckende Wirkung, zumal bei vielen Straftätern die Meinung verbreitet war, am Ende des Krieges werde es ohnehin eine umfassende Amnestie geben. Am 18. 5. 1940 wurde deshalb die Entscheidung über die Vollstreckung von Freiheitsstrafen ganz in das Ermessen des Gerichtsherrn gelegt. Er durfte entscheiden, ob und in welchem Umfang die erkannte Freiheitsstrafe vollstreckt werden sollte. Dabei konnte er den Erfordernissen des Krieges, den Notwendigkeiten der Truppe oder dem einzelnen Fall Rechnung tragen.[92] Um sicherzustellen, daß Wehrmachtangehörige, die ihre Zuchthaus- oder langjährigen Gefängnisstrafen absaßen, keinen Vorteil gegenüber denen hatten, die sich an der Front bewähren mußten, bestimmte die »Verordnung über die Vollstreckung von Freiheitsstrafen während des Krieges« vom 11. 6. 1940, daß die in die Kriegszeit fallende Vollzugszeit nicht in die Strafzeit einzurechnen sei. Nur in Ausnahmefällen konnte der Gerichtsherr Abweichendes befehlen.[93] In der Regel sollten im Krieg verhängte Strafen erst nach dem Krieg verbüßt werden. Strafzeiten während des Krieges zählten nicht.
In der neunmonatigen Kriegspause nach dem Frankreichfeldzug ordneten die Gerichtsherren den sofortigen Strafvollzug öfters an als vorher. Nach den Vorstellungen des Chefs des OKW sollten längere Strafen wenigstens teilweise vollstreckt werden. Damit sollte auch Gerüchten entgegengetreten werden, daß eine umfassende Amnestie zu erwarten sei.[94] Diese Praxis raubte jedoch der Truppe unverhältnismäßig viele Soldaten. Tausende standen im Strafvollzug. Es gab auch Ungerechtigkeiten, wenn aus Gründen der Mannszucht oder der Sicherheit der Truppe in besonderen Situationen der regelmäßige Strafrahmen überschritten wurde und Täter, die an und für sich keine Verbrecher waren, sofort zum Strafvollzug in ein Gefängnis oder Zuchthaus abgegeben wurden. Diese Männer sahen, daß Kameraden, die am Anfang des Krieges

wegen eines ähnlichen Delikts bestraft worden waren, ein geringeres Strafmaß erhalten hatten und obendrein unter Aussetzung des Strafvollzugs bei der Truppe bleiben durften. In der Zeit vom 24. 8. 1939 bis 30. 6. 1940 waren 27 212 Wehrmachtangehörige zu Zuchthaus- und Gefängnisstrafen verurteilt worden. Von diesen Strafen war immerhin ein Drittel ganz ausgesetzt worden und ein weiteres Drittel nach Verbüßung eines Teils der Strafe. Das fiel nach dem Frankreichfeldzug weg, und als Folge füllten sich die Wehrmachtgefängnisse und Zuchthäuser mit Soldaten, die mit ihrem Los haderten. Die Kommandanten der Wehrmachtstrafanstalten versicherten, daß dort Hunderte einsaßen, »die den ehrlichen Wunsch haben, ihr einmaliges Versagen durch besondere Tapferkeit wiedergutzumachen«, die jedoch keine Chance dazu hatten. [95] Aus diesen Gründen regte die Wehrmachtrechtsabteilung im OKW an, für diesen Personenkreis die Möglichkeit einer Bewährung vor dem Feind auch dann bereitzustellen, wenn ihr Truppenteil nicht in Kampfhandlungen verwickelt war. Betroffen waren 7757 Verurteilte, die am 31. 7. 1940 in den Wehrmachtgefängnissen und Wehrmachtgefangenenabteilungen einsaßen und von denen zumindest ein Teil für eine Bewährung in Frage kam.

Diesen Überlegungen konnten sich die Oberkommandos der Wehrmachtteile nicht verschließen. Sie billigten den Vorschlag, bei Hitler die Bildung einer besonderen Bewährungstruppe anzuregen, in denen Soldaten aller Wehrmachtteile eine Gelegenheit bekommen sollten, sich nach Aussetzung der Strafverbüßung zu bewähren und eine Begnadigung zu erwirken. [96]

Ungeachtet seines Grundsatzes, »daß im Krieg mit den schärfsten Mitteln durchgegriffen werden muß, um die Mannszucht innerhalb der Truppe zu erhalten und um jeden Versuch einer Feigheit von vorneherein zu unterdrücken«, befahl Hitler am 21. 12. 1940, daß »an sich ordentlichen Wehrmachtangehörigen«, die einmal gestrauchelt waren, unter besonderen Voraussetzungen die Gelegenheit zur Bewährung gegeben werden konnte. Er erlaubte, daß wegen strafbarer Handlungen Verurteilte nach Vollstreckung eines Teils der Strafe vom Kommandanten des Wehrmachtgefängnisses zur Bewährung vorgeschlagen werden durften. Grundsätzlich sollten sie sich bei der eigenen Truppe bewähren. Nur wenn das nicht möglich oder nicht zweckmäßig war, z. B. wenn das Bekanntwerden der Strafaussetzung der Mannszucht schadete oder wenn mit Rücksicht auf die Tat oder den Täter die Bewährung in einer völlig veränderten Umgebung vorzuziehen war oder wenn der Verurteilte eingehender beobachtet oder erzieherisch beeinflußt werden sollte oder wenn der Verurteilte für die eigene Truppe eine besondere Belastung bedeutete, sollte der Verurteilte einer »besonderen Bewährungstruppe« zugeführt werden. Die Bewährung hatte grundsätzlich »vor dem Feind« zu erfolgen.

Strafaussetzung zur Bewährung konnte sowohl im Gnadenweg wie durch direkte Vollstreckungsentscheidung des Gerichtsherrn verfügt werden. [97] Sie hatte sieben Voraussetzungen:
- Der Verurteilte mußte sich bis auf die Tat, derentwegen er verurteilt war, einwandfrei geführt haben und durfte gerichtlich nur unerheblich vorbestraft sein.
- Die Straftat mußte eine einmalige Entgleisung darstellen und durfte nicht auf Charaktermängeln beruhen.
- Der Verurteilte mußte den ehrlichen Willen haben, sich vor dem Feind zu bewähren und diesen Willen schriftlich in einem Gesuch um Bewährung ausdrücken.
- Der Verurteilte mußte Wehrmachtangehöriger oder Wehrpflichtiger sein oder als Soldat eingesetzt werden können.
- Der Verurteilte mußte für die Verwendung bei einem Infanteriebataillon tauglich sein.
- Der Strafrest sollte mindestens 6 Monate betragen.
- Verurteilte, deren Strafe in einer zivilen Justizvollzugsanstalt vollstreckt wurde, und Gefangene in den Strafgefangenenabteilungen der Wehrmacht mußten eine einmonatige Überprüfung in einem Wehrmachtgefängnis bestehen.

Die Gerichtsherren und die Kommandanten der Wehrmachtgefängnisse hatten »in angemessenen Zeitabschnitten« zu überprüfen, welche Verurteilten die Voraussetzungen für eine Bewährung besaßen. Dabei wurde anfangs ein strenger Maßstab angelegt. Im Laufe des Krieges handhabte man ihn immer großzügiger. Bereits 1942 besagte ein Befehl des OKW, daß es in erster Linie darauf ankomme, »ob der Mann für die Truppe tragbar ist«. Es brauchten lediglich zwei Voraussetzungen erfüllt zu sein: Erstens mußte der Verurteilte körperlich und geistig für den Truppendienst geeignet sein, und zweitens mußte sich aus der Persönlichkeit des Verurteilten und seiner Führung während der Haftzeit erkennen lassen, daß er den ehrlichen Willen hatte, »seine Straftat durch gute Führung bei der Truppe und vorbildlichen Einsatz zu sühnen«. Verurteilte, denen der Einsatzwillen fehlte, wurden im Strafvollzug belassen. [98] Von der Bewährung waren expressis verbis ausgeschlossen wegen Landesverrats und ähnlicher Delikte Bestrafte, Homosexuelle und Verurteilte mit Sicherheitsverwahrung. [99] Die Entscheidung über die Vorschläge der Kommandanten der Wehrmachtgefängnisse traf der nach § 104 KStVO zuständige Gerichtsherr. Alle zur Bewährung in Frage kommenden Strafgefangenen wurden dem Oberkommando ihres Wehrmachtteils gemeldet.

An die Vollzugsbehörden der Reichsjustizverwaltung wurde appelliert, frühere Wehrmachtangehörige, an denen sie Strafen von Wehrmachtgerichten vollzogen und die sich in der Strafhaft einwandfrei geführt hatten, dem Oberkommando des Wehrmachtteils zu melden, dem der Verurteilte vor dem Strafvollzug angehört hatte, wenn er noch einen Strafrest von mindestens 6 Monaten zu verbüßen hatte. Da die Wehrmachtbehörden auf die Meldefreudigkeit der Justizstrafanstalten keinen Einfluß hatten – bis zum 4. 9. 1941 waren nur 97 Strafgefangene abgegeben worden, obwohl der RMJ am 9. 4. 1941 alle Generalstaatsanwälte entsprechend angewiesen hatte [100] –, durften auch die Befehlshaber oder Gerichtsherren frühere Wehrmachtangehörige, deren Urteile sie bestätigt hatten und die den zivilen Vollzugsanstalten übergeben worden waren, zur Bewährung vorschlagen. Die Beobachtung dieser Verurteilten auf ihre Eignung erfolgte im Wehrmachtgefängnis Torgau.

Die Versetzung der bewährungswürdigen Gefängnisinsassen zur Truppe wurde auf Anordnung des Oberkommandos des Heeres vom Kommandanten des Wehrmachtgefängnisses ausgesprochen, das die Überprüfung durchführte. Für die Dauer der Zugehörigkeit der Verurteilten zur Bewährungstruppe waren automatisch alle Zuchthausstrafen in Gefängnisstrafen von gleicher Dauer umgewandelt, wodurch die aus der Wehrmacht Entlassenen wieder »vorübergehend wehrwürdig« wurden. [101]

Nachdem sich im Winter 1941/42 herausgestellt hatte, daß die Sowjetunion nicht in einem Blitzkrieg zu besiegen war, befahl Hitler die Strafvollstreckung im Krieg den wechselnden Erfordernissen der Kriegslage anzupassen. Insbesondere forderte er, daß die Bewährungsmöglichkeiten an der Ostfront mehr genutzt werden müßten als bisher. »Vor allem muß erreicht werden, daß Verurteilte, die nicht der kämpfenden Truppe angehören, soweit irgendmöglich durch Versetzung Gelegenheit zur Bewährung vor

dem Feinde erhalten.« »Haltlosen Elementen« sollte »durch Schärfung und Abstufung des Strafvollzuges« die Möglichkeit genommen werden, sich durch Strafverbüßung in einer stationären Anstalt dem Fronteinsatz zu entziehen. In diesem Zusammenhang wies Hitler darauf hin, daß im Gegensatz zur bisherigen Handhabung die Wehrmachtangehörigen aller Waffengattungen und Truppenteile gleichmäßig behandelt werden sollten. Es sollte keine einfacheren oder schwereren Bewährungsmöglichkeiten geben. [102]
Ab 1942 wurde wegen der großen Menschenverluste an der Ostfront immer häufiger kriegsgerichtlich Verurteilten Strafaussetzung zur Bewährung zugestanden, um sie, sobald das Urteil rechtskräftig war, in eine Bewährungseinheit zu schicken. Bei Fahrlässigkeitsstraftaten und bei Straftaten, die auf jugendlichen Leichtsinn, Unerfahrenheit oder Verführung beruhten, wurde auch auf eine Teilvollstreckung verzichtet. Man ging davon aus, daß »schon die Verurteilung als solche ihre Wirkung erzielt« habe. Sollte bei einem Jugendlichen eine Teilvollstreckung für erforderlich erachtet werden, so waren im allgemeinen höchstens drei Wochen in Form des geschärften Arrests zu vollstrecken, bevor er in eine Bewährungseinheit kam. [103] Bei der ersten Gruppe Soldaten, deren Strafe sofort zur Bewährung ausgesetzt wurde, waren die, die wegen Verstoßes gegen die »Verordnung zum Schutz von Wintersachen für die Front« zu Gefängnis oder Zuchthaus verurteilt worden waren, weil sie sich beim Sortieren Kleidungs- oder Wäschestücke angeeignet hatten. [104]
Am 18.7.1944 wurde unter Aufhebung aller bisherigen Verordnungen zur Durchführung des Führererlasses über die Aufstellung einer Bewährungstruppe neue Bestimmungen erlassen. Ein Jahr vor Kriegsende bestanden die Änderungen in folgendem:
– In erster Linie sollte sich der Soldat bei der eigenen Truppe bewähren können. Zur Bewährungstruppe sollte er nur dann versetzt werden, wenn die eigene Truppe weder vor dem Feinde noch unter schwierigen und gefahrvollen Umständen eingesetzt war oder wenn die Bewährung bei der eigenen Truppe nicht zweckmäßig war, weil der Soldat aus Gründen der Mannszucht dort nicht bleiben konnte bzw. weil eine erzieherische Einwirkung auf ihn in veränderter Umgebung notwendig war.
– Die zur Bewährungstruppe überstellten Verurteilten durften keine Gefahr für die Mannszucht bilden. »Schlechte Elemente« sollten ferngehalten werden, d. h. Männer mit erheblichen Vor-

strafen und »erheblichen Mängeln des Charakters«. Dazu gehörten insbesondere »wegen gleichgeschlechtlicher Unzucht bestrafte Hangtäter«, alle Verurteilten mit Sicherheitsverwahrung und wegen Landesverrats Verurteilte, wenn die Freiheitsstrafe 9 Monate überstieg, es sei denn, daß die Abwehrstelle den Verdacht landesverräterischer Gesinnung fallen ließ.
– Verurteilte, die für die Verwendung bei einem Infanteriebataillon körperlich oder geistig ungeeignet waren, sollten einem Stellungsbaubataillon zugewiesen werden.
– Ungediente oder Wehrpflichtige des Beurlaubtenstandes aus den Justizvollzuganstalten galten mit der Überführung in das Wehrmachtgefängnis als zum aktiven Wehrdienst einberufen. Stellte sich dort heraus, daß sie für die Bewährungstruppe ungeeignet waren, so wurden sie wieder aus dem Militärdienst entlassen und zum weiteren Strafvollzug an die Reichsjustizverwaltung zurückgeschickt.
– Soldaten der Bewährungstruppe, die sich nicht bewährten, wurden entweder in eine Feldstrafgefangenenabteilung [105] oder ein Feldstraflager [106] überwiesen, wenn sie dazu körperlich und geistig geeignet waren, andernfalls in eine Vollzugsanstalt der Reichsjustizverwaltung.
– Der Gerichtsherr der Bewährungstruppe hatte über alle seine Entscheidungen den Gerichtsherrn, der die Versetzung zur Bewährungstruppe angeordnet hatte, bzw. die zuständige Strafvollstreckungsbehörde der Reichsjustizverwaltung zu informieren. [107]

Angehörige der Bewährungseinheiten, die sich nach wiederholter disziplinarer Bestrafung und trotz förmlicher schriftlicher Verwarnung als »unbelehrbar und unerziehbar« erwiesen und »damit für die Wehrmacht endgültig und dauernd untragbar« waren, wurden bei gleichzeitiger Entlassung aus dem Wehrdienst der Polizei überstellt. Die Anordnung dazu mußte von einem Vorgesetzten mit der Disziplinarbefugnis mindestens eines Divisionskommandeurs ausgesprochen werden. Bis zur Demobilmachung, d. h. bis zum Kriegsende, sollten diese Männer für »schwere und gefahrvolle Arbeitseinsätze« in einem KZ herangezogen werden. [108]

Gegen Ende des Krieges konnten fast alle Militärstrafen zur Bewährung ausgesetzt werden. Es war den Kriegsrichtern untersagt, die Strafaussetzung von der Höhe der Strafe abhängig zu machen. Gleichgültig, ob es sich um Arrest-, Gefängnis- oder Zuchthaus-

strafe handelte: Aussetzung zur Bewährung war die Regel. Die Vollstreckung einer Strafe war auf zwei Ausnahmen beschränkt, nämlich wenn der Bestrafte für eine Bewährung ungeeignet war oder wenn die Aufrechterhaltung der Mannszucht oder die Erziehung des Verurteilten eine andere Maßnahme zwingend erforderten, z. B. bei häufigen Vorstrafen gleicher Art. Nur Offiziere, Unteroffiziere und Wehrmachtbeamte, die trotz der Verurteilung ihren Dienstrang behielten, durften die ganze Strafzeit in einem Wehrmachtgefängnis verbringen. In der Bewährungstruppe gab es keine Strafsoldaten mit Dienstgraden. Diese Regelung zugunsten dieser drei Gruppen hatte zur Folge, daß viele von ihnen bei leidlicher Gesundheit das Ende des Krieges hinter Gefängnismauern erlebten, während sie als Bewährungsschützen mit größerer Wahrscheinlichkeit den Tod gefunden hätten. Um zu verhindern, daß auch Mannschaftsdienstgrade in den Genuß der Strafvollstreckung hinter Gefängnismauern oder Zuchthausstacheldraht kamen, waren die Gerichtsherren und die Kommandanten der Strafvollzugseinrichtungen angewiesen, bei diesem Personenkreis spätestens nach 6 Monaten Strafverbüßung zu prüfen, ob der Verurteilte für eine Feindbewährung in Frage kam. [109] Während zu Beginn des Jahres 1941, d. h. vor dem Rußlandfeldzug, mehr als 80% aller Strafen, die von Kriegsrichtern des Heeres verhängt wurden, voll verbüßt werden mußten, verringerte sich die Zahl Ende 1944 auf die Hälfte. Umgekehrt stieg die Zahl der teilweise ausgesetzten Strafen von 7% auf 39% und die der voll ausgesetzten Strafen von 3% auf 21%. [110]
In absoluten Zahlen gemessen, wurden von 7468 Urteilen der Heeresgerichte im Januar 1941 6448 (86%) ganz zur Vollstreckung angeordnet und nur 735 (10%) teilweise oder ganz zur Bewährung ausgesetzt. Der Rest waren Freisprüche. Im November 1944 wurden dagegen von 11 197 gerichtlichen Strafen im Kriegsheer von vornherein 6593 (59%) teilweise oder ganz ausgesetzt. [111] Weitere Strafaussetzungen folgten während des Vollzugs
In den letzten Kriegsmonaten wurden auch die meisten Todesurteile, die nach ordentlichen kriegsgerichtlichen Verfahren ausgesprochen wurden, in Zuchthausstrafen umgewandelt, damit der Verurteilte als bedingt Wehrwürdiger in eine Bewährungseinheit versetzt werden konnte.

2

Chef der Heeresjustiz HQu OKH, den 18. April 1945
   14 t Ju Abt
   Gn 506/45

Herrn
     Generalfeldmarschall
vorgelegt.

Betr.: Gnadensache des Obergefreiten
       Max Schneider.
Anl.: 1 Erlaßentwurf.

                    V o r t r a g s v e r m e r k .

Personalien: 25 Jahre alt, ledig, Anstreicher. Soldat seit 5.2.1941.
             Einsatz in Finnland und Norwegen. Obergefreiter seit
             1.7.1943. EK II, Ostmedaille, Verwundetenabzeichen.
Beurteilung: Etwas verschlossener, jedoch ehrlicher Charakter.
             Bisher zuverlässig und pflichtbewusst. Eigensinnig. Im
             Einsatz bewährt, jedoch kein besonderer Draufgänger.
             Bei den Kameraden beliebt. Führung sehr gut.
Strafen: 1 Disziplinarstrafe mit 3 Tagen gesch. Arrest wegen
             Widerrede.
                Gerichtlich unbestraft.
Sachverhalt: Der Verurteilte entfernte sich am 31.3.1945 während des
             Strafvollzugs der dreitägigen Disziplinarstrafe von
             seiner Truppe, die in der anschliessenden Nacht in
             Stellung rückte, um sich nach Berlin zu begeben, da
             ihm der Strafvollzug (Behelfsvollzug) zu hart erschien.
             Er beabsichtigte, in den Gartenkolonien der Vororte
             Berlins unterzutauchen und solange zu bleiben, bis er
             aufgegriffen würde und wollte sich dort mit Mädchen
             amüsieren, da er schon 19 Monate keinen Urlaub gehabt
             habe. Unterwegs entfloh er einem Hauptmann, der ihn
             festgenommen hatte. Am 1.4.1945 wurde der Verurteilte
             erneut aufgegriffen.
U r t e i l des Gerichts der 169. Inf. Div. vom 8.4.1945:
             Todesstrafe wegen Fahnenflucht.
                 Die Vollstreckung ist zur Feindbewährung in einem
             anderen Gren. Regiment der Div. ausgesetzt.

                                                          -2-

-2-

<u>Gerichtsherr</u>
befürwortet Begnadigung.
Der Verurteilte sei noch jung, habe sich bisher gut geführt und im Einsatz bewährt. Es sei anzunehmen, dass er bei einem strengen Strafvollzug noch ein tüchtiger Soldat werden könne. Abschreckungsgründe erforderten die Vollstreckung der Todesstrafe nicht.

<u>Oberbefehlshaber der 9. Armee</u>
befürwortet Umwandlung der Todesstrafe in eine Zuchthausstrafe von 10 Jahren.
Bei der bisher gezeigten Haltung des Verurteilten könne erwartet werden, dass er sich im Einsatz wieder bewähren werde.

<u>Vorschlag:</u>
Umwandlung der Todesstrafe in eine Zuchthausstrafe von 10 Jahren und Strafaussetzung zur Frontbewährung
aus den Gründen des Gerichtsherrn und des Oberbefehlshabers der 9. Armee.
Die Vollstreckung der Freiheitsstrafe ist nicht erforderlich. Der Verurteilte hat unüberlegt gehandelt. Er ist ein bewährter Soldat und bereut seine Verfehlung. Es ist anzunehmen, dass er sich im Fronteinsatz bemühen wird, seine Tat durch erhöhte Leistungen wieder gutzumachen. Der Oberbefehlshaber hat den Verurteilten wieder an der Front eingesetzt.

In Vertretung

St

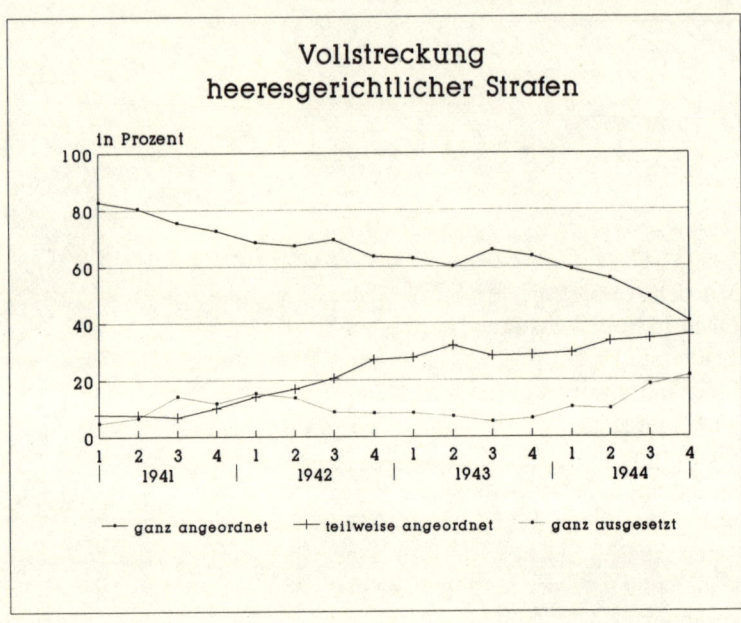

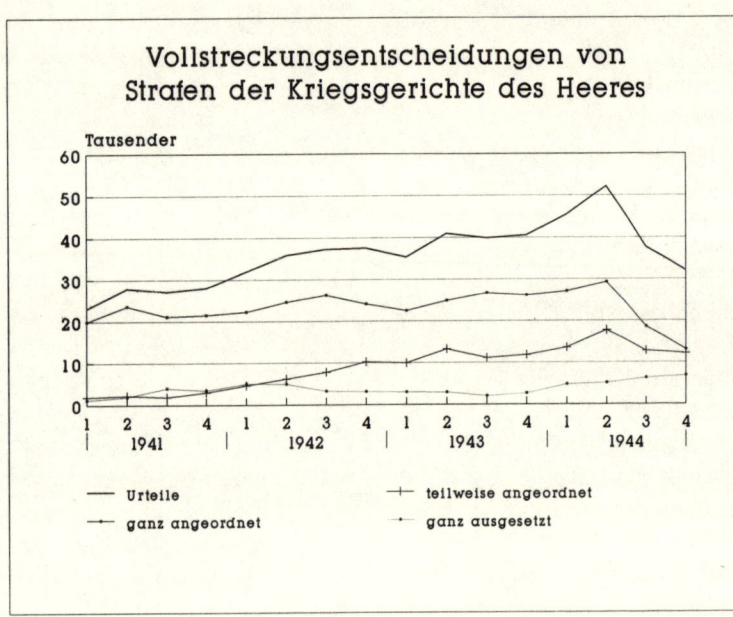

Bewährungstruppen

Bataillon z.b.V. 500

Mit der Aussetzung der Strafvollstreckung zur Bewährung an der Front hatte das Feldheer bereits im Westfeldzug vom Mai bis Juni 1940 erste Erfahrungen bei 2762 Verurteilten gemacht. 93,6% von ihnen hatten sich während der Kämpfe »durch tapferen Einsatz und gute Führung« bewährt und »den Fehltritt, der vorher zu ihrer Bestrafung geführt hatte, wieder gut gemacht«. Sie wurden zur Begnadigung vorgeschlagen. Nur 177 Soldaten bewährten sich nicht. In einigen Fällen war das darauf zurückzuführen, daß von ihnen die Bewährung in der gleichen Truppe verlangt wurde, der sie bisher angehört hatten. Man nahm an, daß einige von ihnen in völlig veränderter Umgebung und in anderen Truppenteilen reüssiert hätten. [112]
Diese Erfahrungen erleichterten Hitler die Entscheidung, besondere Bewährungseinheiten aufzustellen.
Am 17.2.1941 wies das Oberkommando des Heeres die Gerichtsherren an, bei allen zukünftigen Urteilsbestätigungen eine Entscheidung darüber zu treffen, ob bei den Verurteilten nach Verbüßung eines Teils der ausgesprochenen Freiheitsstrafe eine Bewährung in der eigenen oder in einer »besonderen Truppe« in Betracht komme. Die Heeresrichter hatten das Ergebnis der Überlegungen aktenkundig zu machen. [113]
Die erste Bewährungseinheit der Wehrmacht wurde ab 1.4.1941 durch das Wehrkreiskommando IX in Meiningen aufgestellt: das Infanteriebataillon z.b.V. 500. Es bestand aus 3 Schützenkompanien mit 12 Offizieren, 84 Unteroffizieren und 15 Mannschaften. Für den Bataillonsstab waren 5 Offiziere und 51 Mannschaften vorgesehen. Das militärische Stammpersonal wurde vom Feldheer gestellt und die Beamten vom Stellvertretenden Generalkommando des Wehrkreises Kassel. Die erforderlichen Waffen, das Gerät und die Munition wies der Chef der Heeresrüstung und Befehlshaber des Ersatzheeres zu. Die Pferde kamen aus dem zuständigen Heimatpferdepark. Alle Führer waren »besonders aus-

gesuchte Offiziere und Unteroffiziere«. Sie konnten wie die Bewährungssoldaten grundsätzlich aus allen drei Wehrmachtteilen kommen.
Die Angehörigen des Bataillons z.b.V. 500 trugen die weißen Kragenspiegel der Infanterie. Auf den Aufschiebeschlaufen stand die Zahl 500. Nach der Ausbildung entsprechend den für Schützenkompanien des Feldheeres geltenden Vorschriften sollte das Bataillon am 1. 6. 1941 einsatzbereit sein. [114]
In der grundlegenden Führerweisung vom 21. 12. 1940 war ausdrücklich festgestellt worden, daß der Dienst in der Bewährungstruppe »Ehrendienst wie jeder andere Wehrdienst« sei. Die Einheit habe »in keiner Weise den Charakter einer Straftruppe«. [115] Bei Beförderungen der in der Bewährungstruppe dienenden Soldaten sollte jedoch ein schärferer Maßstab angelegt werden als sonst, weil der nach der Bewährung auszusprechende Gnadenerlaß bereits eine genügend große Auszeichnung bedeute. Orden gab es nicht. Nur die Verleihung des Infanteriesturmabzeichens, des Verwundetenabzeichens und des Kriegserinnerungsabzeichens durfte nach den allgemeinen Vorschriften erfolgen. Erholungsurlaub erhielten die zur Bewährungstruppe versetzten Soldaten erst, nachdem sie sich vor dem Feind bewährt hatten.
Da das Bataillon z.b.V. 500 erst nach Abschluß des Balkanfeldzugs einsatzbereit war, konnte es nicht mehr wie vorgesehen bei »Kampfhandlungen unter schwierigen Bedingungen an der Front« verwendet werden. Die Soldaten sollten deshalb nach Abschluß ihrer Ausbildung bei irgendwelchen anderen »gefahrvollen Aufgaben« eingesetzt werden. [116] Der Beginn des Rußlandfeldzugs kam dafür gerade recht. Als Feldsonderbataillon wurde die Einheit sofort nach dem Osten transportiert und im Bereich des LII. Armeekorps bei der 17. Armee in Galizien »unter gefahrvollen Umständen zu harten Arbeiten als Kampftruppe mit schweren Waffen unter schwierigen Bedingungen« herangezogen. [117]
Bewährungswürdigen, die aus irgendwelchen Gründen nicht im Bataillon z.b.V. 500 dienen konnten, sollte die Möglichkeit zur Bewährung bei einem anderen Fronttruppenteil gegeben werden. War das nicht möglich, so sollten sie »unter schwierigen und gefahrvollen Umständen« anderweitig eingesetzt werden. War auch das nicht möglich, so war ihnen Gelegenheit zu geben, »sich auf andere Weise zu bewähren«. Für Soldaten, deren Zuchthausstrafe in eine vorläufige Gefängnisstrafe umgewandelt worden war,

kam grundsätzlich nur die Bewährung mit der Waffe bei einem Fronttruppenteil in Frage. Eine andere Bewährungsmöglichkeit konnte ihnen der Gerichtsherr nur zuweisen, wenn er die bisherige Zuchthausstrafe endgültig in eine Gefängnisstrafe umwandelte. Unter dieser Voraussetzung konnten gescheiterte Soldaten, die in ein Zuchthaus gehörten, statt in eine Vollzugsanstalt der Reichsjustizverwaltung in ein Wehrmachtgefängnis überwiesen und dort auf ihre Eignung für eine Bewährungseinheit überprüft werden. Bei allen Entscheidungen über die Angehörigen der Kriegsmarine und der Luftwaffe mußte ein Gerichtsherr ihres Wehrmachtteils zugezogen werden.

Die Ersatzkompanie 500 wurde im September 1941 von Meiningen nach Fulda verlegt und dort in ein Ersatzbataillon umgewandelt. Es führte die Ausbildung aller aus den Wehrmachtstrafanstalten kommenden Bewährungssoldaten durch. In seiner Hand lagen die Vorbereitungen für die neuen Bewährungsbataillone 540, 550, 560 und 561, die in den folgenden Monaten zusammengestellt wurden. Ende 1942 wurde das Infanterie-Ersatzbataillon 500 von Fulda nach Skierniewice ins Generalgouvernement verlegt. 1944 kam es nach Brünn. Die Ausbildung fand in Olmütz statt. [118]

Im Frühjahr 1943 waren bereits alle 5 in Fulda und Skierniewice aufgestellten Bewährungsbataillone an der Ostfront eingesetzt. Sie trugen die Namen Infanteriebataillon z.b.V. 500, 540, 550, 560 und 561. Es handelte sich um verstärkte Grenadierbataillone mit drei Schützenkompanien, einer Maschinengewehrkompanie, einer Stabskompanie, einem Jägerzug, einem Pakzug und einem Pionierzug. [119] In den Bewährungseinheiten dienten Angehörige aller Wehrmachtteile und Angehörige des Wehrmachtgefolges. [120] Es gab eine ganze Reihe degradierter Offiziere und Unteroffiziere in ihnen. Trotzdem erregte es Aufsehen, als Ende 1942 der ehemalige Rittmeister von Hammerstein, degradiert zum Schützen, zu den 500ern kam. Er war der Sohn des Freiherrn von Hammerstein-Equord, der Ende Januar 1934 als Chef der Heeresleitung zurückgetreten und 1939 kurzzeitig zum Oberbefehlshaber einer Armeegruppe im Westen gemacht worden war. [121] Im Bataillon erzählte man sich, daß er einem Racheakt zum Opfer gefallen war. Eine Ordonnanz im Kasino hatte angegeben, daß der Rittmeister von Hammerstein ihn ans Geschlechtsteil gefaßt habe. Das führte zu einem Verfahren, an dessen Ende Verurteilung und Degradierung standen. Allen vom Stammpersonal der 500er habe der Mann leid getan. [122] Der höchste Dienstgrad in der 4. Kompanie des Bataillons z.b.V. 500 war ein zum Schützen degradierter Oberstleutnant. Als Kommandeur eines Kradschützenregiments hatte er sich geweigert, seine Männer an der Ostfront in auswegloser Situation einzusetzen. Er wurde zum Tode verurteilt, dann begnadigt und zur Bewährung zu den 500ern geschickt. Er selbst erzählte in den ersten Tagen seiner Zugehörigkeit zum Bataillon folgendes: »Denken Sie, da steh ich doch an der Theke in der Kantine und da kommt einer auf mich zu, schlägt mir auf die Schulter und fragt: Na, was hast du denn für einen Bolzen gedreht? Das war für diesen Mann das Beschämende, daß er mit Kriminellen zusammenleben mußte«. [123] Im Bataillon z.b.V. 500 befand sich auch eine ganze U-Boot-Besatzung, aufgeteilt auf verschiedene Kompanien. Der Kommandant hatte den Einsatzbefehl ignoriert, weil ein paar Männer der Besatzung beim Auslaufen fehlten. Sie kamen nicht von ihren Mädchen los. Das Kriegsgericht verurteilte sie alle zu hohen Strafen, die zur Bewährung ausgesetzt wurden. Jetzt stand die ganze Besatzung, einschließlich Kommandant, im Range von Schützen in feldgrauer Uniform im infanteristischen Einsatz. [124]

Offiziere und Unteroffiziere, die trotz einer Freiheitsstrafe ihren militärischen Rang behalten hatten, waren von der Bewährungstruppe ausgeschlossen. Dort gab es nur »Schützen«. Die Frage, ob ein Offizier trotz seiner militärgerichtlichen Bestrafung würdig war, als Offizier weiterverwendet zu werden, war Sache der Personalämter der Wehrmachtteile. Die Feldkriegsgerichte hatten lediglich zu prüfen, ob die Straftat den Rangverlust verlangte oder rechtfertigte. Degradierungen konnten also ausgesprochen werden unter Berücksichtigung der Straftat durch das Gericht und unter Berücksichtigung der Person durch das Personalamt. [125] Nur wer zum niedrigsten Rang in der Wehrmacht degradiert worden war, konnte einer Bewährungseinheit zugewiesen werden und dort den Versuch machen, seinen alten Dienstgrad wieder zu erreichen.

Einige Züge der 500er bestanden angeblich bis zu 80% aus degradierten Offizieren und Unteroffizieren. Die Führer und Unterführer der Bewährungseinheiten fühlten sich deshalb dauernd von ihresgleichen beobachtet. Viele Grenadiere mit hochklingenden Namen und ordensgeschmückter Brust, von denen man vor Jahresfrist in den Illustrierten gelesen hatte, eiferten um ihre Rehabilitation. Es war nicht ausgeschlossen, daß sie eines Tages, wenn sie

ihren alten Dienstrang wieder hatten, Vorgesetzte ihrer jetzigen Vorgesetzten sein würden. Ein anderer Nachteil des Führerdienstes in den Bewährungseinheiten bestand darin, daß Angehörige des Stammpersonals als Zeugen für die Bewährung der B-Schützen erforderlich waren. Diese bürokratische Regelung führte dazu, daß die Bewährungsleute Wert darauf legten, bei ihren gefährlichen und riskanten Unternehmungen einen Unteroffizier oder Offizier bei sich zu haben. »Der Zugführer muß mit. Denn wenn das Unternehmen gelingt, brauchen wir einen Zeugen. Wenn es mißlingt, wirft man uns Feigheit vor dem Feind vor und bestraft uns erneut, wenn kein Angehöriger des Stammpersonals dabei war.« Der Verschleiß an Stammpersonal in den Bewährungseinheiten war deshalb ungewöhnlich groß. »Mancher, der sich widerspruchslos zu den 500ern als Stammoffizier versetzen ließ, setzte jetzt Himmel und Hölle in Bewegung, um aus dem lebensgefährlichen Verein wieder herauszukommen.« [126]
Die meisten Männer meinten es mit der Bewährung ernst. Zum Feind überzulaufen war keiner bereit, obwohl die 500er stets an den Brennpunkten der Kämpfe eingesetzt waren. Alle strebten danach, wieder reguläre Soldaten zu werden. Für die Bewährung gab es ein Punktesystem, nach dem Führung, Tapferkeit, Einsatzbereitschaft und ähnliches bewertet wurden. Bei Spähtrupps konnte man besonders viele Punkte gewinnen. Deshalb rissen sich die Männer um solche riskante Unternehmungen. Wer nicht in Gefangenschaft geriet oder als Toter in die »Bewährungskiste« gelegt wurde, hatte gute Chancen, zu seiner alten Einheit zurückzukommen. Einige Bewährte wurden zu ihrer alten Truppe zurückversetzt, obwohl diese gar nicht mehr bestand. Einige kamen als Stammpersonal zu den Bewährungseinheiten zurück, weil sie hier eine Heimat gefunden hatten. [127] Nach dem Krieg gab ein Angehöriger des Bataillons z.b.V. 500 einen Bericht, der trotz der falschen Deutung der Einheit als Strafbataillon und des unrichtigen Schlußsatzes einige für die Männer charakteristische Aussagen enthält:

»Was ich damals alles gedacht habe auf der Fahrt zum Strafbataillon 500, war für mich nicht beruhigend. In der neuen Kompanie wurde ich mit Hallo begrüßt, was mir als Verbanntem wohltat. Hier trafen sich alle Waffengattungen, Infanteristen, U-Boot-Männer, Luftwaffe, Ritterkreuzträger, Deutsches Kreuz in Gold, ohne die anderen Auszeichnungen zu erwähnen. Rangabzeichen trug keiner, da alle degradiert waren. Alle waren Frontsoldaten und wegen schwerer Verfehlungen, Befehlsverweigerungen usw. gegenüber ihren Vorgesetzten hierhin abgeschoben worden, um die Moral der Truppe an der Front nicht zu gefährden. Das Strafbataillon war das Sammelbecken für die Ungezogenen der Wehrmacht. Sie durften sich hier an der Front als Todeskandidaten bewähren. Ich faßte den Entschluß, so lange durchzuhalten, wie es ging. Dennn nach allem, was mir bis jetzt passiert war, schien meine Uhr noch nicht abgelaufen zu sein. Das machte mir immer wieder Mut.

Die Landser nahmen ihr Schicksal teils von der humorvollen Seite mit dem Gedanken, heute oder morgen dem Verein Lebewohl zu sagen und wieder zu ihrer alten Truppe zurückversetzt zu werden. Aber das war eine Täuschung. Wer einmal im Strafbataillon 500 war, hatte mit seinem Leben abzuschließen, das Ende war nicht abzusehen.«[128]

Während die Feststellung der Bewährung bei Mannschaften und Unteroffizieren eine Ermessensangelegenheit der Bataillonskommandeure war, mußten bei Offizieren feste Fristen eingehalten werden. Sie brauchten mindestens 6 Monate zur Bewährung. Das Oberkommando des Heeres bestimmte am 11. 6. 1942, daß ein degradierter Offizier in der Bewährungstruppe nach frühestens 4 Monaten zum Feldwebel befördert und frühestens nach zwei weiteren Monaten Frontbewährung in seinen alten Offiziersdienstgrad eingesetzt werden konnte, unter der Voraussetzung, daß er »durch Tapferkeit, vorbildliche Pflichterfüllung und tadelsfreies Verhalten die frühere Verfehlung gesühnt und die uneingeschränkte Vorgesetzteneignung wieder erworben« hatte.

Soldaten, die sich in der Bewährungstruppe nicht einwandfrei führten, wurden vom zuständigen Gerichtsherrn in das Wehrmachtgefängnis Torgau bzw. in die Vollzugsanstalt der Reichsjustizverwaltung, aus der sie kamen, zur Fortsetzung der Strafvollstreckung überwiesen. Vorher mußte die Rücküberweisung jedoch dem Verurteilten förmlich angedroht worden sein und ihm eine angemessene Probezeit eingeräumt werden. Aus den Wehrmachtgefängnissen zur Bewährungstruppe versetzte Soldaten konnten auch in ein Straflager überwiesen werden, wenn sie besonders deutlich versagt hatten. Über die Versetzung hatte der für die Bewährungstruppe zuständige Gerichtsherr zu befinden.[129] Bei der Rücküberweisung in den Strafvollzug begann die Strafzeit mit dem Datum der Einstellung des Verurteilten in die Strafanstalt erneut zu laufen.[130]

Anfang 1945 wurden alle Strafvollzugsanstalten des Reiches noch einmal nach Männern durchgekämmt, die für eine Feindbewährung in Frage kamen. Keitel unterschrieb am 25. 1. 1945 einen Befehl

»Strafaussetzung zur Frontbewährung«: »Die militärische Lage erfordert den Einsatz jedes waffenfähigen Deutschen an der Front. Auch bestraften, aber soldatisch brauchbaren und bewährungswürdigen Angehörigen der Wehrmacht und des Gefolges muß so bald wie eben möglich Gelegenheit zur Feindbewährung gegeben werden.« Die Kommandanten der Wehrmachtvollzugseinrichtungen im Kriegsgebiet sollten alle Insassen, die »für die Truppe wieder brauchbar und körperlich einsatzfähig« waren, ohne Rücksicht auf Strafhöhe und noch zu verbüßenden Strafrest sofort zum Ersatz- und Ausbildungsbataillon z.b.V. 500 nach Brünn in Marsch setzen, wenn die Voraussetzungen für die Bewährungstruppe oder Bewährungsbautruppe gegeben waren. Wer sich nicht einmal für die Bewährungsbautruppe eignete, war »zum Zweck der Frontbewährung« zum Ersatztruppenteil seiner Stammtruppe zu kommandieren. Die Front kam selbst den rückwärtigsten Diensten immer näher. Die Gerichtsherren brauchten lediglich von der Inmarschsetzung der Bewährungssoldaten informiert zu werden. Ihre Zustimmung einzuholen hätte zu lange Zeit erfordert. Die Entscheidung lag bei den Kommandanten der Wehrmachtstrafanstalten.[131]

In den Bewährungsbataillonen z.b.V. 500 dienten bis zum Kriegsende etwa 82 000 Bewährungssoldaten. Sie wurden wechselweise bei 50 bis 60 Infanteriedivisionen im Rahmen von 12 verschiedenen Armeen eingesetzt.

Die Spur des Bataillons z.b.V. 500 führte über Charkow in den Kaukasus und auf den Kuban-Brückenkopf und von dort zurück über Nikolajew, Tarnopol und Lemberg auf die Hohe Tatra, zuletzt im Rahmen der 1. Panzerarmee.

Das Bataillon z.b.V. 540 war 1942 als Teil der Gruppe Wünneberg der SS-Polizeidivision an der Einschließung der 2. Sowjetischen Stoßarmee unter Generalleutnant Wlassow beteiligt, kämpfte 1943 vor Leningrad und am Wolchow, verteidigte 1944 Walk und kapitulierte 1945 im Rahmen der 18. Armee in Kurland.

Das Bataillon z.b.V. 550 war 1942–1944 im Rahmen der 3. Panzerarmee in Rußland-Mitte eingesetzt, kämpfte bei Witebsk, kam im August 1944 nach Warka und Warschau und verteidigte Ende des Jahres bei der 551. Infanteriedivision Memel und Tilsit.

Der Weg des Bataillons z.b.V. 560 führte in den Kaukasus und auf die Kuban-Halbinsel, von dort über Nikopol nach Odessa, im Juli 1944 nach Bialystok, im Oktober 1944 nach Warschau und Modlin und am Schluß des Krieges nach Ostpreußen, zuletzt im Rahmen der 2. Armee.

Das Bataillon z.b.V. 561 war der Heeresgruppe Nord zugeteilt und stand 1943 am Ladogasee, in der ersten Hälfte des Jahres 1944 bei Nowgorod und am Ilmensee, im Dezember 1944 bei Pampali. Es kapitulierte mit der 18. Armee in Kurland. [132]

Die Zahl der gefallenen Bewährungssoldaten ist unbekannt. Man nimmt an, daß jeder zweite umkam. 2400 Vermißtenschicksale blieben ungeklärt. Mindestens 13 Offiziere des Stammpersonals erhielten das Ritterkreuz. Die Spuren der Bewährungsbataillone z.b.V. 500, 550 und 560 verlieren sich im Frühjahr 1945. »Im Kampf aufgerieben« ist die häufigste Aussage. [133]

Bewährung von Luftwaffenangehörigen

Am 3.11.1942 befahl der Oberbefehlshaber der Luftwaffe, Reichsmarschall Göring, die Aufstellung eines Luftwaffen-Feldbataillons z.b.V., um Soldaten seines Wehrmachtteils, die wegen ihrer luftwaffenspezifischen Ausbildung und Verwendung für das Bataillon z.b.V. 500 zu schade waren, im Rahmen des eigenen Wehrmachtteils eine Möglichkeit zur Bewährung vor dem Feind und zur Wiederherstellung ihrer Ehre zu geben, auch wenn sie infanteriedienstauglich waren und eigentlich in das Bataillon z.b.V. 500 gehörten. Am 20.11.1942 kam ein zweites Bewährungsbataillon dazu: das Luftwaffen-Feldbataillon z.b.V. 2. In dieser Einheit genügten niedere Musterungsklassen, weil es als Baubataillon zu Bau, Erneuerung und Wiederherstellung von Feldflugplätzen eingesetzt werden sollte. Mit zunehmender Kriegsdauer erhöhte sich die Zahl der Luftwaffen-Feldbataillone z.b.V. auf insgesamt 10. [134] Die Ausbildung fand bis 6.8.1943 in der Luftwaffen-Jägerkompanie z.b.V. 14 bei der Luftflotte 4 statt und dann im Luftwaffen-Feldersatzbataillon 3 in Olmütz. [135] Die Luftwaffen-Feldbataillone z.b.V. 1–10 mit je 4 Kompanien, die später in Luftwaffen-Jägerbataillone z.b.V. umbenannt wurden, kämpften im Rahmen der Luftwaffen-Felddivisionen im Erdkampf. Der Oberbefehlshaber der Luftwaffe bzw. der Generalinspekteur behielt sich persönlich ihren Einsatz nach operativ-taktischen Gesichtspunkten vor. Im Unterschied zu den Bewährungseinheiten des Heeres hatten sie den Vorteil, bevorzugt Lufttransportmöglich-

keiten eingeräumt zu bekommen. Ihre häufige Verlegung erschwert die Feststellung ihrer Einsatzorte.
Die Entscheidung über die personelle Bedarfsdeckung der Bewährungseinheiten traf die »Zentrale Vollstreckungsabteilung für die beweglichen Feldgerichte der Luftwaffe«, die im März 1942 in das »Amt für Vollstreckungs- und Gnadensachen der Luftwaffe«, eine Außenstelle des RLM in Berlin-Lankwitz, unter dem General der Flieger Kastner-Kirdorf umgewandelt wurde. Dieser Amtschef strebte u. a. an, daß die Offiziers- und Reserveoffiziersbewerber der Luftwaffe, soweit sie nicht zum fliegenden Personal gehörten, für begrenzte Zeit zum Stammpersonal eines Luftwaffen-Jägerbataillons z.b.V. versetzt wurden, damit sie im täglichen Umgang mit den Bewährungsmännern ihre Führungsqualifikation unter Beweis stellen konnten. [136]
Die erste Frontverwendung erlebten Bewährungsmänner der Luftwaffe noch vor der Aufstellung der Luftwaffen-Feldbataillone in einem Schützenbataillon z.b.V. bei der Luftflotte 1 im Frühjahr 1942. Diese Einheit wurde dem Kommandeur der 126. Infanteriedivision, Generalleutnant Laux, zur Bereinigung des Einbruchs am Wolchow zur Verfügung gestellt. Bei den Kämpfen zwischen 27. und 29. 3. 1942 verlor das Bataillon die Hälfte seiner Soldaten, darunter 8 Offiziere.
Wegen der hohen Verluste, die die Luftwaffen-Feldbataillone im Einsatz erlitten, wurde von der Luftwaffenführung der Modellversuch begonnen, einzelnen Luftwaffenfeldeinheiten kleinere Gruppen von Bewährungsmännern zuzuweisen, oft zum Mißvergnügen der Kommandeure, die darauf nicht vorbereitet waren. [137] Mit dieser Maßnahme hoffte man, den Verschleiß von Luftwaffensoldaten einzudämmen und die eigenen Felddivisionen durch kampfwillige Soldaten zu stärken.
Allen Maßnahmen des OKL lag das Bestreben zugrunde, möglichst wenige Luftwaffenangehörige in den Bereich des Heeres zu versetzen und die Bewährung nach »luftwaffenspezifischen« Kriterien im eigenen Bereich durchzuführen. Dementsprechend modifizierte die Luftwaffe die »Fünfte Verordnung zur Durchführung des Erlasses des Führers und Obersten Befehlshabers der Wehrmacht über die Aufstellung einer Bewährungstruppe«, die das OKW am 18. 7. 1944 herausgegeben hatte, zu ihren Gunsten. In einem sechsseitigen »Merkblatt über den Bewährungseinsatz gerichtlich bestrafter Soldaten der Luftwaffe« traf der Chef der personellen Rüstung und

nationalsozialistischen Führung der Luftwaffe im OKL am 12. 9. 1944 für die Straffälligen der Luftwaffe besondere Regelungen. Er unterschied zwischen Maßnahmen für Soldaten mit Freiheitsstrafen bis zu drei Monaten, für Soldaten mit Freiheitsstrafen von mehr als drei und weniger als acht Monaten und für Soldaten mit Freiheitsstrafen von mehr als acht Monaten. Der Einsatz vor dem Feind, der beim Heer vorgeschrieben war, blieb eher die Ausnahme. »Beweise besonderen Einsatzwillens in kriegsbedingten Gefahren« reichten für einen Gnadenerweis in der Luftwaffe aus.

Für die mit Freiheitsstrafen bis zu drei Monaten belegten Luftwaffenangehörigen erfolgte der Bewährungseinsatz »grundsätzlich bei der eigenen Truppe«, d. h. innerhalb der Regimenter und Geschwader, aus denen die Delinquenten stammten. Sie sollten lediglich an »gefährdeter Stelle unter erschwerten Bedingungen« eingesetzt werden. Soldaten mit einer Freiheitsstrafe von mehr als drei und weniger als acht Monaten sollten die Möglichkeit bekommen, sich bei leichteren, mittleren oder schweren Flakeinheiten, die im Erdkampf eingesetzt werden konnten, zu bewähren. Ihre Ausbildung erfolgte überwiegend bei der Flak-Ausbildungsabteilung 699 in Assling bei Villach. Straftäter im Bereich der Luftflotten 1, 2, 3, 4 und 6 durften sogar bei den Ausbildungseinrichtungen der Flakeinheiten ihrer Luftflotte verbleiben. Bewährungssoldaten, die zum fliegenden Personal gehörten, wurden zur Frontfliegersammelstelle Quedlinburg kommandiert. Von dort kamen sie zu einer Fronteinheit nach Weisung des OKL. Bereits nach kurzer Bewährung konnten sie mit ihrem alten Dienstgrad zur fliegenden Truppe zurückversetzt werden. [138] Das Spezialpersonal der Luftwaffe hatte es noch einfacher: Es konnte sich bei der Stammwaffe »unter gefahrvollen Umständen und erschwerten Bedingungen durch besondere fachliche Leistungen und tadellose Führung bewähren«. Ein Fronteinsatz war nicht erforderlich. Auch von den Luftwaffensoldaten und -beamten mit Freiheitsstrafen von mehr als acht Monaten blieben die meisten im Bereich ihres Wehrmachtteils. War ihre Strafvollstreckung ganz oder teilweise zur Frontbewährung ausgesetzt, so kamen sie zu den Luftwaffen-Jägerbataillonen z.b.V. Für die Straffälligen aus den Vollzugsanstalten des Reiches waren die Auffang- und Ausbildungsstellen das Fliegerersatzbataillon I in Posen und das Fliegerersatzbataillon VII in Nagold. Für die in den besetzten Gebieten Verurteilten gab es Luftwaffenjäger-Ausbildungskompanien bei den dort stationierten Luftflotten.

Die wenigen infanteriediensttauglichen Bewährungssoldaten der Luftwaffe, die den Bewährungstruppen des Heeres zugewiesen wurden, kamen zum Ersatzbataillon 500, um dort für den infanteristischen Fronteinsatz ausgebildet zu werden. Wer nur den Tauglichkeitsgrad »bedingt kriegsverwendungsfähig« oder »arbeitsverwendungsfähig« hatte, wurde vom Wehramt II des OKL an gefährdeten Stellen im Heimatkriegsgebiet eingesetzt oder zum Ersatz- und Ausbildungsbataillon 999 nach Baumholder zur Verwendung in den Stellungsbau-Pionierbataillonen I./999 und II./999 versetzt. [139] Soldaten mit dem Tauglichkeitsgrad wu (wehruntauglich) wurden aus der Wehrmacht entlassen. [140]

Für einen Gnadenerweis in der Luftwaffe reichte es grundsätzlich aus, wenn sich die Soldaten »durch besonderen Mut und beispielhaften Einsatz hervorgetan« hatten und ihre Führung etwa sechs Monate tadelsfrei gewesen war. Wer keine Gelegenheit bekam, seinen Mut im Einsatz zu beweisen, konnte nach zweijährigem »ausgezeichnetem Verhalten« bei der Truppe für einen Gnadenerweis vorgeschlagen werden. Die »überragenden kämpferischen Leistungen«, die für Heeressoldaten Voraussetzung eines Gnadenantrags waren, brauchten bei der Luftwaffe nicht erbracht zu werden.

Die Disziplinarvorgesetzten der Bewährungssoldaten legten die Gnadenanträge mit einem eingehenden Führungsbericht dem Amt für Vollstreckungs- und Gnadensachen der Luftwaffe zur Entscheidung vor. Wurde dem Antrag stattgegeben, so konnte die Reststrafe erlassen, der Rangverlust aufgehoben, eine beschränkte Auskunftspflicht aus dem Strafregister festgelegt oder Straftilgung ausgesprochen werden. Soldaten in den Luftwaffenjäger-Ausbildungskompanien z.b.V. konnten sogar während der Bewährungszeit für eine Beförderung vorgeschlagen werden, damit sie als Hilfsausbilder einsetzbar waren.

Stellten die Disziplinarvorgesetzten auf der anderen Seite Soldaten fest, die in ihrer Bewährungszeit den erforderlichen »Bewährungswillen« nicht aufbrachten und deren Haltung aufgrund mehrfacher disziplinarischer Strafen keine Besserung erwarten ließ, so konnte das Amt für Vollstreckungs- und Gnadensachen der Luftwaffe nach spätestens zehn Monaten die Strafaussetzung widerrufen und die Fortsetzung des Strafvollzugs befehlen. Das Luftwaffenmerkblatt traf auch Regelungen für Luftwaffenangehörige, die sich nach ihrer Strafverbüßung freiwillig zu einem zusätzlichen Bewährungseinsatz

meldeten. Diese Männer sollten nach entsprechender infanteristischer Ausbildung so gefördert werden, daß sie bei den Bewährungseinheiten als stellvertretende Gruppenführer oder bei besonderen Leistungen sogar als Gruppenführer eingesetzt werden konnten. Diese Vorzugsbehandlung wurde folgendermaßen begründet: »Erfahrungsgemäß handelt es sich bei diesen Soldaten um Männer, die den ehrlichen Willen haben, ihre begangenen Verfehlungen wiedergutzumachen«. Es ist nicht bekannt, ob es solche Fälle gab.
Im letzten Kriegsjahr konnten auch rechtskräftig zum Tode verurteilte Luftwaffenangehörige in die Luftwaffen-Jägerbataillone eingewiesen werden. Bei ihnen mußte der Kommandeur der Bewährungseinheit im Einvernehmen mit dem Gerichtsherrn spätestens nach 3 Monaten entscheiden, ob die Todesstrafe doch noch vollstreckt werden sollte oder ob der Betroffene aufgrund seines Einsatzes eines Gnadenerweises würdig war. [141]
Als Keitel vier Monate vor dem Kriegsende mit seinem Befehl »Strafaussetzung zur Frontbewährung« die letzten »bewährungswürdigen« Soldaten aus den Wehrmachtstrafanstalten des Heimatkriegsgebietes herausholte, setzte die Luftwaffe letztmals Sonderregelungen für ihre Leute durch: Zum Ersatz- und Ausbildungsbataillon z.b.V. 500 durften nur solche Luftwaffenangehörige versetzt werden, die einen Strafrest von mindestens zwei Jahren vor sich hatten. Alle anderen kamen zum Fliegerersatzbataillon VII nach Sulz/Neckar. Dort sollte über ihre Bewährungverwendung entschieden werden. [142]

Bewährungstruppe 999

Im Oberkommando der Wehrmacht entschloß man sich bereits nach dem schrecklichen Winter 1941/42, auf wehrunwürdige Zivilisten, d. h. entlassene Zuchthäusler und Strafgefangene, im wehrpflichtigen Alter zurückzugreifen. Sie sollten »ohne eigenen Antrag zwecks Verwendung bei der fechtenden Truppe zur gnadenweisen Wiederherstellung der Wehrwürdigkeit« vorgeschlagen werden. Man dachte zuerst nur an leichtere Fälle, nämlich an Verurteilte mit Strafen bis zu drei Jahren Zuchthaus. Auch die Parteikanzlei ging davon aus, daß nur Männer mit geringen Strafen in Frage kämen, »die wegen gleicher oder ähnlicher Taten nicht erheblich vorbestraft sind oder deren Tat eine einmalige Entgleisung darstellt«.

Ausgeschlossen sollte sein, wer wegen Homosexualität oder Landesverrats bestraft oder gegen den Sicherheitsverwahrung oder Kastration angeordnet worden war. [143] »Minderjährige Ausländer«, Zigeuner und Juden kamen überhaupt nicht in Frage.
In Besprechungen zwischen Vertretern des OKW und des Reichsministeriums der Justiz am 14. und 26. 9. 1942 fielen die Würfel zugunsten einer Sondertruppe aus Wehrunwürdigen, die unter der Bezeichnung »Brigade Z« aufgestellt werden sollte. In ihr sollten Wehrunwürdige, die nach Verbüßung ihrer Strafe ins Zivilleben entlassen worden waren, ebenso dienen wie Wehrunwürdige, die noch im Strafvollzug waren. [144] Über die Wiederverleihung der Wehrwürdigkeit sollte später entschieden werden. [145]
Die Heranziehung von Wehrunwürdigen zum Militär stieß in der Bevölkerung auf ein unterschiedliches Echo. Die einen lehnten die Übergabe von Waffen an Verbrecher kategorisch ab. Sie sahen in ihrer Eingliederung in die Wehrmacht eine Herabwürdigung des Soldatentums. Andere billigten diesen Schritt: Sie konnten nicht einsehen, daß Zuchthäusler, weil sie nicht einberufen werden konnten, ohne Lebensrisiko aus dem Krieg hervorgehen sollten. Hitler nahm am 30.9.1942 bei einer Volkskundgebung im Berliner Sportpalast anläßlich der Eröffnung des Kriegswinterhilfswerks zu der Frage Stellung:

»... in einer Zeit, in der die Besten unseres Volkes an der Front eingesetzt werden müssen und dort mit ihrem Leben einstehen, in dieser Zeit ist kein Platz für Verbrecher und für Taugenichtse, die die Nation zerstören!... Und vor allem, es soll sich kein Gewohnheitsverbrecher einbilden, daß er durch ein neues Verbrechen über diesen Krieg hingerettet wird. Wir werden dafür sorgen, daß nicht nur der Anständige an der Front unter Umständen sterben kann, sondern daß der Verbrecher und Unanständige zu Hause unter keinen Umständen diese Zeit überleben wird!« [146]

Wegen der ersten Verwendung, für die die neue Truppe vorgesehen war, erhielt sie den Namen »Afrika-Brigade 999«. Ihre Aufstellung wurde am 2. 10. 1942 vom Allgemeinen Heeresamt befohlen. Brigadeführer wurde der bisherige Kommandant des Führerhauptquartiers Oberst Kurt Thomas. Wegen seiner hochfliegenden Pläne mit dieser Wehrunwürdigen-Einheit wurde er in Offizierskreisen hin und wieder als »Tom der Wahnsinnige« verspottet. Wer die Zahl 999 für diese Einheit wählte, ist unbekannt. Vielleicht glaubte man, die 999er würden »die allerletzte Nummer bei der Infanterie« sein. Damals wußte man noch nicht, daß man eines Tages weit über die Tausend hinauskommen würde. Da 999 die Notrufnummer von Scotland Yard war, interpretierte die alliierte Propaganda die Aufstellung der Einheit als letzte Notmaßnahme des Reiches. Das taktische Zeichen der 999er, das aus einem V auf einer waagrechten Linie bestand, wurde als »Strich unter die Vergangenheit« oder als »Verbrecher auf der ganzen Linie« persifliert. Für die Vermutung, der Kommandeur des Regiments 961, Oberstleutnant Vonberg, habe das V der Division verursacht, spricht nichts. [147]

Bei der Prüfung der Tropendiensttauglichkeit wurden die bestehenden Richtlinien »sehr weitherzig« ausgelegt. Das Urteil k.v. (kriegsverwendungsfähig) und g.v.F. (garnisonsverwendungsfähig Feld) reichte aus. [148] Wer nicht tropentauglich war, sollte zum Infanterieersatzbataillon 500 in Fulda versetzt und dort ausgebildet werden. [149]

Auch die Alters- und Strafmaßbegrenzungen für die Einberufung zur Afrika-Brigade 999 wurden in der Folgezeit nicht eingehalten. Während die erste Einberufungswelle nur aus den Jahrgängen 08 und jünger bestand, wurden 1943 auch die Wehrunwürdigen ab Jahrgang 01 herangezogen. Später griff man sogar auf die Jahrgänge 1893 und jünger zurück. Auch die Begrenzung der zulässigen

Wehrwürdigkeitserklärung für die Bewährungseinheit 999

Strafen warf man über den Haufen. Bereits im Januar 1943 erweiterte man das Strafmaß auf bis zu sechs Jahren Zuchthaus oder neun Jahren Gefängnis, wenn keine weiteren Vor- und Nebenstrafen vorlagen.
Die Afrika-Brigade 999 wurde ab Herbst 1942 auf dem Truppenübungsplatz Heuberg, im Volksmund »Schwäbisches Sibirien« genannt, ausgebildet. Weihnachten 1942 befanden sich 1500 Mann aus dem Strafvollzug und 3500 entlassene Sträflinge auf dem Heuberg. Etwa 30% waren politisch Vorbestrafte und 70% Kriminelle. Es gab zahlreiche Grenzfälle und Überschneidungen.
Die Berichte über die 999er aus der Nachkriegszeit konzentrieren sich weniger auf die Kriminellen als auf die politischen Gefangenen. Deren Vergehen reichten von der Teilnahme am Spanienkrieg bis zur Wehrdienstverweigerung, von Wehrkraftzersetzung bis zur Vorbereitung zum Hochverrat. Viele waren Kommunisten. Häufig wurden kriminelle Delikte politisch motiviert, z. B. Schlägereien mit nationalsozialistischen Hoheitsträgern, Diebstahl an Staatseigentum, Brandstiftung an nationalsozialistischen Einrichtungen. Auch Schleichhändler und Devisenverbrecher konnte man in die eine oder andere Gruppe einbeziehen. Den Namen »Zuhälter- und Schwarzschlächterdivision« hatte der Verband wohl nicht von ungefähr.
Das Stammpersonal bestand aus 283 Offizieren, Unteroffizieren und Mannschaften.[150] Viele von ihnen waren vor dem Krieg aktive Mitglieder in den nationalsozialistischen Organisationen gewesen. Als überzeugte Anhänger Hitlers sahen sie bei den 999ern eine erzieherische Aufgabe vor sich. Im Laufe des Krieges änderte sich das Bild. Zum Stammpersonal der 999er versetzt zu werden war für viele Soldaten eine Bestrafung. An die Stelle der schneidigen Ausbilder des ersten Jahres traten immer mehr resignierende ältere Männer oder Soldaten, die sich in ihren Einheiten mißliebig gemacht hatten und mehr oder weniger strafversetzt wurden.
Bis zum 19. 1. 1943 überstellte der Reichsminister der Justiz 1586 Zuchthausgefangene an die Afrika-Brigade 999. Von ihnen waren 1086 zivilgerichtlich Verurteilte und 500 wehrmachtgerichtlich Verurteilte. Die meisten der durch Kriegsgerichte bestraften ehemaligen Soldaten kamen aus den Emslandlagern und wurden »nach Sonderbestimmungen durch die Oberkommandos der Wehrmachtteile einzeln ausgewählt«.[151] Es waren vielfach Soldaten, die wegen krimineller und nicht wegen militärischer Vergehen bestraft

worden waren. Sie fungierten häufig als Hilfsausbilder, weil sie im Unterschied zu den meisten Einberufenen aus den Justizvollzugsanstalten und aus dem Zivlleben militärisch vorgebildet waren.
Nach den »Besonderen Bestimmungen«, die das OKH am 30. 10. 1942 für das Ausbildungspersonal der 999er erließ, sollte bei der Behandlung der Männer »alles vermieden werden, was zwangsläufig zu Rückfälligkeit oder Verbitterung und damit zur Vereitelung des angestrebten Erfolges führen könnte«. Die Ausbilder sollten davon ausgehen, »daß alle Einberufenen, die durch den Gnadenerlaß des Führers gebotene Gelegenheit, ihre Ehre wiederherzustellen, gern ergreifen«. Bei der Vereidigung sollte den Angehörigen dieser Bewährungstruppe »in würdiger Weise eindringlich vor Augen« geführt werden, »daß ihnen vom Führer in hochherziger Weise die einmalige Gelegenheit gegeben wird, durch eigene Leistungen und eigenes Wohlverhalten wieder vollwertige Soldaten und Staatsbürger zu werden, daß also ihr weiteres Schicksal und die endgültige Wiederherstellung ihrer Ehre ganz allein von ihnen selbst, vor allem von ihrem tapferen und mutigen Einsatz vor dem Feind abhängt, daß sie aber auch bis dahin bei hartem Dienst besonderen Beschränkungen unterworfen sein müssen, um sich der ausnahmsweise gegebenen Gelegenheit würdig zu erweisen, ihre Ehre wiederherzustellen und als freie Soldaten mit der Waffe dem Vaterlande dienen zu dürfen«. [152]
Die Afrika-Brigade 999 bestand aus zwei Schützenregimentern mit den Nummern 961 und 962. Die für den Felddienst Untauglichen dienten in den Baupionierbataillonen.
Die bedingt Wehrwürdigen nannte man »Schützen«. Wer nicht voll wehrwürdig war, konnte nicht befördert werden. Ihm war verboten, Orden und Ehrenzeichen zu tragen. Nur beim Wehrsold und bei der Familienunterstützung wurde zwischen Grenadieren und Schützen kein Unterschied gemacht.
Die militärische Ausbildung der 999er dauerte je nach Vorbildung und Waffengattung drei bis vier Monate. Der Dienst begann um vier Uhr morgens und endete um achtzehn Uhr abends. Im Gegensatz zu den normalen Ausbildungseinheiten des Heeres erhielten die Bewährungssoldaten keinen Urlaub, weder während ihrer Ausbildung noch vor ihrem Einsatz. Gruppenweiser Ausgang wurde am Sonntagnachmittag gewährt. Das Dorf Stetten durfte jedoch nicht betreten werden, da dies dem Stammpersonal vorbehalten war.

Das Stammpersonal hatte die Anweisung, jede staatsfeindliche Äußerung als Zersetzung der Wehrkraft sofort zu melden. Ebenso wie die Ausbilder waren auch die Kriminellen der politischen Kaderbildung hinderlich. Durch die Denunziation ihrer Kameraden konnten sie sich Vorteile erschleichen. Viele Bestrafungen von Politischen gingen auf den Verrat solcher Leute zurück. Die Zusammensetzung der 999er aus Kriminellen und Politischen erwies sich als eine gelungene Maßnahme der Nationalsozialisten gegen antifaschistische Aktivitäten. Zur Bildung von Widerstandsgruppen kam es deshalb bestenfalls während der Einsätze.[153] Die einzige Gruppe, die offen untereinander diskutierte, waren die Religiösen.
Als Ende 1942 die Afrika-Brigade 999 in einer Stärke von etwa 8000 Mann ausgebildet war, befahl der Wehrmachtführungsstab im OKW die Aufstellung einer zweiten Wehrunwürdigen-Brigade. Am 1.2.1943 wurden beide Einheiten zur »Afrika-Division 999« vereinigt. Sie hatte eine Stärke von 16553 Mann. Für einen Teil der Männer war die »Bewährung durch Kampfeinsatz« damit unmöglich geworden, z. B. für die Angehörigen von Versorgungseinheiten wie Bäckerei- und Fleischereikompanien. Nach kurzem Aufenthalt im besetzten Frankreich kamen die ersten Teile der Division im März 1943 nach Neapel, um von dort aus nach Tunesien überführt zu werden. Zur Verteidigung des inzwischen zusammengeschrumpften Brückenkopfes in Nordafrika brauchte man von der Afrika-Division 999 jedoch nur die Regimenter 961 und 962. Die Versorgungseinheiten hatten auf dem zusammengeschmolzenen Kriegsschauplatz keinen Platz. Der Divisionskommandeur und sein Stab stürzten beim Flug übers Mittelmeer ab. Westlich von Kairouan und bei Bizerta wurden die Bewährungsmänner erstmals eingesetzt, und zwar nicht ohne Erfolg. Die befürchteten Massendesertionen blieben aus. Ein Anschlag der »Politischen« auf einen Bataillonsgefechtstand mißlang.[154] Die Haltung der Masse der Soldaten wurde von der Führung als »tadellos« bezeichnet.
Im Mai 1943 war der Afrikafeldzug zu Ende. 240000 Soldaten gerieten in Gefangenschaft, darunter etwa 4000 999er. Generalfeldmarschall Keitel ermächtigte den Oberbefehlshaber der Heeresgruppe Afrika, Generaloberst von Arnim, Angehörigen der Afrika-Division 999, die sich »mehrfach durch hervorragenden Mut und beispielhaften Einsatz ausgezeichnet« hatten, die Wehrwürdigkeit zurückzugeben. Die wenigsten konnten dies genießen, da sie in

alliierten Gefangenencamps lagen. Der Gnadenerweis umfaßte auch alle Gefallenen der Division.

Da man im Wehrmachtführungsstab nach dem Verlust Afrikas eine britische Invasion auf dem Balkan erwartete, wurden, um die deutschen Rohstoffquellen zu sichern, die übrig gebliebenen Bataillone der Afrika-Division 999 auf die griechischen Inseln und die Küste des Peleponnes verteilt. Die Panzeraufklärungsabteilung 999, die Panzerjägerkompanie 999, die Pionierkompanie 999 und das Artillerieregiment 999 kamen zur Sturmdivision Rhodos. Die Festungsinfanteriebataillone II./999, III./999 und VII./999 wurden in die 41. Festungsdivision einbezogen. Da die italienischen Besatzungstruppen keine Befestigungen gebaut hatten, mußten die Bewährungssoldaten der 999er überall mit dem Stellungsbau beginnen. Das führte bei Temperaturen bis zu 50°C zu zahlreichen Ausfällen, insbesondere bei den Angehörigen der Festungspionierbataillone I./999 und II./999, in denen die Tauglichkeitsstufen »bedingt kriegsverwendungsfähig« und »arbeitsverwendungsfähig« zusammengefaßt waren. Die Schanzarbeiten rund um die Uhr verhinderten die Kontaktaufnahme mit der Bevölkerung, die von den Politischen angestrebt wurde. Trotzdem liefen mehrere Bewährungssoldaten zu den griechischen Partisanen über. Oberst von Brückner beklagte in einem Schreiben an den Kommandierenden General des LXVIII. Armeekorps den schwindenen Kampfwert und die Unzuverlässigkeit der ihm unterstellten Bataillone. Er erreichte, daß die Heeresgruppe E am 3. 10. 1943 befahl, »diejenigen Soldaten auszusondern und unter ausreichender Bewachung zurückzuführen, die infolge unverbesserlicher staatsfeindlicher Gesinnung und verbrecherischer Neigung für eine Verwendung als Soldat ungeeignet sind«. [155] Ende 1943 begann der Abschub. In Baumholder wurden die Ausgesonderten umgekleidet und der Organisation Todt für Bauarbeiten am Atlantikwall zur Verfügung gestellt, wo diese »unzuverlässigen Elemente« unter schärfster Bewachung in der OT-Zwangsarbeitskompanie der Oberbauleitung Soissons Dienst taten. Mit der Entlassung aus der Wehrmacht waren sie automatisch wieder wehrunwürdig geworden.

Die Festungsinfanteriebataillone I./999, XIV./999, XV./999 und XVII./999 wurden im Dezember 1943 an die Ostfront verladen und der 6. Armee unterstellt. Der von den drei letztgenannten Bataillonen zu verteidigende Frontabschnitt am Dnjepr war 90 Kilometer lang. Den Soldaten wurde gedroht, jeder zehnte Mann werde erschossen, wenn Kontakte mit den Partisanen zutage träten. Nach drei Monaten wurden 520 Politische auf Befehl des OKH aus den Bataillonen herausgelöst und als Wehrmachtgefangene über Odessa nach Deutschland zurückgeführt, weil sie angeblich ihre Vorgesetzten umbringen wollten, um zur Roten Armee überzulaufen.

Ein 999er berichtet über die Ankunft in Baumholder:

»Nach sechzehn Tagen sind wir am Ziel, auf dem Truppenübungsplatz Baumholder.
›Laden und sichern! In zehn Schritt Abstand längs des Zuges verteilen‹, hören wir eine Kommandostimme.
Das sind bekannte Befehle. Bisher allerdings sind sie nur beim Ausladen von Kriegsgefangenen gegeben worden. Diesmal steigen verlaust und verdreckt, taumelnd vor Schwäche, deutsche Landser aus den Waggons. Die anwesenden Eisenbahner und Reisenden trauen ihren Augen nicht. Und um jeden Zweifel zu beheben, fangen wir an zu singen: ›Schön ist's bei den Soldaten...‹ Sogar unser Transportführer muß grinsen. Nach der ersten Strophe aber brüllt er: ›Aufhören!‹
Der Truppenübungsplatz Baumholder macht keinen so finsteren Eindruck wie der Heuberg.
Zunächst müssen wir auf einem großen Platz Aufstellung nehmen. Sorgsam wird darauf geachtet, daß wir nicht mit den anderen Soldaten in Berührung kommen. Bald geht es zum Entlausen. In drei abseits stehenden Kasernenblocks werden wir untergebracht. In jedem Block ist ein Wachkommando stationiert, das niemand herauslassen soll.
In Baumholder liegen noch weitere Einheiten der 999er. Ihnen ist berichtet worden, wir hätten unsere Offiziere umgebracht, und der größte Teil von uns würde am Pfahl enden. Selbstverständlich interessiert sich alles für uns: die Politischen, um die Wahrheit zu erfahren; die Kriminellen, um diese ›Untermenschen‹ in Augenschein zu nehmen. Am nächsten Tag sickert es durch: Gegen uns ist ein Massenprozeß geplant.«[156]

Die drei Bataillone, die nach dem Abzug der Politischen vom Dnjepr fast nur aus Kriminellen bestanden, wurden bei der Offensive der Roten Armee gegen die Heeresgruppe Südukraine im Raum Tiraspol im August 1944 vernichtet.
Von dem Festungsinfanteriebataillon I./999, das im Rahmen der 50. Infanteriedivision auf der Krim kämpfte, blieb ebenfalls nichts übrig.
Länger auszuharren hatten die 999er im Dodekanes. Die Panzergrenadierbrigade Rhodos bestand im Januar 1945 aus 9887 Deutschen und 6531 kampfwilligen Italienern. Die Inseln Piskopi und Levitha waren den Briten kampflos zugefallen, weil die dort einge-

setzten Einheiten der 999er die Waffen gestreckt hatten. Der Kommandant der Ost-Ägäis, Generalmajor Wagner, befürchtete ein ähnliches Verhalten, wenn die Engländer die Inseln Kos und Kalino angreifen sollten. In einem Bericht an die Heeresgruppe machte er jedoch in erster Linie das Versagen der Offiziere für den Verlust von Prikopi und Levitha verantwortlich, die »nicht mit der gleichen Sorgfalt ausgewählt« worden seien wie die bei der Gründung des Verbandes. Außerdem gebe es in der Ost-Ägäis riesige Verpflegungsprobleme. Die Region sei von jedem Nachschub abgeschnitten. In britischer Gefangenschaft erhofften sich die Soldaten ausreichendes Essen. Auch daß die Zivilbevölkerung wöchentlich nur soviel zu essen bekomme wie die deutschen Soldaten an einem Tag lasse die Kampfmoral der Männer sinken. Die Sympathie der 999er für die Inselbewohner wachse von Tag zu Tag. Trotzdem hielt sich die Zahl der Desertionen in Grenzen. Im Januar 1945 wurden nur 11 Deutsche und 49 Italiener fahnenflüchtig. Die Hälfte aller Straftaten bestand in Eigentumsdelikten. [157]

Den Rückzug der deutschen Truppen aus Griechenland deckte die Brigade Klotz zusammen mit Einheiten der 7. SS-Freiwilligengebirgsdivision Prinz Eugen. Sie bestand aus 5 Bataillonen 999ern mit je 600 Mann. Bis Dezember 1944 nahm sie Sicherungsaufgaben in Thessalien wahr. Für die Rückeroberung der bosnischen Stadt Swornik wurde sie sogar im Wehrmachtbericht lobend erwähnt. Ihre Kampfkraft war bis zur Savelinie ungebrochen. Es gab nur wenige Deserteure. [158]

Viele 999er hatten sich die Fahnenflucht leichter vorgestellt, als sie tatsächlich war. Sie riskierten, von den eigenen Kameraden von hinten erschossen zu werden. Sie hatten Angst, auf der anderen Seite der Front für die von der Deutschen Wehrmacht begangenen Verwüstungen verantwortlich gemacht zu werden. Sie überlegten sich, daß der Krieg nicht mehr lange dauern würde und daß eine Gefangenschaft die Rückkehr in die Heimat verzögern könnte. Auch die Furcht vor der Gestapo verhinderte manche Desertion, weil der einzelne Angst hatte, seine Familie würde dafür zur Verantwortung gezogen werden. Auf dem Rückzug durch den Balkan begaben sich nur wenige 999er, die bis Januar 1945 zum Küstenschutz Mittelmeer gehörten, in die Hände der Tito-Partisanen, obwohl sie in vielen Fällen als Nachhut am Feind eingesetzt waren. Sie nahmen zu Recht an, daß die

Partisanen in dieser Phase des Krieges zwischen Überläufern und
Kriegsgefangenen keinen Unterschied machten. [159] Zusammen

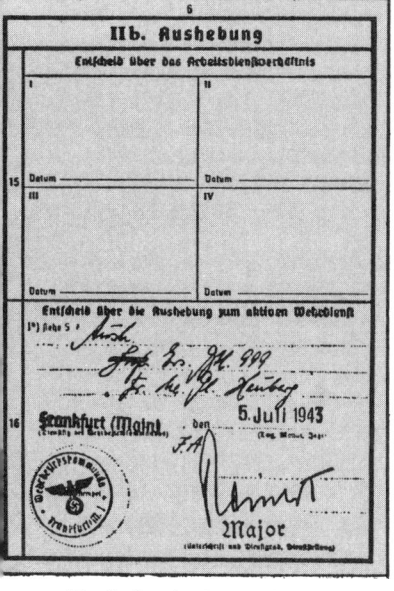
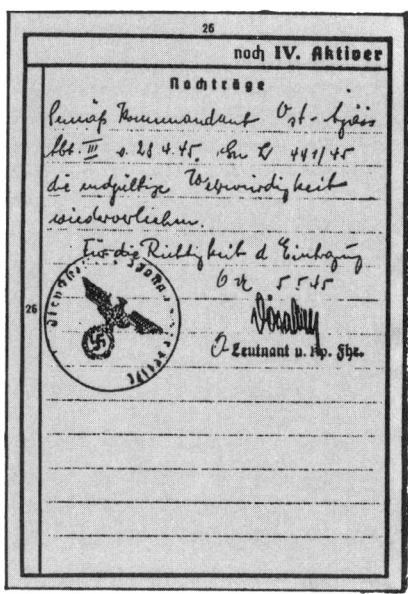

Unwürdig, bedingt würdig, würdig: **Wehrpaß** des Soldaten Eisenacher

mit Angehörigen der 7. SS-Freiwilligengebirgsdivision Prinz Eugen kapitulierten die Überlebenden im Raum Agram-Luka. [160]
Die Baupionierbataillone 999 wurden bei der Heeresgruppe Mitte an der Pantherlinie, im Westheer zur Verteidigung der Somme-Marne-Linie und bei der 212. Volksgrenadierdivision entlang der Sauer und am Westwall eingesetzt. [161]
Die Schätzungen, wieviele 999er es gab, gehen weit auseinander. Die Zahlen, die genannt werden, liegen zwischen 25000 und 40000. [162

Belegstellen

1 RGBl 1935 I S. 1020 ff.
2 RGBl 1940 I S. 1347
3 RGBl 1939 I S. 1455
4 Vgl. Römer: Die Unterstellung des Gefolges unter die Militärgesetze, in: Zeitschrift für Wehrrecht 5 (1940/41), S. 427 ff.
5 RGBl 1944 I S. 155
6 Vgl. Rudolf Absolon (Hrsg.): Das Wehrmachtstrafrecht im 2. Weltkrieg. Sammlung grundlegender Gesetze, Verordnungen und Erlasse, Kornelimünster 1958, S. 46 ff.
7 RGBl 1939 I S. 1683
8 RGBl 1939 I S. 1609
9 RGBl 1939 I S. 1679
10 RGBl 1939 I S. 2319
11 RGBl 1939 I S. 2378
12 Vgl. Richterbriefe – Mitteilungen des Reichsministers der Justiz Nr. 9, in: Heinz Boberach (Hrsg.): Richterbriefe. Dokumente zur Beeinflussung der deutschen Rechtsprechung 1942–1944, Boppard am Rhein 1975, S. 132
13 Vgl. Martin Broszat: Zur Perversion der Strafjustiz im Dritten Reich, in: VjHZg 6 (1958), S. 404
14 Vgl. Hansjoachim Koch: Volksgerichtshof. Politische Justiz im 3. Reich, München 1988, S. 155 ff.
15 Vgl. § 2 des Gesetzes zur Änderung des Strafgesetzbuches vom 28.6.1935, RGBl 1935 I S. 839
16 Vgl. Richterbriefe – Mitteilungen des Reichsministers der Justiz Nr. 9, a.a.O., S. 132
17 Vgl. Lothar Gruchmann: Justiz im Dritten Reich 1933–1945. Anpassung und Unterwerfung in der Ära Gürtner, München 1990, S. 774 ff.
18 12. Sammelerlaß des Reichsführers-SS und Chefs der Deutschen Polizei vom 1. 8. 1942, BA NS 7/5, Bl. 118
19 Vgl. Martin Broszat, a.a.O., S. 395; Wolfgang Ayaß: Bettler, Landstreicher, Vagabunden, Wohnungslose und Wanderer, in: Mitteilungen der Dokumentationsstelle zur NS-Sozialpolitik Hamburg 9–10/1985, S. 57 ff.

20 Vgl. Richterbriefe – Mitteilungen des Reichsministers der Justiz Nr. 1, a.a.O., S. 5; Lothar Gruchmann: Ausgewählte Dokumente zur deutschen Marinejustiz im Zweiten Weltkrieg, in: VjHZg 26 (1978), S. 451
21 Vgl. Richterbriefe – Mitteilungen des Reichsministers der Justiz Nr. 1, a.a.O., S. 13
22 Ein Menschenleben gilt für nix, in: Der Spiegel Nr. 43/1987, S. 117
23 Vgl. Martin Broszat, a.a.O., S. 390 ff.
24 Vgl. Richterbriefe – Mitteilungen des Reichsministers der Justiz Nr. 4, a.a.O., S. 56 f.
25 Vgl. Werner Weber: Vom Sinn der Todesstrafe, in: Zeitschrift der Akademie für Deutsches Recht 7 (1940), S. 156 ff.
26 Richterbriefe – Mitteilungen des Reichsministers der Justiz Nr. 1, a.a.O., S. 10
27 Vgl. Richterbriefe – Mitteilungen des Reichsministers der Justiz Nr. 18, a.a.O., S. 320
28 Richterbriefe – Mitteilungen des Reichsministers der Justiz Nr. 1, a.a.O., S. 5
29 Vgl. Lothar Gruchmann, Ausgewählte Dokumente, a.a.O., S. 400
30 Ralph Angermund: Die geprellten ›Richterkönige‹. Zum Niedergang der Justiz im NS-Staat, in: Herrschaftsalltag im Dritten Reich. Punktstudien und Texte, hrsg. von Hans Mommsen und Susanne Willems, Düsseldorf 1988, S. 304
31 Vgl. S. 39 und 171 ff. dieses Buches. Zur Diskussion über die Zahl der Todesurteile vgl. Otto Peter Schweling: Die deutsche Militärjustiz in der Zeit des Nationalsozialismus, Marburg 1977, S. 263 ff.; Manfred Messerschmidt und Fritz Wüllner: Die Wehrmachtjustiz im Dienste des Nationalsozialismus. Zerstörung einer Legende, Baden-Baden 1987, S. 63 ff.
32 Richterbriefe – Mitteilungen des Reichsministers der Justiz Nr. 3, a.a.O., S. 57
33 Vgl. Hempel: ›Tatprinzip oder Täterprinzip‹ und andere offene Fragen aus dem Gebiet der forensischen Psychiatrie im Kriege, in: Zeitschrift für Wehrrecht 9 (1944), S. 52 ff.
34 Vgl. Erich Schwinge: Die Entwicklung der Mannszucht in der deutschen, britischen und französischen Wehrmacht seit 1914, Berlin und München 1940
35 Erich Schwinge (Hsrg.), Militärstrafgesetzbuch nebst Kriegssonderstrafrechtsverordnung, Berlin 1943, S. 5
36 OKW vom 21.12.1939, BA/MA RH 14/30, Bl. 67 f.
37 Die SS- und Polizeigerichtsbarkeit. Ein Leitfaden, hrsg. vom Hauptamt SS-Gericht, vom 1.7.1944, BA NSD 41/41, S. 54
38 OKH vom 17.11.1939, BA/MA RH 14/22, Bl. 55 ff.
39 Vgl. OKH Gen. z.b.V. vom 16.6.1942, MAP WF-03/3861, Bl. 898 f.
40 Vgl. L. Gellrich: Die Wehrmachtstrafgerichtsbarkeit in der Zeit des Nationalsozialismus, in: Wehrwissenschaftliche Rundschau 1982, Heft 1, S. 17 ff.
41 Vgl. Wolfgang Seltmann: Wehrmachtgerichtsbarkeit und Allgemeine Strafrechtspflege, in: Zeitschrift für Wehrrecht 9 (1944), S. 1 ff.
42 Vgl. ChefHRüst und BdE vom 7.12.1942, BA/MA RH 14/34, Bl. 77
43 Vgl. Ralph Angermund, a.a.O. S. 304 ff.
44 Vgl. Werner Hülle: Die Stellung des Wehrmachtrichters im Truppensonderdienst, in: Zeitschrift für Wehrrecht 9 (1944), S. 145 ff.
45 Vgl. §§ 76–90 KStVO
46 Vgl. § 8 KStVO
47 Vgl. Just Block: Die Ausschaltung und Beschränkung der deutschen ordentli-

chen Militärgerichtsbarkeit während des Zweiten Weltkrieges, Jur. Diss. Würzburg 1967, S. 28 ff.
48 Vgl. Lothar Gruchmann: Ausgewählte Dokumente, a. a. O., S. 433 ff.
49 Vgl. Ebenda S. 437
50 Vgl. Ebenda S. 437
51 Vgl. Beispiele in Ernst Roskothen: Paris. Place de la Concorde 1941–1944. Ein Wehrmachtsrichter erinnert sich ..., Bad Dürrheim und Baden-Baden 1977; H. Mörbitz: ›Hohes Kriegsgericht!‹. Ein Tatsachenbericht nach den Erlebnissen eines Kriegsgerichtsverteidigers, Wien 1968. Einzelbeispiele finden sich in mehreren Autobiographien von Generalen der Wehrmacht, z. B. Maximilian Fretter-Pico: Die Jahre danach. Erinnerungen 1945–1984, Osnabrück 1985, S. 18 f.
52 Vgl. BA/ZNW Wehrmachtkommandantur Berlin Nr. 2716
53 Vgl. Hugo von Dörnberg: Wehrmachtjustiz im Dritten Reich. Von Newel bis Remagen, Hannover 1948, S. 5 ff.
54 Vgl. Walter Görlitz: Model. Der Feldmarschall und sein Endkampf an der Ruhr, München 1984, S. 236
55 Eugen Müller 1891-1951, Eintritt in das Reichsheer 1910, im Ersten Weltkrieg Leutnant im Bayerischen Fußartillerieregiment, Übernahme in die Reichswehr mit Beförderungen bis zum Major, 1. 10. 1933 Oberstleutnant, 1.8.1935 Oberst, 1937–1938 Oberquartiermeister III im Generalstab des Heeres als Generalmajor, Kommandeur der Kriegsakademie ab Mai 1939, nach der Beförderung zum Generalleutnant am 1.8. 1940 General z.b.V. beim Oberbefehlshaber des Heeres, 1. 6. 1942 Beförderung zum General der Artillerie als Amtschef Heeresjustizwesen im OKH
56 Vgl. Ingo Müller: Furchtbare Juristen. Die unbewältigte Vergangenheit unserer Justiz, München 1987, S. 190 f.
57 Vgl. OKW WR vom 30. 4. 1940, BA R 22/2296, Bl. 433 ff.
58 Vgl. Werner Hülle, a.a.O., S. 151
59 Vgl. Der Führer und Oberste Befehlshaber der Wehrmacht vom 6.1.1942, HVBl. 1942, Nr. 34
60 Vgl. Otto Hennicke: Auszüge aus der Wehrmachtkriminalstatistik, in: Zeitschrift für Militärgeschichte 5 (1966), S. 438 ff.
61 Rolf-Dieter Breitenstein und Joachim Philipp: Die imperialistische Militärgerichtsbarkeit von 1898 bis 1945, Jur. Diss. Humboldt-Universität Ostberlin 1983, S. 233
62 MAP W-1O/1168
63 Otto Hennicke, a.a.O., S. 449
64 Otto Hennicke, a.a.O., S. 455
65 Rolf-Dieter Breitenstein und Joachim Philipp, a.a.O., S. 233; Otto Hennicke, a.a.O., S. 449
66 Vgl. Otto Hennicke, a.a.O., S. 445
67 Vgl. S. 50 ff. dieses Buches
68 Vgl. S. 206 ff. dieses Buches
69 Vgl. BA NS 7/351
70 Otto Hennicke, a.a.O., S. 454 f.
71 Otto Hennicke, a.a.O., S. 445
72 Vgl. Rolf-Dieter Breitenstein und Joachim Philipp, a.a.O., S. 233; MAP W-10-1168

73 BA NS 7/204
74 Otto Hennicke, a.a.O., S. 449
75 Otto Hennicke, a.a.O., S. 455
76 MAP W 10-1168
77 Otto Hennicke, a.a.O., S. 455 f.
78 Otto Hennicke, a.a.O., S. 456
79 Vgl. HGnO, BA/MA RH 14/22, Bl. 39 ff.
80 ChefHRüst und BdE vom 5. 7. 1944, BA/MA RH 14/23
81 Vgl. Erlaß des Führers über Gnadenmaßnahmen bei hervorragender Bewährung während des Krieges vom 26.1. 1942 und Ausführungsbestimmungen für die Strafrechtspflege, AHM 1942, Nr. 252
82 Vgl. Gnadenmaßnahmen bei hervorragender Bewährung, AHM 1942, Nr. 390
83 Vgl. OKW vom 7. 7. 1944, AHM 1944, Nr. 498
84 Vgl. OKH ChefHRüst und BdE vom 5. 5. 1942, BA/MA RH 14/34, Bl. 77
85 Vgl. Ebenda
86 Vgl. Schreiben OKW an RMJ vom 14.2.1944, BA R 22/5015, Bl.159 ff.
87 Vgl. OKW vom 4. 6. 1944, BA R 22/5015, Bl. 172
88 Vgl. Ebenda
89 Vgl. OKW vom 29. 6. 1943, BA/MA RH 19/23
90 Vgl. § 104 KStVO
91 Vgl. OKH vom 31. 8. 1939, BA/MA RH 14/22
92 Vgl. Kisser: Fragen der Strafvollstreckung im Kriege, in: Zeitschrift für Wehrrecht 6 (1941/42), S. 337 ff.
93 Vgl. RGBl 1940 I S. 877
94 Vgl. Chef des OKW vom 2.7.1940, BA R 22/2298, Bl. 24
95 Vgl. OKW WR vom 2. 10. 1940, MAP SF-01/16312, Bl. 453; BA R 22/5015, Bl. 5 ff.
96 Vgl. Ebenda
97 Vgl. Meier-Brannecke: Rechtsfragen aus dem Gebiet der Strafvollstreckung, in: Zeitschrift für Wehrrecht 6 (1941/42), S. 432 ff.
98 Vgl. OKH AHA vom 12.2.1942, BA/MA RH 14/34, Bl. 36 f.
99 Vgl. Fünfte Verordnung zur Durchführung des Erlasses des Führers und Obersten Befehlshabers der Wehrmacht über die Aufstellung einer Bewährungstruppe vom 18. 7. 1944, BA/MA RH 14/27, Bl. 62 ff.
100 Vgl. BA R 22/5015, Bl. 30 ff.
101 Vgl. Der Führer und Oberste Befehlshaber der Wehrmacht vom 21. 12. 1940, BA/MA RH 12/23; OKW WR vom 5. 4. 1941, Verordnung zur Durchführung des Erlasses des Führers und Obersten Befehlshabers der Wehrmacht über die Aufstellung einer Bewährungstruppe vom 5. 4. 1941, BA/MA RH 12/23, Bl. 37 ff.
102 Vgl. Der Führer und Oberste Befehlshaber der Wehrmacht vom 2.4.1942, Neuordnung der Strafvollstreckung, AHM 1942, Nr. 1072.
103 Vgl. ChefHRüst und BdE vom 7. 12. 1943, BA/MA RH 14/23, Bl. 65 und Chef OKW vom 1. 2. 1945, BA/MA RH 14/27, Bl. 159 ff.
104 Vgl. OKW WR vom 4. 3. 1942, BA R 22/2296, Bl. 522 ff.
105 Vgl. S. 144 ff. dieses Buches
106 Vgl. S. 135 ff. dieses Buches
107 Fünfte Verordnung zur Durchführung des Erlasses des Führers und Obersten

Befehlshabers der Wehrmacht über die Aufstellung einer Bewährungstruppe, OKW WR vom 18. 7. 1944, BA/MA RH 14/23, Bl. 254 ff.
108 Vgl. Merkblatt über den Bewährungseinsatz gerichtlich bestrafter Soldaten der Luftwaffe vom 12. 9. 1944, BA/MA RH 14/34, Bl. 92 ff.
109 Vgl. Richtlinien für die Vollstreckung von Freiheitsstrafen in der Wehrmacht vom 1. 2. 1945, BA/MA RH 14/31, Bl. 13 ff.
110 MAP W-10/1168
111 Ebenda
112 Vgl. OKH ChefHRüst und BdE vom 17. 2. 1941, MP WF-03/380257
113 OKH ChefHRüst und BdE vom 17. 2. 1941, BA/MA RH 14/28, Bl. 38
114 Vgl. OKH ChefHRüst und BdE vom 12. 3. 1941, BA/MA RH 18/28, Bl. 25 ff.
115 Der Führer und Oberste Befehlshaber der Wehrmacht vom 21. 12. 1940, BA/MA RH 14/28, Bl. 36
116 Ebenda
117 Vgl. Merkblatt 2 des Generals z.b.V. beim OKH vom 24. 1. 1943, BA/MA RH 13/v.13, Bl. 2
118 Vgl. Bericht Otto Münster, BA/MA RH 37/6888; Horst Voigt: Sondertruppen zur Frontbewährung im 2. Weltkrieg. Ein Beitrag zu ihrer Geschichte, in: Deutsches Soldatenjahrbuch 30 (1982) S. 398
119 Vgl. Merkblatt über Vollzugseinrichtungen und Bewährungstruppen, OKH, General z.b.V. vom 4. 9. 1944, BA/MA H 34/16
120 Vgl. Kurze Übersicht über Organisation und Aufgaben des Wehrmachtstrafvollzugs, der Bewährungstruppe sowie der Sondereinheiten des Heeres vom 16. 3. 1943, BA/MA RH 14/33, Bl. 10
121 Vgl. Bericht von Otto Münster, BA/MA RH 37/6888
122 Vgl. BA NS 7/208
123 Vgl. Bericht eines Augenzeugen, BA NS 7/208
124 Vgl. Sie haben etwas gutzumachen. Ein Tatachenbericht vom Einsatz der Strafsoldaten, in: Der Spiegel vom 25. 4. 1951, S. 24 f.
125 Vgl. OKH GrRWes vom 22. 2. 1941, BA/MA RH 14/31, Bl. 234
126 Vgl. Sie haben etwas gutzumachen, a.a.O., S. 24
127 Vgl. Bericht von Herbert Titzmann, BA/MA Msg 2/3076
128 Johannes Steinhoff, Peter Pechel und Dennis Showalter (Hrsg.): Deutsche im Zweiten Weltkrieg. Zeitzeugen sprechen, München 1989, S. 389 f.
129 Vierte Verordnung zur Durchführung des Erlasses des Führers und Obersten Befehlshabers der Wehrmacht über die Aufstellung einer Bewährungstruppe vom 26. 5. 1943, BA/MA RW 2/v. 9
130 Zweite Verordnung zur Durchführung des Erlasses des Führers und Obersten Befehlshaber der Wehrmacht über die Aufstellung einer Bewährungstruppe vom 15. 10. 1941; Ausführungsbestimmungen zur Zweiten Durchführungsverordnung zum Führererlaß über die Aufstellung einer Bewährungstruppe vom 3. 12. 1941, AHM 1941, Nr. 1207
131 Der Chef des OKW vom 11. 10. 1944, BA/MA RH 14/23, Bl. 139
132 Vgl. Georg Tessin: Verbände und Truppen der deutschen Wehrmacht und Waffen-SS im Zweiten Weltkrieg, Bd. 11, Osnabrück 1974, S. 107 ff.
133 Vgl. Horst Voigt, a.a.O., S. 404
134 Vgl. Die Sondereinheiten in der früheren deutschen Wehrmacht, bearbeitet

im Personenarchiv II des Landes Nordrhein-Westfalen, Kornelimünster 1953, S. 32
135 Vgl. LwVBl 1943, Nr. 1209
136 Vgl. Horst Voigt: Sondertruppen zur Frontbewährung im 2. Weltkrieg. Ein Beitrag zu ihrer Geschichte, in: Deutsches Soldatenjahrbuch 36 (1988), S. 4435
137 Vgl. Horst Voigt: Sondertruppen zur Frontbewährung im 2. Weltkrieg. Ein Beitrag zu ihrer Geschichte, in: Deutsches Soldatenjahrbuch 38 (1990), S. 390
138 Vgl. Horst Voigt: Sondertruppen zur Frontbewährung im 2. Weltkrieg. Ein Beitrag zu ihrer Geschichte in: Deutsches Soldatenjahrbuch 36 (1988) S. 436 f.
139 Vgl. S. 88 dieses Buches
140 Merkblatt über den Bewährungseinsatz gerichtlich bestrafter Soldaten der Luftwaffe vom 12. 9. 1944, BA/MA RH 14/34, Bl. 92 ff.
141 Ebenda
142 Vgl. Der Chef des OKW vom 25. 1. 1945, BA/MA RH 14/23, Bl. 139
143 Der Leiter der Parteikanzlei Rundschreiben Nr. 61/42/gRs. vom 9. 12. 1942, BA NS 6/339
144 Vgl. Hans-Peter Klausch: Die 999er, Frankfurt 1986, S. 17; Sie haben etwas gutzumachen. Ein Tatsachenbericht vom Einsatz der Strafsoldaten, in: Der Spiegel vom 31. 1. 1951, S. 23
145 Vgl. Protokoll der Besprechung vom 14. 9. 1942, BA R 22/5015, Bl. 59
146 Max Domarus: Hitler. Reden und Proklamationen 1932–1945, Band II, 2. Halbband, Wiesbaden 1973, S. 1923 f.
147 Vgl. Sie haben etwas gutzumachen. Ein Tatsachenbericht vom Einsatz der Strafsoldaten, in: Der Spiegel vom 21. 3. 1951, S. 22
148 Vgl. OKW AHA vom 2. 10. 1942, Anlage 1, BA R 22/5015, Bl. 66
149 Vgl. OKH ChefHRüst und BdE vom 27. 11. 1942, BA R 22/5015, Bl. 97 ff.
150 Vgl. Hans-Peter Klausch, a.a.O., S. 24
151 Vgl. BA R 22/5015, Bl. 89 und 123
152 Klausch, a.a.O., S. 42; BA R 22/5015, Bl. 89 ff.
153 Vgl. Klausch, a.a.O., S. 67 f.
154 Vgl. Karl Flanner: Widerstand im Gebiet von Wiener Neustadt 1938–1945, Wien 1973, S. 283
155 Klausch, a.a.O., S. 141
156 Strafdivision 999. Erlebnisse und Berichte aus dem antifaschistischen Widerstandskampf, Ostberlin 1966, S. 52
157 Vgl. Bericht des Kommandanten Ost-Ägäis, Anl. 7, BA/MA RH 26-1007/17
158 Vgl. Sie haben etwas gutzumachen. Ein Tatsachenbericht vom Einsatz der Strafsoldaten, in: Der Spiegel vom 23. 2. 1951, S. 21
159 Vgl. Georg Reichardt: Strafbataillon 999. Ich war dabei, in: Deutsche National-Zeitung Nr. 16–29/1963.
160 Vgl. Sondereinheiten in der früheren deutschen Wehrmacht, a.a.O., S. 31 f.
161 Vgl. Manuskript Horst Voigt: Bedingt wehrwürdige Bewährungsmänner, S. 12 ff.
162 Vgl. Strafdivision 999, a.a.O., S. 302

2
Strafvollzug in der Wehrmacht

Wehrmachtstrafanstalten
Straflagerverwahrung
Übernahme des Strafvollzugs durch die Wehrmacht
Strafvollstreckungsformen
Todesurteile
Standgerichtsbarkeit

Wehrmachtstrafanstalten

Allgemeine Regelungen

Die »Einsperrung« straffälliger Soldaten bildete in der Tradition des deutschen Militärstrafrechts den Kern gerichtlich verhängter Strafmaßnahmen. Die vier Hauptfreiheitsstrafen waren Zuchthaus, Gefängnis, Festungshaft und Arrest. Da die Zuchthausstrafe mit der Aberkennung der Wehrwürdigkeit verbunden war, hatte der Täter aus der Wehrmacht auszuscheiden, bevor er den zivilen Justizvollzugsanstalten zur Strafverbüßung übergeben wurde. Die anderen Freiheitsstrafen vollzog die Wehrmacht selbst:
– Arrest in den Arresträumen am Standort bzw. in den Arrestzellen an Bord von Schiffen,
– Festungshaft in der Festungshaftanstalt und
– Gefängnisstrafen in den Wehrmachtgefängnissen.
Die Standortarrestanstalten wurden 1942 in »Wehrmachthaftanstalten« umbenannt.[1] Im Reichsgebiet, das ab 1940 Heimatkriegsgebiet hieß, wurden neben den acht Wehrmachtgefängnissen »abgezweigte Wehrmachtgefangenenabteilungen« auf Truppenübungsplätzen oder in wehrmachteigenen Betrieben eingerichtet, die den nächstgelegenen Wehrmachtgefängnissen unterstellt waren. Zur Unterbringung von straffälligen Soldaten, die auf ihren Prozeß warteten, gab es 1943 im Reichsgebiet vier Wehrmachtuntersuchungsgefängnisse, nämlich in Berlin, Wien, Hamburg und München.
In den besetzten Gebieten hießen die Wehrmachthaftanstalten »Kriegswehrmachthaftanstalten« (1943: insgesamt 128) und die Wehrmachtgefängnisse »Kriegswehrmachtgefängnisse« (1943: insgesamt 21).
Im Operationsgebiet verfügten die Armeen über »Bewegliche Heeresgefängnisse«, die auch »Fliegende Gefängnisse« genannt wurden. In ihnen wurden Strafen bis zu drei Wochen vollstreckt. Die Planstärke eines Beweglichen Heeresgefängnisses bestand aus 1 Führer (Hauptmann und Leutnant), 1 Haupt- oder Oberfeldwebel, 1 Feldwebel, 6 Unteroffizieren und 2 Gefreiten als Kraftfahrer.[2]

Militärstrafeinrichtung

Die acht Wehrmachtgefängnisse und die Wehrmachthaftanstalt Germersheim unterstanden ab 1.10. 1940 als unmittelbar nachgeordnete Dienststellen der Gruppe Strafvollzug (Stv.) unter dem General z.b.V. Eugen Müller, der als Chef der Abteilung Heeresjustizwesen wie die Waffengenerale dem Oberbefehlshaber des Heeres zugeordnet war und neben der Gruppe Strafvollzug auch die Gruppen Rechtswesen und Feldjustizverwaltung koordinierte. Alle anderen Strafanstalten unterstanden im Reich, in den besetzten Gebieten und im rückwärtigen Heeresgebiet den Wehrmachtkommandanturen bzw. Standortältesten, den zuständigen Truppenvorgesetzten, den zuständigen Orts- bzw. Kreis- bzw. Feldkommandanturen und im Operationsgebiet den Kommandobehörden der Heeeresgruppen, Armeen, Korps und Divisionen. Die Dienstaufsicht lag im Heimatkriegsgebiet bei den Wehrkreiskommandos, in den besetzten Gebieten bei den Wehrmachtbefehlshabern und im Bereich des Feldheeres bei den Oberbefehlshabern der Armeen nach den Weisungen des Generals z.b.V. im OKH. [3]

Als Merkmale des militärischen Freiheitsentzugs wurden Strenge, Erziehung, Isolierung unter Ausscheidung aus der militärischen Gruppe und die »Berücksichtigung der Anforderungen der militärischen Ehre und des Dienstansehens« betont. Mit Strenge sollte die Gleichbehandlung der Einsitzenden gewährleistet werden. Sie war abgestuft nach der Art der Freiheitsstrafe. Als Erziehungsziele galten Einsicht, Willenszucht und Einordnungsvermögen bei gleichzeitiger Aufrechterhaltung der militärischen Effizienz. Mit dem Ausscheiden aus der militärischen Einheit für kürzere oder längere Zeit verloren die Verurteilten die Sicherheit, die in der militärischen Kameradschaft liegt, und bekamen die Möglichkeit zum Nachdenken über ihre Tat. Die härteren Lebensbedingungen in Unfreiheit machten ihnen den Unterschied zum Truppenalltag deutlich. Die militärische Ehre verlangte, daß auch im Strafvollzug die Militärgesetze und die militärische Rangordnung erhalten blieben. [4]

Ein Grundsatz war für die Durchführung des zivilen und militärischen Strafvollzugs gleich: »Größte Einfachheit, doch Schutz der Gesundheit und der Arbeitskraft«. [5]

Die Wehrmachtstrafvollzugsvorschrift (WStVzV) aus dem Jahr 1937, neu aufgelegt 1941[6], regelte minutiös alle Schritte der Verurteilten von der Aufnahme bis zur Entlassung: Ordnung durch Bürokratie. In allen Strafanstalten mußten Zugangslisten, Abgangslisten und Belegungsbücher geführt werden. Bei der Aufnahme wurden die Gefangenen »unter Schonung des Ehr- und Schamgefühls« von einem Soldaten durchsucht, der mindestens den gleichen Dienstgrad haben mußte wie der Eingelieferte. Gefangene durften dabei nicht mitwirken. Das Verstecken von irgendwelchen Gegenständen war strafbar. Geld, Wertpapiere, Schmucksachen – außer Trauringe –, Streichhölzer, Messer, überflüssige Kleidungsstücke und Sachen, die zur Flucht dienen konnten, wurden abgenommen. Auch die Truppenausweise wurden eingezogen. Die Arrestanten und Strafgefangenen erhielten einen Empfangsschein für alle abgenommenen Sachen, auf dem sie später bei der Entlassung die Rückgabe zu bescheinigen hatten.

Nach den Haftformen unterschied man Zellenhaft und Gemeinschaftshaft. Bei der Zellenhaft durfte der Gefangene nur beim Dienst, bei der Arbeit, bei der Bewegung im Freien, beim Gottesdienst und bei ähnlichen Anlässen mit anderen Gefangenen in Berührung kommen. Die verschärfte Form der Zellenhaft war die Einzelhaft. In diesem Fall wurde der Gefangene bei Tag und Nacht von den anderen Gefangenen abgesondert. Vorgeschrieben war in allen Fällen »einfachste, anspruchslose Unterbringung«.

Vor dem Krieg hatten die Gefangenen jede Woche Anspruch auf ein Brausebad. Gegen ihren Willen durften vor dem Krieg »Haar- und Barttracht nur aus Gründen der Schicklichkeit oder Reinlichkeit geändert werden«. Während des Krieges wurden die Strafgefangenen zum Teil kahlgeschoren. Die Hygiene richtete sich nach den Umständen.

Untersuchungs- und Strafgefangene erhielten weniger Verpflegung als die Soldaten in der Truppe. Am 25. 4. 1940 legte das OKW die Rationen auf 80% des Normalverpflegungssatzes bei voller Brotportion, d. h. 540 Gramm, pro Tag, fest. Wenn die Inhaftierten zu anstrengender körperlicher Arbeit herangezogen wurden, durften ihnen die Kommandanten der Wehrmachtgefängnisse bzw. die Führer der Wehrmachtgefangenenabteilungen je nach der Schwere der zu verrichtenden Arbeit Kartoffeln zu den vollen Sätzen zuteilen. [7] Ab 1942 war der Verpflegungssatz IV 2 die Richtschnur. Er durfte nicht überschritten werden. IV 2 war die Verpflegungsstufe für Truppeneinheiten ohne besondere Aufgabe: pro Tag 600 Gramm Brot und 30 Gramm Fett und in der Woche 800 Gramm Fleisch. Gefangenen, die nicht arbeiteten, wurden 30% des Fleischsatzes und 20% des Fettsatzes abgezogen und die Abendkost um

50% gekürzt. Nur Strafgefangene, die im Felde bei der kämpfenden Truppe eingesetzt waren, konnten die Verpflegung des Einsatzgebietes mit allen Zulagen bekommen. [8] Wer mit geschärftem und strengem Arrest bestraft wurde, mußte ausschließlich mit 800 Gramm Brot am Tag auskommen. Außer Wasser erhielt er sonst nichts. Sonderregelungen gab es für Festungshaftgefangene, für das Wehrmachtgefolge, für nicht-sowjetische Kriegsgefangene und Landeseinwohner in den besetzten Gebieten als Straf- und Untersuchungsgefangene der Wehrmacht.[9] Die Neuregelung der Verpflegungssätze der Wehrmacht ab 1944 brachte auch den Insassen in Wehrmachtuntersuchungsgefängnissen, Wehrmachthaftanstalten, Kriegswehrmachtgefängnissen und Wehrmachtgefängnissen weitere Kürzungen. Der wöchentliche Fleischsatz wurde auf 420 Gramm und der Fettsatz auf 130 Gramm gekürzt. Nur wenn die Insassen »zu anstrengenden Arbeiten herangezogen« wurden, konnten ihnen Zulagen bis zum Höchstsatz von 600 Gramm Fleisch und 170 Gramm Fett in der Woche bewilligt werden. [10]
Bereits vor dem Krieg wurde die Arbeitspflicht, die vorher nur für Gefängnisinsassen vorgeschrieben war, auf die Untersuchungsgefangenen ausgedehnt. Begründet wurde das damit, daß »nach nationalsozialistischer Auffassung Arbeit die Pflicht jedes arbeitsfähigen Menschen« sei. In allen Haftanstalten sollten Arbeitsbetriebe eingerichtet werden. Bei der Heranziehung von Untersuchungsgefangenen zu Pflichtarbeiten brauchte lediglich darauf geachtet zu werden, daß der »Untersuchungszweck nicht gefährdet« wurde und den Untersuchungsgefangenen »die erforderliche Zeit und Ruhe zu ihrer Verteidigung« blieb. [11]
Nach dem Strafvollstreckungsplan für die Wehrmacht waren ab 1942 von allen Strafgefangenen besonders hohe Arbeitsleistungen bei Arbeitszeiten bis zu 14 Stunden zu verlangen. Der Arbeitseinsatz erfolgte in wehrmachteigenen Betrieben oder bei Pioniereinheiten. Sie durften nicht mehr außerhalb der Wehrmacht beschäftigt werden. 7350 Mann, die bisher in der Rüstungsindustrie gearbeitet hatten, mußten bis zum 1. 10. 1942 herausgezogen werden. Nur für die Betriebe der Mineralölproduktion konnte der Reichsminister für Bewaffnung und Munition Ausnahmen insofern erwirken, als der Abzug von Strafgefangenen dort aufgeschoben wurde, bis »vollwertiger« Ersatz vorhanden war. [12]
Die Bekleidungsvorschriften für Strafgefangene änderten sich während des Krieges mehrmals. Grundsätzlich erfolgte der Strafvollzug

bei der Wehrmacht in Uniform. Unter entsprechender Eintragung in das Soldbuch erhielt anfangs jeder Strafgefangene von seiner Einheit folgende Bekleidungsstücke für die Zeit der Strafverbüßung mit: Feldmütze, Waffenrock oder Feldbluse, Drillichbluse, Tuchhose, Drillichhose, drei Unterhosen, drei Hemden, drei Paar Strümpfe, drei Kragenbinden, ein Mantel, ein Paar Schaftstiefel, ein Paar Schnürschuhe, ein Koppel mit Schloß und Seitengewehrtasche, ein Brotbeutel, eine Feldflasche, ein Rucksack. [13] 1942 fielen Drillichbluse und -hose, zwei Unterhemden, zwei Hemden, zwei Paar Strümpfe, zwei Kragenbinden, die Schaftstiefel, der Brotbeutel, die Feldflasche und der Rucksack weg. [14] Bei der Einlieferung war der Marschanzug mit Feldbluse, Tuchhose, Mantel, Koppel mit Seitengewehrtasche und Schloß abzugeben. Diese Stücke sollten in den Bekleidungskammern gelagert werden, bis der Strafgefangene entweder in eine andere Wehrmachtstrafanstalt verlegt oder entlassen wurde. Für die Dauer der Strafverbüßung erhielten die Wehrmachtgefangenen folgende feldunbrauchbaren, bereits getragenen und wieder instandgesetzten Kleidungsstücke: eine Feldbluse, eine Tuchhose, zwei Drillichröcke, zwei Drillichhosen und zwei Unterhosen (möglichst Beutestücke), zwei Hemden, drei Paar Socken oder Fußlappen, zwei Paar Schnürschuhe, ein Paar Stoffgamaschen, drei Taschentücher, ein Paar Hosenträger, eine Garnitur Reinigungsbürsten und im Winter einen Mantel, einen Kopfschützer und ein Paar Fausthandschuhe. Alle Gegenstände, die den Wehrmachtgefangenen persönlich gehörten, wurden ab 1942 mit Ausnahme der Bedarfsartikel zur Körperpflege und des Putz- und Nähzeugs bei der Einlieferung abgenommen und an die Heimatadresse des Gefangenen abgesendet. [15]
Jede Wehrmachtstrafanstalt verfügte über eine Kleiderkammer. Sie enthielt Kleidungsstücke aller Wehrmachtteile, denn während der Strafverbüßung trugen alle Wehrmachtgefangenen die Bekleidung ihres Wehrmachtteils. Die Bekleidungsstücke für die Angehörigen des Heeres waren beim zuständigen Heeresbekleidungsamt, für die Angehörigen der Luftwaffe beim Luftgaukommando und für Marineangehörige beim zuständigen Marinestationskommando bzw. Kommandierenden Admiral anzufordern. [16] Von der monatlichen Bekleidungsentschädigung von Reichsmark 30,– wurden dafür zwei Drittel einbehalten. [17] Die Gefangenen erhielten keinen Wehrsold, sondern nur eine Arbeitsentlohnung entsprechend ihrem Arbeitseinsatz und dies nur bei guter Führung. [18]

Gesunde Gefangene, die nicht im Freien arbeiteten, durften sich täglich für eine Stunde unter Aufsicht in einem umschlossenen Hofraum bewegen. Für Soldaten war das militärischer Dienst. [19]

Die ärztliche Aufsicht in den Wehrmachtstrafanstalten lag in den Händen des zuständigen Sanitätsoffiziers, meistens des Standortarztes, und in Standorten ohne Sanitätsoffizier bei einem Vertragsarzt. Er hatte die krank gemeldeten Gefangenen zu untersuchen, zu medikamentieren und zu behandeln und »in angemessenen Zeitabständen« Verpflegung, Bekleidung und Unterkunft zu prüfen. Konnte die Behandlung eines erkrankten Gefangenen in der Strafanstalt nicht durchgeführt werden, so mußte er in ein Wehrmachtlazarett oder in eine andere Krankenanstalt überführt werden. Bei verstorbenen Gefangenen stellte der Sanitätsoffizier die Todesursache aktenkundig fest. [20]

Über den Postverkehr der Strafgefangenen macht die WStVzV in insgesamt 13 Ziffern bis ins einzelne gehende Aussagen. Er unterlag der Überwachung durch den Anstaltsvorgesetzten oder einen anderen Offizier. Eingehende oder ausgehende Schriftstücke durften zurückgehalten werden, »wenn sie nach Form oder Inhalt zu Bedenken Anlaß« gaben, insbesondere wenn der Inhalt geeignet war, »die Sicherheit oder Ordnung zu stören oder Entweichungen zu fördern, wenn er beleidigend oder sonst strafbar ist oder den Anstand gröblich verletzt«. Während es vor Beginn des Krieges keine generelle Einschränkung des Briefverkehrs gab, erhielten die Strafgefangenen während des Krieges nur alle vier bis sechs Wochen Schreiberlaubnis. [21]

Leseerlaubnis für Bücher und Zeitungen wurde nur bei besonders guter Führung gewährt, Raucherlaubnis »nur in besonderen Ausnahmefällen als Belohnung für besonders gute Leistung und Haltung«. [22]

Über die seelsorgliche Betreuung der Strafgefangenen finden sich in der Strafvollzugsvorschrift folgende Angaben: »Den Gefangenen darf der Zuspruch eines Wehrmachtgeistlichen nicht versagt werden. Die zuständigen Wehrmachtgeistlichen sind zum Besuch der Wehrmachtstrafanstalten verpflichtet; sie dürfen die Gefangenen ohne Überwachung seelsorgerisch besuchen. Die Anstaltsvorgesetzten haben den Wehrmachtgeistlichen das Ausüben der Seelsorge in jeder Weise zu erleichtern.« [23] Der Wehrmachtgeistliche war zu benachrichtigen, wenn ein Gefangener Zuspruch

wünschte und wenn er ernstlich erkrankt war. Andererseits durften die Gefangenen nicht zur Teilnahme an religiösen Übungen gezwungen werden. Neben den seelsorglichen Aufgaben hatte der Wehrmachtgeistliche auch eine erzieherische Aufgabe: Zusammen mit dem Anstaltsvorgesetzten sollte er das Verantwortungsbewußtsein der Strafgefangenen wecken und fördern. Er sollte den einzelnen dazu bringen, »den von ihm angerichteten Schaden wiedergutzumachen und sich die Beziehungen zu seinen Angehörigen zu erhalten«. [24]
Die Strafgefangenen besaßen ein eingeschränktes Beschwerderecht. Die Strafvollzugsvorschrift sah zwar vor, daß dem Gefangenen auf Wunsch Gelegenheit zu geben war, »Rechtsmittelerklärungen und andere Eingaben an Wehrmachtgerichte oder an allgemeine Gerichte und Staatsanwaltschaften einzureichen«, und daß diese von den Anstaltsvorsitzenden stets weiterzuleiten waren, aber über im Strafvollzug getroffene Maßnahmen wirkten solche Beschwerden weder aufschiebend noch unterbrechend. Wiederholte ein Gefangener eine Beschwerde, die bereits durch eine Entscheidung zurückgewiesen worden war, so brauchte ihm kein neuer Bescheid erteilt zu werden. [25]
Strafgefangene, die sich nicht in die Ordnung des Strafvollzugs einfügten, konnten mit unterschiedlichen Hausstrafen belegt werden. Dazu gehörten der Entzug der Mittags- oder Abendkost, die Wegnahme des Bettlagers, die Untersagung des Freigangs und der strenge Arrest nach § 12 der H.Dv. 3/9. [26] Anstaltsvorgesetzte und Abteilungsführer konnten aufgrund der Disziplinarbefugnisse, die ihnen die Strafvollzugsvorschrift zuwies, solche Bestrafungen befehlen. Anbinden oder Prügeln war jedoch streng untersagt. Hitler bemerkte dazu, »daß diese Maßnahmen den Soldaten entehren und ihn unwürdig machen würden, der Wehrmacht weiterhin anzugehören«. [27]
Bei Fliegeralarm gab es unterschiedliche Regelungen für die Gefangenen. Wer in Wehrmachtgefangenenabteilungen, Wehrmachtgefängnissen und Straflagern einsaß, wurde in die Luftschutzkeller geführt, wenn solche vorhanden waren. Die Insassen von Festungshaftanstalten, Standortarrestanstalten und Arresträumen in den Kasernen und Wehrmachtuntersuchungsgefängnissen wurden in den nächstgelegenen Luftschutzkeller geschickt und hatte sich nach dem Fliegeralarm sofort zurückzumelden. Untersuchungsgefangene und die zu Gefängnis oder Zuchthaus Verurteilten sowie

die vorläufig Festgenommenen verblieben in ihren Zellen. [28] Bei Luftangriffen war die Fluchtgefahr, die ohnedies ein besonderes Problem darstellte, besonders groß. Die Verantwortung für die sichere Bewachung trug der Offizier, dem die Soldaten zur Verwahrung übergeben waren. Das OKH warnte: »Jedes Entweichen schädigt die Disziplin der Truppe und bringt zahlreichen Dienststellen durch notwendig werdende Fahndungsmaßnahmen zusätzliche Belastung.« Die Stärke und Gliederung der Bewachungsmannschaften sollte sich nach der Beschaffenheit des Haftraums und dem Grund der Festnahme bzw. nach dem Kriegsgerichtsurteil richten. Die größte Fluchtgefahr bestand bei den Soldaten, die zu langjährigen Zuchthausstrafen oder zum Tode verurteilt waren. Für ihre Bewachung und ihren Transport waren besondere Maßnahmen erforderlich. [29]

In der Endphase des Krieges weigerte sich das Reichsjustizministerium, die Verantwortung für Wehrmachtgefangene zu übernehmen, die den zivilen Justizanstalten zum Vollzug von Militärstrafen überstellt wurden, wenn die Wehrmacht nicht gleichzeitig das Bewachungspersonal stellte. Die Erfahrung hatte gezeigt, daß der Fluchtgefahr wegen der chaotischer werdenden Umstände immer schwerer zu begegnen war. [30]

Nach dem Abschluß des Strafvollzugs kamen die Soldaten in der Regel zur Truppe zurück. Weil sie dort häufig weiterhin wie Kriminelle behandelt wurden, gab das OKW im April 1942 ein »Merkblatt über die Behandlung von Soldaten nach Entlassung aus dem Wehrmachtstrafvollzug« heraus. Man sah den Erfolg der Strafmaßnahmen gefährdet und ins Gegenteil verkehrt, »wenn die aus dem Strafvollzug entlassenen Soldaten bei der Truppe mit Mißtrauen und mit Vorurteilen entehrend behandelt werden«. Die zwangsläufigen Folgen seien Rückfälligkeit, Verbitterung und damit der Verlust »brauchbarer Menschen für den Wehrdienst und für das Vaterland«. Es wurde deshalb verboten, solche Soldaten als Bestrafte zu behandeln. Den Disziplinarvorgesetzten wurde es zur Pflicht gemacht, unter Anwendung der Grundsätze der militärischen Menschenführung unter allen Umständen zu verhindern, daß die Vorbestrafung in der Einheit bekannt werde. [31] Da es sich in der Masse um junge Menschen zwischen 17 und 25 Jahren handle, die einmalig entgleist seien, müßten sie nach ihrer Rückkehr vom Strafvollzug »am Ehrgefühl gepackt, zu besonderen Aufgaben verwandt und so eingesetzt werden, daß sie ihren ernsten Besse-

rungswillen durch die Tat beweisen können«. In diesem Sinne sollten alle Unteroffiziere belehrt werden, die mit ehemaligen Strafgefangenen zu tun hatten, damit diese »auf dem Weg zu brauchbaren Soldaten« nicht behindert würden. [32]
Dem Ziel, »in möglichst kurzer Zeit die brauchbaren Leute mit ernstem Besserungswillen der fechtenden Truppe wieder zuzuführen«, hatte auch das Aufsichtspersonal in den Wehrmachtstrafanstalten zu dienen. Da die aufsichtführenden Soldaten nur die Schattenseiten des Soldatenlebens sähen und praktisch denselben äußeren Bedingungen wie die Wehrmachtstrafgefangenen selbst ausgesetzt seien, sollte »bei der Versetzung und Kommandierung von Aufsichtspersonal besondere Sorgfalt in der Auswahl geübt werden«.
Für den Aufsichtsdienst eigneten sich besonders ältere, entschlossene Unteroffiziere, »die den nötigen Grad von Festigkeit, Besonnenheit, Ordnungsliebe, Pflichttreue und körperliche Rüstigkeit besitzen und eine einwandfreie Führung nachweisen können«. Nur solche Männer könnten sich der »verantwortungsvollen Aufgabe bewußt sein, die Gefangenen wieder zu brauchbaren Menschen und Soldaten zu erziehen«. Sie seien in ihrem Dienst verpflichtet, »selbst in jeder Hinsicht Vorbild zu sein«. [33] Den vorgesetzten Kommandobehörden wurde das Strafvollzugspersonal zur erhöhten Fürsorge und Betreuung empfohlen. Insbesondere sollten sie bei Auszeichnungen und Beförderungen nicht vergessen werden. Die Truppe sollte ständig darüber aufgeklärt werden, daß der Aufsichtsdienst im Strafvollzug nicht minderwertig, sondern dem Truppendienst gleichgestellt sei. [34]

Arrest

Arreststrafen konnten verhängt werden als Disziplinarstrafen durch den jeweiligen Disziplinarvorgesetzten oder als gerichtliche Strafen durch ein Militärgericht.
Die Wehrmachtdisziplinarstrafordnung stand den Wehrmachtteilen bei Kriegsbeginn als H.Dv. 3/9, M.Dv. Nr. 130 und L.Dv. 3/9 zur Verfügung. Mit der Neufassung vom 6. 6. 1942, die am 1. 12. 1942 in Kraft trat, wurden die Disziplinarstrafordnung für das Heer vom 18. 5. 1926, die auch für die Luftwaffe galt, und die Disziplinarstrafordnung für die Kriegsmarine vom 22. 5. 1926 in der Neufas-

sung vom 8. 4. 1936 außer Kraft gesetzt. Viele Bestimmungen wurden jedoch unverändert übernommen. [35]
Der Wehrmachtdisziplinarstrafordnung waren alle Angehörigen der Wehrmacht einschließlich des Gefolges und der Kriegsgefangenen unterworfen. Als Disziplinarübertretungen galten alle vorsätzlichen oder fahrlässigen Verstöße gegen die militärische Zucht und Ordnung, soweit sie nicht unter das Militärstrafgesetz fielen, und alle Verstöße gegen die Strafgesetze, die nicht gerichtlich bestraft wurden. Zu den Verstößen gegen die militärische Zucht und Ordnung, die im Handeln oder Unterlassen bestehen konnten, gehörten Widerrede gegen einen Befehl, Nichtausführung eines Befehls, Mißachtung der militärischen Tugenden, Schädigung des Ansehens der Wehrmacht, Zeugnisverweigerung vor einem Wehrmachtgericht, ungebührliches Verhalten bei Gerichtssitzungen, Verstöße gegen den Zapfenstreich u. dgl.
Die Wehrmachtdisziplinarstrafordnung erfaßte nur Delikte, die nicht das Militärstrafgesetz verletzten. Die Unterscheidung war nicht immer leicht. Der einfache Ungehorsam gehörte zu den Disziplinarübertretungen, er wurde aber zum gerichtlich strafbaren militärischen Vergehen nach § 92 MStGB, wenn durch den Ungehorsam ein erheblicher Nachteil bzw. eine Gefahr für Menschenleben oder für die Sicherheit des Reiches oder die Schlagfertigkeit der Truppe herbeigeführt wurde. Wachvergehen waren an und für sich Disziplinarübertretungen, wurden aber zu gerichtlich strafbaren Handlungen nach § 141 MStGB, wenn die oben genannten Folgen eintraten. [36]
War dem Disziplinarvorgesetzten unklar, ob es sich um ein Disziplinarvergehen oder einen Straftatbestand handelte, so mußte er einen Tatbericht an den Gerichtsherrn, in der Regel den Divisionskommandeur, einreichen. Disziplinarvorgesetzte, die gerichtlich strafbare Handlungen vorsätzlich mit einer Disziplinarstrafe erledigten, machten sich eines Verstoßes gegen § 147a MStGB strafbar. Es war Sache des Gerichtsherrn zu entscheiden, ob ein Verhalten in Zweifelsfällen gerichtlich zu bestrafen war oder disziplinar erledigt werden konnte. Er konnte von der Anklage absehen, wenn die Schuld des Täters gering und die Folgen der Tat unbedeutend waren, d. h., wenn mit einem Strafmaß unter sechs Wochen zu rechnen war.[37] Von einer gerichtlichen Bestrafung konnte zugunsten der disziplinaren Ahndung z. B. bei folgenden Fällen abgesehen werden:

- Überschreitung des Urlaubs, wenn die Abwesenheit höchstens drei Tage, im Felde höchstens einen Tag betrug
- Selbstbefreiung von Gefangenen, deren Abwesenheit höchstens drei Tage, im Felde höchstens einen Tag betrug
- Achtungsverletzungen, z. B. lautes Beschwerdeführen und Widerrede gegen einen Verweis vor versammelter Mannschaft oder als Drohung
- Belügen eines Vorgesetzten in dienstlichen Angelegenheiten
- Beleidigung eines Vorgesetzten oder Untergebenen
- Ungehorsam, Beschädigung, Zerstörung oder Preisgabe eines Dienstgegenstandes, Verletzung der Dienstpflichten einer militärischen Wache, wenn dadurch nicht ein erheblicher Nachteil, eine Gefahr für Menschenleben, für fremdes Eigentum, für die Sicherheit des Reiches oder die Schlagfertigkeit oder Ausbildung der Truppe herbeigeführt wurde
- Annahme von Geschenken von Untergebenen
- Trunkenheit im Dienst [38]

Inhaber der Disziplinarstrafgewalt war der jeweilige Disziplinarvorgesetzte. In der Truppe waren dies in der Regel der Kompaniechef, der Bootskommandant, der Staffelkapitän oder ein Offizier in entsprechender Dienststellung. Er verfügte über eine abgestufte Disziplinarstrafgewalt. Gegen unterstellte Offiziere durfte er nur Verweise aussprechen. Zu den Disziplinarstrafen, die er gegen Unteroffiziere mit Portepee und Fähnriche verhängen durfte, gehörten neben Verweis und strengem Verweis der Stubenarrest bzw. Kammerarrest bis zu einer Woche, der geschärfte Stubenarrest bzw. Kammerarrest bis zu einer Woche und der gelinde Arrest bis zu einer Woche. Gegen Unteroffiziere ohne Portepee und gegen Mannschaften konnte er neben Verweis, strengem Verweis, Soldverwahrung und Ausgangsbeschränkung bis zu drei Wochen den Kasernen-, Quartier- bzw. Bordarrest und den gelinden Arrest bis zu zwei Wochen und den geschärften Arrest bis zu einer Woche verhängen. [39]

Im Januar 1941 tadelte das OKH Disziplinarvorgesetzte, weil sie Männer, die von den Standortältesten, Streifenführern und Kommandanturen wegen disziplinwidrigen oder ungebührlichen Verhaltens gemeldet wurden, vielfach ohne Bestrafung ließen, obwohl eine Disziplinarmaßnahme mit Freiheitsentzug angebracht gewesen wäre. [40] Im Mai des gleichen Jahres erfolgte ein erneuter Appell an die Disziplinarvorgesetzten, von ihren Befugnissen stär-

ker Gebrauch zu machen, um die Mannszucht im Feldheer und im Ersatzheer aufrechtzuerhalten: »Der Vorgesetzte, der sich scheut, energisch durchzugreifen, macht sich schuldiger als der Soldat, der ... gegen die Disziplin verstößt.« [41]
Die bei den Unterführern beliebteste Disziplinarstrafe war jedoch seit Mitte 1940 im Feldheer verboten: das Strafexerzieren. Diese Disziplinarmaßnahme hatte zu »unerfreulichen Erscheinungen und neuen Straftaten« geführt, z. B. Widersetzung und Ungehorsam. Während des Frankreichfeldzugs war sie unhandbar geworden: »Die Zusammensetzung der Feldtruppe aus allen Altersklassen, die mangelnde Erfahrung mancher Disziplinarvorgesetzter und die kriegsmäßige Unterbringung, die eine Ausschaltung der Öffentlichkeit in vielen Fällen nicht zuläßt – was im Feindesland besonders schwer ins Gewicht fällt – lassen diese Strafart beim Feldheer als ungeeignet erscheinen.«
Bei den Disziplinarstrafen gehörte Arrest zu den schärferen Formen. Verweis, strenger Verweis und Soldverwahrung gehörten zu den leichteren. Die Mindestdauer des Arrests betrug einen Tag, die Höchstdauer vier Wochen. Bei den militärgerichtlichen Strafen nach einem Verfahren gemäß der Kriegsstrafverfahrensordnung gehörte der Arrest zu den milden Strafen. Freiheitsstrafen unter sechs Wochen wurden stets als Arrest vollstreckt. [42]
Als Formen der Disziplinarstrafe unterschied man folgende Arrestarten:
– Kasernenarrest, Quartierarrest oder Bordarrest bis zu vier Wochen
– Stubenarrest oder Kammerarrest bis zu vier Wochen
– geschärfter Stubenarrest oder geschärfter Kammerarrest bis zu drei Wochen
– gelinder Arrest bis zu vier Wochen
– geschärfter Arrest bis zu drei Wochen
– strenger Arrest bis zu drei Wochen.
Nach dem Militärstrafrecht gab es vier Formen des Arrests:
– Kasernenarrest
– Stubenarrest
– gelinder Arrest
– geschärfter Arrest.
Die Form des Arrests richtete sich nach dem militärischen Rang des Täters.
Gegen Offiziere, Unteroffiziere mit Portepee und entsprechende

Wehrmachtbeamte konnten nur Stuben- bzw. Kammerarrest und geschärfter Stuben- bzw. Kammerarrest verhängt werden. Gegen Mannschaften, Unteroffiziere ohne Portepee und Wehrmachtbeamte im Unteroffiziersrang durften Kasernen-, Quartier- und Bordarrest bis zu vier Wochen, gelinder Arrest bis zu vier Wochen und geschärfter Arrest bis zu drei Wochen verhängt werden. Stuben- bzw. Kammerarrest wurden in der Wohnung bzw. auf der Stube verbüßt. Der Verurteilte durfte während der Dauer des Arrests seine Wohnung bzw. seine Stube bzw. seine Kammer nicht verlassen und keine Besuche empfangen. Wurden von einem Bestraften diese Auflagen nicht eingehalten, so konnte er mit einer Freiheitsstrafe bis zu sechs Monaten belegt werden. [43] Angehörige der Kriegsmarine, die an Bord eines Schiffes mit Kammerarrest bestraft wurden, wurden in einem vom Kommandanten zu bestimmenden Raum untergebracht, wenn sie keine eigene Kammer besaßen und eine solche nicht verfügbar gemacht werden konnte. Ihnen war zwar der Zugang zur Messe gestattet, jedoch durften sie nicht an den gemeinschaftlichen Mahlzeiten oder Unterhaltungen teilnehmen. [44]
Während des Kasernen- oder Quartierarrests durfte der Bestrafte die Kaserne oder sein Quartiergebäude nebst den dazugehörigen Hofräumen nicht verlassen. Der Besuch von Kantinen, Kameradschaftsheimen oder ähnlichen Gemeinschaftsräumen war verboten. Dementsprechend durfte der Bordarrestant das Schiff nicht verlassen, auch wenn es im Hafen lag. [45] Bei geschärftem Stuben- bzw. Kammerarrest wurden die Bestraften in einer Offiziersarreststube eingeschlossen. Wo keine vorhanden war, konnte eine normale Arrestzelle dafür verwendet werden.
Die Verpflegung der Arrestanten war die gleiche wie die der Gefängnisinsassen und Untersuchungsgefangenen: Der Normalverpflegungssatz wurde auf ein Drittel der Fleisch- und Fettsätze und auf die Hälfte der Abendkost gekürzt. Die anderen Verpflegungsbestandteile wie Gemüse, Brot, Getränke richteten sich nach den Weisungen der Anstaltsleiter. [46] Alle Arrestanten durften Zusatznahrungsmittel und Tabak mit sich führen. [47]
Gelinder Arrest und geschärfter Arrest wurden als Zellenhaft vollzogen. Während die mit gelindem Arrest Bestraften die normale reduzierte Kost bekamen, für die Nachtzeit ein Bett hatten, Lektüre genießen und alle zwei Wochen einen Privatbrief absenden durften, bestand die Schärfung des geschärften Arrests darin, daß der Bestrafte eine harte Lagerstatt hatte und als Nahrung nur

Wasser und Brot, ab 1942 800g pro Tag, erhielt. [48] Zwei Stunden Bewegung in der freien Luft unter der Aufsicht eines Postens war die einzige Abwechslung im Tagesablauf. Nur an jedem dritten Tag wurden die mit geschärftem Arrest Bestraften so behandelt, als hätten sie gelinden Arrest, damit sie sich etwas erholen konnten. An Bord wurde der geschärfte Arrest im Schiffsarrestraum vollzogen. Die mit geschärftem Arrest Bestraften durften nur in dringenden Fällen Briefe absenden. Die Überlassung von Lesestoff war nicht gestattet. Wenn der Gesundheitszustand des Bestraften nach dem Urteil des zuständigen Sanitätsoffiziers den Vollzug eines geschärften Arrests nicht zuließ, wurde diese Strafe, gleichgültig ob es sich um einen gerichtlich ausgesprochenen oder vom Disziplinarvorgesetzten verhängten geschärften Arrest handelte, als gelinder Arrest vollzogen. [49]

Gegen Mannschaften der Sonderabteilungen der Wehrmacht, gegen Mannschaften in Wehrmachtgefängnissen und gegen Insassen der Wehrmachtstraflager konnte strenger Arrest verhängt werden. Die maximale Dauer betrug drei Wochen. Offiziere mit der Strafgewalt eines Kompaniechefs durften strengen Arrest bis zu einer Woche, Offiziere mit der Strafgewalt eines Bataillonskommandeurs bis zu zwei Wochen und Offiziere mit der Strafgewalt eines Regimentskommandeurs bis zu drei Wochen strengen Arrest aussprechen. [50] Strenger Arrest wurde wie geschärfter Arrest vollzogen, jedoch mit der zusätzlichen Schärfung, daß die tägliche Bewegung im Freien unterblieb und die Arrestzelle verdunkelt war. Die Schärfungen fielen nur am achten und sechzehnten Tag weg. Wenn es der Gesundheitszustand des Bestraften nach dem Urteil des zuständigen Sanitätsoffizier erforderte, konnte der Vollzug des strengen Arrests verschoben oder aufgehoben werden. [51]

Alle Arreststrafen waren grundsätzlich bei der Wehrmacht zu verbüßen. Nur wenn die Standortarrestanstalten, die im März 1942 in Wehrmachthaftanstalten umbenannt wurden, oder die Truppenarresträume am Ort und in nächster Nähe überfüllt waren und ein sofortiger Vollzug erforderlich war, durfte die Vollstreckung in Vollzugsanstalten der Reichsjustizverwaltung erfolgen. Auch in diesem Fall blieb der Standortälteste für die Bewachung, Verpflegung und Aufsicht zuständig. Die Justizverwaltung kassierte je Tag und Kopf 0,75 RM. [52]

Im Bereich des Heeres gab es 1943 folgende Regelungen für den Vollzug von Arreststrafen:

Wehrmachtstrafanstalten 113

- Alle disziplinaren Arreststrafen mußten am Ort verbüßt werden. Wenn keine Standortarrestanstalten vorhanden waren, mußten in den Einheiten auf Weisung des Disziplinarvorgesetzten oder vom Ortskommandanten behelfsmäßige Arresträume eingerichtet werden.
- Die gerichtlich zu Arreststrafen verurteilten Soldaten des Feldheeres kamen zum Vollzug von Arreststrafen in die Beweglichen Heeresgefängnisse bei den Armeen oder den Heeresgruppen.
- Den Vollzug von Arreststrafen bei Soldaten außerhalb des Reichsgebietes, die nicht zum Feldheer gehörten, übernahmen die Kriegswehrmachthaftanstalten, die in größeren Standorten nach Bedarf eingerichtet wurden. [53]

1944 übernahmen sogenannte »Strafvollstreckungszüge« den Vollzug von Arrest von sieben Tagen an aufwärts bei Mannschaftsdienstgraden. Offiziere, Beamte im Offiziersrang, Unteroffiziere und Beamte im Unteroffiziersrang durften nicht in Strafvollstreckungszüge eingewiesen werden. [54]

Der disziplinare Arrest blieb bis 1944 die einzige Form des Freiheitsentzugs ohne Betätigung. Nur »ausnahmsweise« konnten bis dahin die Arrestanten »mit Genehmigung des Anstaltsvorgesetzten« zum Arbeitsdienst innerhalb der Arrestanstalt herangezogen werden, wenn »andere Gefangene nicht verfügbar« waren. [55] Deshalb waren Arreststrafen dieser Art bei den Soldaten nicht gefürchtet. Sie konnten sich ausschlafen. Zwar wurde ab November 1941 die Arbeitspflicht auf die Häftlinge ausgedehnt, die gerichtlich zu Arrest bestraft worden waren, aber alle disziplinar bestraften Arrestanten blieben weiterhin unbeschäftigt in ihren Zellen. [56] Erst im Juni 1944 wurden die Bestimmungen geändert, weil sie nicht mehr den Kriegsverhältnissen entsprachen, »die den Einsatz aller verfügbaren Arbeitskräfte zu Notstandsarbeiten und kriegswichtigen Aufgaben dringend fordern«. Alle Arrestanten in den Standortarrestanstalten wurden jetzt zu »harter Arbeit für wehrmachteigene Zwecke« herangezogen, in der Regel zu Außenarbeiten. Bei gelindem Arrest betrug die Arbeitszeit mindestens 9 Stunden am Tag und bei geschärftem Arrest mindestens 10 Stunden. Dabei waren die Häftlinge von anderen Wehrmachtangehörigen und von zivilen Arbeitern getrennt zu halten. Bei solchen Einsätzen erhielten die Arrestanten die volle Kost, bei geschärftem Arrest jedoch das Abendessen und die

Verpflegungszulagen nur an den sogenannten guten Tagen. Wer nicht fleißig arbeitete, wurde mit strengem Arrest bestraft. [57] Entsprechend änderte sich Mitte 1944 auch der Strafvollzug für Offiziere, Unteroffiziere mit Portepee und entsprechende Wehrmachtbeamte, die zu einfachem oder geschärftem Stuben- bzw. Kammerarrest verurteilt worden waren. Die Häftlinge hatten jetzt täglich zehn Stunden zu arbeiten und militärische, politische, wissenschaftliche oder sprachliche Ausarbeitungen zu machen, für deren Zuweisung der Gerichtsherr oder der vollstreckende Vorgesetzte zu sorgen hatte. Die Arbeitszeit, die spätestens morgens um acht Uhr begann, wurde kontrolliert. Die Arbeiten waren vom Gerichtsherrn bzw. dem vollstreckenden Vorgesetzten zu prüfen. Die Bewertung spielte bei vorzeitiger Begnadigung eine Rolle. Mit diesem Befehl glich Heinrich Himmler als Befehlshaber des Ersatzheeres den Strafvollzug innerhalb des Ersatzheeres dem der SS und Polizei an. [58]

Festungshaft

Die Festungshaft wurde vor 1918 »Einschließung« oder »Festungsarrest« genannt. Die militärische Herkunft des Namens ist augenfällig. In Preußen wurde diese Strafe vor 1871 vorwiegend für politische Delikte verwendet, z. B. um Oppositionelle, die zumeist aus den höheren Ständen kamen, mundtot zu machen. Festungshaft war auch die Strafe für den Zweikampf, der nur zwischen »Männern von Ehre und Stand« ausgefochten werden konnte. Im Unterschied zu Zuchthaus und Gefängnis war Festungshaft als custodia honesta nicht entehrend. [59]
Bis 1939 gab es 3 Festungshaftanstalten: Boyen bei Lötzen, Glatz und Ingolstadt. Sie unterstanden dem Reichskriegsministerium bzw. dem OKW. In ihnen wurden auch Festungshaftstrafen vollzogen, die die allgemeinen Gerichte gegen Nichtwehrmachtangehörige ausgesprochen hatten. [60]
Zu Festungshaft konnte nur verurteilt werden, wer nach Führung und Persönlichkeit dieser Ehrenhaft würdig war, d. h., die Tat durfte sich nicht gegen das Wohl des Staates, seine Führung und das Volk richten, nicht die Mannszucht oder das Vertrauen zum Vorgesetzten gefährden und nicht aus niedrigen Beweggründen vorgenommen worden sein. Sie durfte nicht auf Charaktermängel beru-

hen und keine erheblichen Nachteile für die Wehrmacht haben. [61] Dem Delikt mußten »ausschließlich ehrenhafte Beweggründe« zugrunde liegen. In Wehrmachtkreisen wurde gelegentlich die Meinung vertreten, daß diese Bestimmungen zu eng seien. Dort wurde gefordert, daß allein Gesichtspunkte der Mannszucht darüber entscheiden müßten, ob auf Festungshaft erkannt werden dürfe, »wenn besondere Belange der Wehrmacht nicht entgegenstehen«. Zu der gewünschten Neuregelung konnte sich das OKW jedoch nicht durchringen. [62]

Ein typisches Festungshaftdelikt war die Abweichung von militärischen Befehlen, wenn sie positive Ergebnisse zeitigte. Selbständige Entscheidungen, die gegen bestehende Befehle vorgenommen wurden und die zu Erfolgen führten, konnten als militärischer Ungehorsam mit Festungshaft belegt werden. Auch außerdienstliche Befehle an Untergebene, die eigentlich verboten waren, wurden mit Festungshaft geahndet, wenn sie für die Truppe vorteilhafte Auswirkungen hatten.

Der berühmteste Festungsgefangene während des Zweiten Weltkriegs war Generalmajor Hans Graf von Sponeck, der im Dezember 1941 befehlswidrig die Halbinsel Kertsch räumte, um das XXXXII. Armeekorps, das er führte, vor der Vernichtung zu retten. Am 31. 1. 1942 wurde er wegen »fahrlässigen Ungehorsams im Felde« zum Tode verurteilt, dann aber zu 6 Jahren Festungshaft begnadigt.«

Im Zweiten Weltkrieg konnte Festungshaft in der Dauer von sechs Wochen bis zu 15 Jahren verhängt werden. Kürzere Freiheitsstrafen mußten gemäß § 17 MStGB als Arrest durchgeführt werden. Für alle drei Wehrmachtteile wurde die Festungshaft in der Wehrmacht-Festungshaftanstalt Germersheim vollzogen, nachdem Ingolstadt geschlossen worden war. Sie bestand »in Freiheitsentziehung mit Aufsicht über Beschäftigung und Lebensweise«. Die gewohnten Bedürfnisse der Inhaftierten wurden nach Möglichkeit berücksichtigt. Sie konnten rauchen, lesen, spielen, Radio hören, Besucher empfangen usw. [63]

Die zu Festungshaft Verurteilten wohnten in Einzelstuben, die unverschlossen blieben. Vom vierten Monat an konnten sie Gemeinschaftsräume benutzen. Die Festungsgefangenen hatten ihre Haftträume selbst in Ordnung zu bringen. Nur bei Festungsgefangenen im Offiziersrang sollten die groben Reinigungsarbeiten von anderen Arbeitskräften ausgeführt werden.

Während des Vollzugs der Festungshaft trugen die Festungsgefangenen ihre Uniformen. Sie durften alle Sachen behalten, »die für eine gewöhnliche Lebensweise bei der Truppe üblich« waren. Die Waffen waren allerdings abzugeben. Die Festungsgefangenen nahmen an der gewöhnlichen Truppenverpflegung teil. Das Essen wurde in den Haftträumen eingenommen. Die Häftlinge erhielten alle ihnen zustehenden Tabakwaren. Sie durften bares Geld »in angemessenem Betrage« bei sich führen, mit dem sie einkaufen lassen konnten. Ihr Brief- und Paketverkehr war nicht eingeschränkt, wurde aber überwacht. Der Zusendung von Zusatznahrungsmitteln und Tabakwaren durch die Angehörigen bis zu einem Kilo pro Monat stand nichts im Wege. Vor dem Krieg durfte die tägliche Bewegung im Freien bis zu fünf Stunden ausgedehnt werden. Während des Krieges erhielten die Gefangenen täglich ein bis zwei Stunden Ausgang, während dessen sie sich innerhalb des Kasernenbereiches im Freien bewegen konnten. In dieser Zeit fanden auch die vorgeschriebenen sportlichen Übungen statt.

Die Festungsgefangenen durften sich selbst Bücher besorgen und eine Tageszeitung halten. Besuche von Familienangehörigen oder sonst nahestehenden Personen waren monatlich einmal zulässig. Zur Regelung dringender Angelegenheiten konnten zusätzliche Besuche genehmigt werden.

Nicht gestattet war den Festungsgefangenen das Verlassen des Festungsbereichs. Urlaub konnte nur aus besonderen Gründen genehmigt werden.

Bis 1944 war es den Gefangenen freigestellt, sich »nach ihren Fähigkeiten und Verhältnissen in einer mit der Sicherheit und Ordnung zu vereinbarenden Weise« zu beschäftigen. Durch die Truppenvorgesetzten konnten ihnen zur Fortbildung schriftliche Arbeiten, z. B. die Lösung taktischer Aufgaben, aufgegeben werden. Ab 1944 wurde das Arbeiten obligatorisch. Die Festungsgefangenen hatten jetzt täglich zehn Stunden zu arbeiten. Der Arbeitsbeginn spätestens um acht Uhr war ebenso zu kontrollieren wie das Arbeitsende. Sie sollten vor allem militärische, politische, wissenschaftliche oder sprachliche Themen, die ihnen von ihren vorgesetzten Dienststellen aufgegeben wurden, schriftlich bearbeiten. Das Ergebnis wurde beurteilt und spielte für eine Strafaussetzung oder Begnadigung eine Rolle. [64]

Alle Festungsgefangenen waren der Wehrmachtdisziplinarstrafordnung unterworfen. Ihr Disziplinarvorgesetzter war der Festungskommandant. Neben Disziplinarstrafen konnten von ihm auch Sicherungsmaßnahmen und Ordnungsstrafen (Hausstrafen) verhängt werden. Dazu gehörte, daß die Hafträume nicht nur vom Zapfenstreich bis zum Wecken verschlossen gehalten wurden, sondern auch während des Tages. Der Aufenthalt im Freien konnte bis zu zwei Wochen entzogen werden, wenn der zuständige Truppenarzt nichts dagegen hatte. Zu den Vergünstigungen, die als Ordnungsstrafe entzogen werden konnten, gehörte der Ein- und Ausgang von Briefen und Paketen und der Erwerb von Zusatznahrungsmitteln. Bei besonders groben Verstößen durften verschiedene Hausstrafen miteinander kombiniert werden. [65] Besondere Vorkommnisse wie Flucht- und Selbstmordversuche mußten unverzüglich dem zuständigen Gerichtsherrn und dem Oberkommando des Wehrmachtteils mitgeteilt werden. [66]

Festungshaft als eine der soldatischen Ehre nicht abträgliche Bestrafung wurde bis weit in den Krieg hinein vorwiegend über Offiziere verhängt. 1943 erhielten von 100 bestraften Offizieren 7 Festungshaft, dagegen von 100 bestraften Unteroffizieren nur 3 und von 200 bestraften Mannschaften sogar nur 1. Diese Strafzumessung erweckte den Eindruck, als sei die Offiziersehre etwas Wertvolleres als die der Unteroffiziere und Mannschaften. Der Chef des Heeresjustizwesens gab deshalb 1944 einen Befehl heraus, daß entsprechend der Anweisung Hitlers bei der Verhängung von Festungshaft kein Unterschied zwischen Offizieren, Unteroffizieren und Mannschaften gemacht werden dürfe. [67]

Wehrmachtgefängnis

Viele Delikte, auf die beim Einsatz im Felde Zuchthaus oder Todesstrafe stand, wurden im Reichsgebiet, in den besetzten Gebieten und im rückwärtigen Kriegsgebiet nur mit Gefängnis bestraft, z. B. Ungehorsam[68], Gehorsamsverweigerung[69], Widersetzung[70], tätlicher Angriff gegen einen Vorgesetzten[71]. Wer seine Dienstgewalt gegen Untergebene zu Befehlen, Forderungen oder Zumutungen mißbrauchte, die in keiner Beziehung zum Dienst standen, erhielt in der Regel Gefängnis bis zu zwei Jahren. Wer eine Beschwerde unterdrückte, mußte mit einer Freiheitsstrafe bis zu fünf Jahren rechnen. Vorgesetzte, die vorsätzlich ihre Strafbefugnisse überschritten, insbesondere wenn sie wissent-

lich unverdiente oder unerlaubte Strafen verhängten, wurden mit Gefängnis bis zu fünf Jahren bestraft. Das gleiche Strafmaß riskierte, wer sich unbefugt eine Befehlsbefugnis oder eine Strafgewalt anmaßte. Auch verleumderische Beleidigungen eines Untergebenen waren mit Gefängnis bis zu fünf Jahren bedroht. [72]
Die Gefängnisstrafe bestand in Freiheitsentziehung mit Arbeitspflicht.
Während des Krieges stieg im Reichsgebiet die Zahl der Wehrmachtgefängnisse auf 8 und die der »abgezweigten Wehrmachtgefangenenabteilungen« auf 22. In ihnen wurden in der Regel Strafen von über drei Monaten Gefängnis vollstreckt, soweit nicht der Vollzug in Feldstrafgefangenen-Abteilungen [73] angeordnet war.
Das größte Wehrmachtgefängnis war in Torgau mit den Abteilungen Torgau-Brückenkopf und Torgau-Fort Zinna. Kommandeur war vom 1. 9. 1939 bis 1. 2. 1943 Oberst (ab 1. 12. 1942 Generalmajor) Heinrich Remlinger. Als Festungskommandant von Pleskau geriet er 1944 in russische Kriegsgefangenschaft und wurde 1946 als Kriegsverbrecher hingerichtet. Seine Funktion als Kommandeur des Wehrmachtgefängnisses Torgau spielte bei der Verurteilung keine Rolle.
Als die Offiziersabteilung des Wehrmachtgefängnisses Torgau überbelegt war, wurde ein zusätzliches Offiziersgefängnis auf dem Schäferberg in Glatz eingerichtet.
In den besetzten Gebieten gab es an günstig gelegenen Verkehrsknotenpunkten Kriegswehrmachtgefängnisse. Für das Feldheer übernahmen sie nicht nur den Vollzug von Freiheitsstrafen bis zu drei Monaten – vor allem wenn der Rest zur Bewährung ausgesetzt war –, sondern auch die Sammlung und Weiterleitung der im Operationsgebiet verurteilten Soldaten zu den Feldstrafgefangenenabteilungen und Feldstraflagern bzw. zu den Vollzugsanstalten im Reichsgebiet. [74] Auch die großen Wehrmachtuntersuchungsgefängnisse in Paris, Akershus bei Oslo, Ploesti und Belgrad dienten Ende 1941 dem Vollzug von Gefängnisstrafen bis zu drei Monaten. [75] Im Osten wurden 1941 folgende Wehrmachtgefängnisse zur Aufnahme verurteilter Angehöriger aller drei Wehrmachtteile neu aufgestellt: Dubno für den Bereich der Heeresgruppe Süd und den Wehrmachtbefehlshaber Ukraine mit einer Auffangstelle in Kiew, Borissow für den Bereich der Heeresgruppe Mitte, deren rückwärtige Gebiete und den Wehrmachtbefehlshaber Ostland, und Dünaburg für den Bereich der Heeresgruppe

Nord, deren rückwärtige Gebiete und den Wehrmachtbefehlshaber Ostland. Soldaten, die zu Gefängnis über drei Monaten verurteilt worden waren, mußten vom Wehrmachtgefängnis Dubno dem Wehrmachtgefängnis Glatz und von den Wehrmachtgefängnissen Borissow und Dünaburg dem Wehrmachtgefängnis Graudenz »in regelmäßigen Transporten beschleunigt« zugeführt werden. [76] Zu Gefängnis verurteilte Kriegsgefangene aus Frankreich, Belgien, England und den USA wurden in das Wehrmachtgefängnis Graudenz eingewiesen, verurteilte Ost- und Südostgefangene, d. h. Polen, Russen, Jugoslawen und Griechen, kamen in das Wehrmachtgefängnis Germersheim.
Landeseinwohner der besetzten Gebiete, die von Kriegsgerichten zu Gefängisstrafen verurteilt worden waren, wurden nach näheren Anordnungen der Militärbefehlshaber in die örtlich zuständigen Kriegswehrmachtgefängnisse eingeliefert. [77]
Die Strafvollzugsvorschrift vom 4. 12. 1937 regelte den Gefängnisbetrieb bis ins einzelne. Zahlreiche Bestimmungen wurden während des Krieges abgeändert oder nicht eingehalten.
Nach der Einlieferung sollte der Gefangene »zunächst angemessene Zeit in Zellenhaft« gehalten werden. [78] Wie die Praxis aussah, schildert ein Gefangener so:

»Wir kamen in einen riesigen, kellerartigen Raum, in dem alle Neuzugänge die ersten zwei Wochen verbringen mußten. Etwa 60 bis 80 Mann kamen hier zusammen, kommandiert von einem degradierten ehemaligen Spieß, der ein hartes Regiment führte. Es gab in dem Gewölbe fünfstöckige Bettgestelle und in einer Ecke zwei ekelhafte große Kübel für die Notdurft. Kein Wunder, daß ich in eine schlimme Stimmungslage mit starken Depressionsanfällen geriet.« [79]

Die Truppenausbildung war von aller Anfang an neben der vorgeschriebenen Arbeit nach den für die Infanterie geltenden Ausbildungsvorschriften fortzusetzen. Dazu gehörten Exerzierübungen, Turnübungen und Dienstunterricht. Ihrer Arbeitspflicht mußten die Gefangenen »mit nützlichen Arbeiten für militärische Zwecke« nachkommen. Vorrangig hatten sie für den Bedarf der eigenen Strafanstalt zu arbeiten. Dazu gehörten bauliche Instandhaltungsarbeiten, landwirtschaftliche Arbeiten und Dienstverrichtungen für das Personal der Strafanstalt. Ein Zehntel der Gefangenen durfte zu Hausarbeiten herangezogen werden, d. h. zu Schreib- und Buchbindearbeiten, Reinigungsarbeiten, Krankendienst, Küchendienst u. dgl. Bei der Zuweisung der Arbeit sollten Kenntnisse, Fähigkeiten, Gesundheit, Lebensalter, Dienstgrad und berufliche Stellung der Gefangenen berücksichtigt werden. Zu Arbeiten außerhalb der Strafanstalt durften nur zuverlässige Gefangene eingeteilt werden, deren Strafrest höchstens sechs Monate betrug. Auf dem Marsch zur Arbeitsstelle und von der Arbeitsstelle sollten nach Möglichkeit belebte Straßen vermieden werden, um das Ehrgefühl der Gefangenen zu schonen. Aus dem gleichen Grund waren Arbeiten an verkehrsreichen Straßen und Plätzen oder an anderen belebten Orten zu vermeiden.

Ein degradierter Fliegeroffizier berichtete von seinen ersten Einsätzen in Torgau-Brückenkopf, bevor er in die Schreibstube versetzt wurde.

»Für die ›Anfänger‹ gab es stupide Beschäftigungen, von denen mir noch die beste zugeteilt worden war: Man häufte auf riesigen Tischen die Bohnen aus der Ernte der umliegenden Bauernschaften auf; für uns galt es, die Bohnen je nach ihrer Qualität in drei verschiedene Gefäße zu befördern. Das ging dann den ganzen Tag über in völliger Schweigsamkeit und penibel überwacht von Unteroffizieren mit ansehnlichem Dienstalter.

Abends hatte ich bei den Erzählungen der Mitgefangenen Gelegenheit festzustellen, daß ich mit dem ›Bohnenzählen‹, wie meine Tätigkeit genannt wurde, noch den besten Teil der Gefängnisarbeiten erwischt hatte. Beispielsweise war eine andere Gruppe damit beschäftigt, den Inhalt der Kübel und Latrinen in große Fässer zu füllen und diese dann auf den umliegenden Feldern auszuleeren. Damian Schmid (mit De... De... wie Danzig), ein älterer stotternder Unteroffizier mit über 14 Dienstjahren, hatte dabei die Aufsicht und warnte die Fäkalienträger vor Fluchtversuchen: ›We... We... Wenn einer von euch abhaut, dann nehme ich meine Pe... Pe... Pistole und mache be... be... bumm!‹ An der Ernsthaftigkeit seiner Warnung war nicht zu zweifeln...« [80]

Während des Krieges wurden viele Häftlinge im Reichsgebiet zu Aufräumungsarbeiten nach den Bombenangriffen eingesetzt. Zu ihren Aufgaben gehörte auch die Ausschachtung von Massengräbern für die bei den Luftangriffen getöteten Zivilpersonen. Einige nutzten die Gelegenheit zur Flucht. Im Dezember 1944 kehrten z. B. 181 Gefangene nach einem Bombenangriff auf Freiburg nicht mehr in die Strafanstalt zurück. Von den meisten Gefangenen wird jedoch berichtet, daß sie sich bei den Aufräumungsarbeiten »im allgemeinen vorbildlich« verhielten. [81]

Die tägliche Arbeitszeit betrug einschließlich des Truppendienstes im Frieden bis zu neun Stunden. Sonn- und Feiertage waren arbeitsfrei. Einen Rechtsanspruch auf Arbeitsentlohnung hatten die Gefangenen nicht. Für besonderen Fleiß und gute Führung gab es eine

»Führungszulage«. Für einfache Arbeiten konnten den Gefangenen täglich 10 Pfennige gutgeschrieben werden, für höher zu bewertende Arbeiten, z. B. handwerklicher Art, bis zu 20 Pfennige. Über das Geld durfte nur mit Genehmigung des Anstaltsvorgesetzten verfügt werden.
Vor dem Beginn des Weltkrieges durften die Gefangenen bei Gefängnisstrafen bis zu sechs Wochen alle zwei Wochen und bei Gefängnisstrafen über sechs Wochen alle drei Wochen einen Privatbrief schreiben.
Nach den Vorschriften der WStVzV mußte die arbeitsfreie Zeit der Gefangenen »erzieherisch« gestaltet werden. Dazu dienten Brettspiele, Geduldspiele und Geschicklichkeitsspiele, während Kartenspiele und Glücksspiele verboten waren. [82]
Gefangene, die sich der Gefängnisordnung nicht fügten, wurden mit Hausstrafen belegt. Es gab sechs Formen:
- Beschränkung oder Entziehung von Vergünstigungen, Entzug von entbehrlichem Eigentum, Entzug von Lektüre, Verbot des Kaufs von Zusatznahrungsmitteln
- Entzug der künstlichen Beleuchtung in der Zelle bis zu vier Wochen
- Verbot der Büchereibenutzung, des Briefverkehrs und des Empfangs von Besuchen bis zu zwei Monaten
- Einschränkung oder Entziehung des Aufenthalts im Freien
- Ersetzung des Bettlagers durch eine Holzpritsche bis zu einer Woche
- Entzug der Mittags- oder Abendkost bis zu einer Woche oder Beschränkung der Tageskost auf Wasser und Brot, wobei die Schmälerung jeden dritten Tag wegzufallen hatte.

Es durften auch verschiedene der genannten Hausstrafen zu einer Gesamtstrafe verbunden werden. In einzelnen Fällen war die Zustimmung des zuständigen Sanitätsoffiziers erforderlich. [83]
Offiziere und Sonderführer im Offiziersrang, die zu Gefängnis verurteilt wurden, konnten nur mit Genehmigung der obersten Personalleitungen der Wehrmachtteile im aktiven Wehrdienst bleiben. Erhielten sie diese Genehmigung, dann verbüßten Offiziere des Feldheeres und der besetzten Gebiete Strafen bis zu drei Monaten in den zuständigen Kriegswehrmachtgefängnissen und Strafen über drei Monaten in der Abteilung Schäferberg des Wehrmachtgefängnisses Glatz. [84] Graudenz war die Strafanstalt für Offiziere des Ersatzheeres.

1942 waren alle Wehrmachtgefängnisse im Reich überfüllt. Diese Tatsache trug zu den Überlegungen bei, Strafen zur Bewährung auszusetzen. Neue Engpässe gab es in der zweiten Hälfte des Jahres 1944, als die Insassen aus den Gefängnissen der besetzten Gebiete sukzessiv ins Reichsgebiet überführt wurden. In dieser Zeit verstärkte sich die Notwendigkeit, möglichst viele Gefangene in der Truppe unterzubringen. Die Feldstrafgefangenen-Abteilungen waren für viele das Auffangbecken der letzten Kriegsmonate. [85]

Straflagerverwahrung

Ziviler Strafvollzug

Wenn ein Kriegsgericht einen angeklagten Soldaten »wegen ehrloser Gesinnung« bei der Durchführung seines Verbrechens zu Zuchthaus verurteilte oder neben einer längeren Gefängnisstrafe auf Verlust der Wehrwürdigkeit oder der bürgerlichen Ehrenrechte, auf Amtsverlust oder auf eine Maßregel der Sicherung und Besserung erkannte, ging die Vollstreckung des ganzen Urteils nach § 102 KStVO auf die zivilen Justizbehörden über. Der Oberstaatsanwalt des nächstgelegenen Gerichtsbezirks wurde nach der Bestätigung des Urteils durch den Gerichtsherrn gebeten, den aus der Wehrmacht Entlassenen zur Verwahrung zu übernehmen. Die Freiheitsentziehung war nicht begrenzt, weil der eigentliche Strafvollzug erst nach dem Krieg einsetzen sollte. Bis dahin sollte der Verurteilte unter schärferen Bedingungen verwahrt werden, als wenn die Strafart, auf die im Urteil erkannt war, vollzogen würde. Dazu diente das Straflager. [86]
Wer in ein Straflager gebracht wurde, sollte grundsätzlich für die ganze Dauer des Krieges dort verbleiben. Die Oberstkriegsgerichtsräte wurden vom Chef der Heeresrüstung und Befehlshaber des Ersatzheeres beauftragt, diesen Sachverhalt den Kriegsrichtern klar zu machen, die gelegentlich in ihren Urteilen eine Straflagerverwahrung auf Zeit, z. B. für drei Monate, anordneten. [87]
Von der Möglichkeit zur Abschiebung unliebsamer Fälle in den zivilen Strafvollzug machten die Kriegsgerichte auf Weisung der Gerichtsherren zwei Jahre lang übermäßigen Gebrauch. Eine Überprüfung brachte es ans Licht. Am 21. 9. 1941 stellte das Oberkommando des Heeres fest, daß sich viele Soldaten in der Straflagerverwahrung befanden, die aufgrund ihrer dienstlichen Beurteilung und der begangenen Taten eigentlich in den militärischen Strafvollzug gehörten. Manchmal sei Straflagerverwahrung angeordnet worden, obwohl die Strafe nur einige Monate betrage und die Persönlichkeit des Verurteilten eine solche Verschärfung des Vollzugs nicht rechtfertige. In die Straflager gehörten nur

»besserungsunfähige Verurteilte, die eine stete Gefahr für die Mannszucht bilden, wegen der Schwere ihrer Verfehlung in einer Truppe nicht mehr tragbar sind oder wegen dabei zutage getretener Charaktermängel als Soldaten unbrauchbar sind (Wehrmachtschädlinge, Verbrechertypen)«. Um zu vermeiden, daß weiterhin ungerechtfertigte Überweisungen in den zivilen Strafvollzug vorkämen, hatten die Gerichte des Feldheeres in allen Straflagerverwahrungsfällen die Akten den übergeordneten Befehlshabern zur Überprüfung vorzulegen. [88]

Die Kosten des zivilen Strafvollzugs übernahm die Wehrmacht nur dann, wenn der Gerichtsherr die Behörden lediglich um die Übernahme des Strafvollzugs gemäß § 120 KStVO ersuchte und selbst Vollstreckungsbehörde blieb. Ging die Strafvollstreckung nach § 120 Abs. 3 oder 4 KStVO auf die allgemeinen Behörden über, entstanden der Wehrmacht keine Kosten. [89]

Emslandlager

Auf Weisung des Reichsministers der Justiz vom 1. 11. 1939 wurden fast alle Strafgefangenen, die aufgrund wehrmachtgerichtlicher Urteile wehrunwürdig geworden waren, dem Strafgefangenenlager Esterwegen im Emsland zur Verwahrung überwiesen, wo sie der Zuchthäuslerstrafkompanie zugeteilt wurden. In den ersten sechs Monaten des Krieges waren es insgesamt 1174. Sie kamen zu den 71 Wehrunwürdigen, die bereits vor dem Krieg von Wehrmachtgerichten verurteilt und zum Strafvollzug an die Justizverwaltung übergeben worden waren. [90] Ausgenommen von der Überstellung in das Strafgefangenenlager Esterwegen waren Verurteilte mit lebenslanger Strafe, wegen Hochverrats, Landesverrats oder Verrats militärischer Geheimnisse Verurteilte, Körperbehinderte oder an Tuberkulose, Geschlechtskrankheiten und schweren inneren Krankheiten Erkrankte sowie fluchtverdächtige Verurteilte. Sie kamen in die für ihren Wohnort zuständige Vollzugsanstalt. [91]

Esterwegen war das Lager VII der Einrichtungen, die die Reichsjustizverwaltung ab 1935 im Emsland einrichtete, um mit der Arbeitskraft der Strafgefangenen aus dem Moor neue Bauernstellen zu gewinnen. Die Lager I (Börgermoor) und VII (Esterwegen) waren 1933 als Konzentrationslager gebaut und erst 1936 dem Reichsjustizministerium übergeben worden. Die Belegung der Lager

schwankte zwischen 6000 und 10000 Gefangenen. Die Aufsicht lag ausschließlich in den Händen ziviler Strafvollzugsbeamter. An der Spitze der sieben Lager stand der »Kommandeur der Strafgefangenenlager im Emsland« im Range eines Regierungsdirektors. Er unterstand unmittelbar dem Reichsjustizministerium in Berlin. Die einzelnen Strafgefangenenlager wurden von »Lagervorstehern« im Range von Oberinspektoren oder Amtmännern geleitet. Die Beamten innerhalb des Lagers waren der Platzmeister, die Barackenbeamten, der Küchenbeamte, der Bekleidungs- und Gerätebeamte sowie die Beamten in der Verwaltung. Von den Strafanstaltsbeamten wurden zahlreiche Aufsichtsfunktionen an Gefangene übertragen: Barackenältester, Stubenältester, Schlafsaalältester, Tischältester, Bettenausrichter, Revierhelfer, Arbeitsanweiser, Kalfaktoren u. dgl. Sie waren es, die mit den Strafgefangenen in unmittelbare Berührung kamen und ihre Machtstellung zu Schikanen ausnutzten. Von der normalen Arbeit der Gefangenen waren sie freigestellt. Das Wachpersonal außerhalb des drahtumzäunten Lagers rekrutierte sich im Krieg im wesentlichen aus Notdienst-verpflichteten, die aus verschiedenen Berufen kamen. Die Wachtruppenangehörigen versahen ihre Aufgaben als Hauptzugführer, Zugführer, Halbzugführer und Oberwachmann. Alle waren bewaffnet und wurden laufend über ihre Rechte zum Waffengebrauch unterwiesen.
Vor dem Krieg waren 91,6% der Straflagerinsassen kriminelle Straftäter, darunter viele Sicherheitsverwahrte. Der Rest bestand aus politischen Häftlingen. Anfang 1944 bestand die Mehrzahl aus ehemaligen Soldaten, die wegen Fahnenflucht, Dienstverweigerung, Feigheit, unerlaubter Entfernung von der Truppe, Nachlässigkeit, Wachdienstverfehlungen, Befehlsverweigerung, Ungehorsams, Selbstverstümmelung, Widerstands gegen Vorgesetzte u. dgl. kriegsgerichtlich verurteilt worden waren.
Bei der Einlieferung in Esterwegen wurden den Militärstrafgefangenen sämtliche militärischen Ausrüstungs- und Kleidungsstücke abgenommen. Jeder Gefangene bekam ein Hemd, eine Unterhose, Fußlappen und zwei Baumwollanzüge. Als Fußbekleidung dienten Holzschuhe und Moorstiefel für die Arbeitsstelle. Zum Schlafen gab es zwei Decken. Da der Schlafraum nicht heizbar war und die Häftlinge sich nachts bis auf Hemd und Unterhose ausziehen mußten, froren sie bei strengem Frost. Oft waren die Decken naß, denn die Gefangenen hängten sie sich bei Regen um, weil sie keine Mäntel hatten.

Die Einlieferung nach Esterwegen setzte nicht voraus, daß die Verurteilten »moorfähig« waren, d. h., daß sie für Außenarbeiten im Moor bei jedem Wetter herangezogen werden konnten, obwohl nach einer Weisung der Wehrmachtrechtsabteilung beim OKW auf den Gesundheitszustand der Eingelieferten Rücksicht genommen werden sollte. [92]
Der durchschnittliche Tagesablauf sah wie folgt aus:

»Die Häftlinge wurden im Sommer gegen fünf Uhr, im Winter um fünfeinhalb Uhr geweckt. Ihre erste Tätigkeit bestand im Bauen der Betten. Unter der Aufsicht der Bettenausrichter und Barackenältesten mußten die Betten mit Brettern und Schnüren so gebaut werden, bis sie scharfkantig ›wie Zigarrenkisten‹ ausgerichtet waren. Da die Strohsäcke, besonders ihr Inhalt, sehr schlecht waren, konnten oft die Betten nicht so gerichtet werden, wie es die Hausordnung in sinnloser Übertreibung verlangte. Diese erste Tagesbeschäftigung war daher meist Anlaß zu ständigen Schikanen durch die Kommandierten, die sich in ihren Leistungen vor dem Platzmeister überbieten wollten, und deshalb erbarmungslos auf ihre Mitgefangenen einschlugen. Nach Verrichten der Notdurft und gemeinsamem Waschen empfingen die Häftlinge das Morgenessen, das aus einem halben Liter Suppe und Brot bestand. Die Mahlzeit wurde im gemeinschaftlichen Eßraum eingenommen, der im Winter zu dieser Tageszeit noch ungeheizt war. Dann folgte der Morgenappell um sieben Uhr, der etwa eine halbe Stunde dauerte; die ›Grünen‹ sonderten die Revierkranken aus und der Platzmeister teilte die Häftlinge zur Arbeit ein. Diese wurde fast ausschließlich außerhalb des Lagers durchgeführt. Es handelte sich um die Kultivierung des Moores, um Arbeiten im Wegebau, in der Landwirtschaft, in Fabrikbetrieben und in eigenen Gärten und Anwesen des Aufsichtspersonals. Bei schlechter Witterung (Regen, Frost, Nebel) fiel die Arbeit im Freien weg. Das Hinführen zur Arbeitsstelle und die Beaufsichtigung dort lag den ›Blauen‹ ob. Das Arbeitstempo und die Arbeitszeit waren für einen Handarbeiter im allgemeinen nicht übermäßig. Zwar sollten nach Berichten an das Reichsjustizministerium 1938 15 Kubikmeter Moorboden und 1939 25 Kubikmeter Boden täglich pro Kopf bewegt werden. Es ist jedoch nicht feststellbar, daß so hohe Arbeitsleistungen tatsächlich vollbracht worden sind. Der ›Freisler-Erlaß‹ vom 28. 10. 1939, der die Gefangenenarbeit auf täglich 12 Stunden festsetzte, wurde jedenfalls nicht eingehalten. Bei angemessener Behandlung und Ernährung war daher die Arbeit binnen der gesetzten Frist zu leisten, allerdings von den Geistesarbeitern nur unter vollem Einsatz ihrer Persönlichkeit. Mittags wurde vor Draht eine halbstündige Arbeitspause eingeschoben und die Gefangenen aus Eßkübeln mit Suppe, die jedoch nicht immer ausreichend und gut gewesen sein soll, verpflegt. Gegen 17 Uhr marschierten die Kolonnen ins Lager. Wer nur innendienstfähig war, sortierte in der sog. ›Silberbude‹ Altmaterial. Nach dem Abendappell empfingen die Häftlinge die Abendverpflegung. Die nun folgende Freizeit mußten sie in dem Gemeinschaftsraum verbringen, der im Winter nachmittags angeheizt wurde, ohne daß der Kanonenofen den großen

Raum wärmte, wenn sie es nicht vorzogen, zu Bett zu gehen. Allabendlich um 20 Uhr wurden die Gefangenen eingeschlossen und das Lager nur außerhalb des Drahtes bewacht. Zu körperlicher oder geistiger Erholung war hiernach schon wegen der gemeinschaftlichen Unterbringung und der Überbelegung keine Möglichkeit.«[93]

Jeweils 80 bis 120 Mann waren in einer Baracke mit gemeinschaftlichem Schlaf-, Wasch- und Aufenthaltsraum untergebracht. Die Verpflegung der Gefangenen reichte aus, um sie bei Kräften zu erhalten. Die ihnen zugewiesenen Lebensmittel sanken nicht unter 2000 Kalorien täglich. Kranke und Schwerarbeiter erhielten Zulagen. Daß der Gesundheitszustand der Gefangenen im Laufe des Krieges rapide abnahm, lag daran, daß viele ihre Verpflegung gegen Rauchwaren tauschten und außerhalb des Lagers rohe Kartoffeln aßen.

Die Arbeitskommandos, die bis zu 300 Mann umfaßten, konnten von den sie begleitenden Wachmännern selten ordnungsgemäß bewacht werden. Maximal waren es sieben Mann. Fluchtversuche waren häufig. Oft wußten sich die Beamten nur mit dem Gummiknüppel zu helfen. Die Arbeitswilligkeit der Häftlinge war nicht besonders ausgeprägt, und viele Sicherheitsverwahrte legten es auf Streit an. Weil manche Gefangene durch Mahnungen allein nicht zur Ordnung bewegt werden konnten, wurde geprügelt. Die Strafvollzugsordnung vom 22. 7. 1940 sah außerdem verschiedene Hausstrafen vor: Entzug von Vergünstigungen, Strafsport bis zu 60 Minuten, geschärfter Arrest und Überweisung in eine Strafkompanie, in der härtere und unangenehmere Arbeiten, z. B. Jauchefahren, verrichtet werden mußten. Der Strafsport wurde nach dem Krieg folgendermaßen beschrieben:

»Bei diesem im Freien durchgeführten Sport... hatten die Gefangenen Kniebeugen zu machen, sich auf Kommando hinzulegen und wieder aufzustehen, ohne Rücksicht auf die Witterung auf dem Boden herumzukriechen, militärische Exerzierübungen durchzuführen, zu laufen und sich in ähnlicher Weise bis zur völligen körperlichen Erschöpfung zu bewegen. Der selbst bereits als Körperverletzung zu wertende ›Strafsport‹ gab Veranlassung zu ständigen Einzelmißhandlungen. Die Gefangenen, insbesondere die älteren, kränklichen, unterernährten oder sonst körperlich behinderten, bei denen der Erschöpfungszustand früher eintrat als bei anderen, wurden, wenn sie auf dem Boden liegenblieben, mit den Füßen getreten, mit den Händen oder Fäusten, aber auch mit Gummiknüppeln und Stöcken geschlagen. Die Zahl der durch die Ausübung des ›Strafsports‹ oder im Zusammenhang mit ihm begangenen Körperverletzungen läßt sich auch annähernd nicht mehr bestimmen.«[94]

Von der Waffe machte das Strafvollzugspersonal nur Gebrauch, wenn die Gefangenen einzeln oder vereint Widerstand leisteten, sie tätlich angriffen oder sie mit Drohungen zu einer Handlung, Duldung oder Unterlassung zu nötigen versuchten. Meistens reichten Schläge mit dem Gummiknüppel aus. Dieses Mittel wurde auch eingesetzt, wenn Häftlinge auf den Arbeitsstellen Befehle ignorierten oder sich durch mutwilliges Auf-den-Boden-Legen der Arbeit entzogen. [95]
Bis 1944 waren die Emslandlager unterbelegt. Am 31. 1. 1943 befanden sich nur 4452 Insassen im Lager VII. Von ihnen waren 3664 wehrmachtgerichtlich verurteilte Häftlinge, 696 zivile Kriegstäter und 32 Polen.
Im Unterschied zu den Emslandlagern befanden sich in den anderen beiden Strafgefangenenlagern des Reichsjustizministeriums keine wehrmachtgerichtlich Verurteilten. Das Lager Rodgau enthielt mit einer Belegfähigkeit von 2150 Betten im wesentlichen sogenannte zivile Kriegstäter, und die Elbelager mit einer Belegfähigkeit von rund 1300 Betten nahmen außenarbeitsunfähige Zuchthäusler auf, von denen ebenfalls die meisten Kriegstäter waren. [96]
Am 13. 5. 1942 bat das Oberkommando der Wehrmacht den Reichsminister der Justiz, nur diejenigen wehrmachtgerichtlich Verurteilten im Strafgefangenenlager Esterwegen zu behalten, die wehrunwürdig geworden waren und bei denen auf Ehrverlust, Amtsverlust oder eine Maßregel der Sicherung und Besserung erkannt worden war. Alle anderen wehrmachtgerichtlich Verurteilten, bei denen die allgemeinen Behörden nach § 102 Abs. 2 KStVO um Übernahme der Strafvollstreckung ersucht worden waren, sollten der Vollzugsanstalt zugeführt werden, die für den letzten Wohnort des Verurteilten zuständig war. [97] Von dort sollten sie der Wehrmacht zur Verfügung gestellt werden, sobald ihre Strafaussetzung zur Bewährung verfügt war. Bis zum Januar 1943 wurden etwa 75o Mann aus Esterwegen abgezogen.

Lager Nordnorwegen

Im August 1942 forderte die Organisation Todt für den von Hitler im Oktober 1941 zur Versorgung der Lapplandarmee befohlenen Ausbau der norwegischen Reichsstraße 50 von Drontheim nach

1 Dr. Franz Gürtner, Reichsminister der Justiz 1932–1941

Dr. Otto Thierack, Reichsminister der Justiz 1941–1945

3 Wehrmacht-Festungshaftanstalt Germersheim

4 Kriegswehrmachtgefängnis Akershus, Oslo

SS-Obergruppenführer Scharfe, Chef des Hauptamtes SS-Gericht 1933–1942

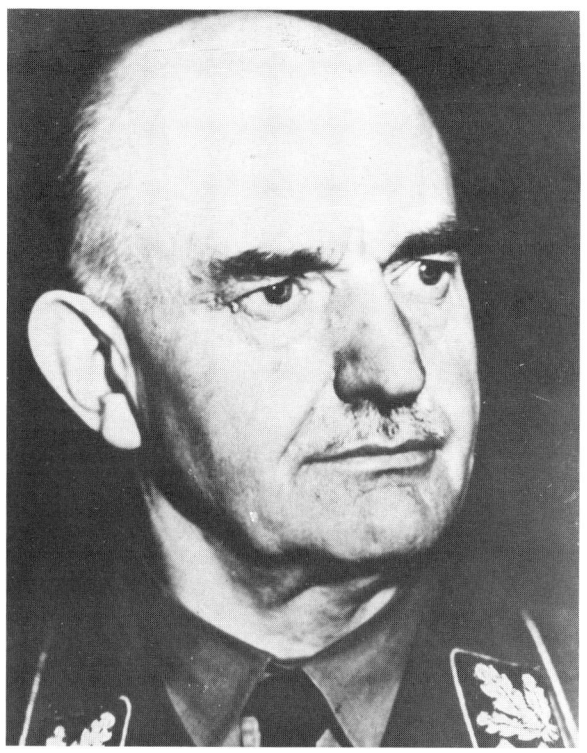

SS-Oberführer Breithaupt, Chef des Hauptamtes SS-Gericht 1942–1945

7 SS-Obergruppenführer Eicke, Kommandeur der SS-Panzerdivision Totenkopf

8 Sprungeinsatz des SS-Bewährungsbataillons 500 bei Drvar 1944

9 Wehrunwürdigkeitsbescheinigung

11 999er auf der Fahrt zum Einsatz in Afrika (rechts unten)

10 Angehörige der Division 999 in holländischer Beuteuniform

12 Abnahme der Front des Regiments 961 durch Oberst Vonberg

13 Ausbildung von Pakbedienungen der Afrika-Division 999 auf dem Heuberg

4 Straßensperre in einem Partisanengebiet der besetzten UdSSR

5 Bekämpfung von Partisanen in den Pripjetsümpfen im Mai 1942

16 SS-Obergruppenführer von dem Bach-Zelewski, Chef der Bandenkampf-Verbände

17 Sicherung eines Militärtransports bei der Fahrt durch russisches Partisanengebiet

18 Bandenkampfabzeichen der deutschen Wehrmacht

Kirkenes zusätzlich zu den vorhandenen russischen Kriegsgefangenen weitere Arbeitskräfte an. [98] In Esterwegen wurden Freiwillige für diesen Einsatz zusammengestellt. Horst Schluckner, der 1942 von einem Feldkriegsgericht in Königsberg wegen Fahnenflucht zu 15 Jahren Zuchthaus verurteilt und kurz darauf in das Lager Esterwegen gebracht worden war, erinnerte sich 14 Jahre später:

»An einem der ersten Augustabende 1942 stehen die Kameraden von der Frühschicht im Karree angetreten, als wir uns durchs Tor schleppen. Knüppelschläge treiben uns dazu. Wir klammern uns aneinander, um nicht zusammenzubrechen. Schwarz schwimmt es vor den Augen. Da schneidet eine kalte, glasklare Stimme an mein Ohr. Nicht zu überhören: ›... Sie können in Norwegen unter besseren Bedingungen arbeiten als hier. Die Verpflegung ist Frontverpflegung. Gearbeitet wird entsprechend den Bedürfnissen der militärischen Dienststellen. Essen Sie jetzt Ihr Abendbrot, überlegen Sie sich die Sache, und kommen Sie dann zu mir nach der Verwaltungsbaracke.‹ – Während ich die Wassersuppe löffle, versuche ich, meine Gedanken zu ordnen. Nur erst einmal weg von hier, schlimmer kann es ja nirgends kommen. Meine Arme sind abgemagert und zugleich geschwollen von Schlägen und den Stichen unzähliger Mücken. Im Kopf ist ein unaufhörliches Sausen. Nur weg von hier!« [99]

Bei der Überfahrt zerbrach die aufkeimende Hoffnung derer, die sich für den Einsatz in Norwegen gemeldet hatten:

»Schon der zweite Tag läßt unsere Stimmung wieder auf den Nullpunkt sinken. Die Seekrankheit fordert die ersten Opfer, die sich zwischen uns übergeben. Das verschimmelte Brot, das wir zu essen bekommen, tut ein übriges: die Ruhr bricht aus. Auf dem Boden wälzen sich schreiende Menschen, schmerzverkrümmt. Kein Arzt kümmert sich um sie. Von der Besatzung des Schiffes machen sich noch einige den ›Scherz‹ und werfen Brotkrumen unter uns. Schlägereien sind die Folge. In Bergen laden wir den ersten Toten aus.« [100]

Über die Ankunft im »Lager Nord«, eine Sammelbezeichnung für die vielen kleineren Lager entlang der nordnorwegischen Küste, berichten die Erinnerungen von Karl-Heinz Hoffmann, der zum ersten der beiden großen Transporte im Spätsommer 1942 gehörte:

»An der höchsten Stelle der Finnlandstraße war ein Gelände in der Größe eines Sportplatzes mit Stacheldraht eingezäunt. An dem Weg zu diesem Gelände standen zwei Baracken, die für die Bewacher und für die Küche eingerichtet waren. Hinter dem Stacheldraht lagen Teile aus Sperrholz, große Holzringe und andere Gegenstände, die für den Bau von Rundzelten aus Holz erforderlich waren. Dann begann für uns die Einteilung.
Für je 24 Häftlinge wurden in zwei Reihen insgesamt zehn Zelte, oder besser gesagt Erdhütten, aufgebaut. Sie hatten einen Durchmesser von etwa acht Metern. Zuerst wurde die Grasnarbe abgestochen, dann der Boden ausgeho-

ben, bis wir auf Felsen stießen. In diese Löcher wurden die Sperrholzteile hineingebaut. Das Dach, aus dem in der Mitte ein Ofenrohr herausragte, wurde mit dem ausgehobenen Erdreich zugedeckt und dann mit den Grasnarben getarnt. Zwei Erdhütten wurden als Kranken- und Sanitätszelte eingerichtet.«[101]

Insgesamt kamen etwa 2000 Strafgefangene aus den Straflagern der Reichsjustizverwaltung nach Norwegen. Die Hälfte von ihnen soll bei den Einsätzen umgekommen sein. [102]

Übernahme des Strafvollzugs durch die Wehrmacht

Der »Strafvollstreckungsplan für die Wehrmacht«, der am 1.1.1943 in Kraft trat, bestimmte noch ausdrücklich, daß Zuchthausstrafen und Gefängnisstrafen, neben denen zugleich auf Verlust der bürgerlichen Ehrenrechte, auf Dienstentlassung oder auf eine Maßregel der Sicherung und Besserung erkannt war, »ausnahmslos« in Vollzugsanstalten der Reichsjustizverwaltung zu vollstrecken waren. [103] Für die durch Wehrmachtgerichte in den besetzten Gebieten Verurteilten waren sogar die Vollzugsanstalten in Absprache mit dem Reichsjustizministerium festgelegt, z. B. Haftanstalt Aachen für den Bereich des Militärbefehlshabers in Belgien und Nordfrankreich, Haftanstalt Kleve für den Bereich des Wehrmachtbefehlshabers in den Niederlanden oder die Untersuchungshaftanstalt Wien I für den Balkan. [104]
Diese Haltung änderte sich im Laufe des Jahres 1943 grundlegend. Bis Ende 1943 übergaben die Kriegsgerichte immer weniger Verurteilte zum Strafvollzug an die zivilen Behörden. Soldaten und Wehrmachtbeamte, die zu Zuchthaus oder neben Gefängnis zum Verlust der bürgerlichen Ehrenrechte verurteilt worden waren, wurden statt dessen in die Zuchthauskompanien der Feldstraflager eingewiesen oder, wenn neben einer Freiheitsstrafe auf eine Maßregel der Sicherung und Besserung erkannt worden war, der Geheimen Staatspolizei zum Arbeitseinsatz in einem Konzentrationslager übergeben. Im Sommer 1944 bat der Befehlshaber des Ersatzheeres den Reichsjustizminister schließlich, alle im zivilen Strafvollzug einsitzenden und in Verwahrung befindlichen Wehrmachtangehörigen dem Ersatzheer zur Verfügung zu stellen. Angesichts dieses Wunsches befürchtete man im Justizministerium, daß dann die Aufträge, die man z. B. von der Regierungsmoorverwaltung im Emsland übernommen hatte, nicht durchgeführt werden könnten. Auch mit Firmen in Papenburg, Esterwegen und Brual-Rhede hatte man Arbeitsverträge abgeschlossen. Die Angelegenheit wurde verschleppt. Als Himmler Befehlshaber des Ersatzheeres geworden war, forderte er unmißverständlich, daß alle den allge-

meinen Behörden überwiesenen verurteilten Soldaten »unverzüglich in den Strafvollzug des Heeres zurückzuführen« seien. Daraufhin entschloß sich der Reichsjustizminister am 12. 10. 1944, wenigstens die Verurteilten herauszugeben, die für Bewährungstruppen in Frage kamen und die für die Arbeitsbetriebe im Emsland entbehrlich waren. Da der Befehlshaber des Ersatzheeres formaljuristisch nur über die von den Gerichten des Ersatzheeres Verurteilten verfügen konnte, glaubte ihn Thierack mit 3500 von den etwa 10000 bei den Justizvollzugsanstalten einsitzenden Männern zufriedenstellen zu können. [105] Das Sträuben des Reichsjustizministeriums führte dazu, daß Ende Oktober fünf Kriegsgerichtsräte im Auftrag der Heeresrechtsabteilung in den Emslandlagern an Ort und Stelle die Akten der dort befindlichen wehrmachtgerichtlich Verurteilten überprüften. Die Herausgabe der Gefangenen, die für die Feldstrafgefangenenabteilungen oder Konzentrationslager in Frage kamen, wurde jedoch von der Lagerverwaltung davon abhängig gemacht, daß der Justizminister seine schriftliche Einwilligung gab. Dieser zögerte. Thierack fand Unterstützung beim Reichsminister für Rüstung und Kriegsproduktion Albert Speer, als dieser auf die Folgen des Strafgefangenenabzugs für die Rüstungsproduktion aufmerksam gemacht wurde. Betroffen war die Flugzeugrüstung im Bereich des Zellen- und Triebwerkbaus bei den Firmen Hoevler und Dieckhaus mit ca. 1200 und bei der Firma Klatte mit ca. 800 Gefangenen. Weitere 1800 Gefangene waren in den verschiedenen Strafanstalten für die Rüstung tätig. Trotz der Gefahr, daß der Reichsführer-SS das Lager Papenburg zur Erhaltung der Rüstungskapazität geschlossen als KZ übernehmen könnte, wenn ihm nicht genügend Strafgefangene zur Verfügung gestellt würden, wies der Reichsjustizminister die Generalstaatsanwälte und den Beauftragten für die Strafgefangenenlager im Emsland an, die Abgabe von Strafgefangenen mit Strafen von mehr als acht Jahren Zuchthaus und von Sicherheitsverwahrten mit Rücksicht auf die Belange der Rüstung zurückzustellen. Ausgenommen von der Sperre waren Strafgefangene und Sicherheitsverwahrte, die an Tuberkulose erkrankt oder sonst gebrechlich waren, und Strafgefangene, die wegen politischer Straftaten verurteilt worden waren. Sie wurden der Gestapo zur Verfügung gestellt. [106]
Himmler war mit dieser Regelung gar nicht einverstanden. Um den vereinten Widerstand von Thierack und Speer brechen zu können, ließ er sich von der Heeresjustizabteilung im OKH die bis dahin

ermittelten Sträflingszahlen geben. Danach saßen im Dezember 1944 noch 7500 Wehrmachtangehörige in zivilen Vollzugsanstalten ein, 4000 in den Emslandlagern, 1500 in den Zuchthäusern, 1350 im Lager West bei Iserlohn und 650 im Lager Nord in Norwegen. [107] Himmler erkannte eine Chance zur Ergänzung der Waffen-SS. Nicht als Befehlshaber des Ersatzheeres, sondern als Reichsführer-SS wies er den Reichsjustizminister recht deutlich darauf hin, daß die Waffen-SS »zur Entlastung der Strafanstalten« wehrunwürdigen Strafgefangenen »in weitem Umfang« Gelegenheit biete, sich bei einer Sonderformation der Waffen-SS vor dem Feinde zu bewähren. Gemeint war die Brigade Dirlewanger. [108] Unter

Bewegliche Erziehungs- und Strafeinrichtungen der Wehrmacht

Einrichtungen	Einweisungsgründe	Zeitdauer	Tätigkeit
Sonderabteilungen des Ersatzheeres	Unwirksamkeit disziplinarer Strafen bzw. Störung der Mannszucht	3-6 Monate	Abschluß der Grundausbildung Erzieherische Maßnahmen
Feldsonderbataillon Feldsonderabteilungen			Schwere und gefährliche Arbeiten Exerzierdienst
Schiffsstammabteilungen der Kriegsmarine			Militärische Ausbildung Bauarbeiten
Prüfungslager der Luftwaffe Sonderkompanien z.b.V.			Schwere und gefährliche Arbeiten Milit. Ausbildung
Strafvollstreckungszüge	Vollstreckung von Arreststrafen	7 Tage bis 6 Wochen	Harter Dienst unter Feindeinwirkung
	Vollstreckung von Gefängnisstrafen	bis 7 Monate	Bauaufgaben Transportaufgaben Exerzierdienst
Feldstrafgefangenen-Abteilungen	Vollstreckung von Gefängnisstrafen	über 3 Monate	Bauarbeiten unter gefahrvollen Umständen im Operationsgebiet Partisanenbekämpfung
	Vollstreckung von Zuchthaustrafen bei bedingt Wehrwürdigen	unbegrenzt	
Feldstraflager	Verwahrung unter Strafaussetzung	unbegrenzt	Härteste Arbeit unter gefahrvollen Umständen im Operationsgebiet

diesem Druck wies Thierack die Oberreichsanwälte, Oberlandesgerichtspräsidenten und Generalstaatsanwälte an, die Strafvollstreckung gegen wehrunwürdige Gefangene »in großzügiger Weise« zu unterbrechen und die Männer zur Einziehung durch die Wehrkreiskommandos oder für Sonderformationen der Waffen-SS freizugeben. [109]

Strafvollstreckungsformen

Feldstraflager des Heeres

Die »Verordnung über das militärische Strafverfahren im Krieg und bei besonderem Einsatz« (Kriegsstrafverfahrensordnung/KStVO) vom 17. 8. 1938 [110] sah im § 105 vor, daß verurteilte Wehrmachtangehörige »aus Gründen der Sicherheit und der Erziehung« auf Anordnung des Gerichtsherrn in »Sonderabteilungen« und im wehrpflichtigen Alter stehende verurteilte Zivilpersonen in »Lagerverbände« eingewiesen werden können. Solche Einrichtungen »zur Förderung des Kriegszwecks« durften nach Bedarf von den Oberbefehlshabern der Wehrmachtteile eingerichtet werden. Der Strafvollzug war während dieser Zeit ausgesetzt. Nur bei Verurteilten, die »hervorragende Beweise von Mut abgelegt oder sich in anderer Weise hervorragend bewährt oder sich ausgezeichnet geführt« hatten, hatten die Oberbefehlshaber das Recht, die Verwahrungszeit ganz oder teilweise auf die zu verbüßende Freiheitsstrafe anzurechnen. [111]
Wenige Wochen nach Kriegsbeginn traten an die Stelle dieser Sonderabteilungen und Lagerverbände die Straflager. In sie wurden sowohl Soldaten eingewiesen, die bereits vor dem Krieg zu Gefängnisstrafen verurteilt worden waren, wenn »Gründe der Sicherheit oder Erziehung« es erforderten oder wenn zu befürchten war, daß sie nach ihrer Entlassung aus der Strafhaft und ihrer Rückkehr zur Truppe »eine Gefahr für die Mannszucht« bildeten, wie auch Soldaten, die nach dem Inkrafttreten der Kriegsstrafverfahrensordnung zu Gefängnis verurteilt wurden und nach Ansicht der Kriegsrichter »für die Mannszucht gefährliche Elemente« darstellten. [112] Bis zu ihrer Einweisung in das Straflager waren die dafür bestimmten Verurteilten in den Wehrmachtgefängnissen in einer besonderen Abteilung zusammenzufassen.
Die Verwahrung in einem Straflager unter Aussetzung der Strafvollstreckung bis zum Kriegsende war die schärfste Maßnahme, die gegen verurteilte Soldaten ergriffen werden konnte. Sie traf Männer, die für die Truppe nicht mehr tragbar schienen, weil sie

entweder eine Gefahr für die militärische Gemeinschaft bildeten oder wegen Charaktermängel als Soldaten unbrauchbar waren. Bei schweren oder besonders verwerflichen Straftaten konnten die Richter Straflagerverwahrung auch »zum Zwecke der Abschreckung« anordnen. [113] Zu den besserungsunfähigen Verurteilten, die in Straflager einzuweisen waren, gehörten nach Ansicht der Heeresrechtsabteilung »Wehrmachtschädlinge, Verbrechertypen und Träger wehrfeindlichen Geistes«. Sie wurden von der »Ehrenpflicht zur Verteidigung des Reiches« ausgeschlossen. [114] Wer einmal in ein Straflager eingewiesen war, sollte dort grundsätzlich für die gesamte Kriegsdauer bleiben. Nur in Ausnahmefällen durfte die Straflagerverwahrung auf Vorschlag des Straflagerkommandanten unterbrochen werden, um dem Verurteilten Gelegenheit zur Bewährung an der Front zu geben, wenn der zuständige Gerichtsherr einverstanden war. [115]

Am 13. 4. 1942 erließ das OKW den grundlegenden Befehl über die Einrichtung von Feldstraflagern. Danach durfte Straflagerverwahrung in Zukunft nur noch in Feldstraflagern durchgeführt werden. Es wurden zwei Feldstraflager mit je vier Kompanien aufgestellt: das Feldstraflager I durch das Wehrkreiskommando IV (Dresden) im Wehrmachtgefängnis Torgau-Fort Zinna und das Feldstraflager II durch das Wehrkreiskommando XI (Kassel). [116] In das Feldstraflager I kamen 600 Straflagerverwahrte aus den Gefängnissen Torgau-Fort Zinna, Anklam und Glatz und in das Feldstraflager II 600 Straflagerverwahrte aus den Gefängnissen Torgau-Brückenkopf, Graudenz, Bruchsal, Freiburg und dem Wehrmachtgefangenenlager Donau. [117] 1943 verfügte jede Heeresgruppe an der Ostfront über ein eigenes Feldstraflager.

Die Überlebenschancen in den Feldstraflagern des Heeres waren geringer als in den Straflagern des Reichsjustizministeriums und in den KZ. Hatte ein Befehl des OKW vom 3. 11. 1939 lediglich verlangt, daß die Verwahrten zu schwerer Arbeit heranzuziehen waren, »möglichst zur unmittelbaren oder mittelbaren Verteidigung des Reichs«, so legte der Chef der Heeresrüstung und Befehlshaber des Ersatzheeres am 7. 9. 1942 den Zweck der neugegründeten Feldstraflager wie folgt fest: »Einsatz zur härtesten Arbeit unter gefahrvollen Umständen im Operationsgebiet, möglichst bei der kämpfenden Truppe«, z. B. Minen beseitigen, gefallene Feinde begraben, Bunker und Stellungen bauen, Stacheldrahtschneisen schneiden.

Bei diesen Arbeiten waren die Straflagerinsassen dienstlich den Pionieren in den Divisionen, denen sie zur Arbeitsleistung zugewiesen wurden, unterstellt. Diese legten die Arbeitsnormen und die Einsatzformen fest. Die Gefangenen waren »mit großer Strenge« zu behandeln. Das schien auch erforderlich zu sein. Als ein Teil der Straflagerverwahrten vorübergehend nach Norwegen, d. h. außerhalb des Operationsgebietes, verlegt wurde, weil dort beim Feldbahnbau im Bereich der 20. Armee Arbeitskräfte fehlten, ließ die Arbeitsleistung der Straflagerverwahrten schlagartig nach, weil sie zu nachsichtig behandelt wurden. In sechs Monaten wurden von den Feldstraflagern II und III nur 60 km Feldbahnen fertiggestellt und weitere 40 km bloß angefangen. Der Sicherheitsdienst führte die ungenügende Arbeitsleistung darauf zurück, daß die Straflagerverwahrten von den Bewachungsmannschaften »zu wenig oder überhaupt nicht zur Arbeit angehalten« wurden, ganz im Widerspruch zur Vorschrift, daß es »keine Verweichlichung im Vollzug« geben dürfe, weil »der einsichtige Gefangene anerkennt, daß er für seine Tat büßen muß«. Um die Männer wieder zur Arbeit zu bewegen, wurden beide Feldstraflager an die Ostfront verlegt und die Aufgaben in Norwegen von russischen Kriegsgefangenen weitergeführt. [118]

Die todbringenden Einsätze der Straflagerverwahrten an der Front und ihre strenge Behandlung sollten eine »nachhaltige abschreckende Wirkung auf die unsicheren Elemente bei der Truppe ausüben und entscheidend dem Anreiz entgegenwirken, sich durch Herbeiführen von Freiheitsstrafen seiner (sic) Pflicht zu entziehen«. Die Drohung mit dem Straflager sollte der Neigung von Soldaten entgegenarbeiten, sich Strafen in der Hoffnung zuzuziehen, ihr Leben hinter der Front im Wehrmachtstrafvollzug in Sicherheit zu bringen. [119] Deshalb durften die Straflagerinsassen keine größere Chance zum Überleben haben als die regulären Soldaten. Das mußte den anderen zur Abschreckung deutlich gemacht werden.

Die Insassen der Feldstraflager trugen die Uniform ihres Wehrmachtteils – Angehörige der Kriegsmarine jedoch feldgrau – ohne Hoheitsabzeichen, Kokarde, Spiegel und Schulterklappen. Die Koppelschlösser bestanden aus Leichtmetall oder Stahl. Sie trugen kein Mittelschild. Nationalsymbol und Schriftzeichen fehlten. Es wird vermutet, daß diese Art ursprünglich für die Legion Condor angefertigt worden war und im Krieg nachproduziert wurde. [120]

Um sie als Wehrmachtangehörige auszuweisen, trugen sie am linken Arm eine gelbe Armbinde.

Die Straflagerverwahrten erhielten Verpflegung wie Gefängnisinsassen, nämlich die Kategorie IV 2 abzüglich 30% Fleisch und 20% Fett. Die tägliche Brotration betrug 500 g. [121] Bei schwerem Arbeitseinsatz in der Heimat konnte der Verpflegungssatz bis IV 2 aufgestockt werden, bei schwerem Einsatz im Feld bis zum Verpflegungssatz des Einsatzgebiets, unter Umständen sogar mit Zulagen.

Die Angehörigen der Straflagerverwahrten wurden mit einem ausgefüllten Vordruck über den Aufenthalt ihres Familienangehörigen unterrichtet. Sie durften nur alle 6 Wochen einen kurzgefaßten Privatbrief erhalten und absenden.

Die tägliche Arbeitszeit der Straflagerinsassen betrug 12–14 Stunden, an Sonn- und Feiertagen mindestens 4 Stunden. Unterbrechungen zur Einnahme der Mahlzeiten waren »knapp zu bemessen«, damit das Tageslicht ausgenutzt werden konnte. Vor oder nach der Arbeit war Exerzierdienst »in straffer Disziplin« vorgeschrieben, selbstverständlich ohne Waffe. Konnte die vorgesehene Arbeitszeit nicht voll genutzt werden, so war der Exerzierdienst auszudehnen. Er bestand in der Regel in Formalausbildung und »kriegsnahen Übungen« und unterschied sich in nichts vom Kasernenhofdrill der Grundausbildung.

Die Gefangenen hatten keinen Zugang zu Büchern oder anderem Lesestoff. Spiele, z. B. Brettspiele oder Karten, durften ihnen nicht gestellt werden. Über die Tagesereignisse wurden die Männer ausschließlich im Rahmen des Exerzierdienstes »in geeigneter Weise« informiert. Zeitungen gab es hin und wieder als Belohnung für außergewöhnliche Arbeitsleistungen. Nach Dienstschluß wurde die künstliche Beleuchtung in den Haftträumen ausgeschaltet.

Die Straflagerverwahrten erhielten weder Löhnung noch Wehrsold. Sie wurden nach den im Frieden geltenden Bestimmungen für Zivilgefangene nach Maßgabe ihrer Arbeitsleistung abgefunden. Für die tägliche Verpflegung wurden ihnen bis zu 70% der Kosten des normalen Verpflegungssatzes abgezogen.

Die Unterkünfte für die Straflagergefangenen waren so auszuwählen, »daß die Verbindung mit der Außenwelt abgeschnitten« war. Außenstehende sollten keinen Einblick in den inneren Betrieb bekommen. Die Bevölkerung – nicht andere Wehrmachtangehörige – sollten auch von den Arbeitsplätzen ferngehalten werden. [122]

Strafvollstreckungsformen

Über ein Feldstraflager der Heeresgruppe Mitte gibt es einen Bericht:

»Kriegsgericht: Ein Jahr wegen unerlaubter Entfernung von der Truppe usw. Danach ging es um die Aussetzung der Strafe, Verwahrung bis Kriegsende in einem Feldstraflager in Rußland. Es ging los über Torgau, da wurde dieses Bataillon zusammengestellt, dieses Feldstraflagerverwahrungsbataillon, denn wir waren nicht im Vollzug. Wir waren aus der Wehrmacht ausgestoßen. In Torgau bekamen wir den ›Remlinger‹, der war ja bekannt dafür, daß er halbe Verpflegung anordnete, immer ein Brot längs durchgeschnitten. Wir kamen danach nach Rußland ins Kursker Gebiet. Ich war jetzt zum zweiten Mal in der gleichen Gegend. Aber jetzt hatte ich Feldstrafe, war in Feldstraflagerverwahrung, ohne Hoheitsabzeichen, ohne Waffen, und bekam natürlich nur die halbe Verpflegung und stand unter Bewachung. Unter den Bewachern waren auch Ukrainer und Rumänen, die besonders tüchtig waren. Sie waren immer außerhalb der Schußnähe. Direkt an der Front wurden wir eingesetzt: zum Minenräumen, Pionierarbeiten am Ilmensee. Wir waren nicht genau orientiert, denn wir hatten keine Karten. Wir kamen auch mit normalen Soldaten zusammen, die die Schnauze voll hatten, und uns zwischendurch mal ein Brot zukommen ließen. Wir haben da keinen getroffen, der mit Freude dabei war. Der Russe schmiß immer Flugblätter ab, die ich dann im Schützengraben verteilt habe, ohne eine spezielle Absicht. Alle haben sich gefreut, zu hören, was in Deutschland los war. Dabei wurde ich angezeigt, und zwar von einem Spitzel aus unseren Reihen. Und den hab' ich – beziehungsweise der Heilige Geist ist nachts zu dem gekommen und hat ihn verprügelt. Ich bekam dann Arrest. Arrest gab es an der Front nicht, der wurde nur ausgesprochen. Ich bekam auch eine Strafe wegen Beerenpflückens. Ich hatte die Beeren aus Hunger gepflückt, aber das hat sie wohl geärgert, weil es Wacholderbeeren waren, aus denen sie Schnaps gebraut hatten. Arrest bekam ich auch, weil ich mir ein Messer angefertigt hatte.

Die Straflagereinheit war völlig abgetrennt. Es war ein Stacheldrahtzaun drum herum, der war ziemlich hoch, und die Unterkunft bestand aus Finnzelten, die aus Sperrholz waren. Es waren Rundbauten, die so halb in der Erde waren. Wir wurden vollkommen überwacht, wir wurden immer in Gruppen geführt, es gingen zwei Aufseher mit – einer von den Pionieren –, wenn wir weiter nach vorne mußten, z. B. Minen ausgraben, die von den Pionieren entschärft wurden. Wir mußten die Minen verladen und wurden zum Schützengrabenbau, zu Schanzarbeiten und zum Straßenbau eingesetzt, alles unter Bewachung. Die Frontsoldaten sahen uns, wir taten denen leid, sie haben gesehen, was los war: Die Behandlung, die Gewehrkolbenhiebe, es wurde ständig mit Gewehrkolben geschlagen. Ungefähr neunzig Prozent von unseren Leuten aus der Feldstraflagerverwahrung sind umgekommen. Es war dicht hinter der Front, wir waren unter Beschuß. Viele sind auch so krepiert, an Unterernährung und Schwäche. Wer nicht eisern durchhielt, wer sein Brot gegen Majorka verkauft hat, der konnte nicht überleben. Und da gab's die ›Muselmänner‹, wie wir sie später auch in den KZs erlebt haben, die haben ihr Essen verkauft, bloß um eine

Handvoll Majorka zu bekommen. Die konnten das nicht durchhalten: Bäume schleppen mit zwei Mann, Bäume von vier, fünf, sechs Meter Länge. Das war nicht möglich. Die Leute brachen zusammen. Und dann nur die halbe Verpflegung. Es wurde in der Gulaschkanone für den Gesamtzug gekocht, und wenn die Bewachung sich vollgefressen hatte, wurde Wasser zugesetzt. Das war dann die halbe Verpflegung. Es wurde einfach verdünnt. Feste Kost, Brot, Margarine und Butter gab's fast überhaupt nicht, meist nur ein Stück Käse, Studentenfinger, ein bißchen Dosenfleisch aufs Brot. Wir haben Pilze gesammelt und durften uns dabei nicht erwischen lassen. Es gab ja nur Pellkartoffeln, die wir mit Pelle verzehrten. Es war ein richtiges Vernichtungslager. Die, die sich ein paar Meter außer Sichtweite entfernt hatten, kriegten gleich die Meldung wegen Fahnenflucht. Sie wurden gehenkt, zur Abschreckung, obwohl wir gar keine Hoheitsabzeichen mehr hatten und gar keine Wehrmachtsangehörigen mehr waren. Auch die Verluste waren hoch. Es gingen Minen hoch, an der Front. Bloß gegen wen und wie sollte man sich verteidigen?« [123]

Das Stammpersonal setzte sich anfangs noch aus im Strafvollzug ausgebildeten, feldverwendungsfähigen Männern zusammen, die aus den Justizstrafanstalten zum Wehrdienst eingezogen wurden. Später mußten sich die Feldstraflager ihren Nachwuchs selbst ausbilden. Meistens wurden Soldaten des Wachzuges an Ort und Stelle für den Strafvollzug geschult. Für die Behandlung der Gefangenen galt sinngemäß die H.Dv. 3/7b, die an und für sich auf geschlossene Anstalten zugeschnitten war. Das Bewachungspersonal mußte laufend in der Handhabung dieser Bestimmungen unterrichtet werden. [124] Es hatte jeden Versuch der tätlichen Widersetzung, der Aufwiegelung oder Flucht sofort mit der Waffe zu unterbinden. Ein vorheriger Warnruf war nicht erforderlich. Um Fluchtversuche zu verhindern, wurden sowohl in der Unterkunft wie auf dem Marschweg und an den Arbeitsplätzen bestimmte Zonen festgelegt, bei deren Verlassen ohne Halt-Ruf sofort scharf geschossen wurde. Bei allen Verstößen gegen die Zucht und Ordnung wurde mit äußerster Strenge eingeschritten. Die übliche Disziplinarstrafe war strenger Arrest. [125]
Bei der Anordnung von Kostentzug sollte berücksichtigt werden, daß die Arbeitskraft der Sträflinge nicht beeinträchtigt wurde und daß Hunger leicht zu neuen Straftaten verleitete. [126] Aus fast allen Berichten der Kommandeure der Feldstraflager geht hervor, daß sich der Gesundheitszustand der Verwahrten dauernd verschlechterte und daß die Sterblichkeit hoch war. Im Feldstraflager II bei der Heeresgruppe Nord waren zu Weihnachten 1942 von etwa

900 Mann 110 nichttransportfähig lazarettkrank, 130 transportfähig lazarettkrank und 137 revierkrank. [127]
Unverbesserliche Straflagerverwahrte, die sich mehrere Disziplinarstrafen zuzogen, wurden auf Vorschlag des Straflagerkommandanten durch den zuständigen Gerichtsherrn der Polizei übergeben, d. h. in ein Konzentrationslager eingewiesen. [128]
Beschwerden von Strafgefangenen hatten im Gegensatz zu denen von Wehrmachtangehörigen gemäß § 51 (5) H.Dv. 3/9 keine aufschiebende Wirkung. [129]
Angehörige der Feldstraflager konnten »bei guter Führung und festgestellter Besserung« nach 3–6 Monaten in eine Feldstrafgefangenen-Abteilung [130] kommandiert werden. In besonderen Ausnahmefällen war es sogar möglich, sie zu ihrer Truppe oder zu einer Bewährungstruppe [131] zu schicken.
Das OKH stellte im Herbst 1942 ein »Merkblatt für die Feldstrafgefangenen-Abteilungen und Feldstraflager« zusammen, in dem der Zweck beider Einrichtungen unter drei unterschiedlichen Gesichtspunkten dargelegt wurde:

»Sühne- und Abschreckungsgedanke
Dem Strafgefangenen bzw. Straflagerverwahrten muß durch die Härte des Vollzugs, die auf ihm lastet, zum klaren, sinnfälligen Bewußtsein kommen, daß er schwer gefehlt hat und dafür eine Strafe in Form der Freiheitsentziehung mit Belastungen der verschiedensten Art auf sich nehmen und empfindlich fühlen muß. Die Kenntnis dieser Härte muß andere von der Begehung ähnlicher Straftaten wirksam abschrecken. Nur wenn sie wirklich zum Bewußtsein weiter Kreise kommt, erfüllt der Vollzug seinen Zweck.

Besserungs- und Erziehungsgedanke
Es muß dem Gefangenen und Verwahrten klar werden, daß er bei guter Führung ›aufsteigen‹, d. h. Erleichterungen und Vergünstigungen im Vollzug bzw. in der Verwahrung sich verdienen kann, die ihn schließlich so weit fördern, daß er zur Bewährung in der Truppe bzw. zur Überführung aus dem Lager in den Vollzug vorgeschlagen werden kann. Der Eingelieferte muß die volle Härte zunächst fühlen; von vornherein und allgemein gewährte Vergünstigungen sind unangebracht; jede Erleichterung setzt ein besonderes Verdienst des Gefangenen bzw. Verwahrten durch tadellose Führung und gute Arbeitsleistung voraus.

Arbeitsgedanke
Nicht die Arbeit ist die Strafe; vielmehr sollen die Umstände und Belastungen, unter denen sie verrichtet werden muß, den Gefangenen bzw. Verwahrten und die Allgemeinheit abschrecken. Eine andere Auffassung würde besonders die Arbeiten des Frontkämpfers, die z. T. gleich hart und schwierig sind, herabwürdigen. Für diese Arbeiten, die der Gefangene und Verwahrte im Interesse des

Ganzen als kriegswichtig verrichtet und die einen Maßstab für seine Beurteilung mit abgeben, muß der Gefangene und Verwahrte durch geeignete Maßnahmen körperlich und seelisch frisch und leistungsfähig erhalten werden.«[132]

Weil die Feldstraflager die härteste Form des Strafvollzugs in der Wehrmacht darstellten, war die Einweisung von folgenden Personengruppen unzulässig:
– Angehörige der Freiwilligenverbände, z. B. Legionäre des Heeres. Sie waren den speziell für sie eingerichteten Vollzugseinrichtungen zu überstellen oder zur weiteren Veranlassung in das Wehrmachtgefängnis Torgau-Fort Zinna zu kommandieren.
– Soldaten mit dem Tauglichkeitsgrad du (dienstunfähig). Sie waren aus der Wehrmacht zu entlassen und dem zivilen Strafvollzug zu übergeben.
– Verwahrte mit dem Tauglichkeitsgrad av. (arbeitsverwendungsfähig) und bed. kv. (E) (bedingt kriegsverwendungsfähig Ersatz). Sie waren in die Feldstrafgefangenen-Abteilung 20 der 2. Armee bei der Heeresgruppe Mitte zu kommandieren.
– Gerichtlich oder disziplinar nicht erheblich Vorbestrafte. Sie sollten in eine Feldstrafgefangenen-Abteilung eingewiesen werden, wenn die sofortige Strafaussetzung zur Bewährung bei der eigenen Truppe oder der Bewährungstruppe z.b.V. 500 nicht möglich war. [133]

Wegen der großen Zahl von Männern, die in den Feldstraflagern starben, traf das OKH eine Reihe von Festlegungen für die Bestattung der Toten und die Benachrichtigung der Angehörigen, die wegen ihrer bürokratischen Akribie bemerkenswert sind: Die Bestattung erfolgte bei Tod durch Krankheit, Unfall oder Feindeinwirkung aus der Ferne »ohne Erweisung militärischer Ehren«. Nur wenn der Tote vor seinem Tod »besonderen Mut und hervorragende Tapferkeit gezeigt« hatte, durfte Salut geschossen werden. In beiden Fällen wurden die Angehörigen wie bei Gefallenen üblich von einem Hoheitsträger der Partei benachrichtigt. Wenn auf der Flucht oder bei Widerstand von den Wachmannschaften Erschossene begraben wurden, durften keine Soldaten anwesend sein. Der Tote wurde von einem Totengräberkommando verscharrt. Es wurde kein Grabkreuz aufgestellt. Das gleiche galt für Selbstmörder und Exekutierte. Die Angehörigen dieser Männer wurden von der Feldstraflagerleitung formlos vom Tod ihres Angehörigen benachrichtigt. [134]

Im Unterschied zu den Feldstrafgefangenen-Abteilungen wurden die Feldstraflager im Februar 1945, als der Krieg ausschließlich auf dem Boden des Reiches tobte, aufgelöst. Das OKW befahl, zu Zuchthaus verurteilte Straflagerverwahrte, die für die Wehrmacht nicht mehr tragbar waren – dazu zählte man Gewohnheitsverbrecher, Asoziale, Verräter, Saboteure und Wehrkraftzersetzer – und von »denen eine brauchbare Leistung auch nach genügender erzieherischer Einwirkung im Feldvollzug nicht mehr zu erwarten« war, der Geheimen Staatspolizei zum Arbeitseinsatz in einem Konzentrationslager zu überweisen. Auch mit Gefängnis bestrafte Straflagerverwahrte, die sich »als disziplinare Schädlinge oder sonst als unerziehbar erwiesen« hatten, sollten von den zuständigen Gerichtsherren dorthin überstellt werden. Anordnungen zur Straflagerverwahrung durften von den Gerichten von diesem Zeitpunkt an nicht mehr ausgesprochen werden. An ihre Stelle trat im Urteil die Überweisung an die Geheime Staatspolizei. Sollten sich Verurteilte entgegen allen Erwartungen in einem Konzentrationslager »als soldatisch wieder brauchbar« erweisen, war vorgesehen, daß sie vom Reichssicherheitshauptamt dem Oberkommando des entsprechenden Wehrmachtteils für die Strafaussetzung zur Feindbewährung vorgeschlagen werden sollten. Wegen des nahen Kriegsendes wurde davon wohl kaum Gebrauch gemacht. [135]

Bei der Auflösung der Feldstraflager waren von der Überweisung in ein Konzentrationslager zwei Personengruppen ausgenommen:

– Straflagerverwahrte, denen nach einer weiteren erzieherischen Einwirkung im Feldvollzug die Chance zur Feindbewährung oder zu einer anderen Art der Bewährung gegeben werden sollte, waren nach Zustimmung des Gerichtsherrn in eine Feldstrafgefangenen-Abteilung zu überweisen.
– Straflagerverwahrte, die zum Tode verurteilt worden waren, sollten bis zur Entscheidung über ihr Schicksal zurückgehalten werden. [136]

Ein ehemaliger Wehrmachtangehöriger, der von einem Feldstraflager ins KZ überstellt wurde, berichtete von seinem Aufenthalt in Sachsenhausen:

»Von dort (Gefängnis Brandenburg) wurde ich zusammen mit zwölf Mann abgeholt, und zwar abends um zwölf Uhr, und wir kamen dann nachts in Sachsenhausen an. Der Empfang war entsprechend: Hinlegen, Fußtritte über

den gesamten Appellplatz, der war ungefähr 200 Meter breit, dann zur Entlausung, Haare ab, ich wurde aussortiert und kam in den Bunker.
Da blieb ich acht Tage. Dann kam ich in den Isolierblock. Wer im Isolierblock saß, hatte keine Verbindung mit anderen Häftlingen. Auf der anderen Seite, vor der Einfahrt war ein Tor, wo man nicht durchsehen konnte, dort waren Russen, und zwar sollen die alle KGB-Funktionäre gewesen sein...
Dann wurde ich zum Bombenkommando eingeteilt, das bestand hauptsächlich aus Wehrmachtangehörigen. Bombenräumen in Berlin. Winter 1943, Anfang 1944 war ich sogar einmal mit in Brandenburg. Der Feuerwerker, ein Marinefeldwebel, das war ein anständiger Kerl. Wir gingen zusammen zur Abwurfstelle, wo der Blindgänger lag. Die SS war im Umkreis von ungefähr 100 Metern, so daß wir alleine waren. Wir fanden sehr viele Blindgänger in Kellern, in denen Lebensmittel lagerten, wir bedienten uns und aßen uns satt. Zwischendurch kam die große Vernichtungsaktion im Rahmen der Sonderaktionen. Die ehemaligen Wehrmachtangehörigen unter den KZ-Häftlingen, die unter den Mißhandlungen zusammengebrochen waren und nicht mehr hochkamen, wurden durch Genickschuß hingerichtet und (sic) anschließend vergast. Die, die trotz der Folter noch einigermaßen fit waren, so wie ich, wurden als arbeitsfähig aussortiert. Es kam ein großer Teil nach Flossenbürg. Ich kam nach Natzweiler. Von Natzweiler nach Neckargerach, wo wir in den Stollen eingesetzt wurden.« [137]

Feldstrafgefangenen-Abteilungen

Feldstrafgefangenen-Abteilungen gab es ebenso wie Feldstraflager erst ab 1942. Der Befehl Hitlers trägt das Datum vom 2. 4. 1942 (vgl. S. 145).
Das OKW setzte die Weisung Hitlers am 14. 4. 1942 in einen Befehl um. [138] Die Feldstrafgefangenen-Abteilungen wurden aufgestellt, damit – wie der Strafvollstreckungsplan für die Wehrmacht vom 27. 11. 1942 festlegte – Gefängnisstrafen von drei Monaten und länger dort vollzogen werden konnten. Die Strafen sollten angesichts der Personalengpässe der Truppe nicht mehr »abgesessen«, sondern »abgedient« werden. Die Wehrmachtgefängnisse wurden entlastet. Soweit die Strafvollstreckung nicht »aus wichtigem Grunde« mit Zustimmung des Oberstaatsanwalts eines Landgerichtes in einer zivilen Justizvollzugsanstalt durchgeführt wurde, mußten nach den »Richtlinien für die Vollstreckung von Freiheitsstrafen für die Wehrmacht«, die das OKW am 10. 6. 1942 herausgab, die Strafgefangenen aller Wehrmachtteile mit einer Strafdauer von mindestens drei Monaten in die Feldstrafgefangenen-Abteilungen überwiesen werden, wenn sie die Tauglichkeitsstufen kv. (kriegs-

Strafvollstreckungsformen 145

X X

Abschrift

Der Führer und Berlin, den 2.April 1942
Oberste Befehlshaber
der Wehrmacht

Die Strafvollstreckung im Kriege muß sich den wechselnden Erfordernissen der Kriegslage alsbald anpassen. Es darf nicht an Maßnahmen festgehalten werden, die sich unter anderen Verhältnissen bewährt haben.

Die Bewährungsmöglichkeiten der Ostfront müssen in Zukunft noch mehr als bisher genutzt werden. Vor allem muß erreicht werden, daß Verurteilte, die nicht der kämpfenden Truppe angehören, soweit irgend möglich durch Versetzung Gelegenheit zur Bewährung vor dem Feinde erhalten.

Manche Verurteilte werden auch künftig nicht oder nicht sofort bei der kämpfenden Truppe eingesetzt werden können. Haltlosen Elementen, die damit rechnen, muß durch Schärfung und Abstufung des Strafvollzuges der Anreiz genommen werden, sich durch Strafverbüßung dem Fronteinsatz zu entziehen. Zu diesem Zwecke sind sofort Feldstrafgefangenenabteilungen aufzustellen, die im Operationsgebiet, möglichst im Einsatzgebiet der kämpfenden Truppe, unter gefahrvollen Umständen zu härtesten Arbeiten heranzuziehen sind.

Bei der Neuordnung der Strafvollstreckung ist entscheidender Wert darauf zu legen, daß alle Wehrmachtangehörigen gleichmäßig behandelt werden. Es ist zu verhindern, daß einzelne Waffengattungen oder Truppenteile grundsätzlich besser gestellt werden als andere.

Die notwendigen Anordnungen für die Neuordnung der Strafvollstreckung und des Vollzuges erläßt der Chef des Oberkommandos der Wehrmacht.

gez. Adolf Hitler

F.d.B.d.A.

verwendungsfähig), gvF (garnisonsverwendungsfähig Feld) oder gvH (garnisonsverwendungsfähig Heimat) besaßen. Ab 1943 dienten die Feldstrafgefangenen-Abteilungen auch dem Strafvollzug von Zuchthausstrafen in jeder Höhe an Angehörige aller Wehrmachtteile, wenn sie vorher »bedingt wehrwürdig« geschrieben wurden.
Folgende Personengruppen durften nicht in die Feldstrafgefangenen-Abteilungen eingewiesen werden:
– Wehrmachtangehörige mit Gefängnisstrafen unter 3 Monaten gehörten in einen Strafvollstreckungszug, ausnahmsweise auch in ein Kriegswehrmachtgefängnis.
– Angehörige des Wehrmachtgefolges waren in ein Wehrmachtgefängnis einzuweisen oder in den zivilen Strafvollzug zu überführen.
– Für Angehörige der Freiwilligenverbände, d. h. für »fremdvölkische Legionäre«, waren eigene Vollzugseinrichtungen, ersatzweise die Einweisung in ein Wehrmachtgefängnis vorgesehen.
– Offiziere, Beamte im Offiziersrang, Unteroffiziere und Beamte im Unteroffiziersrang, die nicht auf Rangverlust oder Dienstentlassung erkannt worden waren, wurden in Wehrmachtgefängnisse eingewiesen.
– Bei Aberkennung der bürgerlichen Ehrenrechte oder der Wehrwürdigkeit, z. B. bei Verurteilungen zu Zuchthaus, kamen die Verurteilten in den zivilen Strafvollzug, wenn die Wehrwürdigkeit nicht ausdrücklich »bedingt wiederverliehen« wurde.
– Verurteilte mit dem Tauglichkeitsgrad du (dienstunfähig) wurden nach ihrer Dienstentlassung in den zivilen Strafvollzug überführt.
– Erstmals Verurteilte, deren Tat vermutlich eine einmalige Entgleisung darstellte, sollten unter sofortiger Strafaussetzung zur Bewährung bei der eigenen Truppe oder für die Bewährungstruppe z.b.V. 500 vorgesehen werden..
– »Schwersterziehbare Asoziale« und »gemeinschaftsfeindliche Elemente« kamen in ein Zuchthaus [139] oder in ein Feldstraflager. [140]
– »Homosexuelle Hangtäter« waren ausschließlich dem zivilen Strafvollzug zu übergeben. [141]
Die Feldstrafgefangenen-Abteilungen wurden als Bautruppe, in der Regel ohne Waffen, »unter gefahrvollen Umständen« im Operationsgebiet eingesetzt. Sie waren wie die Feldstraflager einsatz-

mäßig und truppendienstlich den Pionieren unterstellt. Bei Gefahr durften ausgesuchte Feldstrafgefangene vorübergehend mit Waffen ausgestattet und als »Eingreifkompanien« oder »Eingreifzüge« in Frontlücken oder gegen Partisanen verwendet werden.
Von Anfang an waren alle Feldstrafgefangenen-Abteilungen an der Ostfront eingesetzt. In jeder Heeresgruppe gab es einige. Im März 1943 waren es insgesamt 19. [142] Den Anfang hatte im Mai 1942 das XXXIX. Armeekorps bei der Heeresgruppe Nord gemacht. Bereits einen Monat später gab es in jeder der drei Heeresgruppen eine. Zur gleichen Zeit befahl das OKW die Aufstellung einer weiteren Feldstrafgefangenen-Abteilung in jeder Heeresgruppe. Am 11. 11. 1942 meldete die Heeresgruppe Nord den Bedarf einer dritten Feldstrafgefangenen-Abteilung für das II. Armeekorps an, die zum Minenlegen, Stellungsbau und Wegebau im Raum Pustinja-Dedno-Gorby Verwendung finden sollte. [143]
Die Feldstrafgefangenen-Abteilung 3 machte in ihrem Bericht an das OKH über den Monat Juli 1942 folgende Angaben über den Einsatz:

»Im Laufe des Monats Juli sind nunmehr alle 4 hier befindlichen Kompanien in fast vorderster Linie mit je ca. 120 Mann zur Arbeit eingesetzt. Der Einsatz dient dazu, die einzige einigermaßen herzustellende Rollbahn der 218. Inf. Div. befahrbar zu machen. Die Arbeit der Wehrmachtgefangenen besteht nun darin, Baumstämme abzusägen, zu entästen und zur Rollbahn heranzutragen. Untergrund fast nur Sumpf und Wasser und überall dichtes Unterholz. Von 120 Mann sind pro Woche in 7 Arbeitstagen von 7331 bis 9527 Stämme geschafft worden, was einem Knüppeldammbau von fast 5 Kilometern für die eingesetzten Kompanien bedeutet. Da die Arbeiten in Sumpfgelände, Morast und augeweichten Lehmstraßen gemacht und die Stämme 200 bis 500 Meter aus dem Walde herausgetragen werden, wird die Leistung der Wehrmachtgefangenen, die seit längerer Zeit nur im Akkord arbeiten, sehr anerkannt. Im Einsatz wird über jeden Strafgefangenen, über seine Arbeitsleistung und Führung täglich Buch geführt. Besonders erwähnt werden muß ein Minensuchkommando von ca. 16 Mann, die bisher tadellos gearbeitet haben. Natürlich sind auch bereits dort Verluste durch Minensplitter, Tod und Verwundung gewesen.« [144]

Der Kommandeur klagte über das fehlerhafte Verhalten des Aufsichtspersonals, das zum Teil aus Rekruten bestand, die nur 6 Wochen ausgebildet waren, über die hohe Straffälligkeit der Feldstrafgefangenen, so daß alle Arrestzellen überbelegt seien, über den schlechten Verpflegungsnachschub, der auf unpassierbaren Wegen sechsspännig herangeschafft werden müsse, und über den

hohen Neuzugang von 380 Mann bei einem Abgang von lediglich 46 in einem Monat. [145]
Die von Kriegsgerichten im Osten Verurteilten wurden unmittelbar und auf kürzestem Wege in die nächsterreichbare Feldstrafgefangenen-Abteilung kommandiert. Verurteilte vom Balkan, aus Frankreich, Dänemark und Norwegen, vom Afrikakorps und aus dem Reichsgebiet, das man damals Heimatkriegsgebiet nannte, waren den Wehrmachtgefängnissen im Reich zu überstellen, von wo sie im Einvernehmen mit dem General z.b.V. beim OKH zu den einzelnen Feldstrafgefangenen-Abteilungen an der Ostfront weitergeleitet wurden. Sammelstelle für die Heeresgruppe Süd war das Kriegswehrmachtgefängnis Dubno, für die Heeresgruppe Mitte das Kriegswehrmachtgefängnis Borissow und für die Heeresgruppe Nord das Kriegswehrmachtgefängnis Wilna. [146]
Bei guter Führung durften die Angehörigen der Feldstrafgefangenen-Abteilungen »frühzeitig« zur Bewährung bei der eigenen Truppe oder im Bataillon z.b.V. 500 kommandiert werden, wo sie wieder mit Waffen kämpfen konnten. Erwiesen sie sich dagegen als unerziehbar, waren sie spätestens nach 9 Monaten in ein Feldstraflager zu überweisen. [147]
Das Leben in den Feldstrafgefangenen-Abteilungen war in der Regel erträglicher als in den Feldstraflagern. Nach einer Inspektion der Feldstrafgefangenen-Abteilung 7 bei der Heeresgruppe Süd kam der Oberkriegsgerichtsrat Dr. Thoma zu dem Ergebnis, »daß der Aufenthalt in der Strafgefangenenabteilung beinahe einem schönen Sommeraufenthalt mit ein wenig Arbeit« gleichkäme. Von 635 Mann seien 324 auf Urlaub gewesen. Die tägliche Arbeitszeit betrage nur 7 Stunden. Die militärische Ausbildung liege brach. Viele Gefangene begingen neue Straftaten, »um nicht aus der Abteilung fortzukommen«. Von einem scharfen Strafvollzug könne »keine Rede« sein. Die Rechtfertigung des Kommandeurs war nicht sehr überzeugend: »Die Gefangenen arbeiten mit Fleiß und haben sich im Einsatz gegen Banditen bewährt.« Zwei Kompanien seien zum Holzschlag eingesetzt. Auch am Sonntag werde gearbeitet. 150 Gefangene stünden dauernd im Partisanenkampf. Es sei ein Irrtum anzunehmen, die Feldstrafgefangenen wollten ihren Aufenthalt verlängern. Aus ihren Briefen spreche der Wunsch wegzukommen. Es sei allerdings nicht immer möglich, alle Männer gleichzeitig zu beschäftigen. [148]
Auch in anderen Feldstrafgefangenen-Abteilungen legten die

Kommandeure Wert darauf, daß die Männer trotz der hohen Arbeitsleistung, die von ihnen verlangt wurde – sie sollte erheblich über derjenigen der Bausoldaten liegen und bis an die Grenzen der Leistungsfähigkeit gehen –, seelisch und körperlich nicht verkamen. Sie achteten soweit wie möglich auf Sauberkeit. Jeder Gefangene sollte ausreichend Gelegenheit bekommen, Wäsche und Bekleidung instandzusetzen. Beim XXXXII. Armeekorps, das für die Feldstrafgefangenen-Abteilung 18 zuständig war, wurden – entgegen den Vorschriften – wöchentlich 24 Stunden dienstfrei gehalten, in denen die Männer »erzogen und betreut« wurden. [149] Der Abteilungsarzt, der für den Gesundheitszustand verantwortlich war, hatte regelmäßig Unterbringung und Verpflegung zu überprüfen. [150]

Nachdem Heinrich Himmler im Juli 1944 Befehlshaber des Ersatzheeres geworden war, erfreuten sich die Feldstrafgefangenen-Abteilungen eines erneuten Zulaufs. Am 5.9.1944 verbot er, daß Soldaten und Wehrmachtbeamte, die zu Zuchthaus oder neben Gefängnis zum Verlust der bürgerlichen Ehrenrechte verurteilt worden waren, der allgemeinen Justiz zur Strafvollstreckung übergeben wurden. Sie sollten entweder in die Zuchthauskompanien – im allgemeinen die 4. Kompanie – der Feldstrafgefangenen-Abteilungen kommandiert oder zur Bewährungstruppe versetzt oder in ein KZ eingewiesen werden. Die Entscheidung lag in den Händen der Gerichtsherren. Diese hatten sich nach folgenden Kriterien zu richten: Wer langfristig für die Bewährungstruppe oder die Bewährungs-Bautruppe geeignet und nicht erheblich vorbestraft war, sollte in der Feldstrafgefangenen-Abteilung Dienst tun, bis er Frontbewährung bekam. Wer erhebliche Charaktermängel aufwies, erheblich vorbestraft war, mit einer Maßregel der Sicherung und Besserung belastet war oder während seiner Anwesenheit in der Feldstrafgefangenen-Abteilung erneut straffällig wurde, mußte der Geheimen Staatspolizei »zum kriegswichtigen Arbeitseinsatz in einem Konzentrationslager« überstellt werden. Wer aufgrund einer einmaligen Verfehlung zu Zuchthaus verurteilt war, aber sich sonst im Einsatz bewährt hatte, konnte entsprechend seinem Tauglichkeitsgrad »ausnahmsweise« unter sofortiger Strafaussetzung zur Feindbewährung in der Bewährungstruppe oder Bewährungs-Bautruppe zugelassen werden. [151]

Sondereinheiten des Ersatzheeres

Als Ersatz für die Sonderabteilungen der Friedenswehrmacht, die seit 1936 als »ehr- und wehrmindernde Erziehungseinheiten« ohne Strafcharakter bestanden, [152] und gemäß Mobilmachungsplan aufgelöst worden waren, wurden im Januar 1940 für das Ersatzheer spezielle Sonderabteilungen aufgestellt. [152] Im Januar 1940 verfügte das Ersatzheer bereits über mehrere Einrichtungen dieser Art. Sie konnten nach Bedarf aufgestellt und aufgelöst werden. 1942 waren sie wie folgt verteilt:
- Sonderabteilung I auf dem Truppenübungsplatz Stablack für die Wehrkreise I (Königsberg), XX (Hela), XXI (Posen)
- Sonderabteilung III auf dem Truppenübungsplatz Wandern für die Wehrkreise II (Stettin), III (Berlin), IV (Dresden), VIII (Breslau), XI (Hannover)
- Sonderabteilung IX auf dem Truppenübungsplatz Schwarzenborn für die Wehrkreise V (Stuttgart), VI (Münster), IX (Kassel), X (Hamburg), XII (Wiesbaden)
- Sonderabteilung XIII auf dem Truppenübungsplatz Grafenwöhr für die Wehrkreise VII (München), XIII (Breslau), XVII (Wien), XVIII (Salzburg) und für das Protektorat Böhmen und Mähren. [154]

In diesen Einheiten sammelten sich Soldaten, bei denen bereits in der Grundausbildung deutlich wurde, »daß sie infolge ihrer charakterlichen Veranlagung und ihres Verhaltens eine Gefahr für die Disziplin und damit eine Belastung der Ausbildungseinheiten darstellten«. Wenn die disziplinaren Maßnahmen ohne Besserungswirkung blieben, durfte ein Vorgesetzter mit mindestens der Disziplinarbefugnis eines Divisionskommandeurs solche Wehrpflichtige aus den Ausbildungseinheiten des Ersatzheeres und der Landesschützen in die für den Standort zuständige Sonderabteilung versetzen. Voraussetzung war, daß sie alle über sie verhängten Disziplinarstrafen verbüßt hatten und nach einer etwaigen Lazarettbehandlung für den Dienst in der Sonderabteilung tauglich waren. Ersatzreservisten kamen nur in Ausnahmefällen in die Sonderabteilungen des Ersatzheeres, z. B. bei schweren Vorstrafen, wenn der Wehrkreisbefehlshaber es anordnete.

Als das Stellvertretende Generalkommando III (Berlin) am 20. 1. 1940 den Regimentskommandeuren und selbständigen Bataillonskommandeuren seines Bereichs befahl, psychologische Gutachten

einzuholen, bevor die Soldaten in eine Sonderabteilung eingewiesen würden, löste er einen Sturm der Empörung bei den Vertretern der Militärpsychiatrie aus. Der Leitende Psychiater bei der Heeressanitätsinspektion Prof. Dr. Wuth polterte: »Ich sehe in der Anordnung, die die Verantwortung für das Schicksal des Soldaten aus den Händen des Kommandeurs in die eines evtl. jungen Eignungsprüfers legt, aufgrund verschiedentlicher psychiatrischer Erfahrungen, die vorgelegt werden können, eine Gefahr für die so wichtige Organisation der Sonderabteilungen.« [155] Er hielt die Psychologen, die er geringschätzig als Eignungsprüfer einstufte, für ungeeignet, den Personenkreis der Sonderabteilungen festzulegen und nahm die Kontroverse zum Anlaß für rechthaberische wissenschaftliche Gutachten und Berichte. Bei 7 Sonderabteilungen des Ersatzheeres führte er Fragebogenerhebungen durch. Seine Auswertung bestätigte, was er beweisen wollte: Es gab mehr psychiatrische Fälle als psychologische. Er scheute sich nicht zahlreiche psychologisch bedingte Verhaltensweisen als psychische Defekte zu deuten. Das wird aus folgender Aufstellung deutlich. Ein großer Prozentsatz der Untersuchten hatte Neigungen zu Alkohol (11%) und Schuldenmachen (11%), ein noch größerer Probleme mit Frauen (39%). 15% hatten außereheliche Kinder. Einige wenige hatten Selbstmordversuche hinter sich. Im Zivilleben vorbestraft waren die Soldaten der Sonderabteilungen hauptsächlich wegen Eigentums- und Sittlichkeitsdelikten. Die militärischen Strafen bezogen sich auf mangelnde Einfügung in die Erfordernisse der Truppe, d. h. Urlaubsüberschreitungen, unerlaubte Entfernung, Renitenz. Eine kriminelle Tendenz wiesen 27% der Soldaten auf. Intelligenzmängel waren eher selten. Die überwiegende Mehrzahl der Soldaten wurde als lebenslustig, kameradschaftlich, aber willensschwach charakterisiert. Soziologisch rekrutierten sie sich hauptsächlich aus den niederen Schichten. 9% waren Fürsorgezöglinge. 8% waren durch die Eltern kriminell belastet. Seelische Abnormitäten wurden 25% unterstellt. 17% waren als Einzelkinder aufgewachsen. Bei vielen waren die Zustände im Elternhaus durch Scheidung, Ehezerrüttung oder Partnertrennung geprägt. 60% der Soldaten hielt Wuth für noch erziehbar. [156]
In einer besonderen Denkschrift nahm sich Wuth der Gruppe der Unerziehbaren in den Sonderabteilungen an. Seiner Ansicht nach entsprachen sie völlig »den kriminalbiologisch wohlbekannten Gruppen der Gefühlskalten, Asozialen und Antisozialen, die durch

nichts zu bessern sind, da sie keine Angriffspunkte darbieten, weil ihnen jegliches Gefühl und jeglicher Glauben abgeht, und auf die ... keine Strafe irgendwelchen Eindruck macht«. Er schlug vor, diese Unverbesserlichen in die Konzentrationslager einzuweisen. [157]

Drei Gruppen von Männer hielt Wuth für die Sonderabteilungen geeignet. Das waren erstens die Schwererziehbaren. Darunter fielen seiner Ansicht nach die Faulen, Nachlässigen, Schmutzigen, Widersetzlichen, Renitenten, Anti- und Asozialen, Gemütlosen, Haltlosen, Lügner und Schwindler, Unsteten und Triebhaften, also die Psychopaten, die damals als Hyperthymische, Geltungssüchtige, Stimmungslabile, Explosible, Willenlose oder Gemütlose bezeichnet wurden. Für die Ausbilder waren sie die Störer, die Schlechtwilligen, diejenigen, die nicht wollten. Die zweite geeignete Gruppe bestand aus den Schwachsinnigen leichten Grades mit charakterlichen und moralischen Defekten. Sie stellten für die Truppe besonders bedenkliche Elemente dar. Zum dritten schienen für einen Erziehungsversuch in den Sonderabteilungen auch die Alkoholiker geeignet. Geisteskranke sowie Schwachsinnige höheren Grades, Schwermütige oder Mißmutig-Depressive, Empfindsame, Zwangskranke und seelisch oder körperlich Asthenische gehörten nach Wuths Ansicht nicht in die Sonderabteilungen, sondern in die Heilanstalten. [158]

Mit diesen Darlegungen glaubte Wuth sich als der kompetente Fachmann für die Zusammenstellung der Sonderabteilungen dargestellt zu haben. Die Kommandeure der Ausbildungseinheiten kümmerten sich in der folgenden Zeit jedoch wenig um die Wuthschen Klassifizierungen und überwiesen die Rekruten nach ihrem Gutdünken, sobald die Möglichkeiten ihrer Disziplinarstrafgewalt erschöpft waren. Dem Unteroffizier, der die strafversetzten Soldaten zur Sonderabteilung des Ersatzheeres überführte, waren zur Aushändigung an den Führer der Sonderabteilung das Soldbuch, der Wehrpaß, ein Truppen- oder Kriegsstammrollenauszug, ein Strafbuchauszug, ein Strafregisterauszug, eine Beurteilung, der Versetzungsbefehl, ein truppenärztliches Zeugnis, eine Vergleichsmitteilung und sonstige vorhandene Personalpapiere mitzugeben. Von einem psychiatrischen Gutachten war nicht die Rede.

Die Männer der Sonderabteilungen trugen die normale Uniform, aber ohne Waffenfarbe. Die Doppellitzen waren feldgrau mit einem Litzenspiegel in gleicher Farbe. Sie wurden ohne Kragenpat-

ten aufgenäht. Die Schulterklappen aus Grundtuch hatten lediglich die Nummer des Wehrkreises eingestickt. [159]
Beim ersten Appell nach dem Eintreffen waren die Neuankömmlinge darüber zu belehren, »daß ihre Versetzung zur Sonderabteilung für sie eine Gelegenheit ist, geordnete Lebensauffassung und soldatische Haltung zu erwerben sowie nach guter Führung als ordentliche Soldaten bei der Truppe ihre Pflicht dem Vaterlande gegenüber zu erfüllen«. Zu diesem Ziel sollte auch die nationalsozialistische Propaganda ihren Teil beitragen; für entsprechende Rundfunksendungen, Wehrmachtberichte u. dgl. wurden die Rekruten zum Gemeinschaftsempfang befohlen. Außerdem sollten die Führer immer wieder an das Ehrgefühl und Verantwortungsbewußtsein appellieren. Der harte und schwere Ausbildungsdienst sollte bei Männern »ohne jedes soldatische Empfinden und Ehrgefühl« den Gedanken vertreiben, man könne sich durch schlechtes Verhalten den Gefahren des Krieges entziehen. Solche Soldaten konnten aus erzieherischen Gründen neben der täglichen Exerzier-, Gefechts- und Schießausbildung sowie dem Unterricht und den Leibesübungen zu zusätzlichen Arbeiten, z. B. Wegebau und Räumungsarbeiten auf dem Truppenübungsplatz, herangezogen werden.
In den Sonderabteilungen des Ersatzheeres gab es sonntags keinen Dienst. Ausgang wurde den Rekruten jedoch nur bei guter Führung in beschränktem Umfang gewährt. Sonntagsurlaub war bestensfalls alle 4 Wochen gestattet.
Nach vier Monaten mußten die Angehörigen der Sonderabteilungen für das Feldheer ausgebildet sein. Bei besonders guter Führung durften sie bereits nach 3 Monaten zu ihrem Ersatztruppenteil zurückversetzt werden, wenn zu diesem Zeitpunkt die Grundausbildung abgeschlossen und das Erziehungsziel erreicht war. In Ausnahmefällen konnte die Aufenthaltsdauer bis auf 6 Monate verlängert werden. Arreststrafen, Untersuchungshaft und Revier- bzw. Lazarettaufenthalte wurden darauf nicht angerechnet. Soldaten, die nach 6 Monaten für eine Versetzung zur Truppe nicht in Frage kamen, wurden zum Feldsonderbataillon [160] kommandiert. Die Kommandierung mußte vom Vorgesetzten mit mindestens der Disziplinarbefugnis eines Divisionskommandeurs ausgesprochen werden.
Angehörige der Sonderabteilungen, die zu einer Freiheitsstrafe von mehr als 6 Monaten oder zu Straflagerverwahrung verurteilt wur-

den, wurden dem zuständigen Ersatztruppenteil zum Strafvollzug bzw. zur Verwahrung zugeführt. Nach ihrer Entlassung aus dem Strafvollzug entschied der für den Ersatztruppenteil zuständige Stellvertretende Kommandierende General auf Vorschlag des Kommandanten des Wehrmachtgefängnisses, ob der Soldat die Grundausbildung bei einem Ersatztruppenteil oder bei einer Sonderabteilung vollenden sollte. Aus den Sonderabteilungen des Ersatzheeres durfte während des Krieges niemand an die Polizei überwiesen werden. Dieser Weg war erst möglich, wenn die Soldaten auch im Feldsonderbataillon versagt hatten. [161]

Feldsonderabteilungen der Heeresgruppen

Auf Befehl des Chefs der Heeresrüstung und Befehlshaber des Ersatzheeres im OKH wurden am 1. 2. 1940 [162] drei Feldsonderabteilungen »beschleunigt« eingerichtet, um »charakterlich minderwertige Soldaten des Feldheeres, die durch disziplinare Maßnahmen nicht zu erziehen sind und eine Gefahr für die Mannszucht bilden«, aufzunehmen. Jede Heeresgruppe und der Bereich Oberost (besetzte Gebiete Polens) sollten für solche Soldaten je eine Feldsonderabteilung aufstellen und sie nicht mehr wie bisher zum Ersatzheer zurückversetzen, weil sie dort »in ihrer Anhäufung eine Gefahr für die Disziplin gerade der jungen Jahrgänge« bildeten. Ihr schlechter Einfluß sollte ausgeschaltet werden. Die Überweisung in eine Feldsonderabteilung war jedoch erst zulässig, wenn alle erzieherischen und disziplinaren Mittel erschöpft waren. Ohne wiederholte, sich verschärfende Disziplinarstrafen durfte kein Soldat an eine Feldsonderabteilung abgegeben werden. Die Überweisung mußte dem Soldaten vorher zur Abschreckung angedroht worden sein. Erst bei neuerlichen disziplinarischen Verstößen durfte der Regimentskommandeur oder der Vorgesetzte mit mindestens der Disziplinarstrafgewalt eines Regimentskommandeurs die Abschiebung in eine Feldsonderabteilung verfügen. Bei der Überstellung waren dem Transportbegleiter eine Beurteilung des Delinquenten und ein Auszug aus der Kriegsstammrolle mitzugeben. Bei der Überweisung von höheren Mannschaftsdienstgraden und von Unteroffizieren mußte vorher die Dienstgradherabsetzung verfügt sein.
Die Entfernung aus der Truppe sollte für die Betroffenen »eine

Schande« sein. Jeder Anreiz, sich durch schlechtes Verhalten dem Lebensrisiko des Krieges zu entziehen, sollte »auch bei den Elementen, die ohne jede soldatische Empfindung und Ehrgefühl sind«, ausgeschlossen werden. Den Betroffenen mußte klar sein, daß sie mit der Überweisung in eine Feldsonderabteilung ihre Freiheit verloren, wie Gefangene dauernd überwacht würden und trotzdem in Feindnähe blieben.

In den Feldsonderabteilungen hatten die Soldaten »bei schmaler Kost schwere und gefährliche Arbeit« zu verrichten. Sie wurden »einer strengen Behandlung mit harten Strafen unterworfen«. Die »Vorläufigen Bestimmungen für den Vollzug der Freiheitsentziehung im Straflager« galten sinngemäß. [163]

Die unterschiedlichen und schwankenden Stärken der Feldsonderabteilungen bei den Großverbänden und die sehr voneinander abweichenden Einsatzformen veranlaßten den General z.b.V. beim OKH, der für die Sonderabteilungen zuständig war, diese Strafformationen zu zentralisieren, um eine einheitliche Ausrichtung des Strafzwecks zu erreichen.

Feldsonderbataillon

Im September 1941 wurden die Feldsonderabteilungen, die bei den Heeresgruppen existierten, zu einem Feldsonderbataillon mit drei Kompanien im Fort Alvensleben in Metz zusammengefaßt. Die Armeen, Panzergruppen und Befehlshaber der rückwärtigen Heeresgebiete im Osten und die an der Ostfront eingesetzten Teile des Feldheeres schickten die in ihrem Befehlsbereich anfallenden Soldaten zur Standortkommandantur in Thorn, wo eine Sammelstelle die Soldaten nach Metz weiterleitete. [164] Im Oktober 1941 wurde das Feldsonderbataillon von Metz in den Bereich der Heeresgruppe Nord zum Einsatz an der Ostfront verlegt. Der Bestimmungsbahnhof war Pljussa an der Bahnstrecke Pleskau-Luga. Die bisher in Thorn eingerichtete Sammelstelle kam nach Warschau. Die für das Feldsonderbataillon bestimmten Soldaten konnten entweder der Sammelstelle Warschau zugeführt oder unmittelbar zur Heeresgruppe Nord kommandiert werden. Im Fort Alvensleben blieb lediglich eine Sammelstelle für die im Westen befindlichen Einheiten zurück, von wo geschlossene Transporte zur Sammelstelle in Warschau zusammengestellt wurden. [165]

Bei der Heeresgruppe Nord wurde das Feldsonderbataillon im unmittelbaren Gefahrenbereich untergebracht, d. h. nicht weiter als 25 km hinter der Front. Der Verpflichtung zu schwerer körperlicher Arbeit wurde Genüge getan, indem die Soldaten im Winter 1941/42 zu Schneeräumungsarbeiten herangezogen wurden und nach der Schneeschmelze Knüppeldämme und Brücken bauten, Entwässerungsgräben zogen und Straßendecken reparierten. An unübersichtlichen Stellen der Verkehrswege schufen sie Sicherungsstreifen, indem sie den Wald zu beiden Seiten abholzten. [166]
Anfang Februar 1942 gab der Chef der Heeresrüstung und Befehlshaber des Ersatzheeres neue Bestimmungen für die Sondereinheiten des Heeres heraus. Das Feldsonderbataillon, das bisher in erster Linie eine Strafeinrichtung war, erhielt nun zusätzlich einen Erziehungsauftrag. »Charakterlich minderwerte Soldaten«, die durch disziplinare Maßnahmen bei der Truppe nicht mehr zu erziehen waren, sollten im Feldsonderbataillon »zu brauchbaren Soldaten mit soldatischer Ehr- und Pflichtauffassung« gemacht werden, damit sie anschließend wieder bei ihren Stammtruppen Dienst tun konnten.
Da die Versetzung zum Feldsonderbataillon »schimpflich« war, mußten die Soldaten während der Dauer der Zugehörigkeit Hoheitsabzeichen, Reichskokarde, Kragenpatten und Schulterklappen entfernen; Orden und Ehrenzeichen wurden ihnen abgenommen. Zum Dienst trugen die Mannschaften eine Feldbluse ohne jedes Abzeichen. Für die Arbeit bekamen sie eine feldunbrauchbare Feldbluse, eine feldunbrauchbare Tuchhose oder einen Drillichanzug aus Altsachen.
Im Feldsonderbataillon gab es nur »Schützen«. Bei Mannschaftsdienstgraden mußte vorher die Dienstgradherabsetzung erfolgt sein; Unteroffiziere wurden aus dem Heer entlassen und unter Aberkennung der Vorgesetzteneignung mit dem niedrigsten Mannschaftsdienstgrad wieder eingestellt. Degradierte Offiziere konnten nur mit Zustimmung des OKH zum Feldsonderbataillon versetzt werden. Bei Unteroffizieren und Mannschaftsdienstgraden reichte die Entscheidung eines Vorgesetzten mit der Disziplinarbefugnis eines Divisionskommandeurs aus.
Im Feldsonderbataillon dienten vier Kategorien von Soldaten:
– Mannschaften des Feldheeres (Anfang 1943: 232 Mann)
– Mannschaften des Ersatzheeres mit abgeschlossener Grundausbildung (Anfang 1943: 105 Mann)

- Soldaten des Heeres nach der Verbüßung von Freiheitsstrafen in Wehrmachtgefängnissen, wenn sie zunächst für die Truppe untragbar waren, aber noch erziehbar erschienen (Anfang 1943: 7 Mann)
- Mannschaften der Sonderabteilungen des Ersatzheeres, bei denen wegen »mangelhafter Führung« eine Versetzung zur Truppe nicht in Frage kam, obwohl ihre Ausbildung abgeschlossen war (Anfang 1943: 4 Mann)

Vor der Versetzung zum Feldsonderbataillon mußten alle verhängten Disziplinarstrafen, insbesondere alle Arreststrafen, verbüßt und nach einer Lazarettbehandlung die Außendienstfähigkeit der Überwiesenen gegeben sein. Diese beiden Bestimmungen wurden anfangs nicht immer exakt eingehalten. Obwohl es bei den Armeen und den Befehlshabern der rückwärtigen Heeresgebiete bewegliche Heeresgefängnisse gab, mußte häufig nichtverbüßter Truppenarrest bei der Sammelstelle oder gar beim Feldsonderbataillon vollstreckt werden, bevor die Soldaten zum Dienst herangezogen werden konnten. [167] Eine weitere Vorschriftswidrigkeit bestand darin, daß Soldaten des Feldheeres zum Feldsonderbataillon kommandiert wurden, obwohl nicht alle erzieherischen und disziplinaren Mittel erschöpft waren. In vielen Fällen waren zwar sich verschärfende Disziplinarstrafen verhängt, aber nicht restlos vollzogen worden. Auch eine Häufung von Bestrafungen ohne Vollzug war keine begründete Maßnahme für die Versetzung zum Feldsonderbataillon. Manchmal fehlte auch die letzte Verwarnung der Soldaten mit der Androhung der Überweisung zum Feldsonderbataillon, die schriftlich zu den Personalpapieren gelegt werden mußte. Bei dieser Verwarnung war der Soldat »über Wesen und Zweck des Feldsonderbataillons und die für ihn schwerwiegenden Folgen der Versetzung« erschöpfend zu belehren. Erst wenn nach der Verwarnung eine erneute Disziplinarstrafe ausgesprochen wurde, durfte er nach deren Vollstreckung zum Feldsonderbataillon versetzt werden. [168] Wegen der wachsenden Zahl von zum Feldsonderbataillon geschickten Soldaten, deren Versetzung nicht den Richtlinien entsprach, wurde dessen Kommandeur angewiesen, solche Männer zurückzuschicken. In Zweifelsfällen konnte er die Entscheidung des OKH einholen. [169]

Auf dem Weg zum Feldsonderbataillon wurden die Soldaten von einem Unteroffizier begleitet. In den Reisezügen des öffentlichen Verkehrs sowie in D-Zügen und Eilzügen mit Wehrmachtteil hatten sie nichts zu suchen. Bis zur Stärke von 5 Mann konnten sie in Schnellzügen für Fronturlauber und Personenzügen mit Wehrmachtteil fahren. Wenn hinter der Lokomotive Sperrwagen fuhren, waren sie grundsätzlich dort unterzubringen. Die zuständige Transportkommandantur hatte für die Freihaltung dieses Wagens oder eines Abteils im Zuge und für die Unterrichtung des Transportführers zu sorgen. Transporte von 6 und mehr Soldaten für das Feldsonderbataillon erfolgten in Strafgefangenenwagen oder verschließbaren M-Wagen (für den Mannschaftstransport mit Bänken ausgestattete Güterwagen), die in Güterzüge eingestellt wurden. [170]

Die Dienstzeit beim Feldsonderbataillon betrug im allgemeinen vier Monate. Frühestens nach drei Monaten konnte der Bataillonskommandeur die Rückversetzung der Soldaten zur Truppe verfügen, wenn sie sich gut geführt hatten. Bei schlechter Führung wurde die Dienstzeit auf bis zu 6 Monaten verlängert, wenn die zusätzlichen zwei Monate einen erzieherischen Erfolg versprachen. Arreststrafen, Untersuchungshaft, Gefängnisstrafen bis zu 6 Monaten, Revier- oder Lazarettaufenthalte während der Zugehörigkeit zum Feldsonderbataillon wurden nicht in die Präsenzzeit einbezogen. Soldaten des Feldsonderbataillons erhielten keinen Urlaub. Sonderurlaub gab es nur in Ausnahmefällen bei besonders guter Führung. Beförderungen und Ernennungen waren unzulässig. Eine Heiratserlaubnis wurde in der Regel nicht erteilt. [171]

Die Verantwortung für den Dienstbetrieb des Feldsonderbataillons hatte der Kommandeur. Ausgewählt nach Persönlichkeitswert, Kriegserfahrung und Leistungen, sollte er befähigt sein, den erzieherischen Zweck, der mit der Versetzung von Soldaten zum Feldsonderbataillon verbunden war, zu erreichen. Für die Offiziere und Beamten des Bataillons, die das Stellvertretende Generalkommando XII (Wiesbaden) zu stellen hatte, galt Entsprechendes. Das Stammpersonal für das Feldsonderbataillon kam vom Infanterie-Ersatzbataillon 352 in Luxemburg, das als Ersatztruppenteil fungierte. Die Dienstzeit des Stammpersonals beim Feldsonderbataillon sollte in der Regel nicht länger als 9 Monate dauern. Als Ausbildungspersonal kamen nur Unteroffiziere in Frage, die als infanteristisch ausgebildete, kriegsverwendungsfähige »stramme Exerziermeister« den Mannschaften »in jeder Beziehung ein Vorbild sein« konnten. Das Bewachungspersonal – je Kompanie 1 Unteroffizier und 10 Mann – sollte »aus besonders zuverlässigen,

energischen, gut ausgebildeten und infanteriediensttauglichen Mannschaften mindestens im 2. Dienstjahr« bestehen. Das Stammpersonal litt an der Eintönigkeit des Wachdienstes und unter den menschlichen Belastungen des Aufsichtsdienstes. Sportliche Wettkämpfe und Schieß- und Gefechtsausbildung waren nur unzureichende Abwechslungen. Am liebsten war ihnen, so wird behauptet, wenn sie mit Teilen des Feldsonderbataillons im Partisanenkampf eingesetzt wurden. [172]
Im Feldsonderbataillon hatten die Soldaten einen gefährlichen und körperlich besonders schweren Dienst zu tun. Mindestens 10 Stunden am Tag, an Sonn- und Feiertagen mindestens 4 Stunden, waren sie im unmittelbaren Frontbereich, d. h. nicht weiter als 25 km hinter der Front, oder an sonst stark gefährdeten Stellen zu beschäftigen. Nach dem täglichen Dienst folgte ein »kurzes, aber straffes Exerzieren«. Eine Ausbildung mit der Waffe gab es nicht. An Sonn- und Feiertagen gaben die Kompanieführer Unterricht über wichtige politische Ereignisse und über den Inhalt der Wehrmachtberichte. Dabei waren die Soldaten ständig zu belehren, daß sie »durch ihr eigenes Verschulden von der Teilnahme an den großen Ereignissen ausgeschlossen« waren und ihr höchstes Streben sein müsse, »durch einwandfreie gute Führung wieder aktiv eingeschaltet zu werden«. Als Belohnung für gute Führung und zur Motivationsförderung durften Bücher, Zeitschriften, Zeitungen und Gesellschaftsspiele zur Verfügung gestellt werden, wenn keine erzieherischen Gründe dagegen sprachen.
Auch der Aufenthalt in den Unterkünften wurde überwacht. Der Zapfenstreich lag bei Einbruch der Dunkelheit, soweit kein Dienst vorgesehen war.
Jeden Monat durften die Soldaten des Feldsonderbataillons ein kurzgefaßtes Schreiben empfangen und absenden. Bei besonders guter Führung und insbesondere, wenn ein günstiger Einfluß durch die Angehörigen zu erwarten war, waren Ausnahmen zulässig. Die Familienangehörigen wurden unmittelbar nach dem Eintreffen der Soldaten beim Feldsonderbataillon über diesen Sachverhalt informiert.
Die Soldaten des Feldsonderbataillons erhielten nur den halben Wehrsold zum Einkaufen von Zahnpflegemitteln, Waschzeug, Schuhputzzeug, Rasierklingen, Schreibwaren u. dgl. Er entfiel für die Dauer von Arreststrafen, Untersuchungshaft, selbstverschuldeter Krankheit oder Verwundung.

Die Verpflegung erfolgte nach dem Verpflegungssatz IV 2. [173]
Bei Arreststrafen, in Untersuchungshaft, während des Revieraufenthaltes und bei truppenärztlicher Behandlung wegen selbstverschuldeter Krankheit oder Verwundung wurde der Verpflegungssatz um 30% gekürzt. [174]
Soldaten des Feldsonderbataillons durften nach der Erziehungszeit nicht mehr zu ihrem alten Truppenteil kommandiert werden. Sobald das Erziehungsziel erreicht war, wurden sie zum ständigen Ersatztruppenteil ihrer Waffengattung zurückversetzt, von wo sie einer neuen Einheit zugeführt wurden. Dort waren die aus dem Feldsonderbataillon Kommenden »ohne Vorurteile« aufzunehmen. Damit die Erziehungserfolge nicht in Frage gestellt würden, hatten verletzende Vorhaltungen über den Dienst beim Feldsonderbataillon, über verbüßte Strafen oder über das Vorleben »unter allen Umständen zu unterbleiben«. Nach drei Monaten bekam der Kommandeur des Feldsonderbataillons eine kurze Beurteilung der neuen Einheit zur Erfolgskontrolle. Sie diente auch der Überprüfung der erzieherischen Maßnahmen, die im Bataillon angewendet wurden. Wer in der neuen Verwendung erneut versagte, konnte, wenn er sich auch nach mehreren disziplinaren Maßnahmen »unzugänglich und unverbesserlich« zeigte, ein zweites Mal zum Feldsonderbataillon geschickt werden.
Angehörige des Feldsonderbataillons, die während des Dienstes in dieser Einheit kriegsgerichtlich zu Freiheitsstrafen von mehr als 6 Monaten oder zu Straflagerverwahrung verurteilt wurden, wurden vom Tage der Einlieferung in das Wehrmachtgefängnis bzw. das Straflager personalmäßig beim Ersatztruppenteil in Luxemburg geführt. Wurden sie aus dem Strafvollzug wieder entlassen, so entschied der zuständige Stellvertretende Kommandierende General auf Vorschlag des Kommandanten des Wehrmachtgefängnisses, ob der Soldat noch einmal zum Feldsonderbataillon zurückversetzt oder zu einem anderen Truppenteil geschickt werden sollte.
Soldaten des Feldsonderbataillons, bei denen alle Erziehungsmaßnahmen scheiterten und die auch nach 6 Monaten »keine ordentliche Lebensauffassung und soldatische Haltung« angenommen hatten, wurden aus dem Heer entfernt. Aber sie waren nicht wehrunwürdig. Sie wurden der Polizei übergeben und sollten bis zur beendeten Demobilmachung in einem Konzentrationslager festgehalten werden. Auch dieser Maßnahme mußte eine förmliche Verwarnung nach dem Muster der Seite 161 dieses Buches voraus-

— 25 —

Muſter*)   Muſter 2

(Truppen= (Marine=) uſw. Teil)

Verwarnung

Dem ....
       (Dienſtgrad)   (Vor= und Familienname)

hielt ich heute ſeine .... vor, nämlich
                      (fortgeſetzt ſchlechte Führung)

(folgt zuſammenfaſſende Angabe aller Verfehlungen
oder Mängel und der zur Beſſerung ergriffenen
erzieheriſchen und diſziplinaren Maßnahmen).

Ich machte ihn ſodann darauf aufmerkſam, daß ich ihm jetzt noch ein letztes
Mal Gelegenheit gebe, ſich zu beſſern, bei erneuter Straffälligkeit oder weiteren
Verſagen jedoch die Genehmigung zur Entlaſſung nach Entl. Beſt. § 9 und zur
Überweiſung in Polizeigewahrſam beantragen würde. Gleichzeitig habe ich ihn
auf die ſchwerwiegenden Folgen einer derartigen Entlaſſung hingewieſen.

.... (Unterſchrift des Führers der Sdr.=Abt.)

.... (Dienſtgrad, Dienſtſtellung)

....
(Ort, Tag, Monat, Jahr)

Vorſtehende Verwarnung wurde mir heute bekanntgegeben

....
(Dienſtgrad und Familienname des Verwarnten)

*) Papiergröße nach DIN-Format A 5

gehen. Die zuständige Polizeidienststelle holte die Betroffenen beim Ersatztruppenteil in Luxemburg ab, wohin der aus dem aktiven Wehrdienst zu Entlassende vom Feldsonderbataillon überstellt wurde. Während des Aufenthalts beim Ersatztruppenteil sollte verhindert werden, daß Soldaten mit dem zu Entlassenden in Berührung kamen. Mit der Entlassung aus dem aktiven Wehrdienst traten die Mannschaften zur Ersatzreserve II. Auch als KZ-Häftlinge blieben sie Wehrpflichtige des Beurlaubtenstandes. Eine vorzeitige Entlassung aus dem Polizeigewahrsam war dem Kommandierenden General des Wehrkreises vorbehalten, in dessen Bereich der Häftling vor der Einberufung zum aktiven Wehrdienst in Wehrüberwachung stand.

Soldaten, die kriegsgerichtlich verurteilt waren und nach einer Strafaussetzung die Möglichkeit der Bewährung vor dem Feind erhalten hatten, durften im Falle eines erneuten Versagens nicht in das Feldsonderbataillon zurückversetzt werden, sondern mußten unter Widerrufung der Strafaussetzung zur Strafvollstreckung in eine Feldstrafgefangenen-Abteilung oder ein Wehrmachtgefängnis kommandiert werden. Nur wenn sie nach Ablauf ihrer Strafzeit für den Truppendienst zwar untragbar, aber im ganzen noch erziehungsfähig schienen, konnten sie auf Antrag des Führers der Feldstrafgefangenen-Abteilung oder des Kommandanten des Wehrmachtgefängnisses von dem zuständigen Vorgesetzten mit mindestens der Disziplinarstrafgewalt eines Divisionskommandeurs in das Feldsonderbataillon versetzt werden. [175]

Das Feldsonderbataillon wurde 1942 erstmals im Bereich der Sicherungsdivision 285 im Osten eingesetzt. Weil bereits Mitte des Jahres wegen der zahlreichen Zuweisungen die vorgesehene Kompaniestärke von 144 Mann um ein Drittel überschritten war, wurde der Einheit eine vierte Kompanie angegliedert. Als 5. Kompanie trat am 24. 8. 1942 eine Marinekompanie hinzu. Neu hinzukommende Soldaten wurden für 2–3 Wochen in sogenannte »Auffanggruppen« eingewiesen und erst dann je nach Führung und Bestrafung in die verschiedenen Züge eingegliedert. Die Soldaten wurden in »Arbeitskommandos« eingeteilt, wo sie gehalten waren, »rastlos und angestrengt« zu arbeiten, oder als Jagdkommandos zur Partisanenbekämpfung eingesetzt. Die Arbeitskommandos erledigten die unterschiedlichsten Aufgaben: Zu den landwirtschaftlichen Arbeiten für die Versorgung der Fronttruppen gehörten Mähen und Pressen von Heu, Ernten von Getreide und Kartoffeln, Einsacken und Verladen von Hafer, Bau von Kartoffelmieten. Zur Sicherung der Unterkünfte gegen Partisanenüberfälle wurden Stützpunkte und Nahverteidigungsstellungen angelegt und durch Abholzungen Schußfelder geschaffen. Auch die Brennholzbeschaffung und Wasserversorgung war Sache der Arbeitskommandos. Dazu wurden die Wasserleitungen tiefer verlegt und frostsicher gemacht. Auch das Umladen der Versorgungsgüter auf dem Bahnhof Pljussa wurde von den Männern der Arbeitskommandos bewerkstelligt. Zwischen Mai 1942 und Februar 1943 beteiligte sich das Feldsonderbataillon an 16 Partisaneneinsätzen und führte zahlreiche Kommandounternehmungen durch. [176]

Vom Beginn der Feldsonderabteilungen bis zum 31. 12. 1942 wurden 3628 Soldaten zur Erziehung und Bestrafung übernommen. 90,8% gingen als »feldbrauchbar« wieder zu ihren Einheiten zurück. Unerziehbar waren 336 Soldaten. 217 von ihnen kamen in ein Gefängnis und 59 ins Zuchthaus, 40 wurden der Polizei übergeben und an 20 wurden Todesurteile vollstreckt. Mit diesen Ergebnissen beanspruchte die Einrichtung, erfolgreich zu sein. [177]

Trotzdem machte der Kommandeur des Feldsonderbataillons im Februar 1943 einige Verbesserungsvorschläge. Er plädierte dafür, den zum Bataillon überwiesenen Soldaten die Hoheitsabzeichen zu belassen, weil straffällig gewordene Angehörige des Bataillons, die in ein Militärgefängnis oder eine Strafgefangenenabteilung kämen, dort widersinnigerweise wieder die Hoheitsabzeichen tragen dürften. Auch die Erziehung zur soldatischen Ehr- und Pflichtauffassung werde durch die Abnahme der Hoheitsabzeichen erschwert. Vor allem die im Partisanenkampf stehenden Soldaten, die zu dem vertrauenswürdigen Teil des Bataillons gehörten, würden es begrüßen, wenn sie die Hoheitsabzeichen tragen dürften. Der Kommandeur hielt auch die Erhöhung des Verpflegungssatzes um wöchentlich 500 g Fleisch und täglich 100 g Brot sowie 10 g Fett für erforderlich. Im 4. Anwesenheitsmonat träten wegen der schlechten Ernährung zahlreiche Krankheiten auf, die den Einsatz des Bataillons beeinträchtigten. Als dritte Maßnahme schlug er die getrennte Unterbringung von besserungsfähigen Soldaten und »charakterlich verdorbenen Elementen« vor. Je kleiner die Stuben seien, desto differenzierter könnten zusammenpassende Gruppen zusammengelegt werden. [178]

Im Herbst 1944 wurde das Feldsonderbataillon in den Bereich der Heeresgruppe Süd verlegt. Soldaten des Ostheeres und der auf dem

Balkan eingesetzten Truppen konnten jetzt unmittelbar zum Feldsonderbataillon beim General der Pioniere der Heeresgruppe Süd in Marsch gesetzt werden. Für die anderen Verbände galt die Sonderabteilung IX auf dem Truppenübungsplatz Schwarzenborn als Sammelstelle. Die früheren Sammelstellen in Warschau und Metz gab es ab November 1944 nicht mehr. [179]

Schiffsstammabteilungen

Die 30. und 31. Schiffsstammabteilung (S.St.A.) waren nach dem Wortlaut des Erlasses OKM vom 3. 7. 1942 Erziehungseinrichtungen der Kriegsmarine. Sie unterstanden dem 2. Admiral der Marinestationskommandos. In diesen Einheiten trafen sich
– Matrosen der Kriegsmarine nach ihrer Strafverbüßung, wenn sie den Schiffseinheiten nicht zugemutet werden konnten,
– Matrosen der Kriegsmarine, die trotz aller Erziehungs- und Disziplinarmittel weiter gegen die militärische Zucht und Ordnung in der Truppe verstießen,
– Matrosen der Kriegsmarine, die sich beim Feldsonderbataillon bewährt hatten,
– Matrosen der Kriegsmarine, deren Kommandierung zur Truppe wegen ihrer Vorstrafen riskant erschien.
Im Laufe des Krieges entstanden weitere Schiffsstammabteilungen. Schließlich gab es 4 an der Nordsee und 4 an der Ostsee. [180] In allen Schiffsstammabteilungen hatten die Matrosen letztmals die Gelegenheit zu zeigen, daß sie bereit waren, sich in die militärische Zucht und Ordnung einzufügen, um anschließend »als ehrliebende, verantwortungsbewußte Soldaten« in der Kriegsmarine Dienst zu tun. Alle Matrosen der Kriegsmarine, die den Fronteinheiten, z. B. den Marine-Feldbataillonen, zugemutet werden konnten, wie »einmalige Versager«, hatten in den Schiffsstammabteilungen nichts zu suchen.
In den S.St.A. wurden die eingewiesenen Soldaten in Leistungsklassen eingeteilt. Sie begannen in der untersten und konnten sich zur obersten hocharbeiten, indem sie die Aufträge perfekt ausführten und in ihrer Haltung ein Vorbild für die anderen waren. Neben der militärischen Ausbildung, die den Tag ausfüllte, hatten die Angehörigen der Schiffsstammabteilungen wöchentlich bis zu 12 Stunden im Straßenbau und bei Aufräumaufgaben zu arbeiten.

Zusätzliche Disziplinarstrafen waren gang und gäbe: Übungsexerzieren bis zu zwei Stunden täglich, Postsperre bis zu 8 Wochen, Rauch-, Alkohol- und Kantinenverbot. Standorturlaub wurde nur bei guter Führung am Sonntag gewährt. Sonderurlaub nach Hause gab es nur bei Todesfällen im Familienkreis und schweren Erkrankungen der nächsten Angehörigen.
Die Aufenthaltsdauer in den Schiffsstammabteilungen betrug höchstens 6 Monate, danach waren die Männer ausschließlich im Truppen- bzw. Frontdienst zu verwenden. Beschäftigungen in Küche, Waffenkammer, Schreibstube u. ä. waren unzulässig. Wer sich trotz aller Erziehungs- und Strafmittel während des halbjährigen Aufenthalts in den Schiffsstammabteilungen nicht bewährte, wurde der Marinekompanie des Feldsonderbataillons des Feldheeres überstellt. [181]

Prüfungslager der Luftwaffe

Mit Befehl vom 30. 1. 1940 stellte das Oberkommando der Luftwaffe in Leipzig-Schönau das »Prüfungslager der Luftwaffe« auf, das die Aufgabe hatte, bei Soldaten der Luftwaffe, bei denen Disziplinarbestrafungen unwirksam geblieben waren und die eine Gefahr für die Disziplin der Truppe darstellten, in dreimonatiger Sonderschulung festzustellen, ob sie noch in der Truppe verwendet werden konnten oder ob sie in ein Konzentrationslager eingewiesen werden mußten. Am 12. 9. 1942 wurde das Prüfungslager der Luftwaffe nach Dedelstorf bei Hannover verlegt.
In das Prüfungslager der Luftwaffe durften nur Soldaten versetzt werden, bei denen die Disziplinarstrafgewalt des zuständigen Kommandeurs, bei fliegenden Verbänden z. B. des Geschwaderkommodore, erschöpft und mindestens eine Bestrafung durch den nächsthöheren Disziplinarvorgesetzten, in der Regel den Gruppenkommandeur, erfolgt war. Zogen sie sich nach einer weiteren Verwarnung noch einmal eine Disziplinarstrafe zu, dann war ihre Versetzung in das Prüfungslager unabdingbar. Damit verbunden war die Dienstgradherabsetzung in den niedrigsten Mannschaftsdienstgrad.
Im Prüfungslager wurde Dienst unter den »Bedingungen der Front« durchgeführt. Dementsprechend gab es keinen arbeitsfreien Tag. Urlaub wurde nur bei guter Führung in dringenden Ausnahmefäl-

len gewährt. Alkohol und Nikotin bekamen die Soldaten im Prüfungslager nicht. Beförderungen waren ausgeschlossen. Besondere Erziehungsmaßnahmen wie Strafexerzieren oder Entzug des weichen Lagers sollten den Erziehungsprozeß gegebenenfalls beschleunigen.

Mit Verfügung vom 22.6.1943 löste der Oberbefehlshaber der Luftwaffe das Prüfungslager der Luftwaffe auf. An seine Stelle traten am 16.8.1943 die Sonderkompanien z.b.V. 1, 2 und 3, die den Luftflotten 1, 6 und 4 zugeordnet wurden. [182] Diese drei Einheiten hatten die Aufgabe, Soldaten der Luftwaffe, bei denen disziplinare und gerichtliche Strafen unwirksam geblieben waren, darauf zu überprüfen, ob sie noch für eine Bewährung mit der Waffe im Luftwaffen-Feldbataillon z.b.V. in Frage kamen. [183] Die Überprüfung sollte ohne Waffen bei »schweren und gefahrvollen Arbeiten in Feindnähe« geschehen, damit »der Bewährungswille der Prüflinge auf eine harte Probe gestellt« werden konnte. Stellte sich zwischen dem 3. und 6. Monat die Eignung der Soldaten heraus, so wurden sie, soweit sie kriegsverwendungsfähig oder feldgarnisonsverwendungsfähig waren, nach entsprechender Ausbildung in ein der Luftflotte angehörendes Luftwaffen-Feldbataillon z.b.V. zur Bewährung mit der Waffe vor dem Feind versetzt. Soldaten, die nur heimatgarnisonsverwendungsfähig oder arbeitsverwendungsfähig befunden worden waren, kamen zu ihrem Truppenteil. Die nicht zur Bewährung Zugelassenen schickte man entweder in ein Feldstraflager oder in ein KZ. [184]

Strafvollstreckungszüge

1944 stellten Heer und Waffen-SS in ihren Verbänden sogenannte »Strafvollstreckungszüge« auf. In ihnen sollten Arreststrafen von sieben Tagen an aufwärts und Gefängnisstrafen bis zu drei Monaten vollstreckt werden, ohne daß die Straffälligen ihren Verband verlassen mußten. Aus disziplinaren Gründen blieb die Maßnahme auf Mannschaften beschränkt. An der Front verfügte ab Frühjahr 1944 fast jede Division über einen eigenen Strafvollstreckungszug und im rückwärtigen Heeresgebiet zumindest jedes Armeekorps. Er war in der Regel dem Pionierbataillon angegliedert, weil die Arrestanten und Häftlinge zu schwerer körperlicher Arbeit unter Feindeinwirkung herangezogen werden mußten. [185] Im besetzten Frankreich hatten die 1., 7. und 19. Armee auf Weisung des Oberbefehlshabers

West bis zum 15. 4. 1944 je einen Strafvollstreckungszug einzurichten und zu gewährleisten, daß er bei der zu erwartenden feindlichen Invasion sofort eingesetzt werden konnte. [186]
Mit dieser Strafvollzugsneuerung wurde die Verbüßung kleinerer Strafen an die Front verlegt und sichergestellt, daß sie unverzüglich vollstreckt werden konnten. Damit glaubte man eine bessere erzieherische Wirkung zu erreichen. Die bisher übliche Überführung der Verurteilten in die Arrestanstalten und ihre Rückkehr von dort zur Truppe hatten im Bewegungskrieg Schwierigkeiten gemacht und zu Verzögerungen geführt. Manchmal blieben die Männer weit über die Strafzeit hinaus ihrer Truppe entzogen. Oft folgte die Strafe nicht auf dem Fuße, was die Wirkung auf den Bestraften und seine Kameraden erheblich herabsetzte.
Für die Strafvollstreckungszüge gab es keine zentrale Dienstvorschrift. Die Konzeption wird jedoch aus den Erläuterungen der »Zeitschrift für Wehrrecht« deutlich (vgl. S. 168).
Für die Freiwilligen aus der nichtrussischen Bevölkerung der Sowjetunion, die sich zum Dienst in der Wehrmacht gemeldet hatten, wurden im September 1944 gesonderte Strafvollstreckungszüge aufgestellt. Jede Armee und jeder Wehrmachtbefehlshaber wurde vom General der Freiwilligenverbände beim Generalstab des Heeres im September 1944 aufgefordert, auf dem Kommandoweg Strafvollstreckungszüge für Freiwillige aus dem Osten einzurichten. In ihnen sollten gegen Mannschaften gerichtlich und disziplinarisch verhängte Freiheitsstrafen von mehr als einer Woche im Behelfsvollzug vollstreckt werden. Freiheitsstrafen von geringerer Dauer gegen Mannschaften und alle Freiheitsstrafen gegen landeseigene Unteroffiziere waren grundsätzlich bei der Einheit selbst zu vollstrecken. Sollten Unteroffiziere in den Strafvollstreckungszug eingewiesen werden, so war auf jeden Fall vorher die Dienstgradherabsetzung durchzuführen.
Als Führer und Angehörige des Stammpersonals der Strafvollstreckungszüge für Freiwillige aus dem Osten kamen nur Deutsche in Frage, die Erfahrung im Umgang mit den Ostvölkern hatten. Für je fünf Häftlinge war ein deutscher Mannschaftsdienstgrad, für je fünfzehn Häftlinge ein deutscher Unteroffizier vorgesehen. [188]
Alle Führer und Unterführer der Strafvollstreckungszüge sollten »neben ausgezeichneten Truppenführereigenschaften besondere erzieherische Fähigkeiten« besitzen. Die Dienstordnung für Strafvollstreckungszüge, die der Oberbefehlshaber West erließ, gab

1. An Stelle der Überführung von Mannschaften, die eine Arreststrafe gerichtlicher oder disziplinarer Art zu verbüßen haben, in feste Haftanstalten tritt ihre unverzügliche Kommandierung in StVZ. als besondere Feldeinheiten; die Bestraften bleiben somit im Rahmen einer Truppe, die Verbüßung erfolgt umgehend. Die Einzelpersönlichkeit bleibt im tätigen Dienst; dementsprechend tritt an die Stelle der Einschließung die Zusammenfassung und Abschließung in einer Feldeinheit.

2. Arbeit und Erziehung sind das hervorstechende Merkmal der StVZ.; die Abschließung tritt dahinter zurück. War bisher in den Vollstreckungsanstalten aller Art die Belastung der Bestraften im allgemeinen eine seelische, ein Zwang zur Selbsteinkehr nur durch erzwungene Muße und im wesentlichen unter Ausschaltung militärischen Dienstes ausgeübt worden, tritt an dessen Stelle eine vorwiegend körperliche Beanspruchung, bei der harter und scharfer Einsatz für die Truppe und die Gemeinschaft Hand in Hand geht mit ständiger, straffer Erziehung der Bestraften zu ordentlichen und anständigen Soldaten. Die Selbsteinkehr wird durch die Erziehung maßgeblich beeinflußt und gegebenenfalls ausgelöst. Daher kommt es darauf an, daß in den StVZ. durch Belehrung und Beispiel das Ehrgefühl neu geweckt wird, dabei aber die Bestraften nicht als „Verbrecher" behandelt werden. Den Bestraften muß restlos klargemacht werden, daß die für die Truppe unmittelbar zu leistenden Arbeiten von Bedeutung für die Truppe sind, es muß erreicht werden, daß sie ihre Verfehlung einsehen und sich deshalb bemühen, ihr Unrecht durch uneingeschränkten Arbeitseinsatz wieder gutzumachen. Die Erziehung zur Mannszucht ist besonders eindringlich, weil Einsatz und nicht tote Einschließung erfolgt und alle Lebensäußerungen ständig unter Aufsicht und Anleitung stehen. Durch die gemeinsame Arbeit mit Kameraden wird gesunder Ehrgeiz gefördert; körperlich und seelisch starke Naturen reißen dabei schwächere Kameraden zu guter Leistung hoch. Der Einsatz in frischer Luft bei jedem Wetter erzieht zur Härte. Zugleich wird erreicht, daß trotz schwerer Arbeit der etwa vorhandene innere Widerstand und die Bequemlichkeit gegenüber groß erscheinenden Anforderungen überwunden wird. Diese Überwindung steigert das Vertrauen des Mannes in seine eigene Leistungsfähigkeit. Das Gefühl nutzlosen Herumsitzens mit seiner Versuchung zu Trägheit, Grübelei und Sinnen auf Auswege und Dummheiten wird ausgeschaltet; der Mann sieht selbst die militärische Notwendigkeit seiner Arbeit. Der Wille zum Selbstanpacken wird geweckt und gesteigert. Schließlich wird auch die soldatische und kameradschaftliche Gesamthaltung geprüft und gebessert. Andererseits werden die hohen Anforderungen in jeder Hinsicht in dem Bestraften den Wunsch hervorrufen, nicht erneut straffällig zu werden und nicht wieder in den StVZ. zurückzukehren.

3. Ziel der Strafvollstreckung ist also, wieder einen anständigen und disziplinierten Soldaten, der sich seiner hohen Aufgabe voll bewußt ist, herauszuarbeiten. Das Ziel kann nur in einem Kreise von Soldaten erreicht werden, die einer derartigen Erziehung zugänglich erscheinen. Für die Einweisung in den StVZ. kommen daher grundsätzlich nur Erstbestrafte oder geringfügig Vorbestrafte in Betracht, schwer oder nicht Erziehbare überhaupt nicht. Unbedingt muß ausscheiden, wer seine Ungeeignetheit bereits in einem StVZ. bewiesen hat. Da die Kommandierung zum StVZ. in der Hand der Gerichtsherrn liegt, ist ausreichende Sicherheit für die richtige Zuweisung gegeben.

folgende Erläuterung: »Sie müssen sich der Schwere und der verantwortungsvollen Aufgabe bewußt sein, bei eigener vorbildlicher Haltung in Strenge und Gerechtigkeit die Bestraften wieder zu voll brauchbaren Soldaten zu erziehen.«[189] In der »Dienst- und Vollzugsordnung für den Strafvollstreckungszug der 12. SS-Panzerdivision Hitlerjugend« hieß es: »Unerbittliche Strenge, Gerechtigkeit und Wohlwollen müssen sich zu einem sinnvollen Ganzen vereinigen.«[190] Im Verkehr mit den Bestraften hatten sich Führer und Unterführer »angemessen zurückzuhalten«. Jede außerdienstliche Verbindung mit ihnen war verboten. Bei Fluchtversuchen mußten die Wachmannschaften nach einmaligem Anruf von der Waffe Gebrauch machen.[191]
Obwohl der Strafvollstreckungszug dem Pionierbataillon angegliedert war, unterstand sein Führer unmittelbar dem Divisionskommandeur. Das unterstrich die Bedeutung seiner Aufgabe.
Die Gliederung des Zuges war seine Sache. Er konnte z. B. getrennte Abteilungen für disziplinar Bestrafte und gerichtlich Bestrafte bilden und den disziplinar Bestraften Vergünstigungen einräumen, z. B. Beleuchtung auf den Stuben. Außerdem hatte er, was ganz ungewöhnlich für einen Leutnant war, die Disziplinarstrafgewalt für abgezweigte Truppenteile, d. h. die disziplinaren Möglichkeiten eines Kompaniechefs.
Als erzieherische Maßnahmen durfte der Führer des Strafvollstreckungszuges zusätzliche Erziehungsmaßnahmen ergreifen, z. B. Strafexerzieren und Verpflegungsentzug, und strengen Arrest verhängen. Andererseits war er auch ermächtigt, einzelnen Angehörigen für besonders gute Leistungen von Fall zu Fall Vergünstigungen zu gewähren, z. B. das Tragen von Auszeichnungen zu erlauben oder Zigaretten aushändigen zu lassen. Beides war normalerweise verboten.
Die in die Strafvollstreckungszüge Kommandierten mußten von den Einheiten, in denen sie gedient hatten, Waffen, Ausrüstung und Bekleidung, insbesondere auch ausreichend Wäsche mitbringen. Diese Anordnung war nötig geworden, weil Bestrafte mit so dürftiger Ausstattung eingeliefert wurden, daß sie nicht zum Dienst herangezogen werden konnten.[192] Außerdem hing die Aufnahme in den Strafvollstreckungszug von der Vollständigkeit der Papiere ab. Untersuchungshäftlinge gehörten ebensowenig in den Strafvollstreckungszug wie erheblich Vorbestrafte. Bei der Einstellung wurden den Arrestanten und Häftlingen alle entbehrlichen

Sachen abgenommen, insbesondere alle Gegenstände, die Fluchtpläne, Ordnungswidrigkeiten oder Bestechungen erleichtern konnten. Auch die Waffen wurden in Verwahrung genommen. Nach Abbüßung ihrer Strafe erhielten sie alles wieder. [193]
Nach den Bestimmungen mußte der Dienst im Strafvollstreckungszug härter sein als sonst und unter schlechteren Lebensbedingungen, möglichst unter Feindeinwirkung, durchgeführt werden. Bis zu fünfzehn Stunden am Tag sollten die Soldaten zum Stellungsbau, zum Munitions- und Materialtransport herangezogen werden, »soweit er erhebliche körperliche Anstrengung erfordert«. Daneben waren Exerzierdienst und Innendienst durchzuführen. Es wurde an sieben Tagen in der Woche gearbeitet. Es war »das Äußerste zu verlangen, was ohne Beeinträchtigung der Gesundheit geleistet werden kann«. Dabei sollten die Männer von anderen Truppenteilen getrennt gehalten werden. [194] Wegen der starken körperlichen Beanspruchung erhielten die Bestraften den normalen Verpflegungssatz, jedoch keine Marketenderwaren, Süßigkeiten usw. Wöchentlich durften sie einen Brief absenden und empfangen. Die übrige Post wurde für den Tag der Entlassung zurückgelegt. Urlaub erhielten sie nur in dringendsten Fällen, z. B. wenn ihr Eigentum zu Hause zerbombt war oder beim Tod von Familienangehörigen. [195]
Die Strafzeit der Arrestanten und Gefangenen rechnete grundsätzlich vom Zeitpunkt der Einlieferung beim Strafvollstreckungszug an und endete mit dem Zeitpunkt der Entlassung. Untersuchungshaft und An- und Abtransport wurden nicht in die Strafzeit einbezogen. Arreststrafen, die im Strafvollzug verhängt wurden, mußten im Anschluß an die Strafzeit verbüßt werden. Wenn die Männer danach zur Truppe zurückgeschickt wurden, hatte der Führer des Strafvollstreckungszuges in einer kurzen schriftlichen Beurteilung festzuhalten, wie sich der Bestrafte im Strafvollstreckungszug geführt hatte, ob der Strafvollzug Wirkung gezeigt hatte und – bei Ausländern – ob er noch für die deutsche Wehrmacht tragbar war. Bei gerichtlich verhängten Strafen verlangte das Kriegsgericht, das die Verurteilung ausgesprochen hatte, eine Abschrift. [196]

Todesurteile

Strafandrohung

Nach der »Verordnung über das Sonderstrafrecht im Kriege und bei besonderem Einsatz« (Kriegssonderstrafrechtsverordnung, abgekürzt KSSVO) vom 17. 8. 1938 [197] stand auf zahlreiche Delikte die Todesstrafe. Mit der Todesstrafe waren unter anderem zu belegen: Spionage (§ 2), Freischärlerei (§ 3), Zersetzung der Wehrkraft (§ 5), Fahnenflucht (§ 6). Gemäß § 5 der »Ersten Verordnung zur Ergänzung der Kriegssonderstrafrechtsverordnung« vom 1. 11. 1939 [198] konnten Angehörige der Wehrmacht und des Gefolges »wegen strafbarer Handlungen gegen die Mannszucht oder das Gebot soldatischen Mutes unter Überschreitung des regelmäßigen Strafrahmens mit ... dem Tode« bestraft werden, wenn es die Aufrechterhaltung der Mannszucht oder die Sicherheit der Truppe erforderten. Diese Vorschrift wurde am 31. 3. 1943 dahin gehend geändert, daß wegen strafbarer Handlungen gegen die Mannszucht oder das Gebot des soldatischen Mutes unter Überschreitung des regelmäßigen Strafrahmens die Todesstrafe auch für Handlungen ausgesprochen werden konnte, »durch die der Täter einen besonders schweren Nachteil für die Kriegführung oder die Sicherheit des Reiches verschuldet hat, wenn der regelmäßige Strafrahmen nach gesundem Volksempfinden zur Sühne nicht ausreicht«. [199] Nach der Fünften Verordnung zur Ergänzung der Kriegssonderstrafrechtsverordnung vom 5. 5. 1944 stand die Todesstrafe schließlich auch auf alle »fahrlässigen strafbaren Handlungen, durch die ein besonders schwerer Nachteil oder eine besonders ernste Gefahr für die Kriegführung oder die Sicherheit des Reiches verschuldet wurde«. [200] Mit diesen drastischen Strafandrohungen hoffte man die Ordnung in der Truppe auch unter schwierigsten Umständen aufrechtzuerhalten.

Todesurteile waren befehlsgemäß unverzüglich nach der Bestätigung zu vollstrecken. Das wurde oft nicht so gehandhabt, vor allem wenn die Verurteilten oder ihr Verteidiger ein Gnadengesuch oder einen Antrag auf Wiederaufnahme des Verfahrens stellten. Bereits im vierten Kriegsmonat, am 6. 12. 1939, sah sich der Oberbefehlshaber des Heeres, Generalfeldmarschall von Brauchitsch, gegenüber den Oberbefehlshabern im Feldheer und dem Chef der Heeresrüstung und Befehlshaber des Ersatzheeres genötigt, darauf hinzuweisen, daß die Vollstreckung von Todesstrafen »keine unnötige Verzögerung« erleiden dürfe.

»Jedes unbegründete Hinausschieben der Vollstreckung schwächt in solchen Fällen, bei denen es sich stets um schwerste Verstöße gegen die Mannszucht handeln wird, die abschreckende Wirkung auf die Truppe wesentlich herab. Dadurch wird aber dem Gedanken der Erziehung, den ich dabei als entscheidend ansehe, nicht in genügendem Maße Rechnung getragen. Je schneller einen Wehrmachtsschädling die verdiente Strafe ereilt, desto leichter wird es gelingen, andere Soldaten von gleichen oder von ähnlichen Taten abzuhalten und die Mannszucht in der Truppe auch unter schwierigen Verhältnissen aufrechtzuerhalten. Es genügt nicht allein die schnelle Verurteilung einer Tat, das Verfahren muß vielmehr bis zur Vollstreckung der Strafe ungesäumt durchgeführt werden.« [201]

Bei der Vorlage eines Gnadengesuches dürfe die Vollstreckung der Todesstrafe nur dann ausgesetzt werden, wenn der Gerichtsherr oder der übergeordnete Befehlshaber das Gesuch befürworte und wenn »mit Wahrscheinlichkeit« ein Gnadenerweis erwartet werden könne. [202]

Der Befehl zeigte wenig Wirkung. Fällige Hinrichtungen wurden weiterhin hinausgezögert, obwohl keine der beiden Voraussetzungen vorlag. Deshalb hob der Oberbefehlshaber des Heeres am 9. 5. 1941 alle Bestimmungen auf, die bisher zu Verzögerungen bei der Vollstreckung von Todesurteilen geführt hatten. Er verzichtete weitgehend auf sein Bestätigungsrecht, um die Vorgänge zu beschleunigen. Er wies den Divisionskommandeuren, deren Truppenverbände an Kampfhandlungen beteiligt waren, das außerordentliche Bestätigungsrecht für Todesstrafen zu und behielt nur die Bestätigung kriegsgerichtlicher Urteile, die im standgerichtlichen Verfahren gegen Heeresangehörige einschließlich des Gefolges ergangen waren, wie bisher den ordentlichen Gerichtsherren bzw. den Oberbefehlshabern der Armeen vor. Ein Antrag auf Wiederaufnahme des Verfahrens stand der Vollstreckung von Todesstrafen nur dann entgegen, wenn der Gerichtsherr oder der beratende Kriegsrichter »nach pflichtgemäßem Ermessen« die Strafvollstreckung aufschob, weil ein anderes Strafmaß zu erwarten war. Unmittelbar nach der Rückkehr der Akten mußte das Urteil vollstreckt

werden, wenn die Wiederaufnahme des Verfahrens abgelehnt oder das Urteil bestätigt wurde. Die Vorbereitungen für die Exekution mußten bereits aufgenommen werden, wenn die entsprechende Nachricht fernmündlich einging. Bei all diesen Regelungen ging der Oberbefehlshaber des Heeres davon aus, daß der Vollzug der Todesstrafe »als des schärfsten und letzten Mittels nur in völlig einwandfreien und schwersten Straffällen zur Aufrechterhaltung der Mannszucht, zur Beseitigung von Gewaltverbrechern und verbrecherischen Schädlingen und zur Sühne von Verbrechen feindlich gesinnter Landeseinwohner gegen die Sicherheit und das Ansehen der deutschen Wehrmacht« zur Anwendung komme. [203]
Der Druck der Wehrmachtführung auf die Gerichtsherren, die Todesurteile unverzüglich zu vollstrecken, wenn keine Aussicht auf Begnadigung bestand, hielt in den folgenden Kriegsjahren an. Als Hitler Mitte 1943 hörte, daß im Reich mehr als 900 zum Tode Verurteilte schon über zwei Monate auf eine Vollstreckungsentscheidung warteten, befahl er, die Verfahren schneller durchzuführen, u. a., weil bei feindlichen Luftangriffen die Akten vernichtet werden könnten. [204] Im September 1944 forderte Hitler den Chef des Stabes im OKW, Feldmarschall Keitel, auf, einen Befehl herauszugeben, daß es der Wunsch des Führers sei, daß »in der gegenwärtigen Lage gegen Feigheit mit rücksichtsloser Härte vorgegangen werden müsse« und daß »Aburteilung und Vollstreckung in diesen Fällen besonders zu beschleunigen« seien. Hitler hielt es für »unmöglich«, daß sich ein Bestätigungsverfahren über Monate hinziehen könne. [205]
Am 18. 10. 1944 wurden die Oberbefehlshaber der Wehrmachtteile vom OKW erneut aufgefordert, die Bestätigungsverfahren für Todesurteile zu beschleunigen und die Exekutionen ohne Verzögerung durchführen zu lassen, wenn eine Begnadigung durch den übergeordneten Gerichtsherrn nicht zu erwarten war. [206] Dieser Befehl betraf auch Himmler, der seit Juli 1944 Befehlshaber des Ersatzheeres war. Er nahm sein Bestätigungsrecht nicht nur für die Waffen-SS bei Todesurteilen über Offiziere sehr ernst, sondern auch in seiner Befugnis als Chef des Ersatzheeres. Er wünschte, daß ihm auch in diesem Bereich lückenlose Unterlagen über die Verurteilten zur Urteilsbestätigung vorzulegen seien: Lichtbild, Lebenslauf, beruflicher Werdegang des Vaters, Herkunft der Mutter, Zahl und Alter der Kinder, Vorstrafen, landsmannschaftliche Zugehörigkeit, zivile und militärische Beurteilungen usw. Ohne vollstän-

dige Unterlagen wollte er keine Gerichtsurteile der Heeresjustiz mehr bestätigen. [207] Welche Stapel an nicht vorlagefähigen Akten sich beim Chef des Heeresjustizwesens bildeten, kann nur geahnt werden. Wahrscheinlich haben viele Verurteilte dem Perfektionsstreben des Reichsführers-SS ihr Leben zu verdanken, weil der Krieg zu Ende war, bevor ihre Akten vervollständigt waren. Auch aus diesem Grund sagt die Zahl der Todesurteile der Heeresjustiz nichts über die Zahl der Vollstreckungen aus. [208]

Exekutionen

Für die Exekution von Militärangehörigen in den ersten beiden Jahren des Krieges galt die H.Dv.g.1. Im Oktober 1942 gab das Oberkommando der Wehrmacht als Ergänzung ein »Merkblatt zur Unterbringung zum Tode Verurteilter und für den Vollzug von Todesstrafen« heraus. [209] Auf dreizehn Seiten wurde detailliert ausgeführt, wie mit zum Tode Verurteilten zu verfahren war. Nach der Bestätigung des Urteils bis zum Vollzug der Todesstrafe waren sie nach den Bestimmungen für die Untersuchungshaft zu behandeln. Es durften ihnen »nur solche Beschränkungen auferlegt werden, die zur Sicherung des Zwecks der Haft oder zur Aufrechterhaltung der Sicherheit und Ordnung der Mannszucht notwendig« waren. Sie waren von den anderen Gefangenen getrennt zu halten. »Im besonderen war noch dafür zu sorgen«, daß sie nicht in Verbindung mit anderen zur gleichen Strafe Verurteilten treten konnten. [210]
Der Schriftwechsel mit und die Besuche von Verteidigern deutscher Nationalität bei den zum Tode Verurteilten unterlagen keinen Beschränkungen. Das gleiche galt für die Besuche der Wehrmacht- und Standortpfarrer. Von diesen Bestimmungen konnte nur auf Anordnung des Anstaltsleiters abgewichen werden, wenn Sicherheit oder Ordnung es erforderten. [211]
Die zum Tode Verurteilten wurden ständig überwacht, in der Regel durch je einen Posten vor der Zellentür und vor dem Zellenfenster. Um Selbstmordversuche zu verhindern, waren eingehende Pakete gründlich zu durchsuchen. Hosenträger, Schnürsenkel usw. wurden den Todeskandidaten abgenommen. Gegebenenfalls waren die Verurteilten zu fesseln. [212]
Die Vollstreckung von kriegsgerichtlichen Todesurteilen war im

Grundsatz ebenso eine Angelegenheit der Wehrmacht, wie die von zivilgerichtlichen eine Sache der Ziviljustiz war. Eine Heranziehung von Soldaten zum Vollzug der Todesstrafe an zivilgerichtlich Verurteilten lehnte das OKW ab, obwohl Hitler diese Regelung billigte. Zur Vollstreckung kriegsgerichtlicher Todesurteile an Zivilpersonen erklärte sich die Wehrmacht im Reichsgebiet nur in Ausnahmefällen bereit. Ministerialdirektor Lehmann, Leiter der Rechtsabteilung des OKW, erläuterte dem Reichsjustizminister die Bedenken: Soldaten hätten zwar Verständnis dafür, Kameraden wegen militärischer Verfehlungen zu erschießen, nicht aber dafür, sich als Henker an Zivilisten zu betätigen. Erst als ihm gesagt wurde, daß dieser Fall »im wesentlichen nur auf dem Papier stehen bleiben« werde, zeichnete er den Erlaß des Reichsjustizministers vom 11. 3. 1943 an den Oberreichsanwalt beim Volksgerichtshof und die Herren Generalstaatsanwälte mit, in dem der Satz stand: »Die Todesstrafe kann durch Erschießen vollzogen werden. Die Ausführung übernimmt ein Kommando der Polizei oder ein Kommando der Wehrmacht.« [213]

An jeder Exekution kriegsgerichtlich zum Tode verurteilter Soldaten, Kriegsgefangener und Landeseinwohner waren der Gerichtsherr, der Kriegsrichter, der leitende Offizier des Vollstreckungsverfahrens und der befehlende Offizier der Vollzugsabteilung beteiligt.

Der Gerichtsherr bestimmte
– den Zeitpunkt der Vollstreckung
– den das Vollstreckungverfahren leitenden Offizier, möglichst einen Stabsoffizier
– den Truppenteil, der die Vollzugsabteilung und den Sanitätsoffizier zu stellen hatte
– die Teilnahme weiterer Truppenteile
– den Zusammentritt des Kriegsgerichts, wenn in den letzten Stunden vor der Hinrichtung ein Wiederaufnahmeantrag des Verurteilten zu erwarten war.

Dem Kriegsrichter oblag
– die Belehrung des leitenden Offiziers über seine Pflichten
– die Bekanntgabe der Urteilsbestätigung, der Vollzugsanordnung, der Ablehnung eines Gnadenerweises und des Zeitpunktes der Vollstreckung an den Verurteilten
– die Benachrichtigung der Verteidiger, wenn es sich um reichsdeutsche Verurteilte handelte

– die Anfrage an ein inländisches anatomisches Institut, ob die Leiche für Lehr- und Forschungszwecke benötigt werde, und die Benachrichtigung der Polizei, wenn das nicht der Fall war.

Der das Vollstreckungsverfahren leitende Offizier hatte
– festzustellen, daß der die Vollstreckungsabteilung befehligende Offizier über seine Aufgaben informiert war
– den Richtplatz bereitstellen, herrichten und absperren zu lassen
– für den Kriegsrichter, einen etwa eingeteilten Schriftführer, den Verteidiger, den Sanitätsoffizier, den Geistlichen und gegebenenfalls den Dolmetscher Fahrzeuge zu stellen
– die Vorführung des Verurteilten am Richtplatz zu veranlassen
– für die Bereitstellung eines Sarges zu sorgen.

Aufgabe des die Vollzugsabteilung befehligenden Offiziers war
– die Belehrung der Vollzugsabteilung
– die Bereitstellung scharfer Munition für das Hinrichtungskommando und einer Pistole für den etwaigen Gnadenschuß
– die Führung der Vollzugsabteilung zum Richtplatz und auf dem Richtplatz.

Die Vollzugsabteilung von mindestens Zugstärke sollte möglichst aus dem Truppenteil des Verurteilten kommen. Nach Maßgabe des Gerichtsherrn konnte darüber hinaus eine weitere Abordnung des Truppenteils des Verurteilten zur Hinrichtung befohlen werden, wenn davon eine nachhaltige positive Wirkung zu erwarten war. Bei verurteilten Wehrmachtstrafgefangenen oder Straflagerverwahrten war auf alle Fälle »aus Gründen der Abschreckung« eine Abteilung Wehrmachtstrafgefangener oder Straflagerverwahrter in Zugstärke nach Auswahl des Kommandanten des Wehrmachtgefängnisses, des Führers der Feldstrafgefangenenabteilung oder des Kommandeurs des Straflagers hinzuzuziehen. [214] Im September 1944 bestimmte Himmler in seiner Funktion als Chef der Heeresrüstung und Befehlshaber des Eratzheeres, daß der Hinrichtung grundsätzlich eine ganze Kompanie der Einheit, welcher der Verurteilte angehörte, beizuwohnen habe. Zum Vollzugskommando waren »aus Erziehungs- und Abschreckungsgründen« in erster Linie Soldaten einzuteilen, »die bereits Anlaß zu einer gerichtlichen oder disziplinaren Bestrafung oder zu Ermahnungen gegeben« hatten. [215]

Die Vollzugsabteilung war bereits am Tage vorher über ihre Aufgabe in Kenntnis zu setzen. Die eingeteilten Soldaten mußten belehrt werden, daß sie auf das Herz des Verurteilten zu zielen hatten und daß sie zur Verschwiegenheit über alle Umstände der Exekution verpflichtet waren. Für alle am Verfahren Beteiligten, ausgenommen die teilnehmenden Wehrmachtstrafgefangenen oder Straflagerinsassen, waren Dienstanzug und Stahlhelm vorgeschrieben.

Als Richtplatz war von dem das Vollstreckungsverfahren leitenden Offizier ein Ort zu wählen, der nicht eingesehen werden konnte, möglichst ein Schießstand oder Steinbruch. Die Zugangswege mußten durch Posten so rechtzeitig abgesperrt werden, daß Außenstehende die Vollstreckung nicht beobachten konnten. Der Richtpfahl war so tief in die Erde einzulassen, daß er nicht umgerissen werden konnte und noch etwa zwei Meter über dem Erdboden maß. Zum Anbinden des Verurteilten wurde ein Strick bereitgelegt. Der Sarg war in der Nähe, jedoch unsichtbar für den Verurteilten, bereitgestellt.

Dem Verurteilten wurde der Zeitpunkt der Vollstreckung spätestens zwei Stunden vorher, aber auch nicht wesentlich früher, durch den Kriegsrichter oder durch einen Gerichtsoffizier, gegebenenfalls unter Beiziehung eines Dolmetschers, mitgeteilt. Über diesen Vorgang war eine Niederschrift anzufertigen. Wenn ein Pfarrer zugegen war, durfte dieser anschließend bei dem Verurteilten bleiben, wenn es gewünscht wurde. Bitten des Todeskandidaten, ihm Lebens- oder Genußmittel zu verabreichen, war »in angemessenen Grenzen zu entsprechen«. Betrinken durfte er sich nicht.

Beim Transport zum Richtplatz durfte der Verurteilte von einem Geistlichen begleitet werden. Im allgemeinen wurde ein geschlossener LKW verwendet, der auf der Rückfahrt den Sarg mitnehmen konnte. Es sollte vermieden werden, daß der Verurteilte auf dem Richtplatz eintraf, bevor die Vorbereitungen abgeschlossen waren.

Bereits eine halbe Stunde vor der angesetzten Zeit nahm das Vollzugskommando in Stärke von zehn Mann in zwei Gliedern gegenüber dem Richtpfahl fünf Schritte vom Verurteilten entfernt Aufstellung. Ihm sollten nur gute Schützen angehören. Der Führer der Vollzugsabteilung stand daneben. Unmittelbar nach der Aufstellung befahl er das Laden und Sichern der Gewehre. Der Rest der Vollzugsabteilung und etwaige sonstige Truppenteile standen je nach den Platzverhältnissen neben oder hinter dem Vollzugskommando. Die übrigen am Vollstreckungsverfahren Be-

teiligten, d. h. der leitende Offizier, der Kriegsrichter, der Sanitätsoffizier, der Geistliche und der Dolmetscher, nahmen seitlich neben dem Vollzugskommando Aufstellung.
Über die Vollstreckung selbst macht das »Merkblatt für die Unterbringung zum Tode Verurteilter und für den Vollzug von Todesstrafen« vom 7. 10. 1942 genaue Ausführungen (vgl. S. 179).
Ernst Jünger, der 1941 bis 1944 als Offizier dem Stab des Deutschen Militärbefehlshabers in Frankreich angehörte, bevor er wegen Wehruntüchtigkeit entlassen wurde, schildert in dem ersten »Pariser Tagebuch« seine Eindrücke von der Exekution eines Soldaten:

Paris, 29. Mai 1941
»Zur Flut von widrigen Dingen, die mich bedrücken, kommt, daß ich zur Aufsicht bei der Erschießung eines wegen Fahnenflucht zum Tode verurteilten Soldaten befohlen bin. Ich hatte zuerst die Absicht, mich krank zu melden, doch kam mir das zu billig vor. Auch dachte ich: vielleicht ist es besser, daß *du* dort bist als irgendein anderer. Und wirklich konnte ich manches menschlicher fügen, als es vorgesehen war.
Im Grunde war es höhere Neugier, die den Ausschlag gab. Ich sah schon viele sterben, doch keinen im bestimmten Augenblick. Wie stellt sich die Lage dar, die heute jeden von uns bedroht und seine Existenz schattiert? Und wie verhält man sich in ihr?
Ich sah also die Akten ein, die mit dem Urteil abschlossen. Es handelt sich um einen Gefreiten, der vor neun Monaten die Truppe verlassen hat, um in der Stadt unterzutauchen, wo eine Französin ihn beherbergte. Er bewegte sich teils in Zivil, teils in der Uniform eines Marineoffiziers und ging Geschäften nach. Es scheint, daß er allmählich zu sicher wurde und seine Geliebte nicht nur eifersüchtig machte, sondern auch prügelte. Sie rächte sich, indem sie ihn der Polizei anzeigte, die ihn den deutschen Behörden auslieferte.
Darauf begab ich mich gestern mit dem Richter in ein kleines Waldstück bei Robinson, den vorgesehenen Ort. Auf einer Lichtung die Esche, der Stamm zersplittert durch frühere Hinrichtungen. Man sieht zwei Serien von Einschlägen – eine höhere der Kopf- und eine tiefere der Herzschüsse. Im Kernholz rasten, von den feinen Fasern des aufgeplatzten Bastes eingesponnen, einige dunkle Schmeißfliegen. Sie instrumentieren das Gefühl, mit dem ich den Platz betreten habe: so sauber kann keine Richtstätte gehalten werden, als daß nicht etwas vom Schindanger einspielte.
Zu diesem Waldstück fuhren wir heut hinaus. Im Wagen noch der Stabsarzt und ein Oberleutnant, der das Kommando führt. Während der Fahrt Gespräche, die sich, »als ob man drinnen säße«, durch eine gewisse Nähe und Vertraulichkeit auszeichnen.
Wir treffen das Kommando bereits in der Lichtung an. Es bildet vor der Esche eine Art von Korridor. Die Sonne scheint, nachdem es unterwegs geregnet hat; die Wassertropfen blitzen im grünen Gras. Wir warten noch eine Weile, bis kurz vor fünf, dann fährt ein Personenwagen den schmalen Waldweg entlang. Wir

IV. Die Vollstreckung selbst

ist mit der gebotenen Schnelligkeit durchzuführen

Der Verurteilte wird möglichst nahe an den Richtplatz herangefahren, durch das Wachpersonal zum Richtpfahl geführt und erforderlichenfalls dort angebunden (Strick unter den Armen durchziehen). Handfesseln sind darauf abzunehmen.

Dem Verurteilten sind die Augen zu verbinden, wenn er dies nicht ausdrücklich ablehnt und gefaßt genug erscheint, mit unverbundenen Augen zu sterben. Die Entscheidung hierüber und über das Anbinden hat der das Vollstreckungsverfahren leitende Offizier.

Sobald der Verurteilte den Richtplatz erreicht hat, läßt der die Vollzugsabteilung befehligende Offizier die Abteilung mit „Gewehr über" stillstehen.

Das Vollzugskommando (die zehn Mann) steht still mit „Gewehr ab".

Das Wachpersonal steht, soweit es nicht eingreifen muß, ebenfalls still.

Nachdem der Verurteilte am Richtpfahl steht und gegebenenfalls mit verbundenen Augen angebunden ist, verliest der Kriegsrichter oder sein Beauftragter, wobei die Offiziere und Wehrmachtbeamten ebenfalls stillstehen, laut die Urteilsformel und die Bestätigungsverfügung, erforderlichenfalls unter Zuziehung eines Dolmetschers.

Darauf erhält der Geistliche ein letztes Mal Gelegenheit zum Zuspruch.

Sobald er und das Wachpersonal zurückgetreten sind — letzteres tritt am linken Flügel der Vollzugsabteilung ein —, läßt der das Vollzugskommando befehligende Offizier auf einen Wink des das Vollstreckungsverfahren leitenden Offiziers durch Kommando oder Wink entsichern, anlegen und feuern. Anschließend läßt er die Vollzugsabteilung kehrt machen und rühren.

Der Sanitätsoffizier stellt den Tod fest und meldet ihn dem Kriegsrichter und dem leitenden Offizier. Dieser veranlaßt notfalls die Abgabe eines Gnadenschusses durch einen älteren Uffz., wenn nach der Ansicht des San.-Offz. die Lage der Schüsse nicht den alsbaldigen Eintritt des Todes gewährleistet.

Anschließend entläßt der leitende Offizier die Vollzugsabteilung, die einschl. des Vollzugskommandos durch ihren Führer zurückgeführt wird.

Das Wachpersonal sargt den Verurteilten ein, bringt den Sarg zum Fahrzeug, falls nicht mit der Polizei eine andere Vereinbarung getroffen ist, und bringt den Richtplatz wieder in Ordnung (Richtpfahl und Blutspuren beseitigen!).

Bei Vollzug gegen einen Wehrmachtstrafgefangenen oder Straflagerverwahrten sind diese Aufräumungsarbeiten (mit Einsargen) aus Abschreckungsgründen durch die beim Vollzug zugezogenen Wehrmachtstrafgefangenen auszuführen (vergleiche B II 1 d 2. Abs.).

sehen den Verurteilten aussteigen, mit ihm zwei Gefängniswärter und den Geistlichen. Dahinter kommt noch ein Lastwagen; er fährt das Beerdigungskommando und den Sarg, der nach Vorschrift bestellt wurde: ›von üblicher Größe und billigster Anfertigung‹.

Der Mann wird in den Korridor geleitet; dabei ergreift mich ein Gefühl der Beklemmung, als ob plötzlich das Atmen schwerfiele. Man stellt ihn vor den Kriegsrichter, der neben mir steht: ich sehe, daß ihm die Arme durch Handschellen auf dem Rücken gehalten sind. Er trägt eine graue Hose aus gutem Stoff, ein graues Seidenhemd und einen offenen Militärrock, den man ihm über die Schultern geworfen hat. Er hält sich aufrecht, ist gut gewachsen, und sein Gesicht trägt angenehme Züge, wie sie die Frauen anziehen.

Das Urteil wird verlesen. Der Verurteilte folgt dem Vorgang mit höchster, angespannter Aufmerksamkeit, und dennoch habe ich den Eindruck, daß ihm der Text entgeht. Die Augen sind weit geöffnet, starr, saugend, groß, als ob der Körper an ihnen hinge; der volle Mund bewegt sich, als buchstabiere er. Sein Blick fällt auf mich und verweilt für eine Sekunde mit druchdringender, forschender Spannung auf meinem Gesicht. Ich sehe, daß die Erregung ihm etwas Krauses, Blühendes, ja Kindliches verleiht.

Eine winzige Fliege spielt um seine linke Wange und setzt sich einige Male dicht neben seinem Ohre fest; er zieht die Schultern hoch und schüttelt den Kopf. Die Verlesung dauert eine knappe Minute, dennoch erscheint die Zeit mir außerordentlich lang. Das Pendel wird schwer und gedehnt. Dann führen die beiden Wächter den Verurteilten an die Esche; der Pfarrer begleitet ihn. In diesem Augenblick vermehrt sich noch das Schwere; es hat etwas Umwerfendes, als ob starke Gewichte sich auslösten. Ich entsinne mich, daß ich ihn fragen muß, ob er eine Augenbinde verlangt. Der Geistliche bejaht das für ihn, während die Wächter ihn mit zwei weißen Stricken anbinden. Der Pfarrer stellt ihm noch einige leise Fragen; ich höre, daß er sie mit »Jawohl« beantwortet. Dann küßt er ein kleines silbernes Kreuz, das ihm vorgehalten wird, während der Arzt ihm ein Stück roten Kartons von der Größe einer Spielkarte über dem Herzen an das Hemd heftet.

Inzwischen sind die Schützen auf ein Zeichen des Oberleutnants eingeschwenkt und stehen hinter dem Pfarrer, der den Verurteilten noch deckt. Nun tritt er zurück, nachdem er mit der Hand noch einmal an ihm heruntergestrichen hat. Es folgen die Kommandos, und mit ihnen tauche ich wieder zum Bewußtsein auf. Ich möchte fortblicken, zwinge mich aber hinzusehen und erfasse den Augenblick, in dem mit der Salve fünf kleine dunkle Löcher im Karton erscheinen, als schlügen Tautropfen darauf. Der Getroffene steht noch am Baum; in seinen Zügen drückt sich eine ungeheure Überraschung aus. Ich sehe den Mund sich öffnen und schließen, als wollte er Vokale formulieren und mit großer Mühe noch etwas aussprechen. Der Umstand hat etwas Verwirrendes, und wieder wird die Zeit sehr lang. Auch scheint es, daß der Mann jetzt sehr gefährlich wird. Endlich geben die Knie nach. Die Stricke werden gelöst, und nun erst überzieht die Totenblässe das Gesicht, jäh, als ob ein Eimer voll Kalkwasser sich darüber ausgösse. Der Arzt tritt flüchtig hinzu und meldet:

›Der Mann ist tot.‹ Der eine der beiden Wächter löst die Handschellen und wischt ihr blitzendes Metall mit einem Lappen vom Blute rein. Man bettet den Leichnam in den Sarg; es ist mir, als spielte die kleine Fliege in einem Sonnenstrahl darüber hin.
Rückfahrt in einem neuen, stärkeren Anfall von Depression. Der Stabsarzt erklärt mir, daß die Gesten des Sterbenden nur leere Reflexe gewesen sind. Er hat nicht gesehen, was mir in grauenhafter Weise deutlich geworden ist.«
Über den Vollstreckungsvorgang mußte der Kriegsrichter oder sein Beauftragter eine Niederschrift anfertigen (vgl. S. 182). Außerdem mußte er noch am selben Tag dem Gerichtsherren, dem zuständigen Oberstkriegsgerichtsrat als fachlichen Vorgesetzten und bei Angehörigen des Feldheeres dem OKH, Abteilung Heeresrechts- bzw. Feldjustizwesen, bei Angehörigen des Ersatzheeres dem OKH, Chef der Heeresrüstung und Befehlshaber des Ersatzheeres, bei Angehörigen der Kriegsmarine dem Oberkommando der Kriegsmarine und bei Angehörigen der Luftwaffe dem Reichsminister der Luftfahrt und Oberbefehlshaber der Luftwaffe über die Vollstreckung Bericht erstatten. Mitteilung über die Vollstreckung erhielten ferner der Truppenteil, dem der Hingerichtete angehörte, damit Urteilsspruch und Vollstreckung der Truppe bekannt gegeben werden konnten, die Wehrmachtauskunftstelle für Kriegsverluste und Kriegsgefangene in Berlin, die Polizeibehörde am Wohnsitz des Verurteilten, die Angehörigen des Verurteilten, das zuständige Wehrkreiskommando und gegebenenfalls der Gräberoffizier. Die meisten Familien waren auf die Nachricht von der Exekution eines Angehörigen nicht vorbereitet. Die Abschiedsbriefe der Hingerichteten trafen oft erst später ein, wenn sie überhaupt geschrieben worden waren. Vielfach wurden die Angehörigen »in wenig glücklicher, um nicht zu sagen taktloser Form« von den Kriegsgerichten über das Geschehene unterrichtet. Es fehlte nicht an abfälligen Bemerkungen: Volksschädling, Kriegsverbrecher, Hangtäter usw. Für den Bereich der SS und Polizei befahl Himmler am 11.3.1944 die Angehörigen von der Vollstreckung von Todesurteilen »in angemessener Form in Kenntnis zu setzen«. [216]

106

Gericht der Kriegsmarine Linz
J I 212-44   Wien, den 13. Februar 1945.

Niederschrift

über den Vollzug der Todesstrafe an dem Matrosen Felix Buchhardt von der Feldstrafgefangenenabteilung 8

Anwesend waren

1. Major W e d d i g e vom WUG in Wien,   als leitender Offizier;
2. Geschwaderrichter Dr. L i p p e r t,   als Richter;
3. Unterarzt Dr. H ö l t h a l e r,
   Arzt vom Standortdienst Wien,   als Sanitätsoffizier;
4. Marinejustizinspektor B a u e r,   als Urkundsbeamter;
5. Standortpfarrer Karl W i m m e r,   als kath.Geistlicher für Buchhardt,
6. Wehrkreispfarrer XVII R a a b e,   als ev.Geistlicher f.Klietz u.Stockfisch.

~~Ferner war ein Zu~~
Der Verurteilte stand um 07.00 Uhr gefesselt mit verbundenen Augen auf dem Richtplatz.

Der Richter las dem Verurteilten die Urteilsformel und die Bestätigungsverfügung vor.

Der Geistliche erhielt letztmalig Gelegenheit zum Zuspruch.

Das Vollzugskommando von 10 Mann war 5 Schritte vor dem Verurteilten aufgestellt.

Das Kommando "Feuer" erfolgte um 07.02 Uhr.

Der Verurteilte starb sofort.

Der Sanitätsoffizier stellte den Tod um 07.04 Uhr fest.

Die Leiche wurde zum Zwecke der Bestattung nach dem Centralfriedhof in Wien gebracht.

_____   _____
Geschwaderrichter.   Marinejustizinspektor
                                            als Urkundsbeamter.

Beerdigungen

Außerhalb des Reichsgebietes wurden Hingerichtete ohne militärische Ehren und ohne militärische Begleitung auf den örtlichen Gemeindefriedhöfen an unauffälliger Stelle abseits von den Gräbern anderer deutscher Soldaten beerdigt. An Orten mit einem Krematorium wurde die Leiche eingeäschert. War die Hinrichtung auf einem Kriegsschiff durchgeführt worden, so wurde die Leiche unmittelbar danach ins Meer versenkt. Bei deutschen Soldaten, die innerhalb des Reichsgebietes hingerichtet wurden, konnte die Leiche auf Verlangen den Angehörigen im verschlossenen Sarg zur Beerdigung freigegeben werden, wenn diese sich verpflichteten, die Bestattung auf ihre Kosten und ohne Feierlichkeiten in der Gemeinde durchzuführen, in der die Todesstrafe vollzogen worden war. Die Überführung in die Heimatgemeinde war nicht zulässig.

Aufbahrung, Predigt, Glockenläuten, Ministrantendienst oder sonstige kirchliche Ehrungen waren ebenso verboten wie Todesanzeigen oder Nachrufe in den Zeitungen. Gegen die zweite Bestimmung wurde häufig verstoßen. Im März 1943 teilte das Reichsministerium der Justiz dem OKW mit, daß sich in letzter Zeit die Fälle gehäuft hätten, in denen der Tod eines hingerichteten Wehrmachtangehörigen von den Angehörigen als Heldentod hingestellt worden sei. Die Todesanzeigen hätten folgende Wendungen enthalten: »Er starb für Großdeutschland«, »... daß er den Heldentod gefunden hat«, »Er schenkte sein blutjunges Leben seinem Führer«. Da solche Todesanzeigen den Soldatentod an der Front herabwürdigten, weil ihm »der schmachvolle Tod des... Verbrechers gleichgestellt wird«, sollte den Angehörigen die Bekanntgabe des Todes von Hingerichteten in der Öffentlichkeit überhaupt verboten werden. [217] In die Benachrichtigung der Angehörigen wurde daraufhin ein entsprechender Passus aufgenommen.

Wenn die Angehörigen die Beerdigung nicht selbst übernahmen, wurde der Leichnam dem anatomischen Institut der nächstgelegenen Universität oder der Militärärztlichen Akademie in Berlin für Lehr- und Forschungszwecke zur Verfügung gestellt. Bestand dort kein Interesse daran, so wurde der Leichnam der örtlichen Gemeindepolizei zur Bestattung übergeben. Nur in diesem Fall durfte ein Geistlicher, der sich dazu bereit erklärte, an der Beerdigung teilnehmen. Seine Mitwirkung war jedoch bei evangelischen Christen auf das Beten des Vaterunser und bei katholischen auf das Sprechen der liturgischen Begräbnisgebete beschränkt.

Erhängungen und Enthauptungen

Kriegsgerichtlich zum Tode Verurteilte, die nicht der Wehrmacht angehörten, wurden in der Regel enthauptet oder erhängt. Die Entscheidung lag aufgrund einer Ermächtigung Hitlers bei den zur Bestätigung eines kriegsgerichtlichen Todesurteils berufenen Befehlshabern. Davon betroffen waren in erster Linie Angehörige des Gefolges und Landeseinwohner. Am 4. 12. 1943 befahl Himmler z. B., daß Todesurteile des Gerichts der Deutschen Polizei in Kroatien wegen Bandenbegünstigung durch Erhängen zu vollstrecken waren. Zusätzlich ordnete er an, »daß diese Verurteilten, bevor sie erhängt werden, in schärfster Weise Prügel erhalten und dieses auch der Truppe bekannt gegeben wird«.

Grund dafür war, daß sich in Kroatien Partisanen zum Dienst in der Deutschen Polizei gemeldet hatten, um Zersetzung und Spionage zu betreiben bzw. um als Überläufer Ausrüstungsgegenstände mitzunehmen. Im August und September 1943 gab es 244 Fälle von unerlaubter Entfernung und Fahnenflucht dieser Art. Über diejenigen, die gefaßt wurden, wurden 22 Todesurteile gefällt. Da die Vollstreckung der Urteile durch Erschießen auf die Verurteilten und auf die angetretenen Bataillone keinen besonderen Eindruck machte, schlug das SS- und Polizeigericht, das die Urteile aussprach, die Änderung der Exekutionsform in Erhängen vor. [218] Nach dem Bericht des Gerichts Zagreb hatte das neue Verfahren, das von Himmler ausdrücklich gebilligt wurde, erstaunliche Wirkung. Es habe »die Aktivität der mit den Banden sympathisierenden Kräfte in der Truppe lahmgelegt«. Monatelang gab es keine neuen Fälle von »Bandenbegünstigung«. [219]

Deutsche Wehrmachtangehörige konnten mit dem Strang hingerichtet werden, wenn sie wegen Verrats zum Tode verurteilt und aus der Wehrmacht ausgestoßen worden waren. Als Himmler Befehlshaber des Ersatzheeres geworden war, mußte zum Erhängen oder Enthaupten seine Einwilligung eingeholt werden. [220] Er wies auch alle Gerüchte von sich, daß bei der SS und Polizei zwischen Erschießungen von vorne und Erschießungen von hinten unterschieden werde. [221] Als Befehlshaber des Ersatzheeres empfahl er jedoch, Hinrichtungen »zur Belehrung und Warnung für die Truppe« vor einem größeren Personenkreis durchzuführen, als die WStVzV anordnete, und zwar in der Regel in Kompaniestärke. Dem OKW wurden ein paar Beispiele genannt, wo das angebracht war, z. B. das Exempel, das an einem Stabszahlmeister und einem Küchenunteroffizier statuiert wurde, die in erheblichen Mengen Verpflegung verschoben hatten. Sie wurden in Anwesenheit der Truppenzahlmeister und Küchenunteroffiziere aller Berliner Dienststellen exekutiert. [222]

Standgerichtsbarkeit

Es wird niemals geklärt werden können, wie viele Soldaten den Standgerichten, Sonderstandgerichten und Fliegenden Standgerichten zum Opfer fielen, die wenige Wochen vor Kriegsende ihr Unwesen trieben.

Die »Verordnung über das militärische Strafverfahren im Kriege und bei besonderem Einsatz« (KStVO) vom 17. 8. 1939 [223] sah keine Schnelljustiz vor, weder Schnellgerichte noch Ausnahmegerichte noch Sondergerichte. Nur wenn jemand im Operationsgebiet auf frischer Tat ertappt wurde, z. B. bei einer Fahnenflucht, konnte er sofort verurteilt werden, »wenn besondere Gründe eine sofortige Aburteilung« geboten. In der 4. Verordnung zur Durchführung und Ergänzung der Verordnung über das militärische Strafverfahren im Kriege und bei besonderem Einsatz vom 1. 11. 1939 [224] waren »zwingende militärische Gründe« als Voraussetzung für eine Aburteilung ohne Aufschub vorgeschrieben. Wenn der zuständige Gerichtsherr in einem solchen Fall nicht auf der Stelle erreicht werden konnte, durfte der nächste erreichbare Kommandeur eines Regiments oder ein mit derselben Disziplinarstrafgewalt versehener Truppenbefehlshaber die Befugnisse des Gerichtsherrn übernehmen. [225]

Während des Frankreichfeldzuges erlaubte der Oberbefehlshaber des Heeres den Gerichtsherren standgerichtliche Verfahren auch bei »groben Verstößen gegen die Mannszucht« oder bei »Gefahr für die Sicherheit der Truppe«. Zu den groben Verstößen gegen die Mannszucht gehörten u. a. schwere Gehorsamsverweigerung, tätlicher Angriff auf einen Vorgesetzten, Meuterei, Feigheit vor dem Feind und Plünderung. Gefahr für die Sicherheit der Truppe war gegeben bei Freischärlerei, Sabotage und verbotenem Waffenbesitz von Landeseinwohnern. Urteile gegen Landeseinwohner, auch Todesurteile, die durch einstimmigen Beschluß des Gerichts für vollstreckbar erklärt worden waren, konnten auch von einem Regimentskommandeur zur Vollstreckung freigegeben werden, wenn »dringende militärische Gründe keinen Aufschub« duldeten und der bestätigungsberechtigte Befehlshaber nicht erreicht werden

konnte. Bei Urteilen im standgerichtlichen Verfahren gegen Angehörige des Heeres oder des Heeresgefolges war das anders.
Am 13. 6. 1940 nahm der Oberbefehlshaber des Heeres eine rechtlich bedenkliche Exekution zum Anlaß, um die Oberbefehlshaber der Heeresgruppen und Armeen und alle anderen Befehlshaber darauf hinzuweisen, daß »die Tätigkeit von Standgerichten immer nur eine Ausnahme bildet«. Darüber hinaus müsse der Grundsatz erhalten bleiben, daß der zuständige Gerichtsherr soweit irgendwie möglich das Verfahren in der Hand behält. Die Berufung von Standgerichten durch Regimentskommandeure sei an ganz bestimmte, gesetzlich festgelegte Voraussetzungen gebunden. »Wenn ich auf der einen Seite erwarte, daß diese Kommandeure verantwortungsbewußt von der ihnen gegebenen Möglichkeit, in dringenden Fällen die Befugnisse des Gerichtsherrn auszuüben, Gebrauch machen, so muß ich auf der anderen Seite jedoch fordern, daß diese weitgehenden Rechte nicht mißbraucht werden.« In Abänderung seines Erlasses vom 4. 11. 1939 bestimmte er, daß in Zukunft kriegsgerichtliche Urteile, die im standgerichtlichen Verfahren gegen Angehörige des deutschen Heeres oder des Heeresgefolges ergingen, nicht mehr von einem Regimentskommandeur bestätigt werden durften, sondern nur von den ordentlichen Gerichtsherrn oder den Oberbefehlshabern der Armeen. [226]
Das Recht zur Bestätigung von Todesurteilen gegen Soldaten und Angehörige des Wehrmachtgefolges erhielten die Regimentskommandeure erst im Juni 1944 wieder und nur dann, »wenn die Kampflage ... eine sofortige Vollstreckung der Urteile der Standgerichte erforderte«. [227]
Für die Verschärfung der Standgerichtsbarkeit am Ende des Krieges waren die Aussagen Hitlers maßgebend, der bereits nach dem Desaster von Stalingrad die Weichen neu stellte. Als oberster Gerichtsherr des Reiches führte er im Führerbefehl Nr. 7 am 24. 2. 1943 folgendes aus:

»Ich habe erfahren, daß es bei den in den letzten Wochen befohlenen Rückzugs- und Räumungsbewegungen teilweise zu unerfreulichen, undisziplinierten und für den tapferen Frontsoldaten niederziehenden Bildern, besonders in den Großstädten und auf Hauptrückmarschstraßen gekommen ist. Das ist untragbar, der deutschen Wehrmacht unwürdig und kann die schwersten Folgen haben.
Es liegt daran, daß die Vorgesetzten sich nicht mit allen Mitteln durchsetzen. Ich habe nicht vor, das einreißen zu lassen.

Je härter die Zeit, um so härter müssen die Mittel sein, mit denen der Vorgesetzte seinen Willen durchdrückt.
Ich verlange deshalb, daß jeder Vorgesetzte – Offizier wie Unteroffizier oder in besonderen Lagen jeder beherzte Mann – die Durchführung seiner Befehle und die Aufrechterhaltung von Disziplin und Ordnung nötigenfalls mit Waffengewalt zu erzwingen und Ungehorsame auf der Stelle zu erschießen hat. Das ist nicht nur sein Recht, sondern seine Pflicht. Tut der Vorgesetzte das nicht, setzt er sich derselben Lage aus. Es ist falsch, auf eine spätere gerichtliche Bestrafung zu warten. Sofort ist einzuschreiten.
Ich werde jederzeit solche energischen Führer vor etwaigen juristischen Folgen ihrer Handlungen schützen und verlange dies von allen höheren Vorgesetzten.«[228]

Am 16. 3. 1945 ermächtigte Himmler in seiner Funktion als Oberbefehlshaber des Ersatzheeres die Kommandierenden Generale in den Wehrkreisen, für die Dauer von drei Monaten das Bestätigungs- und Aufhebungsrecht von Kriegsgerichtsurteilen auszuüben. Wegen der Truppenfluktuation sollte durch solche ortsgebundenen Gerichtsherren eine zügigere Behandlung der Fälle gewährleistet werden. [229]
Im Rundfunk wurde am 15. 2. 1945 die Errichtung von Standgerichten in feindbedrohten Reichsverteidigungsbezirken bekanntgegeben. Die Verordnung trat am gleichen Tage in Kraft. Diese Standgerichte sollten sicherstellen, daß die Weisung des Generalbevollmächtigten für die Reichsverwaltung vom 23. 1. 1945 beachtet würde. Sie lautete: »Verwaltungsbehörden, insbesondere Landräte, Bürgermeister und Regierungspräsidenten setzen ihre Tätigkeit in feindbedrohten Gebieten bis zum letzten Augenblick fort und schließen sich dann der kämpfenden Truppe an. Männer, die besonders tapfere Haltung gezeigt haben, sind zu melden. Gegen Versager ist sofort scharf einzuschreiten. Sie sind ihres Amtes zu entheben und durch geeignete Männer zu ersetzen.«[230] Die neuen Standgerichte betrafen ausschließlich die Hoheitsträger der NSDAP in den Grenzgauen und die leitenden Beamten dieser Gebiete. Die Anregung ging von Himmler aus. Er hatte in einem Fernschreiben vom 29. 1. 1945 gedroht: »Die Leiter aller militärischen und zivilen Dienststellen müssen sich darüber im Klaren sein, daß das Verlassen ihres Platzes ohne Befehl die Todesstrafe nach sich zieht.« Am 30. 1. 1945 verurteilte er den Polizeipräsidenten von Bromberg, SS-Standartenführer von Salisch, wegen Feigheit und Pflichtvergessenheit zum Tode und ließ ihn unverzüglich erschießen. Seiner Exekution mußten der Regierungspräsident von Brom-

berg Kühn und der Bürgermeister von Bromberg Ernst beiwohnen, bevor sie als SS-Angehrige wegen der gleichen Delikte in ein Bewährungsbataillon überführt wurden. [231] Die neuen Standgerichte sollten der Aburteilung ähnlicher Delikte von Männern, die weder der Wehrmacht noch der SS angehörten, einen rechtlichen Rahmen geben. Die Reichsverteidigungskommissare der Grenzgaue bekamen das Recht, Standgerichte einzurichten, »um durch einige drastische, sofort vollstreckte Urteile der in steigendem Maße beobachteten üblen Erscheinungen bei der Räumung unmittelbar feindbedrohter Gebiete sofort Herr zu werden«. [232] Der Vorsitzer mußte ein Strafrichter sein. Zu Beisitzern wurden ein Politischer Leiter bzw. Führer einer Gliederung der NSDAP und ein Offizier der Wehrmacht bzw. Waffen-SS oder der Polizei bestimmt. Die Zuständigkeit erstreckte sich auf alle Straftaten, »durch die die deutsche Kampfkraft oder Kampfentschlossenheit gefährdet« war. Alle Urteile – sie durften nur auf Todesstrafe, Freispruch oder Überweisung an die ordentliche Gerichtsbarkeit lauten – mußten vom örtlich zuständigen Reichsverteidigungskommissar, d. h. dem Gauleiter, bestätigt werden, bevor sie vollstreckt wurden. Nur in Ausnahmefällen konnte der Anklagevertreter, d. h. einer der drei Richter, diese Funktion wahrnehmen. [233] Die Verordnung des Reichsministers der Justiz vom 15. 2. 1945 gab folgende Begründung für die Einrichtung von Standgerichten mit derartig weitreichenden Befugnissen:

»Die Härte des Ringens um den Bestand des Reiches erfordert von jedem Deutschen Kampfentschlossenheit und Hingabe bis zum Äußersten. Wer versucht, sich seinen Pflichten gegenüber der Allgemeinheit zu entziehen, insbesondere wer dies aus Feigheit oder Eigennutz tut, muß sofort mit der notwendigen Härte zur Rechenschaft gezogen werden, damit nicht aus dem Versagen eines einzelnen dem Reich Schaden erwächst.« [234]

Aus der Tätigkeit dieser Standgerichte ist nur ein Fall aktenkundig. Gauleiter Stürtz von der Mark Brandenburg errichtete in Potsdam ein solches Standgericht, um den Bürgermeister Richter von Dobberpfuhl zum Tode zu verurteilen, weil dieser seine Stadt »ohne Befehl verlassen und die Bevölkerung ihrem Schicksal überlassen« habe. Das Standgericht des Kampfkommandanten von Schwedt hatte ihn am 5. 2. 1945 lediglich zu 5 Jahren Gefängnis verurteilt, während der Bürgermeister Floeter von Königsberg/Nm. wegen Dienstpflichtverletzung im Felde bei gleichem Delikt zum Tode verurteilt worden war. Wegen der Verschiedenartigkeit der Urteile wurde das gegen Richter nicht bestätigt, so daß erneut verhandelt werden mußte. Himmler war mit dem Procedere einverstanden und forderte wie Stürtz die Todesstrafe. [235]

Bekannter waren die Sonderstandgerichte, die der Chef des Oberkommandos der Wehrmacht, Generalfeldmarschall Keitel, am 20. 2. 1945 »zur Bekämpfung von Auflösungserscheinungen« in der Truppe einrichtete. Diese Sonderstandgerichte durften Todesurteile durch einstimmigen Beschluß des erkennenden Gerichts für vollstreckbar erklären, »wenn der Gerichtsherr nicht auf der Stelle erreicht werden kann und wenn die Vollstreckung bei klarer Sach- und Rechtslage aus zwingenden militärischen Gründen keinen Aufschub duldet«. Diese Befugnis setzte jedoch voraus, daß das Sonderstandgericht mit einem Wehrmachtrichter und zwei Offizieren besetzt war. [236] Dieses Verfahren wurde mit den schwierigen Verkehrsverhältnissen begründet, die es oft unmöglich machten, den jeweilig zuständigen Gerichtsherrn zur schriftlichen Bestätigung des Urteils in angemessener Zeit zu erreichen. Wegen der häufig fluchtartigen Rückzüge bestand außerdem die Gefahr, daß die Verurteilten entwischen konnten. Den Sonderstandgerichten waren die Angehörigen aller Wehrmachtteile und der Waffen-SS unterworfen. Aufgrund der Ermächtigung des OKW gab der Kommandierende General des Wehrkreises III (Berlin) mit Genehmigung des Reichsführers-SS eine Anordnung über den Einsatz von Standgerichten in seinem Befehlsbereich heraus, die folgende Kernsätze enthält:

»1. Zur sofortigen Aburteilung von Straftaten von Angehörigen der Wehrmachtteile und der Waffen-SS werden an mir geeignet erscheinenden Orten des Streifendienstes Standgerichte errichtet.
2. Die Urteile der Standgerichte können nur auf Todesstrafe oder auf Freispruch lauten ...
3. Die Standgerichte setzen sich zusammen aus einem Wehrmachtrichter als Verhandlungsleiter und zwei Soldaten als beisitzenden Richtern.
4. Aufgrund der mir vom Reichsführer-SS und Oberbefehlshaber des Ersatzheeres übertragenen Ermächtigungen unterliegen die Urteile der Standgerichte meiner Bestätigung.
5. Die Bestätigung ist unverzüglich, unter Umständen fernmündlich einzuholen, damit gewährleistet ist, daß sofortige Vollstreckung stattfinden kann.
6. Die Vollstreckung der Todesstrafe findet in der Nähe des Gerichtsortes durch Erschießen, wenn es sich um besonders ehrlose Lumpen handelt, durch Erhängen statt.« [237]

In seiner Funktion als Oberbefehlshaber des Ersatzheeres gab

Himmler am 6.3.1945 Hinweise zur Handhabung der Standgerichtsbarkeit. Um »Drückebergerei und Versprengtenunwesen« wirkungsvoll bekämpfen zu können, sollten die Sonderstandgerichte bei den Streifenkommandos, Versprengtensammelstellen, Leichtverwundetensammelstellen oder Frontleitstellen eingerichtet werden. Vor dem Gebäude waren große Hinweisschilder anzubringen. Mit »besonderem Nachdruck« sollte gegen Soldaten vorgegangen werden, die ihre Waffen im Stich gelassen hatten. »Waffenpreisgabe spricht für Feigheit!« Todesurteile sollten im Sinne der Abschreckung sofort ausgewertet werden, z.B. indem sie im Beisein der in den Sammelstellen Anwesenden vollstreckt wurden. Exekutionen durften jedoch nur in der Truppe bekanntgegeben werden und nicht in der Öffentlichkeit, um die Stimmung der Bevölkerung nicht zu beeinträchtigen. [238]

Für den Bereich der Wehrmacht befahl Hitler am 9.3.1945 zusätzlich die Aufstellung eines »Fliegenden Standgerichts«. Es war zuständig für strafbare Handlungen von Angehörigen aller Wehrmachtteile und der Waffen-SS ohne Unterscheidung des Ranges. Die Besonderheit bestand darin, daß der dienstälteste Offizier des Standgerichts gleichzeitig Gerichtsherr war. Er leitete die Ermittlungen, er führte den Vorsitz, er bestätigte das Urteil und er traf die Vollstreckungsentscheidung. Das Gnadenrecht entfiel. [239]

Vom Marineoberkommando Ost ist ein Befehl vom 13.3.1945 erhalten, der die Langsamkeit der kriegsgerichtlichen Untersuchungsverfahren tadelt und die Gerichtsherren auffordert, von ihren Vollmachten Gebrauch zu machen. Fälle von Ungehorsam und Sabotage müßten innerhalb von 24 Stunden abgeurteilt werden können. Er befahl, »Straftaten gegen die Mannszucht oder das Gebot des soldatischen Mutes, strafbare Handlungen, durch die ein schwerer Nachteil oder eine ernste Gefahr für die Kriegführung oder die Sicherung des Reiches verschuldet worden war«, innerhalb eines Tages abzuurteilen. Unmittelbar nach der Verkündung des Urteils sei über die Bestätigung zu entscheiden. Bestätigte Todesurteile seien »unverzüglich im Angesicht der Truppe zu vollstrecken«. [240]

Belegstellen

1 Vgl. Neugliederung der Wehrmachtstrafanstalten vom 29. 3. 1942, AHM 1942, Nr. 287
2 Vgl. AHM 1941, Nr. 611; Heeresgruppe Süd vom 9. 8. 1941, MP WF-03/3861
3 Vgl. Vorschrift über den Vollzug von Freiheitsstrafen und anderer Freiheitsentziehung in der Wehrmacht (WStVzV) vom 4. 12. 1937, BA/MA RHD 4/3/7b; Kurze Übersicht über Organisation und Aufgaben des Wehrmachtstrafvollzugs, der Bewährungstruppe sowie der Sondereinheiten des Heeres vom 16. 3. 1943, BA/MA RH 14/33
4 Vgl. Dietz: Auf dem Weg zum Wehrmachtstrafgesetzbuch, in: Zeitschrift für Wehrrecht 5 (1940/41), S. 424
5 Die Lebenshaltung des Gefangenen, IfZ MA 193/2
6 BA/MA RHD 4/3g
7 Vgl. LwVBl 1940, Nr. 578
8 Vgl. HVBl 1942 B, Nr. 31
9 Vgl. MVBl 1943, Nr. 12
10 Vgl. MVBl 1944, Nr. 27
11 Vgl. HVBl 1939 C, Nr. 112
12 Vgl. Der Reichsminister für Bewaffnung und Munition, Rüstungsamt, vom 1. 9. 1942, BA/MA RW 19/954, Bl. 116
13 Vgl. LwVBl 1940 C, Nr. 129
14 Vgl. LwVBl 1942, Nr. 1671
15 Vgl. Ebenda
16 Vgl. Ebenda
17 Vgl. LwVBl 1942, Nr. 1218
18 Vgl. Kurze Übersicht über Organisation und Aufgaben des Wehrmachtstrafvollzugs, der Bewährungstruppe sowie der Sondereinheiten des Heeres vom 16. 3. 1943, BA/MA RH 14/33, Bl. 8
19 Vgl. WStVzV, Ziff. 94 f.
20 Vgl. WStVzV Ziff. 96 f f.
21 WStVzV Ziff. 103–116
22 WStVzV Ziff. 124–126
23 WStVzV Ziff. 127
24 WStVzV Ziff. 130
25 Vgl. WStVzV Ziff. 145–150; H.Dv. 3/9 § 51 (5)
26 Vgl. S. 107 f. dieses Buches
27 Vgl. OKH vom 8. 10. 1940, AHM 1940, Nr. 1065
28 Vgl. HVBl 1940 C, Nr. 599; LwVBl 1940, Nr. 682
29 Vgl. Verwahrung von vorläufig Festgenommenen durch die Truppe, OKH Gen. z.b.V. vom 28. 7. 1942, AHM 1942, Nr. 640
30 Vgl. RMJ vom 22. 12. 1944. Zu den Regelungen im zivilen Strafvollzug vgl. IfZ MA 193/2
31 Vgl. BA/MA RH 15/228
32 Vgl. Kurze Übersicht über Organisation und Aufgaben des Wehrmachtstrafvollzugs, der Bewährungstruppe sowie der Sondereinheiten des Heeres vom 16. 3. 1943, BA/MA RH 14/33, Bl. 9

33 WStVzV Ziff. 17–18
34 Vgl. Kurze Übersicht über Organisation und Aufgaben des Wehrmachtstrafvollzugs, der Bewährungstruppe sowie der Sondereinheiten vom 16.3.1943, BA/MA RH 14/33, Bl. 9
35 Vgl. Fritz Hodes (Hrsg.): Wehrmachtdisziplinarstrafordnung mit den Durchführungsbestimmungen der Wehrmachtteile, Berlin 1943; LwVBl 1942, Nr. 2946
36 ObdH vom 17.7.1940, AHM 1940, Nr. 850
37 Vgl. § 47 KStVO
38 Vgl. H.Dv. 3/9, Anl. 3
39 Vgl. H.Dv. 3/9, §§ 1–19
40 Vgl. AHM 1941, Nr. 134
41 AHM 1941, Nr. 526
42 Vgl. H.Dv. 3/9 § 5; § 17 MStGB i.d.F.v. 10.10.1940
43 Vgl. § 80 MStGB
44 Vgl. WStVzV Ziff. 179–180
45 WStVzV Ziff. 182
46 Vgl. LwVBl 1940, Nr. 181
47 WStVzV Ziff. 186–188
48 Beim Vollzug von geschärftem Arrest an Wehrmachtangehörigen in Justizvollzugsanstalten erhielten die Bestraften 1000 g Brot als Tagesverpflegung. Vgl. RMJ vom 19.3.1940, BA R 22/1419, Bl. 4
49 WStVzV Ziff. 189–194; MVBl 1942, Nr. 664
50 Vgl. H.Dv. 3/9 § 12 ; LwVBl 1939, Nr. 379
51 Vgl. MVBl 1940, Nr. 56
52 HVBl 1940, Nr. 160 und 1943, Nr. 230; LwVBl 1940, Nr. 213 und 1943, Nr. 623
53 Vgl. Merkblatt 2 des OKH Gen. z.b.V. vom 24.1.1943, BA/MA RH 13/61, Bl. 2f.
54 Vgl. IfZ MA 193127; vgl. S. 166 ff. dieses Buches
55 LVBl. 1940 C, Nr. 137
56 Vgl. LwVBl 1941, Nr. 1634
57 Vgl. MVBl 1944, Nr. 319
58 AHM 1944, Nr. 672; vgl. S. 222 dieses Buches
59 Vgl. Dietz, a.a.O., S. 423
60 Vgl. RMJ vom 21.4.1939, BA R 22/2298, Bl. 22
61 Vgl. Die Sondereinheiten in der früheren deutschen Wehrmacht, bearbeitet im Personenstandsarchiv II des Landes Nordrhein-Westfalen, Kornelimünster 1953, S. 34
62 Vgl. Oberstkriegsgerichtsrat beim Generalquartiermeister vom 24.10.1939, BA/MA RH 14/30
63 WStVzV Ziff. 202
64 Hauptamt SS-Gericht vom 26.7.1943, Anordnungsblatt des Reichsführers-SS und Chefs der Deutschen Polizei, Nr. 151
65 Vgl. WStVzV Ziff. 208
66 WStVzV Ziff. 211
67 Chef des Heeresjustizwesens vom 16.6.1944, BA/MA RH 14/23, Bl. 107
68 § 92 MStGB
69 § 94 MStGB

70 § 96 MStGB
71 § 97 MStGB
72 §§ 114 ff. MStGB
73 Vgl. S. 174 ff. dieses Buches
74 Vgl. Strafvollstreckungsplan für die Wehrmacht, LwVBl 1942, Nr. 3055
75 Vgl. AHM 1941, Nr. 895
76 Vgl. AHM 1941, Nr. 1156
77 Vgl. Ebenda
78 WStVzV Ziff. 219
79 Ewald Kraas: Degradiert – und abgeschossen über Afrika. Die wahre Geschichte eines Jagdfliegers, in: Jägerblatt April/Mai 1984, S. 18
80 Ebenda
81 Vgl. BA NS 7/372; Gerd Ueberschär: Freiburg im Luftkrieg 1939–1945, Freiburg und Würzburg 1990, S. 260 und 283
82 WStVzV Ziff. 224 ff.
83 WStVzV Ziff. 240
84 Vgl. OKH PA vom 20. 4. 1944, BA/MA RH 14/23, Bl. 105
85 Vgl. S. 174 ff. dieses Buches
86 Vgl. Werner Hülle: Die Änderungen der Kriegsstrafverfahrensordnung, in: Zeitschrift für Wehrrecht 5 (1940/41), S. 157 ff.
87 Vgl. ChefHRüst und BdE vom 6.5.1940, BA/MA RH 14/22, Bl. 196 ff.
88 MP WF-03/3861
89 Vgl. RMJ vom 7.3.1942, BA R 22/2298, Bl. 68
90 Vgl. Der Reichsminister der Justiz vom 1.11.1939 und 20. 7. 1940, in: Erich Kosthorst und Bernd Walter: Konzentrations- und Strafgefangenenlager im Dritten Reich, Band 2, Düsseldorf 1983, S. 1316 und 1327
91 Vgl. Vollstreckungsplan für den Oberlandesgerichtsbezirk Innsbruck, IfZ MA 193/2
92 Vgl. Der Reichsminister der Justiz vom 8.1. 1940 und 23.1. 1940, in: Erich Kosthorst und Bernd Walter, a.a.O., S. 1324 f.
93 Erich Kosthorst und Bernd Walter, a.a.O., S. 1988
94 Vgl. Anklageschrift gegen Werner Schäfer, Kommandeur der Emslandlager bis 1942, vor dem Landgericht Oldenburg 1950, zit. nach Hans Freese: Bremsklötze am Siegeswagen der Nation, Bremen 1989, S. 177
95 Vgl. Erich Kosthorst und Bernd Walter, a.a.O., S. 2043 ff.
96 Vgl. Erich Kosthorst und Bernd Walter, a.a.O., S. 1384 f.
97 Der Reichsminister der Justiz vom 11. 8. 1942, IfZ MA 193/2
98 Vgl. Franz W. Seidler: Die Organisation Todt. Bauen für Staat und Wehrmacht 1938–1945, Koblenz 1987, S. 57
99 Horst Schluckner: Sklaven am Eismeer, in: Überlebende. Nach Erlebnisberichten von Horst Schluckner, Hans-Joachim Else und Siegfried Marohn, Berlin 1956, S. 14
100 Ebenda, S. 15 f.
101 Karl-Heinz Hoffmann, zitiert nach Hans Freese: Bremsklötze am Siegeswagen der Nation, Bremen 1989, S. 190
102 Vgl. Hans Freese, a.a.O., S. 192
103 Vgl. OKW vom 27.11.1942, AHM 1942, Nr. 1034
104 Vgl. AHM 1942, Nr. 433

105 Aktennotiz des Reichsjustizministeriums vom 13.10.1944, in: Erich Kosthorst und Bernd Walter, a.a.O., S. 1398 f.
106 Aktenvermerk des Reichsministers für Rüstung und Kriegsproduktion vom 25. 10. 1944; Der Reichsminister der Justiz vom 27. 10. 1944, in: Erich Kosthorst und Bernd Walter, a.a.O., S. 1402
107 Besprechung der Amtsgruppe Heeresrechtswesen mit dem SS-Richter beim Reichsführer-SS und Chef der Deutschen Polizei am 19.12. 1944, BA NS 7/317
108 Vgl. S. 267 ff. dieses Buches
109 Vgl. Der Reichsminister der Justiz vom 12. 2. 1945, IfZ MA 193/2
110 RGBl 1939 I S. 1457
111 § 106 KStVO
112 OKH HR Richtlinien für die Strafvollstreckung im Krieg bei besonderem Einsatz vom 10. 10. 1939, BA/MA RH 14/25, Bl. 157 f.; OKW AHA vom 3.11.1939, BA/MA RH 14/22, Bl. 114
113 OKH ChefHRüst und BdE vom 23.11.1939, BA/MA RH 14/25, Bl. 203
114 ChefHRüst und BdE HR vom 6. 5. 1940, BA/MA RH 14/25, Bl. 277
115 Ebenda
116 Vgl. MAP WF-03/24582
117 Vgl. BA/MA H 20/497
118 Tätigkeitsbericht AOK 20 vom 2.3. 1943, BA/MA RH 20/268; Merkblatt für die Feldstrafgefangenen-Abteilungen und Feldstraflager vom 28.10.1942, MAP WF-03/32406, Bl. 191
119 OKH AHA vom 3. 11. 1939, BA/MA RH 14/22, Bl. 115
120 Vgl. Adolf Schlicht und John Angolia: Die Deutsche Wehrmacht. Uniformierung und Ausrüstung 1933–1945, Stuttgart 1991, S. 297
121 Vgl. S. 101 dieses Buches
122 Vgl. Merkblatt für die Feldstrafgefangenen-Abteilungen und Feldstraflager vom 28. 10. 1942, MAP WF-03/32406, Bl. 194
123 Robert Stein: Vom Wehrmachtstraflager zur Zwangsarbeit bei Daimler-Benz, in: Zeitschrift für Sozialgeschichte des 20. und 21. Jahrhunderts 2 (1987), Heft 4, S. 29 ff.
124 Vgl. Merkblatt für die Feldstrafgefangenen-Abteilungen und Feldstraflager vom 28. 10. 1942, MAP WF-03/32406, Bl. 190
125 Vgl. S. 112 dieses Buches
126 Vgl. Merkblatt für die Feldstrafgefangenen-Abteilungen und Feldstraflager vom 28. 10. 1942, MAP WF-03/32406, Bl. 193
127 Vgl. OKH Gen. z.b.V. vom 20. 12. 1942, MAP WF-03/24582, Bl. 985
128 OKH AHA vom 3. 11. 1939, BA/MA RH 14/22, Bl. 114 ff.; ChefHRüst und BdE vom 7. 9. 1942, BA/MA RH 14/31
129 Vgl. Kurze Übersicht über Organisation und Aufgaben des Wehrmachtstrafvollzugs, der Bewährungstruppe sowie der Sondereinheiten des Heeres vom 16. 3. 1943, BA/MA RH 14/33
130 Vgl. S. 144 ff. dieses Buches
131 Vgl. S. 67 ff. dieses Buches
132 OKH Gen. z.b.V. vom 28. 10. 1942, MAP WF-03/32406, Bl. 190
133 Vgl. Merkblatt über Vollzugseinrichtungen und Bewährungstruppen vom 4. 9. 1944, BA/MA H 34/16

134 Vgl. Merkblatt für die Feldstrafgefangenen-Abteilungen und Feldstraflager vom 28. 10. 1942, MAP WF-03/32406, Bl. 194; HVBl 1942 B, Nr. 517
135 OKW WR vom 9. 2. 1945, BA NS 7/378, Bl. 74
136 Vgl. Ebenda, Bl. 75
137 Robert Stein, a.a.O., S. 36 f.
138 Vgl. BA/MA H 20/497
139 Vgl. S. 123 ff. dieses Buches
140 Vgl. S. 135 ff. dieses Buches
141 Vgl. Merkblatt über Vollzugseinrichtungen und Bewährungstruppen vom 4. 9. 1944, BA/MA H 34/16
142 Vgl. Kurze Übersicht über Organisation und Aufgaben des Wehrmachtstrafvollzugs, der Bewährungstruppe sowie der Sondereinheiten des Heeres vom 16. 3. 1943, BA/MA RH 14/33, Bl. 7
143 Vgl. MAP WF-03/24582
144 Feldstrafgefangenen-Abteilung 3 vom 1. 8. 1942, MAP WF-03/24582, Bl. 895
145 Vgl. Ebenda
146 Vgl. OKH AHA vom 4. 5. 1942, AHM 1942, Nr. 432; Strafvollstreckungsplan für die Wehrmacht vom 27. 11. 1942, IfZ MA 193127, AHM 1942, Nr. 1034
147 Vgl. Merkblatt über Vollzugseinrichtungen und Bewährungstruppen vom 4. 9. 1944, BA/MA H 34/16
148 Stellungnahme vom 21. 7. 1943, MAP WF-03/7430
149 Gen. Kdo. XXXXII. A.K. vom 2. 5. 1943, MAP WF-03/32406, Bl. 187
150 Panzer-A.O.K. 3 vom 3. 4. 1943, MAP WF-03-32813, Bl. 840
151 Vgl. Chef HRüst und BdE vom 5. 9. 1944, BA/MA RH 14/23, Bl. 131; OKH Der Chef der Heeresjustiz vom 15. 9. 1944, in: Erich Kosthorst und Bernd Walter, a.a.O., S. 1395
152 Vgl. H.Dv. 39
153 Vgl. AHM 1939, Nr. 920
154 Vgl. AHM 1942, Nr. 198
155 Vgl. Prof. Dr. Wuth vom 30. 1. 1940, BA/MA H 20/497
156 Vgl. Untersuchung Prof. Wuth, BA/MA H 20/497
157 Vgl. BA/MA H 20/479
158 Ebenda
159 Vgl. Adolf Schlicht und John R. Angolia, a.a.O., S. 297
160 Vgl. S. 155 dieses Buches
161 Vgl. OKH Chef HRüst und BdE vom 2. 2. 1942, AHM 1942, Nr. 146
162 Vgl. AHM 1940, Nr. 18
163 ObdH AHA vom 3. 1. 1940, AHM 1940, Nr. 18
164 Vgl. ObdH Gen. z.b.V. vom 28. 8. 1941, AHM 1941, Nr. 858
165 Vgl. OKH Gen. z.b.V. vom 22. 10. 1941, AHM 1941, Nr. 1068
166 Bericht des Kommandeurs des Feld-Sonderbataillons vom 15.2.1943, MAP WF-03/24582, Bl. 16 f f.
167 Vgl. OKH Gen. z.b.V. vom 3. 2. 1942, AHM 1942, Nr. 159
168 Vgl. OKH Gen. z.b.V. vom 1. 8. 1942, AHM 1942, Nr. 686
169 Vgl. Ebenda
170 Vgl. OKW Truppenamt vom 28. 7. 1944, AHM 1944, Nr. 413
171 Vgl. OKH Chef HRüst und BdE vom 2. 2. 1942, AHM 1943, Nr. 145

172 Vgl. Bericht des Kommandeurs des Feldsonderbataillons vom 15. 2. 1943, MAP WF-03/24582, Bl. 22
173 Vgl. HVBl 1942 B, Nr. 31
174 Vgl. OKH ChefHRüst und BdE vom 2. 2. 1942, AHM 1942, Nr. 145
175 Vgl. OKH Gen. z.b.V. vom 8. 1. 1942, AHM 1942, Nr. 686
176 Vgl. Bericht des Kommandeurs des Feldsonderbataillons vom 15. 2. 1943, MAP WF-03/24582, Bl. 18 f.
177 Ebenda
178 Ebenda
179 Vgl. OKH Gen. z.b.V. vom 1. 11. 1944, AHM 1944, Nr. 659
180 Vgl. Horst Rivier: Die Mützenbänder der Deutschen Reichsmarine und der Marine des III. Reiches 1920–1945, Kolbermoor 1980, S. 67
181 Vgl. Die Sondereinheiten in früheren deutschen Wehrmacht, a.a.O., S. 22 ff.
182 Vgl. LwVBl 1943, Nr. 1667
183 Vgl. S. 74 dieses Buches
184 Vgl. Die Sondereinheiten in der früheren deutschen Wehrmacht, a.a.O., S. 23 ff.
185 Vgl. Merkblatt über Vollzugseinrichtungen und Bewährungstruppen vom 4. 9. 1944, BA/MA H 34/16
186 Vgl. OB West vom 27. 3. 1944, MAP WF-10/13182, Bl. 468 ff.
187 Burckhardt: Wandlungen der Wehrmacht-Strafvollstreckung im Kriege, in: Zeitschrift für Wehrrecht 9 (1944), S. 108 ff.
188 Vgl. OKH General der Freiwilligenverbände vom 23. 9. 1944, AHM 1944, Nr. 547
189 OB West vom 27. 3. 1944, MAP WF-10/13182, Bl. 469
190 12. SS-Pz. Div. vom 8. 2. 1944, MAP SF-02/14611, Bl. 107
191 Vgl. 12. SS-Pz. Div. vom 8. 2. 1944, MAP SF-02/14611, Bl. 106
192 Vgl. 10. SS-Pz. Div. vom 9. 2. 1944, Archiv Vopersal
193 Vgl. Ebenda
194 12. SS-Pz. Div. vom 6. 2. 1944, MAP SF-02/14611, Bl. 106
195 Vgl. 12. SS-Pz. Div. vom 2.8.1944, MAP SF-02/14611, Bl. 110
196 Vgl. OKH General der Freiwilligenverbände vom 23. 9. 1944, AHM 1944, Nr. 547
197 RGBl 1938 I S. 1201
198 RGBl 1939 I S. 2131
199 RGBl 1943 I S. 261
200 RGBl 1944 I S. 115
201 ObdH GenStdH vom 6. 12. 1939, BA/MA RH 14/26, Bl. 5a
202 Ebenda
203 Vgl. ObdH GenStdH vom 9. 5. 1941, BA/MA RH 14/26, Bl. 111
204 Vgl. BA NS 7/347
205 Befehl OKW vom 12. 9. 1944, BA NS 7/328
206 Vgl. OKW vom 18. 10. 1944, BA NS 7/329, Bl. 1
207 Vgl. Fernschreiben Chef Heeresjustizwesen vom 13. 8. 1944, BA/MA RH 13/14, Bl. 77
208 Vgl. S. 42 f. dieses Buches
209 Merkblatt g 25/1, BA/MA RHD 7/25/1 und BA/MA R 22/5020, Bl. 7 ff.
210 Vgl. WStVzV Ziff. 248 und 256

211 WStVzV Ziff. 280
212 Vgl. Merkblatt vom 7. 10. 1942, a.a.O., S. 3
213 BA R 22/5020, Bl. 112
214 Vgl. Merkblatt vom 7.10.1942, a.a.O., S. 5
215 Der Reichsführer-SS als Chef HRüst und BdE vom 21. 9. 1944, BA/MA RH 14/23, Bl. 135 und RH 13/66, Bl. 86
216 Der Reichsführer-SS und Chef der Deutschen Polizei vom 11. 3. 1944, BA NS 7/352
217 Vgl. BA/MA R 22/5020, Bl. 114
218 Vgl. BA NS 7/349, Bl. 2
219 Vgl. NS 7/349, Bl. 6
220 Der Reichsführer-SS und ChefHRüst und BdE vom 21. 9. 1944, BA/MA RH 13/66, Bl. 86
221 Vgl. Besprechung zwischen Vertretern des RMJ und des Hauptamtes Ordnungspolizei am 15. 1. 1943, BA NS 7/346
222 Vgl. OKH HR vom 16. 1. 1945, BA NS 7/208
223 RGBl 1939 I S. 1457
224 RGBl 1939 I S. 2132
225 §§ 13 und 13a KStVO
226 Vgl. BA/MA RH 14/22, Bl. 214; AHM 1940, Nr. 714
227 Runderlaß vom 1. 6. 1944, in: Rudolf Absolon (Hrsg.): Das Wehrmachtstrafrecht im 2. Weltkrieg. Sammlung der grundlegenden Gesetze, Verordnungen und Erlasse, Kornelimünster 1958, S. 220
228 Hans Buchheim: Befehl und Gehorsam, in: Anatomie des SS-Staates, Band 1, München 1967, S. 305
229 Vgl. OKH ObdE vom 16. 3. 1945, BA/MA RH 14/23, Bl. 164
230 Anlage zur Bekanntgabe 61/45 vom 8. 2. 1945, BDC O. 366
231 Vgl. Ebenda
232 Vgl. BA NS 7/153
233 Vgl. Werner Haupt: Das Ende im Westen, Dorheim o. J., S. 232 f.
234 Ebenda
235 Vgl. Fernschreiben Stürtz an Reichsführer-SS vom 19.2.1945, BDC HA SS-Gericht J-R
236 Vgl. BA NS 7/6, Bl. 34
237 Einsatz von Standgerichten im Wehrkreis III, Berlin, BA NS 7/6, Bl. 34
238 Vgl. OKH ObdE vom 6. 3. 1945, BA/MA RH 14/31, Bl. 4 f.
239 Vgl. Rudolf Absolon (Hrsg.), a.a.O., S. 221
240 Ebenda, S. 222

3
Rechtswesen der Waffen-SS

SS-Sondergerichtsbarkeit
SS-Kriminalstatistik
Bestrafung und Begnadigung
Bewährungseinheiten
Rehabilitierungen
Freiheitsentzug
Sondereinheiten zur Partisanenbekämpfung

SS-Sondergerichtsbarkeit

Zwei Monate nach Beginn des Zweiten Weltkrieges richtete der Ministerrat für die Reichsverteidigung auf Drängen Himmlers eine Sondergerichtsbarkeit in Strafsachen für Angehörige der SS und der Polizeiverbände bei besonderem Einsatz ein. [1] Die Vorschriften des Militärstrafgesetzbuches und der Militärstrafgerichtsordnung fanden »sinngemäß« Anwendung. An die Stelle der Kriegsgerichte der Wehrmacht traten jedoch SS- und Polizeigerichte. Den Platz der richterlichen Militärjustizbeamten nahmen SS-Justizführer ein, die wie die Militärrichter die Befähigung zum Richteramt, d. h. die zweite Staatsprüfung, haben mußten. Sie waren SS-Führer oder Polizeioffiziere im Range von SS-Hauptsturmführern, SS-Sturmbannführern und SS-Obersturmbannführern und keine richterlichen Beamten. Sie unterstanden in disziplinarer Hinsicht unmittelbar dem Reichsführer-SS, der in dieser Funktion vom Chef des Hauptamts SS-Gericht vertreten wurde, und nicht den Gerichtsherren der Verbände. Diese Regelung sollte ihnen mehr Entscheidungsfreiheit verschaffen, als die Kriegsrichter der Wehrmacht hatten. Abweichend von den Vorschriften der Kriegsstrafverfahrensordnung traf der Vorsitzer, der die Hauptverhandlung leitete, auch die dem Urteil vorangehenden Entscheidungen, die bei der Wehrmacht dem Gerichtsherrn oblagen. Über Beweisanträge entschied er allein. Die beisitzenden Richter hatten lediglich beratende Funktion. [2]
Wie bei der Wehrmacht hatte auch jeder Verband der Waffen-SS und Polizei ein eigenes Gericht. Dem Wachstum der Waffen-SS von 3 Divisionen zu Beginn des Krieges auf 38 Divisionen, 18 Generalkommandos und 4 Armeeoberkommandos bis zum Ende des Krieges konnte die Besetzung der Gerichte mit qualifizierten SS-Richtern nicht Schritt halten. Es kam zu Engpässen [3]
Für die Ermittlungsaufgaben waren den SS-Richtern SS-Gerichtsoffiziere beigegeben. Sie gehörten zum Truppendienst und unterstanden den SS-Richtern nur fachlich. Zur Vorbereitung auf ihre Disziplinaraufgaben sollten möglichst viele SS-Führer einmal die Tätigkeit des SS-Gerichtsoffiziers wahrgenommen haben.

Die Vorschriften des Militärstrafgesetzbuches über besondere Ehrenstrafen gegen Soldaten fanden in der SS keine Anwendung; dort galten die Vorschriften über die Ehrenstrafen der Ausstoßung, des Ausschlusses und der Entlassung. Auf »Ausstoßung« aus der SS mußte erkannt werden, wenn eine Straftat »einen schweren Verstoß gegen Grundsätze der NSDAP oder SS« enthielt, mit der Folge, daß dieses entehrende Ausscheiden den Verlust der Dienstbezeichnung, die dauernde Unfähigkeit zur Wiederaufnahme in die SS, den Verlust der Orden und Ehrenzeichen und den Verlust der Ansprüche auf Dienst- und Versorgungsbezüge mit sich führte. Parallel zu dieser Ehrenstrafe lief meistens der Verlust der Wehrwürdigkeit. Der »Ausschluß« aus der SS erfolgte, wenn eine Tat, die mit mindestens 1 Jahr Gefängnis bestraft wurde, vorsätzlich begangen war, eine »ehrlose Gesinnung« erkennen ließ oder das Ansehen der SS schädigte. Der Ausschluß aus der SS hatte die gleichen Folgen wie die Ausstoßung außer der Aberkennung der Orden und Ehrenzeichen, wenn das Gericht nichts anderes festlegte. Ausstoßung oder Ausschluß drohte denen, die wegen Fahnenflucht, unerlaubter Entfernung, Feigheit, Gehorsamsverweigerung, Widersetzung, tätlichen Angriffs auf Vorgesetzte, Meuterei und Aufruhrs, Plünderung und ähnlicher Delikte verurteilt wurden. Die einfache Entlassung aus der SS hatte lediglich den Verlust der Dienstbezeichnung zur Folge. [4]

Legionsangehörige und freiwillig dienende Ausländer in der Waffen-SS waren keine Mitglieder der SS. Über sie konnten keine Ehrenstrafen verhängt werden. Im allgemeinen trat bei ihnen an die Stelle der Entlassung aus der SS der Rangverlust mit allen finanziellen Konsequenzen. [5]

Im April 1940 wurde für die Aufgaben, die dem Reichskriegsgericht für Wehrmachtangehörige oblagen, für die der Sondergerichtsbarkeit unterstehenden Personen ein Oberstes SS-Gericht mit Sitz in München eingerichtet. Die Funktion des Präsidenten nahm der Reichsführer-SS und Chef der Deutschen Polizei selbst wahr, der als seinen ständigen Vertreter den Chef des Hauptamtes SS-Gericht einsetzte. [6] Das war bis 1942 der SS-Obergruppenführer und General der Waffen-SS Paul Scharfe und nach dessen Tod mit gleichem Dienstgrad Franz Breithaupt. Als Nichtjuristen delegierten sie diese Aufgabe an den Chef der Rechtsabteilung in ihrer Dienststelle.

SS-Obergruppenführer und General der Waffen-SS Paul Scharfe, geb. 1876 in

Danzig, gehörte zu den wenigen älteren Funktionsträgern in der SS. Er verließ 1903 als Leutnant im I.R. 55 die Militärlaufbahn, heiratete und wurde Polizei-Distriktkommissar in der Provinz Posen. 1914–1915 nahm er als Kompanie- und Bataillonsführer am Ersten Weltkrieg teil, bis er wegen angeblich drohender polnischer Aufstände in sein Amt zurückgerufen wurde. 1919 wiesen ihn die Polen aus. 1921 wurde er in die Schutzpolizei Halle übernommen. 1931 erreichte er nach siebenjähriger Tätigkeit als Oberstleutnant bei der Schutzpolizei Berlin sein Pensionsalter und trat in den Ruhestand über. Seit 1931 Mitglied der NSDAP und SS, wurde er, obwohl er von Jurisprudenz nichts verstand, von Himmler am 29. 6. 1933 mit der Wahrnehmung der Geschäfte des Chefs des SS-Gerichts beauftragt und zwei Monate später als SS-Oberführer zum Chef des Hauptamtes SS-Gericht ernannt. Am 27. 7. 1942 starb er an einem Herzinfarkt. Für die Witwe ließ Himmler das Haus des Schweizer Dichters Georg Binding in Starnberg, Herzog-Wilhelm-Straße 3, für den Preis von 70000 RM in Schweizer Franken kaufen, angesichts der Devisensituation des Reiches eine ganz besondere Dotation.

Scharfes Nachfolger wurde am 15. 8. 1942 unter gleichzeitiger Ernennung zum General der Waffen-SS der SS-Gruppenführer Franz Breithaupt, geb. am 8. 12. 1880 in Berlin. Als Berufsoffizier beim I.R. 42 nahm er am Ersten Weltkrieg teil und erreichte den Dienstgrad Major. 1919–1921 diente er im Freikorps Ehrhardt. In der Weimarer Republik betätigte er sich als Kaufmann. 1931 trat er als Sturmbannführer in die SA ein. Sein Übertritt in die SS erfolgte am 1. 12. 1932. Von diesem Zeitpunkt bis zum 1. 1. 1942 war er Adjutant Himmlers, zuletzt im Rang eines Oberführers. Anschließend gehörte er bis zum 1. 3. 1942 zum Persönlichen Stab Reichsführer-SS. Bevor er das Hauptamt SS-Gericht übernahm, arbeitete er ein halbes Jahr im Reichssicherheitshauptamt. Mit ihm wurde zum zweitenmal ein Nichtjurist Leiter des Hauptamtes SS-Gericht.

Chef des Rechtsamtes und führender Jurist im Hauptamt SS-Gericht war von 1940 bis November 1943 SS-Standartenführer Dr. Günther Reinecke. Er vertrat den Hauptamtschef und war der ständige Vorsitzende des Obersten SS- und Polizeigerichts. Geboren 1908, Parteieintritt am 1. 5. 1933, bestätigte ihm Scharfe in einer Beurteilungsnotiz »feste Bejahung nationalsozialistischer Weltanschauung« und eine »unerschütterliche Anhänglichkeit an diese Weltanschauung«. Breithaupt fügte hinzu: »Seine SS-mäßige Haltung sowie sein Verhalten in und außer Dienst sind vorbildlich.«

Der Rechtsberater im Persönlichen Stab des Reichsführers-SS trug die Amtsbezeichnung »Richter beim Reichsführer-SS und Chef der Deutschen Polizei«. Ihm oblag insbesondere die Dienstaufsicht über das Hauptamt SS-Gericht. Alle Entscheidungen Himmlers in Rechtsfragen wurden von ihm vorbereitet.

»Richter beim Reichsführer-SS und Chef der Deutschen Polizei« war der Standartenführer Horst Bender, geb. 1905. Nach dem Studium der Rechts- und Staatswissenschaften in Breslau und Königsberg ließ er sich als Rechtsanwalt in Lych nieder. Seit 1. 8. 1932 Mitglied der NSDAP und seit 1. 4. 1933 Angehöri-

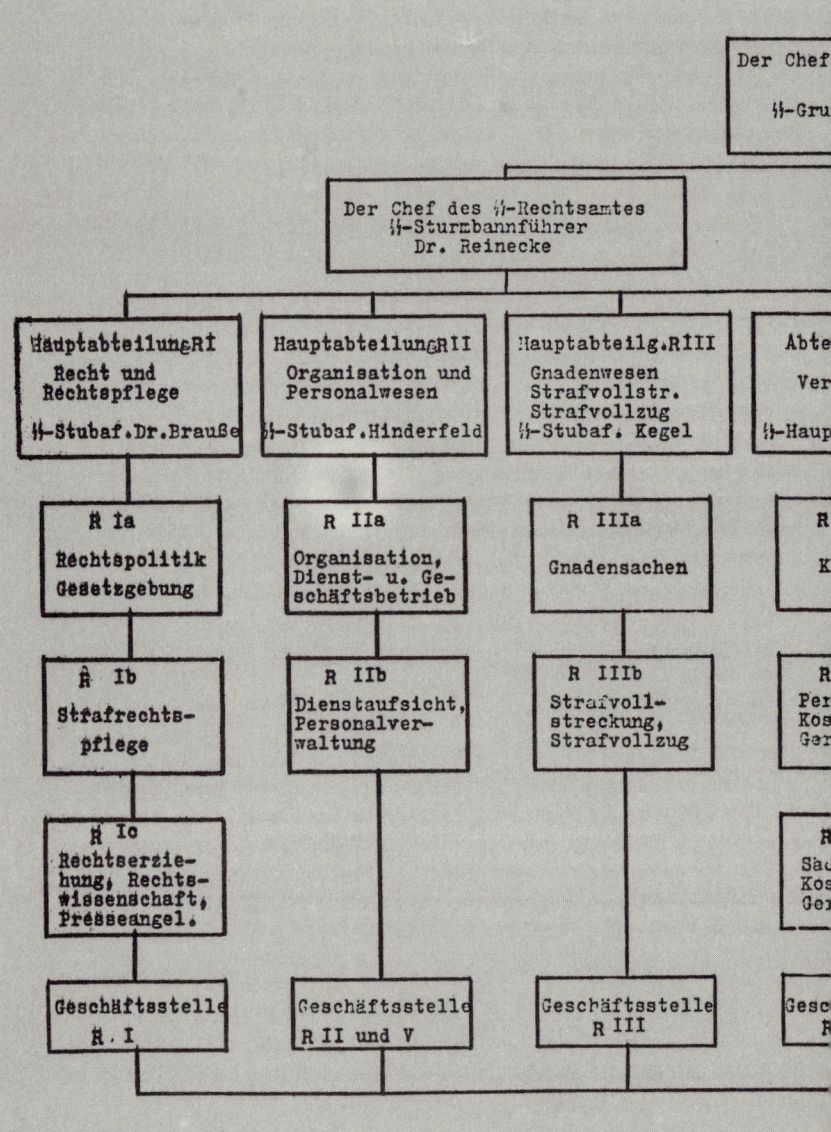

Geheim

―tes ⁄⁄-Gericht
⁄⁄Scharfe

```
┌─────────────────────────────┐   ┌─────────────────────────────┐
│ Der Chef des Verbindungsamtes│   │ Der Chef des Disziplinaramtes│
│    ⁄⁄-Oberführer            │   │    ⁄⁄-Sturmbannführer        │
│       Tondock               │   │       Hinderfeld             │
└─────────────────────────────┘   └─────────────────────────────┘
```

Abteilung R V	Hauptabteilg. D I	Hauptabteilg. D II
Disziplinar- und Beschwerdewesen Ehrenschutz ⁄⁄-Stubaf. Hinderfeld	Disziplinarsachen ⁄⁄-Sturmbannf. Klebensberger	Beschwerde- und Gnadensachen ⁄⁄-Stubaf. Kegel

R Va	Abteilg. D I a	Abteilg. D II a
Disziplinarwesen	Hauptämter Waffen-⁄⁄	Beschwerden

R Vb	Abteilg. D I b	Abteilg. D II b
Beschwerdewesen	⁄⁄-Oberabschnitte	Gnadensachen

R Vc
Ehrenschutz

Geschäftsstelle des D-Amtes

Gericht

ger der SS, war er eine zeitlang Richter bei der SS-Division Reich, bis er in den Persönlichen Stab des Reichsführers-SS gerufen wurde.

Zu Gerichtsherren bestimmte Himmler für die militärischen Einheiten die Divisionskommandeure, für die Hauptämter der SS die Hauptamtchefs und für die übrigen der Sondergerichtsbarkeit unterstehenden Einheiten die Höheren SS- und Polizeiführer, die Inspekteure der Ordnungs- und Sicherheitspolizei und die Stabsführer der Allgemeinen SS. [7] Ihnen oblag die Bestätigung der Urteile der SS- und Polizeigerichte ihres Bereichs. In einer Reihe von Fällen behielt sich Himmler die Urteilsbestätigung selbst vor, nämlich

– von Urteilen gegen SS-Führer und Polizeioffiziere sowie gegen Polizeibeamte im Offiziersrang
– von Urteilen gegen SS-Angehörige mit den SS-Nummern 1–15 000
– über Entscheidungen bei Eheverfehlungen
– bei Urteilen über »Rassenschande«, insbesondere Geschlechtsverkehr von Angehörigen der SS und Polizei mit andersrassigen Frauen in den besetzten russischen Gebieten
– in Strafverfahren gegen ungarische und schweizerische Staatsangehörige. [8]

Das Aufhebungsrecht für alle Urteile der SS- und Polizeigerichte blieb Himmer vorbehalten. Er ließ das Recht vom Chef des Hauptamtes SS-Gericht wahrnehmen. Damit seine Elitevorstellungen für die SS verwirklicht werden könnten, befahl der Reichsführer-SS die Anwendung der Kriegsgesetze »in all ihrer Härte«.

»SS und Polizei müssen in jeder Hinsicht untadelig und vorbildlich sein. Die besondere Ehre, in der SS oder Polizei dem Führer im jetzigen Lebenskampf des deutschen Volkes dienen zu dürfen, ist an erhöhte Pflichten geknüpft. Deshalb erfordern Pflichtverletzungen von SS- und Polizeiangehörigen auch harte Sühne. Insbesondere müssen alle SS-Angehörigen darauf hingewiesen werden, daß die Gerichte der SS und Polizei neben Freiheitsstrafen auch auf gerichtliche SS-Ehrenstrafen erkennen können. Das geschieht bei einem Verstoß gegen ein Grundgesetz der SS sowie bei ehrwidrigem Verhalten ausnahmslos.« [9]

Die Zahl der todeswürdigen Verbrechen war in der SS höher als in der Wehrmacht. Treuepflichtverletzungen wie Fahnenflucht oder Zersetzung der Wehrkraft wurden anfangs grundsätzlich mit dem Tode bestraft; erst im Verlauf des Krieges kam man davon ab. Plünderung und Diebstahl wurden unnachsichtig geahndet, weil nach dem Willen des Reichsführers-SS die »Heiligkeit des Eigentums« unbedingt beachtet werden mußte. Deshalb wurden Eigentumsdelikte innerhalb der SS außer mit hohen Freiheitsstrafen auch mit Ehrenstrafen belegt, selbst wenn der Wert der gestohlenen Sache gering war. »Es kann für einen Angehörigen der SS und Polizei kaum Schimpflicheres geben, als einen Kameraden zu bestehlen.«[10] Die harschen Richtlinien Himmlers zur Aburteilung von Eigentumsdelikten führten dazu, daß der Verurteilte in der Regel aus der SS ausgeschlossen wurde, auch wenn die Strafe nur auf Gefängnis lautete. Nicht selten wurden Zuchthausstrafen, gelegentlich auch Todesstrafen ausgesprochen. Wegen der »auffälligen Häufung von ehrenrührigen Straftaten«, insbesondere Diebstählen, kündigte der Kommandeur der SS-Totenkopfdivision im Frühjahr 1941 an, er werde in Zukunft bei ähnlichen Fällen die Ausstoßung aus der SS verfügen, durch die die Täter wehrunwürdig würden.[11] Erst als die Sinnlosigkeit so schwerer Strafen im Vergleich zum zivilen Strafrecht sichtbar wurde, milderte Himmler im September 1942 das Strafmaß für Eigentumsdelikte. Bei Tätern unter zwanzig Jahren sollte »ausnahmsweise« bei leichteren Diebstahlsfällen von der Verhängung einer SS-Ehrenstrafe, d. h. Ausschluß oder Entlassung aus der SS, abgesehen werden, wenn zu erwarten war, »daß der Täter trotz seiner Tat noch zu einem anständigen SS-Mann erzogen werden« konnte. Himmler tadelte die SS-Führer, daß es an ihrer Erziehung liege, »wenn in einer Truppe trotz schärfster Bestrafungen ein Abnehmen der Diebstahlsfälle nicht festzustellen sei«. »Um die Abschreckung besonders wirksam zu gestalten«, ordnete er an, daß bei Truppenteilen, bei denen sich die Diebstähle häufen, einige besonders schwer gelagerte Fälle mit dem Tode zu bestrafen seien und die Vollstreckung der Todesstrafe vor dem gesamten angetretenen Bataillon erfolgen müsse. Das Peloton, das die Erschießung durchführte, sollte aus Männern bestehen, »die in bezug auf die Eigentumsdelikte als unsichere Kantonisten gelten«. Ihnen sollten, falls vorhanden, solche Männer beigegeben werden, die bereits einmal ein Eigentumsdelikt begangen hatten, »aber wegen der besonderen Lage des Falles« in der SS geblieben waren. Himmler tadelte die Truppenführer, daß sie die Soldaten nicht rechtzeitig und nachhaltig belehrt und gewarnt hätten. Drohungen seien sinnlos. »Unsere Einstellung zu Eigentumsverletzungen muß den Männern vielmehr von unserer Weltanschauung her überzeugend dargelegt werden.

Sie sollen von dem Grundsatz über die Heiligkeit des Eigentums nicht nur gehört haben, sondern wirklich verstanden haben, was der Reichsführer-SS damit will. Vor allem müssen sie stets an ihrer Ehre gepackt werden. Es muß den Männern in Fleisch und Blut übergehen, daß es die Ehre eines nordisch ausgerichteten Menschen verbietet, sich an fremdem Eigentum zu vergreifen.« Bei Plünderungen, die mit Einbruchdiebstahl gleichgestellt wurden, betrug die Mindeststrafe 1 Jahr Zuchthaus. [12] Ausstoßung aus der SS und Wehrunwürdigkeit waren die Folgen.
Unnachsichtig bestraft wurde bis zum Kriegsende, wer sich der »Rassenschande«, der Unzucht unter Männern oder der Abtreibung schuldig machte, weil er sich mit diesen Delikten »aufs schwerste gegen die nationalsozialistische Weltanschauung« verging (vgl. S. 209). [13]
Auch Straftaten, die bei Trunkenheit begangen wurden, wurden in der SS strenger geahndet als in der Wehrmacht, da Himmler als Antialkoholiker von einem Angehörigen der SS oder Polizei erwartete, »daß er sich nicht sinnlos betrinkt und sich auch nicht unter Alkoholeinfluß zu strafbaren Handlungen hinreißen läßt«. Der Strafrahmen lag bei 5 Jahren Gefängnis für Rauschtaten. Er wurde durch § 5a Abs. 2 KSSVO verschärft, wenn z. B. das Ansehen der SS geschädigt wurde. [14] Das war offenbar der Fall, als 6 Unteroffiziere der SS-Totenkopfdivision im November 1939 mit einem Dienstauto eine Schwarzfahrt nach München machten und sich dort derart betranken, »daß sie die Gewalt über ihr Fahrzeug verloren und in der Dachauerstraße in München einen Zusammenstoß mit der Straßenbahn verursachten«. Dann folgt im Divisionsbefehl, der das Urteil bekannt gab, der Satz: »Die vorgenannte Horde ist im besoffenen Zustand in dem gestohlenen Opel-Blitz eingeschlafen.« Die Schuldigen wurden degradiert, aus der SS ausgeschlossen, mit Häftlingskleidung versehen und in das Konzentrationslager Buchenwald eingeliefert. [15]
Im Vergleich dazu kam der SS-Obersturmbannführer B. verhältnismäßig gut weg, obwohl er volltrunken am Ende einer durchzechten Nacht einen Unterarzt auf den Mund geküßt hatte. Seine Gefängnisstrafe wurde zur Bewährung ausgesetzt. B. kam zum Verlorenen Haufen. [16]
Der »Erlaß des Führers zur Reinhaltung von SS und Polizei« vom 7.3.1942, der den Angehörigen der SS und Polizei nur mündlich bekanntgegeben wurde mit dem Hinweis, »daß Mitteilungen hier-

9 Deutsche Soldaten auf der Suche nach Partisanen

10 Aushebung eines Schlupfwinkels von Partisanen in Weißrußland im Sommer 1942

21 Gefangennahme eines sowjetischen Partisanen

23 Erhängung von Partisanen zur Abschreckung der russischen Zivilbevölkerung (rechts oben)

24 Erschießung von russischen Partisanen durch ein Kommando der Wehrmacht 1943 (rechts unten)

22 Aufbringung von Partisanen durch Kosaken im Dienst der Deutschen Polizei

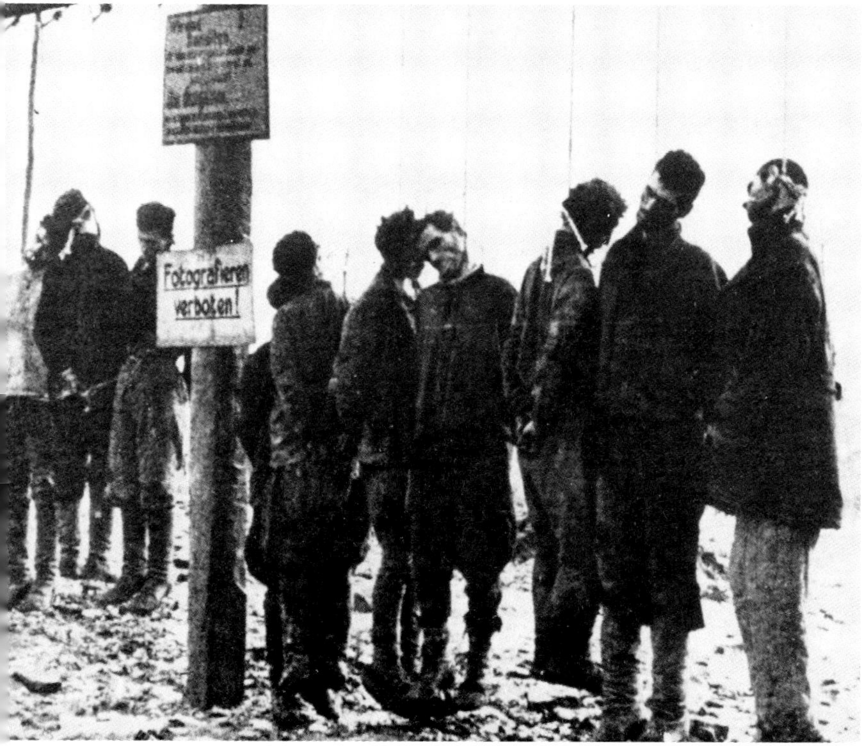
Fotografieren
verboten!

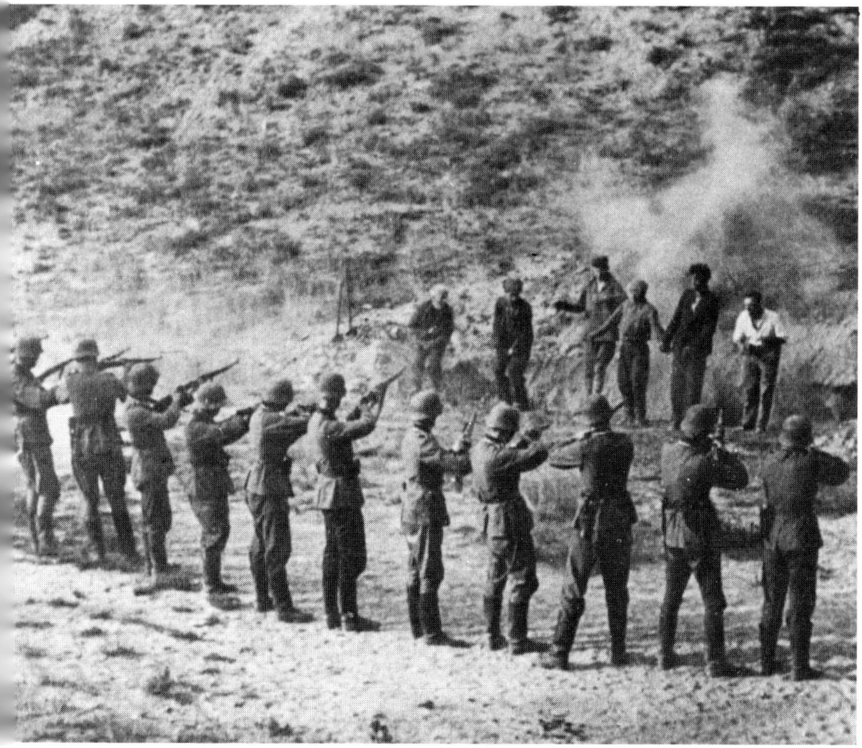

25 Drei russische Partisanen auf dem Weg zur Hinrichtung in Minsk

26 Zurschaustellung der Erhängten zum Zwecke der Abschreckung

7 Bewährungsschützen der Brigade Dirlewanger bei der Niederschlagung des Warschauer Aufstands im September 1944

8 Angehörige der Brigade Dirlewanger in einer Feuerstellung

29 SS-Oberführer Dr. Oskar Dirlewanger, Kommandeur der nach ihm benannten Einheit

30 SS-Obergruppenführer und General der Waffen-SS Gottlob Berger, Chef des SS-Hauptamts

1 Urteilsverkündung eines Sonderstandgerichts 1945

2 Erhängte deutsche Soldaten, die von einem Sonderstandgericht zum Tode verurteilt wurden

33 Erschießung eines deutschen Soldaten durch ein Peloton der Wehrmacht im Frühjahr 1945

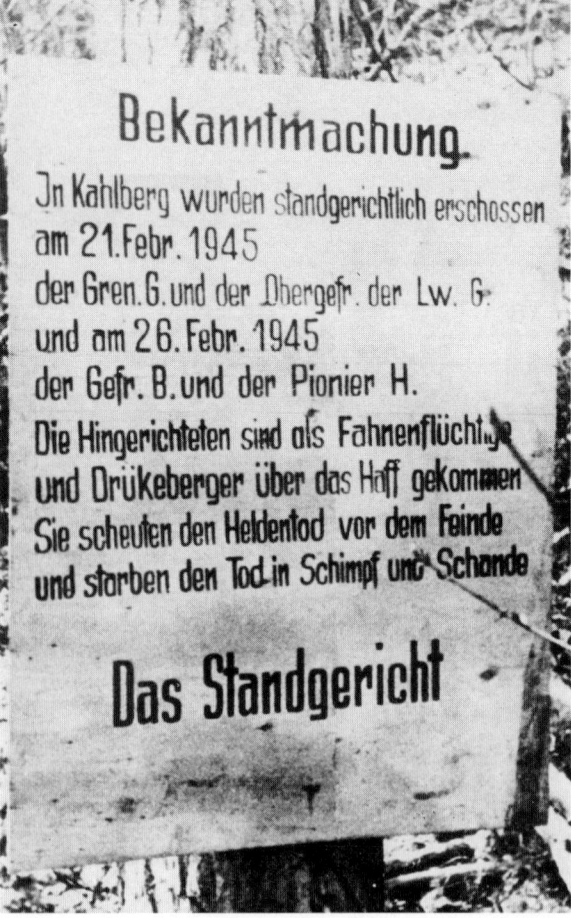

34 Öffentliche Bekanntgabe der Erschießung zweier deutscher Deserteure im Februar 1945

Entwurf.

Der Reichsführer-SS   Berlin, den 21. Juni 1941.
    und
Chef der Deutschen Polizei

Betr.: Geschlechtsverkehr mit Polinnen.
Bezug: Der Reichsführer-SS, SS-Hauptamt/ZK/Az.11a/ 19.4.39.

Ein Staffel-Scharführer der Allgemeinen-SS, beauftragter Führer eines Sturmes, hat im Laufe des Jahres 1940 wahllos mit Polinnen geschlechtlich verkehrt, obwohl ihm meine gegenteiligen Anordnungen bekannt waren und er selbst die ihm unterstellten SS-Männer über das Verbot des Geschlechtsverkehrs mit Polinnen belehrt hatte. Bei einer der Polinnen hat sich dieser SS-Angehörige mit Syphilis angesteckt und danach trotz des Verbotes des behandelnden Arztes seiner Ehefrau und einem volksdeutschen Mädchen beigewohnt.
Der Staffel-Scharführer wurde von mir mit Schande aus der SS entlassen und für viele Jahre in ein Konzentrationslager eingewiesen.
Ich werde auch in Zukunft jeden Verstoß gegen meinen obengenannten Befehl, durch den ich den Angehörigen der SS und Polizei jede geschlechtliche Verbindung mit Frauen und Mädchen einer andersrassigen Bevölkerung verboten habe, nachdrücklichst ahnden.

über an außerhalb Stehende verboten sind«, stellte Unzucht zwischen Männern unter die Todesstrafe. Verfehlungen gleichgeschlechtlicher Art sollten, obwohl sie in den Reihen der SS angeblich nur ganz selten vorkamen, »mit rücksichtsloser Strenge geahndet werden, da der Führer will, daß SS und Polizei unbedingt sauber bleiben und deshalb mit allen Mitteln von dieser gefährlichen Pest reingehalten werden müßten.« [17]

Alle der Sondergerichtsbarkeit Unterworfenen mußten regelmäßig von den Führern der Einheiten und den Dienststellenleitern über strafbare Pflichtverletzungen und ihre Folgen belehrt werden. Als besonders vordringlich wurde die vorbeugende Belehrung bei den Ersatzbataillonen und den ausländischen Freiwilligen erachtet. Um deren Straffälligkeit entgegenzuwirken, befahl das Hauptamt SS-Gericht am 15. 10. 1941, diesen Personenkreis »besonders eindringlich zu belehren« und die Männer mit den SS-Auffassungen über Mannszucht auch in ihren strafrechtlichen Auswirkungen vertraut zu machen. [18]

SS-Führer mußten bei Dienstvergehen, die ihre Untergebenen betrafen, mit strengeren Strafen rechnen als ihre Kameraden in der Wehrmacht. Der Obersturmführer Weise von der SS-Totenkopfdivision wurde mit lebenslänglichem Zuchthaus bestraft, weil er einen Dieb in seiner Einheit eigenhändig prügelte und Züchtigungen durch seine Kameraden nicht verhinderte, an denen der Betroffene starb. [19]. Der Sturmbannführer Dr. Eberhard Denzel wurde von seinem Richteramt abgelöst, weil er einen SS-Führer zum Selbstmord verleitete, und als Bewährungsschütze in das Panzer-Grenadierregiment Totenkopf versetzt. [20]

Dieser Fall ist bis in die Einzelheiten belegt. In seiner Funktion als Richter der SS-Panzerdivision Hitlerjugend führte Dr. Denzel im Januar 1944 Ermittlungen gegen den SS-Untersturmführer Wilfried Murr durch, den Sohn des Gauleiters von Württemberg-Hohenzollern Wilhelm Murr. Nach einem Trinkgelage mit den Unterführern seines Zuges hatte Murr die belgische Wirtin des Gasthauses mit vorgehaltener Pistole zum Geschlechtsverkehr gezwungen. Am nächsten Tag mußte Murr ein belgisches Ehepaar in dessen Haus wegen des Verdachts, der Widerstandsbewegung anzugehören, festnehmen. Während die Eltern abgeführt wurden und ein Posten vor der Haustür stand, verging sich Murr an der 15jährigen Tochter. Im Verlauf der Ermittlungen legte Denzel dem Angeklagten nahe, »mit Rücksicht auf die Familie ... sowie auf das Ansehen der SS und auch aus politischen Gründen« die Taten durch Freitod zu sühnen. Auf Weisung Denzels überließ ihm der 2. Richter der Division, SS-Untersturmführer Dr. Binder, eine Pistole. Der Angeklagte erschoß sich. Das alles geschah

ohne Wissen des Divisionskommandeurs oder des Kommandierenden Generals des SS-Panzerkorps, d. h. des Gerichtsherrn und des übergeordneten Gerichtsherrn. Der Selbstmörder wurde auf dem deutschen Soldatenfriedhof Antwerpen begraben.
Als Gauleiter Murr die näheren Umstände des Todes seines Sohnes kennenlernte, wandte er sich unmittelbar an Himmler. Dieser beauftragte den SS-Richter Dr. Bender aus seinem Persönlichen Stab, bei der SS-Panzerdivision Hitlerjugend zu ermitteln. Sein Bericht trägt das Datum vom 23. 2. 1944. Am 14. 3. 1944 wurde Dr. Denzel ohne Gerichtsverfahren von Himmler degradiert und als SS-Grenadier zur SS-Totenkopfdivision versetzt, weil er sich »in unverantwortlicher Weise« zum Herrn über Leben und Tod eines SS-Mannes aufgespielt hatte. Dort sollte ihm die Chance zur Bewährung gegeben werden. Im Mai 1944 nahm er an einem Panzernahkampflehrgang beim SS-Panzergrenadier-Ausbildungs- und -Ersatzbataillon 3 teil und wurde anschließend als Zugtruppführer beim 5. Panzergrenadierregiment 6 »Theodor Eicke« an der Front eingesetzt. Am 27. 7. 1944 wurde er in der Nähe von Grodno durch Splitter an den Beinen und am Kopf schwer verwundet, als der Lastwagen, in dem er saß, über eine Mine fuhr. Wegen seiner Verwundung und weil er sich um die weltanschauliche Ausrichtung der Einheit verdient gemacht hatte, wurde Denzel vom Regimentskommandeur zur Bewährung vorgeschlagen. Das Hauptamt SS-Gericht rehabilitierte ihn und setzte ihn in seinen alten Dienstgrad ein. Nach seiner Genesung wurde er am 25. 1. 1945 Chefrichter des SS- und Polizeigerichts XXXVII in Drontheim. [21]

Vom Hauptamt SS-Gericht wurden die Truppenführer immer wieder darauf hingewiesen, daß Unrecht zu verhüten besser sei, als begangenes Unrecht wiedergutzumachen, strafbaren Verfehlungen vorzubeugen nützlicher sei, als Straftaten zu sühnen. Man appellierte an die Vorbildfunktion des Disziplinarvorgesetzten. Man wiegte sich in dem Glauben, daß strafbare Handlungen seltener wären, wenn »die Untadeligkeit und Rechtschaffenheit aller Führer der Einheit die Gefolgschaft zu selbstverständlicher Nachfolge zwinge«. Im Rahmen ihrer erzieherischen Funktion hätten die Truppenführer die Untergebenen »zu dem Menschen zu formen, der gebraucht werde«. Bevor den Männern nicht bestimmte Anschauungen über Pflicht und Recht zum inneren Besitz geworden seien, könne mit einer Verminderung der Straftaten nicht gerechnet werden. Insbesondere den Führern von Einheiten, die den Nachwuchs betreuten, wurde ans Herz gelegt, »im Dienstunterricht ausführlich die Grundpflichten jedes SS- und Polizeiangehörigen durchzusprechen«. An dieser Stelle könne man die Soldaten am besten vor Pflichtverletzungen warnen. [22]

SS-Kriminalstatistik

Aus der Kriminalstatistik für die SS, die vom Hauptamt SS-Gericht zusammengestellt wurde, sind nur die Darlegungen über das erste Vierteljahr 1943 erhalten. Sie machen deutlich, daß man im Verlauf des Krieges von den rigorosen Strafmaßandrohungen abgekommen war. Todesurteile waren selten. Von 65 Fahnenfluchtfällen wurden nur 16 und von 43 Fällen von Wehrkraftzersetzung nur 10 mit dem Tode bestraft. 35 Fahnenflüchtige kamen mit Zuchthausstrafen und 14 mit Gefängnis davon. Neben den 10 Todesurteilen wegen Zersetzung der Wehrkraft standen 17 Zuchthausstrafen und 16 Gefängnisstrafen. Wegen widernatürlicher Unzucht wurde im ersten Vierteljahr 1943 keiner mit dem Tode bestraft; 8 Verurteilte erhielten Zuchthaus- und 14 Gefängnisstrafen. Auf 1174 Eigentumsdelikte fielen nur 6 Todesurteile. Wegen Kameradendiebstahls erhielten nur 7 und wegen militärischen Diebstahls nur 22 Zuchthausstrafen. Nur Straftaten von Ausländern gegen das Deutsche Reich wurden weiterhin rigoros mit Todesurteilen belegt. Von 48 Delinquenten, die von SS- und Polizeigerichten im ersten Vierteljahr 1943 rechtskräftig verurteilt wurden, erhielten 29 die Todesstrafe.

Von den im ersten Vierteljahr 1943 rechtskräftig verurteilten 2764 Personen fielen
- 1391 auf die SS, einschließlich der germanischen Freiwilligen und Legionäre,
- 658 auf die Ordnungspolizei und Sicherheitspolizei,
- 409 auf die Hilfsverbände,
- 306 auf sonstige Personen.

Bis auf 4 Männer aus der Allgemeinen SS gehörten die 1391 Verurteilten ausschließlich zur Waffen-SS. 194 waren Volksdeutsche, 74 germanische Freiwillige und 144 Legionäre. 450 Urteile wurden von Frontgerichten und 941 von festen Gerichten ausgesprochen.

Zwei Drittel der Verurteilten waren über 30 Jahre alt. 199 waren 18 Jahre und darunter, 720 18–21 Jahre und 789 21–30 Jahre alt. Kriegswirtschaftsdelikte und Ehrverletzungen wurden fast ausschließlich von Personen über 30 Jahren begangen. Auch an den

Ungehorsamsdelikten hatten die mehr als 30jährigen den größten Anteil.
445 Verurteilte waren bereits gerichtlich vorbestraft. 1196 Straftaten der 2764 Verurteilten wurden in Tatmehrheit begangen. Die größte Zahl stellten die Eigentumsdelikte in Kombination mit Verstößen gegen die Wahrheitspflicht dar.
Im ersten Vierteljahr 1943 wurden von den SS- und Polizeigerichten 171 Personen freigesprochen. 86 Verfahren wurden eingestellt.
Von den 69 Todesstrafen, die im ersten Vierteljahr 1943 von SS- und Polizeigerichten ausgesprochen wurden, entfielen 29 auf Ausländer wegen strafbarer Handlungen, die sich gegen das Deutsche Reich richteten. Davon wurden 20 vollstreckt und die restlichen 9 im Gnadenwege in Zuchthaus umgewandelt. 16 Todesstrafen kamen auf Fahnenflucht; von ihnen wurden 14 vollstreckt und 2 in Zuchthaus umgewandelt. Auf Zersetzung der Wehrkraft entfielen 10 Todesstrafen, von denen 8 vollstreckt und 2 in Zuchthaus umgewandelt wurden.
Von den verurteilten SS-Angehörigen wurden 130 aus der SS ausgestoßen, 255 ausgeschlossen und 44 entlassen. Gegen 23 Männer wurde auf Rangverlust erkannt.
Die Erläuterungen des Hauptamts SS-Gericht zur Kriminalstatistik für das erste Vierteljahr 1943 besagen, daß in absoluten Zahlen gesehen gegenüber dem Jahr 1942 ein Ansteigen der Straffälligkeit festzustellen war, daß dies aber durch die Erhöhung der Gesamtstärke der SS bedingt war. Relativ gesehen sei bei der Waffen-SS sogar ein gewisser Rückgang der Straffälligkeit zu verzeichnen gewesen, während bei der Polizei eine leichte Zunahme festgestellt wurde. [23]

1. Vierteljahr 1943 — Rechtskräftige Urtei[le]

Straftaten	insgesamt	SS	Polizei insgesamt	Ordnungspolizei	Sicherheitspolizei	Hilfsverbände insgesamt	Luftschutzpolizei	Schutzmannschaften und fremde Polizei	alle übrigen
I. Treupflichtverletzungen	468	278	48	42	6	104	13	80	1
Fahnenflucht	65	52	3	3	—	9	—	9	—
Unerlaubte Entfernung	337	199	31	26	5	83	10	66	—
Zersetzung der Wehrkraft	43	26	6	6	—	7	2	5	—
Sonstige	23	1	8	7	1	5	1	—	—
II. Ehrverletzungen	48	17	27	25	2	3	2	—	—
Beleidigung	28	8	16	15	1	3	2	—	—
Falsche Anschuldigung	10	5	5	4	1	—	—	—	—
Sonstige	10	4	6	6	—	—	—	—	—
III. Verstöße gegen die Wahrhaftigkeit	102	68	17	12	5	10	9	1	—
Urkundenfälschung	54	33	10	6	4	6	6	—	—
Unbefugtes Tragen von Uniformen, Orden usw	38	30	3	3	—	3	3	—	—
Sonstige	10	5	4	3	1	1	—	1	—
IV. Verstöße gegen die Manneszucht	587	249	235	203	32	85	10	58	1
Ungehorsam und Gehorsamsverweigerung	250	86	125	102	23	29	5	13	1
Tätliche Angriffe gegen einen Vorgesetzten	14	11	2	2	—	1	—	1	—
Wachvergehen	135	92	29	26	3	11	1	10	—
Gefangenenbefreiung u. Entweichenlassen v. Gef.	71	7	45	43	2	17	—	17	—
Volltrunkenheit	46	14	14	11	3	15	1	11	—
Sonstige	71	39	20	19	1	12	3	6	—
V. Führerpflichtverletzungen	35	19	13	7	6	3	2	1	—
Mißhandlung eines Untergebenen	20	13	5	4	1	2	2	—	—
Sonstige	15	6	8	3	5	1	—	1	—
VI. Angriffe auf Rasse, Volkskraft u. Sittlichkeit	50	11	23	20	3	6	5	1	—
Rassenschande	1	—	1	1	—	—	—	—	—
Widernatürliche Unzucht	22	6	6	5	1	4	4	—	—
Weitere Unzuchtsdelikte und Notzucht	15	2	11	10	1	1	—	1	—
Abtreibung	7	2	1	1	—	1	1	—	—
Sonstige	5	1	4	3	1	—	—	—	—
VII. Angriffe auf Leib und Leben	135	48	57	47	10	25	3	19	—
Totschlag	5	2	2	2	—	1	—	1	—
Fahrlässige Tötung	22	11	9	5	4	2	—	1	—
Körperverletzung	61	16	36	30	6	5	3	1	—
Unvorsichtige Waffenbehandlung	44	19	9	9	—	15	—	14	—
Sonstige	3	—	1	1	—	2	—	2	—
VIII. Angriffe auf die allgemeine Ordnung	57	18	25	19	6	4	1	2	—
Widerstand gegen die Staatsgewalt	5	3	1	1	—	1	1	—	—
Amtsanmaßung	12	4	5	4	1	—	—	—	—
Begünstigung	17	3	9	6	3	1	—	1	—
Sonstige	23	8	10	8	2	2	—	1	—
IX. Eigentumsdelikte	1174	661	196	154	42	154	43	94	—
Kameradendiebstahl	250	207	24	20	4	12	7	4	—
Militärischer Diebstahl	345	223	41	36	5	42	10	30	—
Sonstiger Diebstahl	168	68	13	12	1	14	8	4	—
Unterschlagung	119	73	22	13	9	13	3	8	—
Betrug	45	23	5	3	2	11	8	2	—
Plünderung	96	24	41	29	12	29	—	24	—
Bestechung	37	5	13	8	5	14	—	14	—
Hehlerei	41	22	10	9	1	2	—	1	—
Kriegswirtschaftsdelikte	40	6	16	15	1	10	6	1	—
Sonstige	33	10	11	9	2	7	1	6	—
X. Verkehrspflichtverletzungen	60	22	17	16	1	13	11	-	—
XI. Straftaten v. Ausländ. geg. das deutsche Reich	48	—	—	—	—	2	—	2	—
Summe:	2764	1391	658	545	113	409	99	258	

BA NS 19/1916

...d Strafverfügungen.

	Hauptstrafen											Ehrenstrafen					
	Zuchthaus				Gefängnis				Festungshaft	Arrest und Haft	Geldstrafe	Ausstoßung	Ausschluß	Entlassung	Rangverlust	Verlust der	
insgesamt	insgesamt	bis einschl. 5 Jahre	mehr als 5 bis einschl. 10 Jahre	über 10 Jahre	insgesamt	bis einschl. 6 Monate	mehr als ½ bis einschl. 1 Jahr	über 1 Jahr					aus der ff			Wehrwürdigkeit	bürgerlichen Ehrenrechte
60		39	15	6	317	151	73	93	—	58	5	49	59	7	1	53	39
35		23	10	2	14	2	7	5	—	—	—	32	4	—	—	31	24
8		6	—	2	274	138	56	80	—	54	—	6	52	6	—	7	3
17		10	5	2	16	3	7	6	—	—	—	11	3	1	—	15	11
--		—	—	—	13	8	3	2	—	4	5	—	—	—	—	—	1
—		—	—	—	25	16	8	1	—	22	1	—	1	—	—	—	—
—		—	—	—	14	8	6	—	—	13	1	—	—	—	—	—	—
—		—	—	—	5	4	1	—	—	5	—	—	—	—	—	—	—
—		—	—	—	6	4	1	1	—	4	—	—	1	—	—	—	—
5		3	2	—	74	44	24	6	—	23	—	3	12	3	1	2	3
5		3	2	—	42	25	14	3	—	7	—	3	7	2	—	2	3
—		—	—	—	24	15	8	1	—	14	—	—	3	—	1	—	—
--		—	—	—	8	4	2	2	—	2	—	—	2	1	—	—	—
16		13	3	—	357	240	58	59	—	203	7	8	36	5	8	8	12
5		5	—	—	150	101	26	23	—	92	1	4	12	3	1	4	4
—		—	—	—	13	5	7	1	—	—	—	—	1	—	1	—	—
4		2	2	—	99	65	16	18	—	32	—	2	16	—	2	2	4
2		2	—	—	18	17	—	1	—	49	2	—	—	—	—	—	—
1		1	—	—	36	22	3	11	—	9	—	—	3	1	1	—	—
4		3	1	—	41	30	6	5	—	21	4	2	4	1	3	2	4
1		1	—	—	18	12	3	3	1	15	—	1	—	—	—	1	—
1		1	—	—	8	6	2	—	1	10	—	1	—	—	—	—	—
—		—	—	—	10	6	1	3	—	5	—	—	—	—	—	—	—
11		8	2	1	39	9	15	15	—	—	—	2	3	2	—	2	9
1		—	1	—	—	—	—	—	—	—	—	—	—	—	—	—	1
8		6	1	1	14	—	5	9	—	—	—	1	3	1	—	1	7
2		2	—	—	13	2	7	4	—	—	—	✗	—	—	—	1	1
—		—	—	—	7	4	2	1	—	—	—	⌐1	—	1	—	—	—
—		—	—	—	5	3	1	1	—	—	—	—	—	—	—	—	—
3		2	1	—	79	67	6	6	3	39	9	1	2	—	—	1	2
3		2	1	—	2	1	—	1	—	—	—	1	1	—	—	1	2
—		—	—	—	17	15	2	—	—	4	1	—	—	—	—	—	—
—		—	—	—	32	25	3	4	—	21	8	—	1	—	—	—	—
—		—	—	—	27	25	1	1	3	14	—	—	—	—	—	—	—
—		—	—	—	1	1	—	—	—	—	—	—	—	—	—	—	—
3		3	—	—	34	24	8	2	—	16	4	1	—	—	2	1	2
—		—	—	—	2	2	—	—	—	2	1	—	—	—	—	—	—
—		—	—	—	10	7	2	1	—	2	—	—	—	—	1	—	—
3		3	—	—	7	4	2	1	—	6	1	1	—	—	—	1	2
—		—	—	—	15	11	4	—	—	6	2	—	—	—	1	—	—
5		72	13	—	922	517	191	214	—	141	20	65	142	27	11	49	59
7		7	—	—	209	116	44	49	—	34	—	19	39	7	2	7	5
2		22	—	—	287	172	53	62	—	33	1	23	47	6	6	14	17
4		15	9	—	116	79	20	17	—	18	10	7	9	4	1	14	15
3		3	—	—	107	46	29	32	—	9	—	1	28	5	—	2	2
2		2	—	—	34	14	11	9	—	7	1	2	6	2	—	1	2
5		12	3	—	68	31	18	19	—	10	—	7	7	2	—	7	9
3		8	—	—	27	16	7	4	—	2	—	3	2	—	—	2	5
—		—	—	—	31	23	4	4	—	9	1	—	2	1	1	—	—
4		2	1	—	21	13	1	7	—	12	4	2	—	—	—	1	3
1		1	—	—	22	7	4	11	—	7	3	2	2	—	—	1	1
—		—	—	—	3	3	—	—	—	40	17	—	—	—	—	—	—
7		7	1	—	8	3	2	3	—	—	3	—	—	—	—	—	—
148		148	37	7	1876	1086	388	402	4	557	66	130	255	44	23	117	126

Bestrafung und Begnadigung

Mehr als in der Wehrmacht wurde in Strafsachen gegen Angehörige der SS und der Polizeiverbände bei besonderem Einsatz Wert darauf gelegt, daß den Straftaten die Bestrafung zur Sühne und Vergeltung auf dem Fuß folgte. Deshalb ermächtigte Himmler die Disziplinarvorgesetzten, auch Straftaten leichterer Art von Unterführern und Mannschaften – mit Ausnahme des Mißbrauchs der Dienstgewalt – auf dem Disziplinarweg zu ahnden, wenn der Sachverhalt genügend geklärt und die Schuld des Täters ausreichend erwiesen war. Darunter fielen z. B. Verletzungen der Verkehrsvorschriften, leichte Körperverletzungen und Hausfriedensbruch. Über den Sachverhalt mußten die Gerichtsherren unverzüglich informiert werden, damit sie ggf. korrigierend eingreifen konnten. [24]

Himmler war sehr ungehalten, wenn er erfuhr, daß SS-Angehörige längere Zeit auf ihre Aburteilung warten mußten. Als ihm Mitte 1943 ein Schreiben von 22 Angehörigen der »Legion Wallonie« zugespielt wurde, die seit einem Jahr im Untersuchungsgefängnis Meseritz »wie Tiere gehalten« wurden, ohne daß ein Gericht zusammentrat, forderte er personelle Konsequenzen und die Schließung der Haftanstalt (vgl. S. 217). [25] Um ähnlichen Vorkommnissen vorzubeugen, behielt sich Himmler bis auf weiteres die Bestätigung sämtlicher Urteile gegen Angehörige der Sturmbrigade Wallonien selbst vor. Gleichzeitig billigte er die Absicht des Hauptamtes SS-Gericht, »nach und nach germanische Richter zusätzlich zur Sturmbrigade zu versetzen« und bei der Aufstellung und Umgliederung der anderen Freiwilligenverbände von Anfang an entsprechend vorzugehen, d. h. Richter der gleichen Nationalität zu berufen. [26]

Anfang August fing die Feldpostprüfstelle den Brief eines anderen Häftlings aus Meseritz auf, über den Himmler empört war. Darin stand: »Abends müsen wir unsere Kleider abgeben und werden wir gefesselt. Tagsüber auf dem Rücken und abends von vorne. Wir dürfen keine Gürtel haben und auch keine Schnürsenkel in den Schuhen. Ob wir nun verwundet sind oder nicht, jeder muß Sport

Meseritz le 21-7-43.

Monsieur le Reichführer SS Himmler,

Je soussigné Soldat Van Belle Jean, prends la respectueuse liberté de porter a votre connaissance la situation suivante qui est la mienne ainsi que celle de vingt-et-un de mes camarades.

Nous sommes ici a vingt-deux Legionnaires de la SS Brigade "Wallonnie" en Untersuchungshaft, la prison civile de Meseritz, certains d'entre nous ont ça fait trois mois et ceci pour differantes causes, telle que rentrée tardive de congé.

La pluspart d'entre-nous sont déja depuis près d'un an en caserne et il est bien compréhensible que dans un moment de cafard certains aient en de noires pensées car sachez Monsieur le Reichführer des SS Himmler que si nous sommes volontaires c'est pour aller au front et pas pour rester casernés.

C'est pourquoi Monsieur le Reichführer des SS au noms des vingt-deux camarades je vous demande n'est pas possible de nous envoyer au front au lieu de nous gardés ici comme des bêtes, car nous sommes traités vraiment de cette manière, nous travaillons du matin au soir et ont nous privent de tous ce que nous avons droit obtenir car nous sommes encore en Untersuchungshaft.

En raison de cet état de chose nous sollicitons de votre haute bienveillance d'intervenir pour nous délivré de ce joug et nous faire passer le plus vite possible devant le tribunal militaire qui doit juger de nos actes.

Esperant que notre requête recevra une suite favorable, veuillez agréez Monsieur le Reichführer des SS Himmler l'assurance de notre respectueuse considération.

SS Brigade "Wallonnie"
Straftanstalt Meseritz. Inf. Ers. Btl. 373.
Van Belle Jean.

machen und laufen, auf Befehl des Stabsfeldwebels...«. Die Beschwerdeführer saßen in der Wehrmacht-Standortarrestanstalt ein, die dem Kommandeur des Grenadier-Ersatzbataillons 477 in Meseritz unterstand. Aufseher der Arrestanstalt war ein Oberfeldwebel, der die Belgier besonders »scharf anfaßte«, weil sie zur Waffen-SS gehörten. [27] Ihre Behandlung stand im Widerspruch zum Strafzweck in der SS: »die Besserung der erziehungsfähigen Verurteilten und die Sicherung der Volksgemeinschaft, wobei für letztere in Kriegszeiten insbesondere die Erhaltung der Wehrkraft des Volkes ausschlaggebend« war. [28] Von Freiheitsentziehungen erwartete man, daß sie die Straftäter auf die Verwerflichkeit ihrer Handlungen hinzuweisen und zur Besserung zu erziehen imstande waren. Strafaussetzung zur Frontbewährung bei Gefängnisstrafen, Festungshaft und Arrest (Haft) wurden als die intensivste Form der Erziehung angesehen, weil dadurch die Wiedereingliederung der Verurteilten in die Gemeinschaft der Kämpfenden besonders gefördert wurde. Gnaden- und Vollstreckungswesen arbeiteten Hand in Hand: In der Strafvollstreckung sah man einen Erziehungsprozeß, und mit der Begnadigung zog man die Folgerungen daraus. [29] Bei Begnadigungen konnten die Persönlichkeit und Einstellung des Straftäters zu seiner Straftat berücksichtigt werden und Umstände einfließen, die bei der Urteilsfällung noch nicht bekannt waren. [30]

Für Gnadensachen von SS und Deutscher Polizei war bis auf die Reservate Himmlers das Hauptamt SS-Gericht zuständig. [31] Das Gnadenrecht sah die Möglichkeit vor, einen Täter zu begnadigen, d. h. nach der Strafverhängung

- die rechtskräftig erkannte Hauptstrafe teilweise oder ganz zu erlassen, umzuwandeln oder auszusetzen
- Nebenstrafen sowie Nebenfolgen, auf die durch Strafurteil erkannt war oder die sich als Folgen der Verurteilung von Rechtswegen ergaben, ganz oder teilweise zu beseitigen
- Maßregeln der Sicherung und Besserung und andere Sicherungsmaßnahmen, die im Urteil angeordnet waren oder sich aus ihm kraft Gesetzes ergaben, aufzuheben oder zu mildern.

Gnadenverfahren wurden von Amts wegen eingeleitet, wenn nach dem Persönlichkeitsbild des Verurteilten, insbesondere nach seiner Führung während des Strafvollzugs, eine Gnadenmaßnahme gerechtfertigt war. Zur Einleitung eines Gnadenverfahrens von Amts wegen waren neben den SS- und Polizeigerichten, die die Strafe erkannt hatten, in erster Linie der Leiter des Straflagers bzw. der Kommandant der Strafvollzugseinrichtung zuständig. Gnadenverfahren wurden auch aufgrund von Gnadengesuchen der Betroffenen eingeleitet, die schriftlich abgefaßt oder zu Protokoll gegeben worden waren. Der Gerichtsherr nahm zur Gnadenwürdigkeit Stellung. Wenn er einen Gnadenerweis befürwortete, konnte er die Strafvollstreckung bis zur Entscheidung in der Sache aussetzen. Gerichte von im Einsatz befindlichen Verbänden, auch Frontgerichte genannt, brauchten ab Mitte 1942 keine Gnadennachweisung, d. h. keine Aufstellung der Verdienste der gnadenwürdigen Männer, zu erstellen, wenn dadurch eine Verzögerung eintrat. Auch auf die Stellungnahme des Gerichtsherrn konnte verzichtet werden, wenn dieser sie sich nicht ausdrücklich vorbehielt. [32] Die Zahl der Gnadensachen beim Hauptamt SS-Gericht wuchs im Laufe des Krieges beträchtlich. Während im ganzen Jahr 1942 nur 169 Gnadengesuche zu bearbeiten waren, lagen im Februar 1943 bereits 369 Anträge auf dem Tisch. In den meisten Fällen handelte es sich um Zuchthaus- und Straflagerinsassen, für die eine Strafaussetzung beantragt war. Aufgrund dieser Sachlage wurde die Überstellung von Verurteilten zu den Sondereinheiten in der Folgezeit nicht mehr im Gnadenwege, sondern nach Teilstrafverbüßung durch Vollstreckungsentscheidung geregelt, so daß das Hauptamt SS-Gericht wenigstens von diesen Fällen entlastet war. [33] Im 5. Kriegsjahr wurden die Gnaden-, Rehabilitierungs- und Straftilgungsverfahren vereinfacht: Stellungnahmen des Gerichtsherrn waren ab Januar 1944 nur noch bei Todesurteilen, bei Führersachen und bei der Aussetzung des Strafvollzugs bis zu einer Entscheidung im Gnadenwege erforderlich. [34] Wurden zum Tode Verurteilte begnadigt, dann hatte das zuständige SS- und Polizeigericht den nächsten Angehörigen des Betroffenen ein Schreiben folgenden Wortlauts zuzusenden:

». . . Der Reichsführer-SS hat sich zu dieser außergewöhnlichen Maßnahme in der Erwartung entschlossen, daß Ihr (Sohn, Mann, Bruder) sich dieses weitgehenden Gnadenerweises durch außerordentlich gute Führung und ausgezeichnete Leistungen im Straflager würdig erweisen wird. Entspricht Ihr (Sohn, Mann, Bruder) dieser Erwartung, so kann er sich dadurch die Möglichkeit einer weiteren Bewährung vor dem Feinde oder im sonstigen Einsatz erdienen, ohne daß ihm indessen ein Anspruch eingeräumt werden kann.« [35]

Die Angehörigen von volksdeutschen Waffen-SS-Männern erhielten ein solches Schreiben bereits, wenn eine Begnadigung von

Freiheitsstrafen über 2 Jahren ausgesprochen wurde, um ihr Gemeinschaftsgefühl zu stärken und sie zu Dank zu verpflichten.
Im Frühjahr 1944 trat Himmler fast alle seine Zuständigkeiten in Gnadensachen an das Hauptamt SS-Gericht ab, u. a. die Bearbeitung aller Todesurteile und der Freiheitsstrafen gegen SS-Führer und Polizeioffiziere. Das Hauptamt SS-Gericht gab seinerseits eine Reihe von Kompetenzen ab, z. B. für die Freiwilligenverbände an die Kommandeure. [36] Im Februar 1945 erhielten die Kommandierenden Generäle von SS-Korps das Aufhebungs- und Gnadenrecht für SS-Männer und Unterführer. Sie durften z. B. Strafaussetzung genehmigen bei Freiheitsstrafen bis zu fünf Jahren und zum Zwecke der Frontbewährung Zuchthausstrafen in Gefängnis umwandeln und die einstweilige Wehrwürdigkeit wieder zuerkennen. [37] Das Hauptamt SS-Gericht entschied jedoch weiterhin über Bewährungsvorschläge der Gerichtsherren aufgrund der Strafakten des Verurteilten und des richterlichen Begleitberichts. In diesen Fällen mußte aus der Stellungnahme des Gerichtsherrn deutlich werden, ob die ganze oder nur eine Reststrafe des Verurteilten erlassen, ob seine Ehrenstrafe gemildert oder die Wiederaufnahme in die SS bzw. Polizei geprüft werden sollte. [38] Wer während der Bewährung an der Front fiel, wurde stets voll rehabilitiert. Das war sehr wichtig für die Versorgung der zurückgebliebenen Familienangehörigen. [39]

Militärstrafen

Bei der Waffen-SS und Deutschen Polizei entsprach der Strafkatalog im wesentlichen dem der Wehrmacht.
Geldstrafen waren zulässig, bildeten jedoch eher die Ausnahme, weil sie bei den Mannschaften finanziell Schwache trafen. Wenn ihre Verhängung neben einer Freiheitsstrafe vom Gesetz ausdrücklich vorgeschrieben war, wie bei Gewinnsuchtvergehen, so mußte auch gegenüber SS- und Polizeiangehörigen auf sie erkannt werden. Wenn verhängte Geldstrafen nicht beigebracht werden konnten, so trat an ihre Stelle eine Ersatzfreiheitsstrafe nach § 29 RStGB. Wo immer das Gesetz die Wahl zwischen Freiheits- und Geldstrafen gestattete, durfte in der SS und Polizei nicht auf Geldstrafe erkannt werden, wenn es sich um eine militärische Dienstpflichtverletzung handelte, d. h., wenn gegen Befehle,

Dienstvorschriften und militärische Grundsätze verstoßen wurde. Zu letzteren gehörten z. B. Gehorsam, Wahrhaftigkeit gegenüber Vorgesetzten, Kameradschaft, Wahrung der Autorität, Fürsorge für Untergebene und Wahrung des Ansehens der SS und Polizei in der Öffentlichkeit. [40]
Arreststrafe, die im Umfang von einem Tag bis zu 42 Tagen (sechs Wochen) verhängt werden konnte, war die wichtigste Disziplinarstrafe in der SS. In den Formen Stubenarrest, gelinder Arrest, geschärfter Arrest und geschärfter Stubenarrest galten die Vorschriften der Wehrmachtstrafvollzugsordnung. [41] Nur für den Stubenarrest gab es seit 1940 eine Sonderregelung: Wenn die Stubenarreststrafe nicht höher als 14 Tage war, mußte sie an aufeinanderfolgenden Wochenenden verbüßt werden. Nur wenn sie länger als 14 Tage war, durfte sie in einem Stück vollstreckt werden. [42]
Gefängnis wurde als kriegsgerichtliche Strafe in einer Dauer von 6 Wochen bis zu 15 Jahren verhängt. Bei hohen Gefängnisstrafen konnten die Delinquenten auch die bürgerlichen Ehrenrechte und die Wehrwürdigkeit aberkannt bekommen.
Festungshaft galt auch bei der SS als nicht entehrende Freiheitsstrafe. Sie durfte über Führer, Unterführer und Mannschaften verhängt werden, wenn der Täter ein Delikt aus ehrenhaften Gründen begangen hatte. Aufgrund einer Vereinbarung des Reichssicherheitshauptamts mit der Wehrmachtrechtsabteilung im OKW wurde ab November 1940 Festungshaft gegen SS- und Polizeiangehörige in der Wehrmachthaftanstalt Germersheim vollstreckt. Im Hauptamt SS-Gericht setzten jedoch im Sommer 1942 Bestrebungen ein, den Vollzug von Festungshaft in einer SS-eigenen Einrichtung und nach SS-spezifischen Gesichtspunkten durchzuführen, da Festungshaft bei der Wehrmacht »nichts weiter als ein Urlaub« sei. Himmler wünschte, daß in einer SS-Festungshaftanstalt die Häftlinge mit Arbeiten beschäftigt würden, »die für sie selbst, ihren Beruf und ihr weiteres Fortkommen nützlich sind«. Auch solle bei der Vollstreckung der Festungshaft »mehr zum Ausdruck kommen, daß es sich um eine Strafe handelt«. Am 11. 9. 1942 schlug das Hauptamt SS-Gericht vor, einige Räume in der SS-Kaserne München-Freimann für Festungshäftlinge vorzusehen. [43] Himmler war einverstanden, so daß Festungshaft gegen SS- und polizeigerichtlich Verurteilte ab Juli 1943 in dafür besonders eingerichteten Räumen der SS-Kaserne München-Freimann vollzogen wurde. [44]

Ebensowenig wie mit der Festungshaft war Himmler mit dem Vollzug des Stubenarrests an SS-Führern und Polizeioffizieren einverstanden. Während der Zeit des Stubenarrests sollten die Arrestanten eingehend über ihre Pflichten als SS-Führer und Offiziere belehrt werden und diesbezügliche Aufsätze anfertigen. Im März 1942 beauftragte er den SS-Sturmbannführer Bender in seinem Persönlichen Stab, eine besondere Stubenarrestanstalt für SS- und Polizeioffiziere zu beschaffen. Gewünscht wurde ein Objekt mit mindestens 80 Räumen in einem Vorort von Berlin. Es sollte Platz für 60 Führer sein. Am 25. 3. 1942 warf das SS-Wirtschafts- und Verwaltungshauptamt die Frage der Finanzierung auf. Ein Neubau komme nicht in Frage. Bestenfalls könnte ein Altbau mit provisorischen Mitteln eingerichtet werden. Am 20. 5. 1942 teilte das SS-Wirtschafts- und Verwaltungshauptamt mit, daß alle Bemühungen um ein geeignetes Objekt erfolglos gewesen seien. Die restriktiven Weisungen Reichsminister Speers als »Generalbevollmächtigter für die Regelung der Bauwirtschaft« ließen bis auf weiteres keine Umbauarbeiten für eine Offiziers-Arrestanstalt zu. [45]

Die Zuchthausstrafe als entehrende Strafe hatte stets den Verlust der Wehrwürdigkeit gemäß § 31 MStGB und bei SS-Angehörigen auch die Ausstoßung aus der SS zur Folge. Darüber hinaus konnte auch gemäß § 32 RStGB auf Verlust der bürgerlichen Ehrenrechte erkannt werden. Die Strafvollstreckung gegen wehrunwürdige Verurteilte erfolgte bis März 1941 in den Strafvollzugsanstalten des Reichsjustizministeriums und dann in der Abteilung Z des Straflagers der SS und Polizei in Dachau. Im SS-Leitheft wird der Strafvollzug dort folgendermaßen beschrieben:

»Der Dienstbetrieb hier steht auf der Erziehung durch Arbeit und Ordnungsdienst, und der Spaten ist das Werkzeug für härtesten Einsatz. Zehn Stunden täglich beträgt der Dienst. Die Verpflegung ist um 20% gegenüber der Truppe vermindert, und es besteht keine Möglichkeit, sich auf eigene Kosten Zusatznahrung zu beschaffen. Briefe dürfen nur einmal in sechs Wochen empfangen und geschrieben werden. Privatbesuch ist verboten. Nach Dienstschluß bleiben die Krafträume dunkel. Es gibt weder Wehrsold noch Arbeitslohn. Verstöße im Lager werden äußerst streng, meist mit Arrest in der Dunkelzelle, geahndet. Auch dies sei zur Warnung veröffentlicht!« [46]

Bei Gefängnis ohne Ehrenstrafen lag es im Ermessen des Gerichtsherrn, ob er die Vollstreckung der ganzen Strafe aussetzte, die Vollstreckung eines Teils der Strafe anordnete und den Rest aussetzte, die Vollstreckung der ganzen Strafe anordnete oder die Verwahrung des Verurteilten im Straflager der SS und Polizei unter Aufschub des Strafvollzugs anordnete.

Die Aussetzung der ganzen Strafe sollte nur ausnahmsweise erfolgen, »wenn Persönlichkeit und Straftat des Verurteilten es angezeigt erscheinen« ließen, im allgemeinen nur bei Arrest und bei Gefängnisstrafen bis zu sechs Monaten. Voraussetzung dafür war, daß sich der Verurteilte bis auf die Tat einwandfrei geführt hatte, gerichtlich nicht vorbestraft war, die Straftat als einmalige Entgleisung nicht auf Charaktermängeln beruhte und er selbst den ehrlichen Willen äußerte, »sich durch besonderen Einsatz und besondere Leistungen zu bewähren«, vorausgesetzt, daß er zu solch einem Einsatz körperlich und geistig geeignet war. In der eigenen Truppe durfte er nur bleiben, wenn die Möglichkeit »zu einem Einsatz vor dem Feinde oder zumindest unter schwierigen und gefahrvollen Umständen« gegeben war. Außerdem durfte das Bekanntwerden der Strafaussetzung die Mannszucht in der Truppe nicht beeinträchtigen. Ansonsten war seine Versetzung zu einer anderen Truppe einzuleiten. [47]

Die Vollstreckung der ganzen Strafe konnten die Gerichtsherren anordnen, wenn dies zur Erreichung des Strafzwecks beim Verurteilten erforderlich schien oder der Verurteilte eine vorherige Gelegenheit zur Bewährung nicht genutzt hatte. In der Regel wurde die ganze Strafe jedoch nur bei Verurteilten vollstreckt, die aus der SS oder Polizei ausgeschieden waren und denen eine Gelegenheit zur Bewährung bei einer Sondereinheit nicht gewährt werden konnte. Für diesen Personenkreis wurde im Strafvollzugslager der SS und Polizei Danzig-Matzkau eine besondere Abteilung eingerichtet. [48]

Die Vollstreckung eines Teils der Strafe und die Aussetzung des Restes konnte erfolgen, wenn dem Verurteilten durch den Vollzug der Teilstrafe der Ernst der gegen ihn erkannten Strafe nachdrücklich deutlich gemacht werden sollte, bevor ihm Gelegenheit zur Bewährung geboten wurde. Der zu vollstreckende Teil der Strafe sollte mindestens ein Drittel der erkannten Strafe betragen. Der Vollzug der Teilgefängnisstrafe erfolgte ab 1942 im Strafvollzugslager der SS und Polizei in Danzig-Matzkau. Die Aussetzung der Reststrafe konnte storniert werden, wenn sich der Verurteilte während der Strafhaft schlecht führte oder eine nachträgliche Entscheidung des Gerichtsherrn oder des Chefs des Hauptamts SS-

Gericht bzw. des Reichsführers-SS eine Änderung zu seinen Ungunsten brachte.

SS- und Polizeiangehörige konnten wegen schlechter Führung während des Strafvollzugs »aus erzieherischen Gründen« einer längeren Verwahrung zugeführt werden, die nicht auf die Strafzeit angerechnet wurde. Im Straflager der SS und Polizei Danzig-Matzkau trafen sie mit Männern zusammen, die sich bei der Begehung ihrer Straftaten von der Absicht leiten ließen, sich eine Freiheitsstrafe zuzuziehen, »um dadurch ihr Leben hinter der Front in Sicherheit zu bringen und sich damit vor dem Wehrdienst zu drücken«. [49]

Auch bei zu Zuchthaus Verurteilten wurde die in die Zeit des Krieges fallende Vollzugszeit grundsätzlich nicht in die Strafzeit eingerechnet. Der Strafvollzug sollte erst nach dem Krieg beginnen. Nur in Ausnahmefällen konnte der Gerichtsherr Abweichendes bestimmen. Entschied er sich für den sofortigen Beginn des Strafvollzugs, dann wurden die Verurteilten entweder der allgemeinen Justiz überantwortet oder in die Abteilung Z des Straflagers der SS und Polizei in Dachau eingeliefert. In die Justizvollzuganstalten mußten alle Verurteilten überstellt werden, die an Lungentuberkulose litten oder wegen sonstiger körperlicher oder geistiger Gebrechen einer ärztlichen Behandlung bedurften. Auch die von SS- oder Polizeigerichten verurteilten nicht der SS oder Polizei angehörenden Gefolgschaftsmitglieder waren zum Strafvollzug den Justizvollzugsanstalten zu übergeben. [50]

Todesstrafen

Bei der Waffen-SS und Polizei wurden Todesurteile häufiger ausgesprochen als bei der Wehrmacht. [51] Es waren auch ungerechte Urteile dabei, wie Himmler feststellen mußte. Er entzog z. B. dem Kommandeur der SS-Gebirgsdivision Nord, SS-Gruppenführer und Generalleutnant der Waffen-SS Kleinheisterkamp, das gerichtsherrliche Bestätigungsrecht für Todesurteile an Mannschaften und Unterführern, weil dieser einen 18jährigen SS-Oberpionier wegen Widersetzung gegen einen Vorgesetzten hinrichten ließ, obwohl dieser unmittelbar vor der Tat mit zwei Stunden Strafexerzieren, was ja verboten war, bestraft worden war, also falsch behandelt wurde. [52] Angesichts dieses Sachverhalts nützte auch

der Einwand des Kommandeurs nichts, er brauche die Vollmachten, »um die auf einem entlegenen Kriegsschauplatz eingesetzte SS-Division in jedem Augenblick schlagkräftig zu erhalten«. [53]
Ein anderer Divisionskommandeur weigerte sich, vor den Exekutionen von Mannschaften und Unteroffizieren das Rechtsgutachten des nächsthöheren Befehlshabers einzuholen und vor der Hinrichtung von Offizieren das Einverständnis Himmlers zu erbitten. Er glaubte, die dadurch bedingten Verzögerungen nicht verantworten zu können, weil schnelle Exempel statuiert werden müßten. Es ging um die rapide sinkende Disziplin in der 14. Waffen-Grenadierdivision der SS (ukr. Nr. 1) im Dezember 1944. Gehorsamsverweigerungen, Widersetzungen, Fahnenflucht und ähnliche Delikte glaubte er nur eindämmen zu können, wenn dem Urteil die Exekution auf dem Fuße folge. [54] In diesem Fall erteilte Himmler die erbetene »Sondergenehmigung«. [55]
So ungehalten, wie Himmler über vermeintlich ungerechte Urteile sein konnte, so unberechenbar zeigte er sich gelegentlich bei der Handhabung seiner gerichtsherrlichen Befugnisse, wenn ihn ein Fall ärgerte. Dann trat er auch in den eigenen Reihen das Recht mit Füßen. Da gab es 1943 den Fall von 173 Volksdeutschen aus Kroatien, die in der SS-Freiwilligengebirgsdivision Prinz Eugen den Gehorsam verweigerten, weil sie von ihren Unterführern »in der beleidigendsten Form angeredet, den Partisanen gleichgeachtet, mit ›serbischer Dreck‹, ›kroatischer Mist‹ und ähnlichen lieben Worten bedacht« wurden. Außerdem hätten die Unterführer die Mutter der betroffenen Rekruten verflucht. Himmler befahl dem Kommandeur der Division, »diese liebliche Balkanesenangewohnheit ... mit Feuer und Schwert auszumerzen«, und fuhr fort: »Ich ersuche Sie, in jedem solchen Fall Unterführer oder Männer, die die Mutter der Kameraden verfluchen, auf der Stelle niederzuschießen oder niederschießen zu lassen. Es ist dabei lediglich, wenn der Mann nicht auf frischer Tat ertappt wird, indem der Vorgesetzte das hört, in einem kurzen Standgerichtsverfahren festzustellen, ob der betreffende Unterführer oder Mann diesen Fluch ausgesprochen hat. Sind die Zeugen einwandfrei, so befehle ich, daß in jedem solchen Fall der betreffende Unterführer oder Mann zu erschießen ist. Ist der Fall besonders schlimm, ist er zu erhängen. Der Vollzug der Strafe geschieht durch die Unterführer seiner Kompanie.« [56]
Gegenüber Legionären, Angehörigen fremdvölkischer Grenadiereinheiten der SS und Schutzmannschaften wurden die gleichen

scharfen Maßstäbe angewandt wie gegenüber Deutschen. Ein Befehl des Höheren SS- und Polizeiführers Prützmann vom 12. 2. 1943 legte z. B. fest, daß alle Verstöße von ukrainischen Schutzmannschaften gegen die Grundgesetze der Schutzmannschaften, nämlich Treue, Tapferkeit und Gehorsam, grundsätzlich mit dem Tode zu bestrafen waren. Diese Grundgesetze wurden folgendermaßen definiert:

»Treue ist die selbstverständliche Grundlage des Soldatenlebens. Mit der Treueverpflichtung auf den Führer verpfändet der Schutzmann sein Leben als höchsten Preis der Treue. Wer die Mannes- und Gefolgschaftstreue bricht, richtet sich für alle Zeit.
Tapferkeit ist bewiesener Mut. Sie ist Sache des Willens und zeigt sich angesichts der Gefahr.
Gehorsam ist selbstverständliche Pflicht des Soldaten. Ohne Gehorsam keine schlagkräftige Wehr. Wer nicht gehorchen kann, kann auch nicht befehlen.«

Die Schwere einer Straftat sollte nicht nach der Persönlichkeit des Täters gewichtet werden, sondern lediglich »nach den Auswirkungen der Tat auf deutsche Belange«. [57]
Im November 1944 wollte Hitler wissen, wie viele Todesurteile seit dem Beginn der alliierten Invasion im Juni über Angehörige des Westheeres gefällt worden seien, über dessen Auflösungserscheinungen er wütend war. Insbesondere interessierte ihn, wie es um die Kampfmoral der neu aufgestellten Volks-Grenadier-Divisionen bestellt war, die der SS-Sondergerichtsbarkeit unterstanden. Zur Meldung an Hitler teilte der SS-Richter beim Reichsführer-SS und Chef der Deutschen Polizei dem Chef OKW folgende Zahlen mit: In den 11 Volks-Grenadier-Divisionen, die im Westen im Einsatz standen, seien 57 Todesurteile gefällt worden: zwei gegen Offiziere, vier gegen Unteroffiziere und 51 gegen Mannschaften, davon 42 wegen Fahnenflucht, fünf wegen Zersetzung der Wehrkraft, drei wegen Feigheit und eines wegen Plünderung. 19 Urteile seien vollstreckt, 18 Urteile in Abwesenheit gefällt worden und 20 Urteile warteten auf die Bestätigung. [58]
Der Reichsführer-SS haßte alles, was die Ordnung in seinem Orden gefährdete. Diese Einstellung erklärt, warum manche seiner Anregungen so kleinkariert wirkten. Als er z. B. hörte, daß die Angehörigen von exekutierten Waffen-SS- und Polizeimännern durch die Geschäftsstellen der Gerichte sehr formlos und unpersönlich über die Hinrichtung informiert wurden, ließ er durch das Hauptamt-SS-Gericht Richtlinien ausarbeiten, nach denen die Angehörigen Nä-

...., den......
(Gericht)   (Hinrichtungsort)
St.L. .....

An ....
in ....

Ich muß Ihnen die für Sie schmerzliche Nachricht geben, daß Ihr
Sohn (Mann) der ehem. ╉-Rottenführer ....geb. .....
mit Urteil des ╉-und Polizeigerichts ...... St.L. .... vom ....
wegen .... zum Tode verurteilt werden mußte.
....
(kurze Darstellung des Sachverhalts)
Während das gesamte Deutsche Volk in schwerstem Abwehrkampf
steht, hat Ihr Sohn (Mann) in gröbster Weise seine Pflicht als
Deutscher und als Soldat außer acht gelassen und gegen die Gesetze, die der Erhaltung der Kampfkraft und des Lebens des
deutschen Volkes dienen, verstoßen. Im Hinblick auf die Schwere
der Tat und die Erfordernisse des 5. Kriegsjahres konnte als
Sühne nur die härteste Strafe ausgesprochen werden.
Nach der Bestätigung durch den zuständigen Gerichtsherrn (zu-
treffendenfalls: und nach Ablehnung eines Gnadenerweises) ist
das Urteil am .... vollstreckt worden. Damit hat Ihr Sohn (Mann)
seine Schuld gesühnt.

(Nachstehender Absatz ist wegzulassen, falls der Inhalt nicht
zutrifft, oder entsprechend abzuändern).
Ich darf Ihnen versichern, daß Ihr Sohn (Mann) die Strafe aufrecht auf sich genommen hat und mannhaft gestorben ist. Sein
letzter Gedanke galt seinen Eltern (seiner Familie).
Die Bestattung erfolgte auf dem Friedhof ......
Ich weise darauf hin, daß Todesanzeigen oder Nachrufe in Zeitungen, Zeitschriften u.dgl. nicht statthaft sind.

          Heil Hitler !
        ....
        (Unterschrift eines ╉-Richters,
        Dienstgrad, Dienststellung).

         Der Chef des Hauptamtes ╉-Gericht
           gez. Breithaupt.
         ╉-Gruppenführer u. Generalleutnant
           der Waffen-╉

F.d.R.:

[Unterschrift]
╉-Obersturmbannführer.

heres über die Straftat und über die Notwendigkeit des Urteils »in taktvoller Form« erfahren sollten. Das Schreiben war in jedem Fall vom SS-Richter selbst zu unterzeichnen (vgl. S. 227).

Über den Strafvollzug in der Waffen-SS kreisten schon während des Krieges unglaubliche Geschichten. In seinen Tagebuchaufzeichnungen »Strahlungen« verbreitete Ernst Jünger zwei typische Etappenlegenden »nach dem Hörensagen«, bei denen sich ein Kompanie- und ein Bataillonsführer entgegen allen Überlieferungen als Richter über Leben und Tod aufspielten.

Paris, 24. Oktober 1943
»Auch erzählte Valentiner eine entsetzliche Geschichte aus Aix. Dort liegt eine SS-Kompanie, von der ein junger Soldat nach Spanien entfloh. Die Desertion gelang, doch lieferte man ihn aus. Nun ließ der Kompaniechef ihn gefesselt vor die angetretene Mannschaft bringen und exekutierte ihn persönlich, indem er ihn mit der Maschinenpistole erschoß. Die Tat muß einen furchtbaren Eindruck hervorgerufen haben; so sanken mehrere der jungen Soldaten ohnmächtig um.«

Saint Dié, 2. September 1944
»Rittmeister Adler kommt von einer Tagung im Hauptquartier zurück. Dort hatte auch Himmler einen Vortrag gehalten. Man müsse hart sein – so sei neulich ein Unteroffizier desertiert und zu seinem Bataillon zurückgebracht worden, das auf dem Kasernenhof exerziert habe. Man sei sofort zum Urteil geschritten, habe den Mann sein Grab graben lassen, ihn erschossen, die Erde darübergeworfen und festgestampft. Dann sei das Exerzieren fortgegangen, als ob nichts geschehen sei.« [59]

Wenn schon Offiziere des Heeres derartige Berichte für bare Münze nahmen, ist es nicht verwunderlich, daß die Waffen-SS nach dem Krieg zu den brutalsten Organisationen des Dritten Reiches gezählt wurde.

Konzentrationslager

Im Konzentrationslager Sachsenhausen gab es seit 1938 einen »Erziehungssturm« für SS-Angehörige. Er umfaßte zwei räumlich voneinander getrennte Abteilungen in zwei verschiedenen Baracken. In die Abteilung I (Erziehungsabteilung) kamen SS-Männer, die ihren Dienstgrad verloren hatten und wieder als SS-Bewerber anfangen mußten, SS-Angehörige, die sich z. B. durch Vortäuschen von Krankheiten ihrer Dienstzeitverpflichtung vorzeitig zu entziehen versuchten, Wachmannschaften aus den Konzentrationslagern, die sich ein Wachvergehen zuschulden kommen ließen, SS-Angehörige, die wegen groben Ungehorsams oder wegen Widersetzlichkeit aus der Truppe entfernt werden mußten und Angehörige der kasernierten SS, die wegen unerlaubter Entfernung bestraft wurden. In der Abteilung II (Besserungsabteilung) sammelten sich Ausgeschlossene aus der SS, die besserungsfähig schienen, und Angehörige der KZ-Wachmannschaften, die sich »auf irgendeine Weise« mit Häftlingen eingelassen hatten, z. B. Geschenke annahmen, Briefe schmuggelten oder mit den Angehörigen von KZ-Insassen Verbindung aufnahmen. [60]

Während des Krieges dienten die KZ nicht mehr der Erziehung und Besserung von SS-Angehörigen, sondern ausschließlich der Verwahrung und Bestrafung nicht erziehungs- und nicht besserungsfähiger Verurteilter, die aus der SS und Polizei ausgestoßen worden waren. Dorthin wurden ehemalige SS- und Polizeiangehörige aus dem Straflager der SS und Polizei Danzig-Matzkau, aus der Z-Abteilung des Straflagers der SS und Polizei Dachau und von den Vollstreckungsanstalten der Justizverwaltung überwiesen, wenn alle »erzieherischen und strafenden Maßnahmen ohne Erfolg« waren. [61] Verwahrung war die Regel bei denen, die sich durch zeitliche Strafhaft vom Wehrdienst oder Fronteinsatz zu drücken versucht hatten. [62] Wer es so weit kommen läßt, meinte der stellvertretende Chef des Hauptamtes SS-Gericht, SS-Obersturmbannführer Burmeister, »stellt sich selbst mit einem KZ-Häftling auf eine Stufe«. [63]

Der Personenkreis rekrutierte sich weiter aus »homosexuell Veranlagten, Gewohnheitsverbrechern, Drückebergern«, die der Todesstrafe entgangen waren, ein paar SS-und polizeigerichtlich Verurteilten des Gefolges, Zivilpersonen, die gegen die SS und Polizei gerichtete Straftaten begangen hatten, und Ausländern im Dienst der SS oder Polizei, z. B. fremdländische Hilfspolizisten, Schutzmannschaften und Arbeitskräfte, wenn der Strafvollzug, der in der Regel in einer zivilen Justizvollzugsanstalt erfolgte, zwar abgeschlossen war, aber »ein Festhalten über die Strafzeit hinaus erforderlich« schien. [64] Wegen der Überlastung der SS- und Polizeigerichte wurden ab Oktober 1943 keine Verfahren mehr gegen zivile Frontarbeiter durchgeführt, die bei der SS beschäftigt waren und zum Gefolge der SS gehörten. Flüchtige Arbeiter wurden, wenn sie aufgegriffen wurden, ohne Prozeß für 6 Monate in ein KZ eingewiesen. [65]

Die Anordnung zur Strafvollstreckung oder Verwahrung in einem Konzentrationslager traf der für den ausgestoßenen SS- oder Polizeiangehörigen zuständige Gerichtsherr. Da es sich um eine besonders schimpfliche Art der Bestrafung handelte, überprüfte das Hauptamt SS-Gericht die Strafakten des Verurteilten und die Urteilsabschrift mit Bestätigungsverfügung und Vollstreckungsentscheidung des Gerichtsherrn, bevor beim Reichssicherheitshauptamt ein Schutzhaftbefehl erbeten wurde. Das Hauptamt SS-Gericht bestimmte das Konzentrationslager, in das der Verurteilte eingewiesen werden sollte. Das Reichssicherheitshauptamt hatte dem Antrag des Hauptamtes SS-Gericht »ohne weitere Nachprüfung« zu entsprechen. Das Konzentrationslager erhielt eine beglaubigte Urteilsabschrift mit Bestätigungsverfügung und Vollstreckungsentscheidung des Gerichtsherrn, ein Verzeichnis der gerichtlichen und disziplinaren Vorstrafen des Häftlings und einen Stammrollenauszug oder Personalbogen des Verurteilten. Mit einem »Einlieferungsschein« wurde die Aufnahme in das Konzentrationslager bestätigt. Eine Ausfertigung erhielt das zuständige SS- und Polizeigericht, eine zweite andere das Hauptamt SS-Gericht. [66] Jede Verlegung des Verurteilten in ein anderes Konzentrationslager war ausschließlich Sache des Hauptamtes SS-Gericht. Eine vorzeitige Entlassung aus dem KZ kam nur in Frage, »wenn es aufgrund der guten Führung des Verurteilten oder aus sonstigen Gründen angebracht« war. Zu den sonstigen Gründen zählte bei Tätern, »die sich von der Absicht leiten ließen, sich eine Freiheitsstrafe zuzuziehen, um dadurch ihr Leben hinter der Front in Sicherheit zu bringen«, wenn sie als KZ-Häftlinge im Rahmen von SS-Baubrigaden bei Aufräumarbeiten nach Bombenangriffen 25 Blindgänger unschädlich gemacht hatten. Wer das überlebte, konnte das KZ verlassen. [67] Die Hauptabteilung III des Hauptamtes SS-Gericht, die für Gnadensachen zuständig war, bestimmte, wohin der Verurteilte zu entlassen war.

Für die Behandlung der SS- und polizeigerichtlich Verurteilten während der Strafvollstreckung im Konzentrationslager galt die übliche »Stufeneinteilung« I, Ia, II und III. Die Verurteilten waren »unter Berücksichtigung der verbrecherischen Belastung und der Erziehungs- und Besserungsfähigkeit« in eine der drei Rubriken einzuteilen, wobei die Stufe III die härteste Art darstellte. SS- und polizeigerichtlich Verurteilte kamen für die Stufen I, Ia und II in die Konzentrationslager Sachsenhausen oder Dachau und für die Stufe

III in das Konzentrationslager Mauthausen. Dort wurden sie in besonderen Abteilungen zusammengefaßt und gesondert untergebracht. Hinsichtlich Behandlung, Bekleidung, Arbeitseinsatz, Briefverkehr, Paket- und Geldempfang sowie Besuchserlaubnis fanden die für die anderen Konzentrationslagerhäftlinge geltenden Bestimmungen Anwendung. In Zweifels- und Beschwerdefällen mußte eine Entscheidung des Hauptamtes SS-Gericht herbeigeführt werden. Auch bei Verhängung von Lagerstrafen war das Hauptamt SS-Gericht stets zu benachrichtigen. [68]
Auch im KZ galten die ehemaligen SS- und Polizeiangehörigen noch als Wehrdienstleistende, soweit ihnen die Wehrwürdigkeit nicht aberkannt war. Der Fall eines SS-Schützen, der wegen militärischen Diebstahls zu einer Gefängnisstrafe von neun Monaten und zum Ausschluß aus der SS verurteilt worden war, unter Aufschub des Strafvollzugs in ein Konzentrationslager zur Verwahrung eingewiesen wurde und dort an Lungenentzündung verstarb, warf die Frage der Versorgungsverpflichtungen für sein uneheliches Kind auf. Die Entscheidung vom 31. 8. 1944 lautete folgendermaßen: Eine Unterscheidung zwischen der Strafvollstreckung in den Strafvollstreckungslagern der SS und Polizei und der Strafvollstreckung in einem Konzentrationslager sei nicht gerechtfertigt. Beide Male handle es sich um die Weiterführung von Wehrdienst. Deshalb müßten sämtliche während des Strafvollzugs erlittenen Körperschäden als Wehrdienstbeschädigungen anerkannt werden, die eine Versorgungsberechtigung nach sich ziehen. Nur Wehrunwürdige, d. h. zu Gefängnis mit Verlust der bürgerlichen Ehrenrechte und zu Zuchthaus Verurteilte, hätten keinerlei Anspruch auf Abfindung oder Versorgung, da sie nicht mehr Wehrdienst leisteten. Sie bekämen freie Heilfürsorge während des Strafvollzugs, aber die Versorgung richte sich bei diesem Personenkreis nach dem »Gesetz betreffend die Unfallfürsorge für Gefangene« vom 30. 6. 1900. [69]
Als das Heer im Februar 1945 die Feldstraflager auflöste, mußten »zu Zuchthaus verurteilte, für die Wehrmacht nicht tragbare Elemente (kriminell Veranlagte, Asoziale, Verräter, Saboteure, Zersetzer), von denen eine brauchbare soldatische Leistung auch nach genügender erzieherischer Einwirkung nicht mehr zu erwarten« war, der Gestapo zum Arbeitseinsatz in einem Konzentrationslager übergeben werden. Auch mit Gefängnis Bestrafte, »die sich als disziplinare Schädlinge oder sonst als unerziehbar erwiesen« hatten, konnten von den Gerichtsherren in ein KZ überwiesen werden.

Sollte sich jedoch entgegen allen Erwartungen der eine oder andere in der KZ-Haft »als soldatisch wieder brauchbar erweisen«, dann mußte das Reichssicherheitshauptamt dem Oberkommado des Wehrmachtteils, dem der Verurteilte angehörte, Nachricht geben. Zum Tode Verurteilte, die auf die Urteilsbestätigung warteten, durften jedoch nicht der Gestapo übergeben werden. [70]

In den letzten Kriegswochen lieferten auch die Marinekriegsgerichte ein paar Verurteilte in die »Arbeitserziehungslager der Geheimen Staatspolizei« ein. Es handelte sich um zivile Seeleute aus dem Gefolge der Kriegsmarine, bei denen erwiesen war, daß »sie sich hartnäckig allen Erziehungsmaßnahmen widersetzen und wegen ihrer Haltung, Einstellung und Gesinnung eine Gefahr für die Mannszucht an Bord sind«. Dieses Zuchtmittel von besonderer Härte sollte jedoch »nur gegenüber wirklich schlechten, böswilligen oder zuchtlosen Elementen« angewandt werden, wenn nach einer förmlichen Verwarnung ein neuer »schwerer Verstoß gegen Zucht und Ordnung« vorkam. [71] Zu diesen drastischen Maßnahmen griff die Kriegsmarine, um ihr Programm zur Evakuierung der vor der Roten Armee Flüchtenden aus Ostpreußen, Danzig-Westpreußen und Pommern gegen den Widerstand privater Schiffseigner und Seeleute durchführen zu können. Gegen Matrosen griff man härter durch. 11 Seeleute des Minensuchboots M 612 wurden noch am 5. 5. 1945 erschossen, weil sie sich weigerten, zur Rettung deutscher Soldaten nach Kurland auszulaufen und eine Meuterei gegen die Offiziere des Bootes inszenierten. [72]

Nichts zu tun mit diesen KZ-Häftlingen hatte der monatsweise Aufenthalt von SS- und polizeigerichtlich verurteilten Suchtkranken im Konzentrationslager Buchenwald bei Weimar, die dort eine Entwöhnungskur absolvierten. [73]

Bewährungseinheiten

Verlorener Haufen

Wie das Heer wollte auch die Verfügungstruppe nach dem Polenfeldzug Verurteilte, deren Strafe zur Bewährung augesetzt war, bei sich behalten. Die Feldgerichte der »Leibstandarte Adolf Hitler«, der »SS-Verfügungsdivision« und der Division »Totenkopf« gaben einer größeren Zahl von Männern, die unter normalen Umständen dem Heer bzw. den zivilen Justizvollzugsanstalten zur Strafvollstreckung überstellt worden wären, die Möglichkeit zur Bewährung bei der eigenen Truppe. Es handelte sich um rund hundert Verurteilte, die bei der Totenkopfdivision gesammelt wurden. Diesem »Kommando z.b.V.«, das man auch »Verlorener Haufen« nannte, machte der Divisionsbefehl vom 30. 11. 1939 die »Lösung besonderer pioniertechnischer Aufgaben« zur Pflicht. Zu den erdbraun eingekleideten Männern stießen SS-Angehörige aus dem Erziehungssturm im KZ-Lager Sachsenhausen und infanteriediensttaugliche Verurteilte der Allgemeinen SS und der Polizei. Zwischen 1. 12. 1939 und 18. 5. 1940 wurden die Verurteilten im Raum Heilbronn, auf dem Truppenübungsplatz Münsingen und im Raum Waldeck gesammelt. Das Rahmenpersonal und das Wachpersonal kamen vom SS-Pionierersatzbataillon Dresden und von der SS-Totenkopfdivision. Das Kommando z.b.V., das zuerst als Zug dem Pionierbataillon der Totenkopfdivision angegliedert war, erreichte im Verlauf des Frühjahrs 1940 Kompaniestärke. Es wurde im Frankreichfeldzug bei der Bildung des Brückenkopfes Béthune, bei der Räumung der englischen Minenfelder im Bois de Pacault und bei der Bildung der Loire-Brückenköpfe im Raum Roanne eingesetzt.
Aus den Erinnerungen eines Kradmelders der 4. SS-Pi-T.-Kompanie wurde bekannt, wie sich der ehemalige Reichsapothekenführer Oberführer Dr. Lothar Beutel bewährte: Ihm gelang es, eine Gruppe von Generalstabsoffizieren aus einem Minenfeld zu holen, wohin sie sich verirrt hatten. Er wurde vom Kommandeur der SS-Totenkopfdivision, SS-Gruppenführer Theodor Eicke persönlich

rehabilitiert und schrieb angeblich bereits nach wenigen Wochen an seine ehemaligen Bewährungskameraden mit dem Briefkopf eines SS-Standartenführers. [74] Der wegen einer ausufernden Geburtstagsfeier degradierte Oberscharführer Georgi erreichte seine Rehabilitation, als er bei der Fahrt einer Lastwagenkolonne über die Brücke bei Tarare in der Nähe Lyons eine Sprengung verhinderte, indem er vom Lastwagen in den Fluß sprang, am Brückenpfeiler hochkletterte und eine Zündschnur zerriß. [75] Der Neffe von Gertrud Scholtz-Klinck, Leiterin der NS-Frauenschaft, Schütze von Bodungen, wurde erst posthum rehabilitiert. Er fiel beim Entminen des Vorfeldes des La-Bassée-Kanals vor Dünkirchen. [76]

Im August 1940 verfügte der Reichsführer-SS die Auflösung des Kommandos z.b.V. bei der SS-Totenkopfdivision. Das geschah zwischen 15. und 18. 8. 1940 im Raum Auxerre. Begründet wurde dies einerseits damit, daß es keine Bewährungsmöglichkeiten im Kampf mehr gab, andererseits wurde gemunkelt, Hitler und Himmler seien bei einem Truppenbesuch Zeugen der drakonischen Bestrafung eines Bewährungssoldaten gewesen, der an einen Baum gefesselt war, und hätten deshalb die Auflösung des Verlorenen Haufens als einer unsoldatischen Einrichtung angeordnet. [77]

Das SS-Totenkopf-Sonderbataillon Prag, in dem neben nicht kv.-befundenen Angehörigen der Totenkopfstandarten einige nicht kv.-befundene Bewährungsschützen dienten, wurde erst aufgrund des Befehls des SS-Führungshauptamts vom 5. 1. 1941 aufgelöst. Alle Angehörigen sollten zum SS-Ersatzbataillon nach Goslar versetzt werden. [78]

Das Hauptamt SS-Gericht prüfte anhand der Beurteilungen, die ihm über die Männer des Verlorenen Haufens vorgelegt wurden, ob eine Bewährung stattgefunden hatte oder nicht. [79] 90 von ihnen wurden rehabilitiert und zehn in ein Konzentrationslager eingewiesen, weil sie sich nicht bewährt hatten.

Da die Waffen-SS über keine eigenen stationären Strafvollzugseinrichtungen verfügte, wurden Ende 1940 vom Hauptamt SS-Gericht Gespräche mit der Organisation Todt aufgenommen, ob sie SS- und Polizeiangehörige aufnehmen könne, die wegen einer Ehrenstrafe die SS und Deutsche Polizei verlassen mußten und von denen viele wehrunwürdig geworden waren. Ministerialdirektor Dorsch erklärte sich bereit, diese Männer zu übernehmen. Sie sollten »an den schwierigsten Stellen eingesetzt werden«. Der SS wurde ein »Führungszeugnis« über die Bewährung der Männer zugesagt. [80] Aus den Planungen wurde jedoch nichts, weil sich Himmler entschloß, für diesen Personenkreis neue Sondereinheiten zu gründen, die ab Anfang 1941 bei einigen SS-Verbänden eingerichtet wurden. Bei der SS-Polizeidivision nannte sie sich »Sondereinheit K«. Im Unterschied zu den beiden anderen Divisionen, wo man vom Verlorenen Haufen sprach, wurden dort auf Wunsch des Chefs der Ordnungspolizei nur solche Polizeiangehörige aufgenommen, bei denen nach der Bewährung eine Rückkehr in den Polizeidienst in Betracht kam. Polizeiangehörige, bei denen die Wiederaufnahme in die Polizei ausgeschlossen war, weil ein Gnadenerweis nicht in Frage kam, sollten einer neu aufzustellenden »Arbeits-Abteilung der Waffen-SS« überwiesen oder der Wehrmacht zur Verfügung gestellt werden.

Diese Differenzierung gab es bei den Waffen-SS-Divisionen nicht. [81] Da die Zuchthausabteilung im Konzentrationslager Dachau erst im März 1941 geöffnet wurde und das Straflager Danzig-Matzkau erst 1942 fertig war, dienten deren Sondereinheiten als Auffangbecken für alle SS- und polizeigerichtlich Verurteilten, die nicht der Ziviljustiz oder dem Heer zur Vollstreckung übergeben wurden. Die Skala reichte von Männern, die wegen Wachvergehen zu kurzzeitigem Gefängnis verurteilt worden waren, bis zu Delinquenten, die wegen eines Eigentumsdelikts zu Zuchthaus verurteilt und gleichzeitig aus der SS ausgeschlossen worden waren. Die einen hatten die Möglichkeit zur Bewährung, die anderen konnten lediglich eine Milderung der Ehrenstrafen im Gnadenwege erhoffen. Die Rehabilitierung von Angehörigen des Verlorenen Haufens behielt sich Himmler selbst vor. In seinem Namen entschied der Chef des Hauptamtes SS-Gericht. Außerdem verbot er, »daß ein Mann des Verlorenen Haufens für eine Tat, die er beim verlorenen Haufen leistet, eine Auszeichnung bekommt«. Die Rehabilitation sei Belohnung genug. [82]

Um dem Führererlaß vom 21. 12. 1940 betreffend Aussetzung der Strafvollstreckung zum Zwecke der Bewährung gerecht zu werden, gab das Hauptamt SS-Gericht am 14. 6. 1941 neue Richtlinien für die Überstellung zum Verlorenen Haufen heraus. Verurteilte, die nicht aus der SS oder Polizei ausgeschieden waren, sollten in erster Linie bei der eigenen Truppe eine Bewährungsmöglichkeit erhalten. Nur wenn ihr Verbleiben der Mannszucht oder dem Erziehungszweck abträglich war, durften sie zum Verlorenen Haufen

kommandiert werden. Vorher mußte ein Teil der Strafe vollstreckt sein und der Verurteilte den »ehrlichen Willen« nachgewiesen haben, »sich vor dem Feind zu bewähren«. In der Gefängnisabteilung des Straflagers mußte er mindestens einen Monat beobachtet werden, bevor der Gerichtsherr über die Zuweisung zum Verlorenen Haufen entscheiden durfte. Wehrunwürdige Verurteilte, d. h. aus der SS und Polizei Ausgeschiedene, durften nicht mehr durch Gerichtsbeschluß oder Vollstreckungsentscheidung des Gerichtsherrn zum Verlorenen Haufen überstellt werden. Nur nach der vorläufigen Wiederzuerkennung der Wehrwürdigkeit auf dem Gnadenweg und einer positiven Beurteilung durch den Kommandanten des Straflagers bzw. Strafvollzugslagers konnten sie zum Verlorenen Haufen kommen. [83]
Nach dieser Konzeption existierten die Verlorenen Haufen jedoch wiederum nur wenige Monate. Mit Befehl vom 29. 7. 1941 löste das SS-Führungshauptamt im Auftrage Himmlers den Verlorenen Haufen beim SS-Pionierersatzbataillon Dresden plötzlich auf. Die Angehörigen wurden zur Division »Das Reich« in Marsch gesetzt. Himmler hatte zwei Gründe für diesen Schritt. Zum einen war die bisherige Zusammensetzung des Verlorenen Haufens rechtswidrig. Es ging nicht an, Waffen-SS- und Polizeiangehörige mit kleinen Strafen neben Männern dienen zu lassen, die aus der SS ausgeschlossen oder entlassen worden waren. Da »seitens der einzelnen Gerichte und Gerichtsherrn recht uneinheitlich verfahren worden ist und meistens ein zu milder Standpunkt eingenommen wurde«[84], müsse ein neuer Anfang gemacht werden, meinte der Chef des Hauptamts SS-Gericht. Ein weiterer Grund war, daß es das OKW ablehnte, weiterhin aus der Waffen-SS entlassene Verurteilte zur Bestrafung oder gar Fortsetzung des Wehrdienstes ins Heer zu übernehmen. Das Heer wollte kein Auffangbecken für abgehalfterte SS-Angehörige sein. Waffen-SS und Polizei sollten ihren »Schrott« selbst verwerten.

Bewährungs-Abteilung und Arbeits-Abteilung

Am 2. 7. 1941 stimmte das OKW dem Wunsch des SS-Führungshauptamtes zu, in der Waffen-SS eigene Bewährungseinheiten einzurichten, in die verurteilte SS-Angehörige nach Verbüßung eines Teils ihrer Strafe eine Chance zur Rehabilitation bekamen,

und eine eigene Sonderabteilung aufzustellen, in der aus der Waffen-SS entlassene Wehrpflichtige ihren Wehrdienst weiter ableisten konnten.
Der Chef des SS-Führungshauptamts, SS-Gruppenführer und Generalleutnant der Waffen-SS Hans Jüttner, begrüßte diese Entscheidung, weil auf »die Beibehaltung einer Bewährungseinheit für SS- und polizeigerichtlich Verurteilte nicht verzichtet werden« könne. Er sah in der Regelung die Möglichkeit, den Verlorenen Haufen alter Art wieder ins Leben zu rufen. [85] Himmler verbot jedoch, weitere Angehörige der Waffen-SS in die Verlorenen Haufen bei der Division »Das Reich« und beim SS-Pionierersatzbataillon einzuweisen. Er suchte nach anderen Lösungen, straffälligen SS- und Polizeiangehörigen eine Bewährungsmöglichkeit zu geben, und zwar »vor dem Feinde bei den Feldeinheiten«. [86]
Mit Wirkung vom 1. November 1941 wurde für Angehörige der Waffen-SS und Deutschen Polizei, deren Freiheitsstrafen zur Bewährung ausgesetzt waren, eine »Bewährungs-Abteilung« beim SS-Ersatzbataillon Deutschland in Prag-Rusin eingerichtet, in die SS- und Polizeiangehörige kamen, deren Bewährung in der eigenen Einheit oder einer anderen Waffen-SS-Einheit nicht möglich war, z. B. weil diese nicht im Fronteinsatz stand. Dorthin wurden in der Folgezeit vom Hauptamt SS-Gericht auch ehemalige Angehörige der Waffen-SS eingewiesen, bei denen nach der Bewährung eine erhebliche Milderung der Ehrenstrafe, z. B. von Ausschluß aus der SS in einfache Entlassung oder gar die Wiederaufnahme in die SS erwartet werden konnte.
Die Bewährungs-Abteilung wurde als Schützenkompanie ausgebildet. Ab 10.6.1942 war sie dem SS-Wachbataillon Prag unterstellt. Die meisten Bewährungssoldaten kamen aus dem Straflager der SS und Polizei Danzig-Matzkau. Bis Oktober 1942 waren es 500 Mann. Im gleichen Zeitraum konnten 180 Mann nach Abschluß ihrer Ausbildung zu den Feldtruppenteilen abkommandiert werden.
Dem Baubataillon auf dem SS-Truppenübungsplatz Debica [87] wurde am 1.11.1942 eine »Arbeits-Abteilung« angegliedert, in der aus der SS Entlassene nach Verbüßung ihrer Strafe als Bausoldaten ihren Wehrdienst fortsetzten. Zu ihnen traten ehemalige Angehörige der Waffen-SS, die wegen einer nach nationalsozialistischer Anschauung oder nach dem Auslese- und Ordensgedanken der SS besonders verwerflichen Straftat bestraft worden waren und für die eine Wiederaufnahme in die SS nicht in Frage kam. Wer sich in der

Arbeits-Abteilung bewährte, konnte zwar mit einer Milderung seiner Ehrenstrafe rechnen, aber grundsätzlich nicht mit der Rückkehr in die SS. [88] Zur Arbeits-Abteilung auf dem Truppenübungsplatz Debica kamen in der Folgezeit auch Männer, die ihre volle Strafe in der Zuchthausabteilung des Straflagers Dachau abgesessen hatten und von denen man hoffte, daß sie noch »zu einem brauchbaren Mitglied der Volksgemeinschaft erzogen werden« könnten. Zu diesem Zweck erkannte man ihnen eine »vorläufige Wehrwürdigkeit« zu. In Debica baute die Arbeits-Abteilung, geführt von SS-Obersturmführer Harzer, Schießstände, Baracken und eine Großküche. Gelegentlich übernahm sie auch den Wachdienst im »Russenlager«.

Im April 1942 wurde die Arbeits-Abteilung Debica mit einer Stärke von 52 Mann nach Bobruisk verlegt und dem Nachschubkommando Rußland-Mitte beim Höheren SS- und Polizeiführer unterstellt. Die Männer arbeiteten in den verschiedenen Lagerhäusern, beim Nachschubtransport, beim Instandsetzungszug, in der Entlausungsanstalt usw. Für die Erdarbeiten waren Gefangene und Hilfswillige da. Zur Sicherung der ortsfesten Anlagen der Nachschubkommandantur erhielt ein Teil der Männer Waffen. Ein ehemaliger B-Schütze (Bewährungsschütze) berichtete, daß im Oktober 1942 auch ein Partisanenjagdkommando in der Stärke einer Kompanie aufgestellt wurde, dessen Einsätze einen Radius von 40 km hatten. Ihm oblag u. a. die Sicherung der Bahnstrecke Minsk-Bobruisk und der Rollbahn Slutzk-Bobruisk. Ein Zug hielt die Kolchose Klitschi besetzt, die für die Ernährung der Truppe wichtig war und häufiger von Partisanen angegriffen wurde. [89] Zu dieser Zeit umfaßte die Nachschubkommandantur etwa 500 Mann, darunter zur Hälfte Leute der Arbeits-Abteilung. Rehabilitationen gab es am laufenden Band. Zusammen mit einem neu gebildeten Zug aus nicht der SS angehörenden Legionären wurde die Abteilung ab Februar 1943 auch zum Bau des SS-Truppenübungsplatzes »Moorlager« bei Bereska-Kartuska verwendet. Die Arbeits-Abteilung war eine selbständige Einheit und unmittelbar dem SS-Führungshauptamt unterstellt, das allein truppendienstliche Weisungen erteilen durfte. Dem Führer der Arbeits-Abteilung wurden die Disziplinarbefugnisse eines Bataillonskommandeurs gegeben. Er sollte eine »Erziehung unter einheitlicher Ausrichtung« erreichen. [90] Als das Gebiet im Sommer 1944 geräumt wurde, verlegte die Arbeits-Abteilung auf den Truppenübungsplatz Chlum im Protektorat Böhmen

und Mähren. In den folgenden Monaten war sie u. a. am Bau einer Hydrieranlage in Lohmen bei Pirna beteiligt. Im Januar 1945, als jeder benötigt wurde, der ein Gewehr handhaben konnte, gliederte man die Männer der Arbeits-Abteilung in die Bewährungs-Abteilung der Waffen-SS ein. [91]
Die Angehörigen der Bewährungs-Abteilung und der Arbeits-Abteilung hatten die Dienstbezeichnung »Schütze« (nicht SS-Schütze); sie trugen zwei schwarze Spiegel ohne Siegrunen auf der Uniform und das Hoheitsabzeichen. Die Dienstzeit wurde ihnen als Wehrdienst angerechnet. [92] Die einen trugen Waffen, die anderen grundsätzlich nicht. Die Entscheidung darüber, wohin ein Betroffener geschickt wurde, traf das Hauptamt SS-Gericht.
Für ausgeschiedene Polizeiangehörige und solche, deren Dienststrafverfahren ausgesetzt war, erhielt die SS-Polizeidivision im Oktober 1941 wieder eine »Sondereinheit«, die der 1. Pionier-Ersatzkompanie in Dresden angegliedert war. Sie entsprach der früheren »Sondereinheit K«. Den Angehörigen wurde bei vollem Einsatz die Wiederaufnahme in die Deutsche Polizei in Aussicht gestellt. Sie mußten jedoch während des Dienstes in der Sondereinheit auf ihren Polizeidienstgrad verzichten. Ehemalige Polizeiangehörige und Mitglieder der Allgemeinen SS, die wegen SS-unwürdigen Verhaltens keine Gelegenheit zur Bewährung in der Waffen-SS bekamen, wurden nach dem Vollzug der vollen Strafe der Wehrmacht zur Verfügung gestellt. [93]
SS-Bewährungskompanien bzw. -züge sind im Zweiten Weltkrieg nachgewiesen bei der 2. SS-Infanteriebrigade, dem SS-Pionierbataillon 11, der 20. Waffen-Grenadierdivision der SS (estnisch Nr. 1), der 13. Waffen-Gebirgsdivision der SS (kroatisch Nr. 1), der 14. Waffen-Grenadierdivision der SS (ukrainisch Nr. 1), der 15. Waffen-Grenadierdivision der SS (lettisch Nr. 1), der 19. Waffen-Grenadierdivision der SS (lettisch Nr. 2) und der 5. SS-Freiwilligen-Sturmbrigade Wallonien. Ab Sommer 1944 wurden die Bewährungsschützen aus den SS-Strafvollzugslagern überwiegend dem SS-Sonderregiment Dirlewanger überwiesen. [94]

Der neue Verlorene Haufen

Den Verlust des eigenen Verlorenen Haufens verschmerzte die SS-Totenkopfdivision nur schwer. Nach der Einrichtung der Bewährungs-Abteilung und der Arbeits-Abteilung mußte sie alle einschlägig bestraften und aus der Waffen-SS ausgeschiedenen Soldaten abgeben. Die SS-Totenkopfdivision versuchte mit einer Statistik über die Erfolge ihres alten Verlorenen Haufens vom Hauptamt SS-Gericht eine eigene Bewährungsabteilung zugebilligt zu bekommen. Nach ihren Angaben hatten sich im Frankreichfeldzug von den 47 gerichtlich und 57 disziplinar bestraften Männern 91, d. h. 87,5%, bewährt. Fünf Männern war die Bewährung abgesprochen worden, während bei acht noch keine ausreichende Gelegenheit zur Bewährung bestanden hatte. 25 von den 91 Bewährten hatten eine Belassung in der SS bzw. eine Wiederaufnahme in die SS erreicht. Bei einem anderen Teil war das Rehabilitierungsverfahren noch nicht abgeschlossen. [95] Obwohl vom SS-Führungshauptamt am 31. 10. 1941 und vom Hauptamt SS-Gericht am 12. 11. 1941 die Einrichtung divisionseigener Bewährungseinheiten untersagt wor-

SS-Führungshauptamt
Amt V, Abt. III (4)

(1) Berlin-Wilmersdorf, den 25. Jul. 1944
Kaiseralle 188

Betr.: Versetzung/Einberufung des Günther Goerke geb. 29.7.12 1903

fr. Einheit: 2. (Fkl.) Kp.Nachr.Abt./8.Kav.Div.
zur "Bewährungsabteilung"/"Arbeitseinheit(ung)" der Waffen-SS

Bezug: Befehl des RF-SS, SS-FHA Org.Tgb. Nr. 4764/41 geh. v. 31.10.41.
Schr. d. H.A: SS-Gericht Az. III 3483/44 (VL) vom 4.7.44
Urteil des SS- und Polizeigerichts / Gerichts d. Feldp.Nr. 17 712 v. 28.12.42 St.L. 233/42

Über
Abteilung IE
SS-Führungshauptamt

a) Bewährungsabteilung der Waffen-SS
Chlum b. Beltschan über den
Befehlshaber der Waffen-SS
Böhmen und Mähren, Prag

b) Dienststelle Feldpostnummer 22 825
Strafvollzugslager der SS u.Pol.
Zweiglager Ludwigsfelde

c) SS- und Polizeigericht XIII, Posen

d) Gericht der Dienststelle Feldpost Nr.

e) Hauptamt SS-Gericht München

f) ...

Verfügung

1. Der Schütze Günther Goerke wird mit Wirkung vom 29.7.44 zur "Bewährungs-Abteilung" der Waffen-SS / "Arbeits-Abteilung der Waffen-SS"
versetzt
einberufen

2. Betr. Übersendung der Personalunterlagen und Innerschließung ist nach Verfügung des Kommandanten der Waffen-SS vom 26.Mai 1941 IIb (6) 9 Abschnitt III und den Allg. Heeresmitteilungen 1941, Ziffer 615, zu verfahren.

F.d.R.:   I.A.:

den war, befahl der Kommandeur der SS-Totenkopfdivision, SS-Gruppenführer Eicke, aus eigener Machtvollkommenheit am 30. 1. 1942 die erneute Aufstellung eines Verlorenen Haufens unter anderem Namen für die im Kampfraum Demjansk rechtskräftig Verurteilten, die nicht zum Strafvollzug nach Deutschland zurückgeschickt werden konnten, da der Verband von allen rückwärtigen Verbindungen abgeschnitten war.

»Mit sofortiger Wirkung wird bei der Division ein Einsatzkommando z.b.V. errichtet. Dorthin werden alle vom Feldgericht der SS-T.Div. wegen Fahnenflucht, Feigheit vor dem Feinde, Selbstverstümmelung, Wachvergehen vor dem Feinde verurteilten ehemaligen Angehörigen der SS-T.Div. ohne Rücksicht auf Waffenzugehörigkeit überwiesen. Hier soll den Betreffenden durch Erteilung besonders gefährlicher Aufträge Gelegenheit gegeben werden, einen anständigen Tod zu finden bzw. zu beweisen, ob eine ausgesprochene Todes- oder Zuchthausstrafe durch rücksichtslosen Einsatz vor dem Feinde ausgeglichen werden kann. Todesmutige Tapferkeit, die durch Berührung mit dem Feinde einwandfrei unter Beweis zu stellen ist, kann die Möglichkeit bieten, nach Kriegsende in die Volksgemeinschaft zurückzukehren. Kriegsgerichtlich verurteilte Lumpen und Kameradendiebe kommen nicht zum Einsatzkommando; sie sind nach der Verurteilung in die Strafanstalten zu überführen.
Das Einsatz-Kommando z.b.V. wird dem SS-T.IR. 1 unterstellt, die Angehörigen des Einsatz-Kommandos z.b.V. tragen erdbraune Bekleidung ohne Kragenspiegel, sie besitzen keine Ausweispapiere. Diese Anordnung ist allen SS-Angehörigen bekanntzugegen. gez. Eicke.« [96]

Die Männer wurden bis auf vier Diebe und einen Fahnenflüchtigen zu heiklen Sonderunternehmungen herangezogen. Versprechungen wurden ihnen nicht gemacht. Das Gericht der SS-Totenkopfdivision plante jedoch, bei Bewährung Gnadenverfahren von Amts wegen einzuleiten. [97]
Mit Rücksicht auf die besonderen Verhältnisse bei der Division erhob keines der Hauptämter Einwendungen gegen die Eigenmächtigkeit Eickes. Der Befehl sollte jedoch aufgehoben werden, sobald sich die Verhältnisse so geändert hätten, daß die Überführung der Verurteilten in die zuständigen Vollzugsanstalten oder die Versetzung zu den bestehenden Sondereinheiten der Waffen-SS durchgeführt werden könnte. [98] Als das der Fall war, lebten nur noch wenige Männer des Verlorenen Haufens. Die meisten hatten sich mit ihrem Tod vor dem Feind bewährt. Deshalb zog Himmler im Juni 1942 in Erwägung, nach dem Vorbild der SS-Totenkopfdivision einen Verlorenen Haufen besonderer Art aufzustellen. Mit Rücksicht auf die bestehenden Einrichtungen, die Arbeits-Abtei-

lung und Bewährungs-Abteilung, dachte er daran, »den Verlorenen Haufen für solche Männer einzurichten, die ihr Leben verwirkt haben, denen aber die Möglichkeit eines anständigen Soldatentodes eingeräumt werden soll«.[99] Der Chef des Hauptamtes SS-Gericht wandte sich am 26. 6. 1942 entschieden gegen Himmlers Vorstoß, daß ein Verlorener Haufen für Männer gebildet werde, die wehrunwürdig waren und zur Erübrigung einer Strafvollstreckung in den Tod geführt werden sollten. Wehrunwürdige hätten auch keinen Anspruch auf Bewährung. Durch die Gleichstellung von Wehrwürdigen und Wehrunwürdigen werde außerdem das Ehrgefühl der in der Bewährungs-Abteilung dienenden Soldaten beleidigt. Er kritisierte auch den Namen »Verlorener Haufen«, weil dieser »zu falschen Vorstellungen und nachteiligen Gerüchten über die SS« Anlaß gebe. Jeder glaubt: Wer dorthin kommt, wird auf Minenfelder geschickt, damit er verloren geht. [100]
Dieses Mißverständnis gab es auch in den SS-Hauptämtern, als man davon erfuhr. SS-Standartenführer Schellenberg, der Leiter des Auslandsnachrichtendienstes im Reichssicherheitshauptamt, bat am 1. 7. 1942 den SS-Richter beim Reichsführer-SS und Chef der Deutschen Polizei, ihm aus dem Verlorenen Haufen für ein Unternehmen, »in welchem mit allergrößter Gewißheit mit dem Tod bzw. der Gefangennahme zu rechnen« sei, geeignete Männer zur Verfügung zu stellen, »die gewillt sind, durch Hingabe ihres Lebens eine Verfehlung wiedergutzumachen«. [101]
Obwohl für wehrunwürdige Verurteilte eine widerrufliche Begnadigung zu Gefängnis und eine einstweilige Wiederzuerkennung der Wehrwürdigkeit die Voraussetzung zum Dienst in einer Bewährungseinheit war, befahl Himmler am 29. 8. 1942 trotz aller Bedenken, »daß innerhalb der Bewährungs-Abteilung der Waffen-SS ein besonderer Verlorener Haufen zu errichten ist«. »Dorthin werden lediglich Männer überstellt, denen Gelegenheit gegeben wird, einen anständigen Soldatentod zu sterben und damit eine begangene Verfehlung zu sühnen.« Soweit es sich hierbei um rechtskräftig zum Tode oder zu Zuchthaus verurteilte Männer handelte, sollte eine widerrufliche Zuerkennung der Wehrwürdigkeit vorgenommen werden. [102] Die Einheit wurde auf dem Truppenübungsplatz Chlum aufgestellt.
Der erste Einsatz des Verlorenen Haufens der Totenkopfdivision erfolgte in der Schlauchstellung zwischen Biakowo und Wassiljewtschina nördlich der Rollbahn, wo ein Frontvorsprung rund 600

Meter in das Waldgelände hineinreichte. Die Soldaten nannten sie die »Fingerstellung«. An ihrer Spitze befand sich ein Lauschtrupp der Fernsprechkompanie. In dieser Stellung wurde der Verlorene Haufen bei der SS-Totenkopfdivision eingesetzt. Als er bis auf den letzten Mann aufgerieben war, wurde die Stellung im Rahmen einer Umgruppierung geräumt. [103]

Das Hin und Her um den Verlorenen Haufen entsprach ganz und gar nicht der Randbemerkung Himmlers auf dem Rundschreiben Nr. 33/42g der Parteikanzlei der NSDAP, in dem Bormann die Gauleiter über die Neuordnung der Strafvollstreckung in der Wehrmacht informierte. Voller Stolz notierte Himmler: »Klare Ordnung bei uns. 1. Bewährungseinheit, 2. Verlorener Haufen, 3. Straflager«. [104] So klar war die Regelung doch nicht.

Über die Verlorenen Haufen gibt es zwei ganz unterschiedliche Berichte. Der eine stammt aus der Feder des Truppenarztes des Pionierbataillons der SS-Polizeidivision, Dr. Hans Pichler. Dem Bataillon war ein Verlorener Haufen in Stärke eines Zuges angegliedert. Er setzte sich aus Verurteilten zusammen, die aus der Polizei ausgeschieden waren oder deren Ausscheiden aus der Polizei infolge Aussetzung des Dienststrafverfahrens noch nicht feststand, und hatte wohl eher die Funktion einer Bewährungs-Abteilung als eines Verlorenen Haufens nach Himmlers Intention. Er wurde von einem Pionierfeldwebel geführt. Die Hauptaufgabe bestand in besonders gefährlichen Unternehmungen, häufig in regelrechten Himmelfahrtkommandos. Damit konnten sich die Männer die Punkte erwerben, die zur Rehabilitation nötig waren. Vor jedem Sonderunternehmen legte der Bataillonskommandeur nach der Wichtigkeit und Gefährlichkeit des geplanten Einsatzes fest, wie viele Punkte dieses Unternehmen, wenn es gelang, den daran beteiligten Männern einbringen würde. Deshalb gab es immer ausreichend Freiwillige. »Durch die besonders gute Ausbildung der Männer als Einzelkämpfer, ihre Ausrüstung mit den besten und modernsten Waffen, die uns damals zur Verfügung standen, das Überraschungsmoment und vor allem durch ihre Tollkühnheit war der Erfolg meistens auf unserer Seite und die Verluste, gemessen an den vielen und schweren Einsätzen, die sie durchführten, relativ gering.« Zu den häufigsten Aufgaben des Verlorenen Haufens gehörten: Stoßtruppunternehmungen, Sprengen von feindlichen Bunkern, die anders nicht ausgeschaltet werden konnten, Erkundungen hinter den feindlichen Linien, Einbringen von Gefangenen zur Befragung, Knacken eingedrungener feindlicher Panzer, Sprengen von Brücken, die unversehrt oder zu wenig zerstört in feindliche Hände gefallen waren usw. Am Schluß seines Berichtes schwärmte Pichler:

»Ja, so waren unsere Männer vom V.H. Tolle Draufgänger, hervorragende Soldaten und vorbildliche Kameraden. Auch wenn jeder von ihnen einmal mehr oder weniger über die Gesetze gestolpert war, so kann ich ihnen als ihr ehemaliger Arzt nur das beste Zeugnis ausstellen. Sie waren tapfere deutsche Landsknechte mit allen deren Vorzügen und auch kleinen Fehlern.« [105]

Der andere Bericht stammt von Oberstrichter Freiherr von Dörnberg:

»Am 10. September 1942 suchte ich, beauftragt vom General der Infanterie Graf Brockdorff-Ahlefeldt das SS-Gericht im Waldstück nordöstlich von Demjansk auf. Ich fand dort den SS-Sturmbannführer Aichele nebst anderen richterlichen SS-Justizführern und SS-Beurkundungsführern vor. Gesprächsweise fragte ich sie nach den Bewährungseinheiten der SS und nach den bisher gesammelten Erfahrungen.
SS-Sturmbannführer Aichele: ›Wir haben hier eine solche Bewährungs-Formation der SS. Sie hat sich bereits bewährt und ist dort oben.‹
Diese Worte begleitete er mit einer Handbewegung aufwärts. Unwillkürlich folgte ich mit den Augen und sah verständnislos gegen die Balkendecke des Unterstandes.
Die Erklärung geschah dann auch gleich durch den SS-Sturmführer Aichele: ›Viel Umstände können wir mit den Leuten nicht machen, die sich bewähren sollten. Es ist Krieg. Wir haben die ganze Gesellschaft bei Nowosselje eingesetzt, Sie bewährt sich jetzt im Himmel.‹
Die Bewährungseinheit der SS war im sogenannten Finger von Nowosselje in den Kampf geworfen. Dieses schmale Frontstück nahe dem Lowatfluß war von drei Seiten vom Russen umklammert, die Verluste im dauernden Nahgefecht entsetzlich. An sich sollte der ›Finger‹ aufgegeben werden. Die SS sandte die Bewährungsmannschaften hinein. Drei Tage genügten, um sie restlos zu vernichten. Damit war das Bewährungsproblem für die SS gelöst.« [106]

Regelungen für Legionäre

Neue Probleme für die Bewährungs- und Arbeits-Abteilungen ergaben sich durch die steigende Zahl von Legionsangehörigen und nicht der SS angehörenden ausländischen Freiwilligen der Waffen-SS. Viele Soldaten dieses Personenkreises erhielten Strafen, die ganz oder teilweise ausgesetzt werden konnten. Grundsätzlich war nach einem Befehl Himmlers vom 12. 3. 1941 gegen nichtdeutsche

Angehörige der Waffen-SS bei der Begehung von Straftaten zwar genauso zu verfahren wie bei Reichsdeutschen, aber »die ganze Strenge des Gesetzes sollte jedoch erst nach längerer Zugehörigkeit zur Truppe und insbesondere nach der Vereidigung angewandt werden«. Etwaige Gesetzeshärten sollten auf dem Gnadenweg ausgeglichen werden. [107] Die Frage war, ob diese Männer Gelegenheit zur Bewährung bei ihrer Truppe oder bei einer Sondereinheit der Waffen-SS bekommen sollten. Was hatte mit ihnen zu geschehen, wenn sie nach Vollstreckung der ganzen Strafe keine Gelegenheit zur Bewährung bekamen? Kompliziert wurde die Problemstellung noch dadurch, daß gegen Legionsangehörige oder ausländische Freiwillige der Waffen-SS keine SS-Ehrenstrafen verhängt werden konnten, so daß bei ihnen die Unterscheidung zwischen aus der SS ausgeschiedenen Verurteilten und nicht aus der SS ausgeschiedenen Verurteilten entfiel. Das Hauptamt SS-Gericht schlug vor, sie so zu behandeln, als wären sie SS-Angehörige: Demnach sollten sie zur Bewährung ihrer bisherigen Truppe zugewiesen werden, wenn, falls sie SS-Angehörige gewesen wären, keine SS-Ehrenstrafe verhängt worden wäre, und einer Sondereinheit der Waffen-SS dann, wenn auf eine SS-Ehrenstrafe zu erkennen gewesen wäre. Diese Regelung führte jedoch zu dem Mißstand, daß in die Sondereinheiten der Waffen-SS Männer aufgenommen werden mußten, die wegen der fehlenden deutschen Sprachkenntnisse und sonstiger nationaler Eigenarten einer besonderen Behandlung bedurften. Bei Legionsangehörigen und ausländischen Freiwilligen, die keine Gelegenheit zur Bewährung bekamen und deren Strafen vollständig vollstreckt wurden, ergab sich die Frage, ob sie am Ende der Strafvollstreckung wieder zum Wehrdienst in der Waffen-SS erfaßt werden sollten oder als für den Wehrdienst in der Waffen-SS ungeeignet in ihre Heimat zu entlassen waren. Man befürchtete jedoch, daß die zweite Lösung Schule machen und andere Ausländer verleiten könnte, durch Begehung einer Straftat die Entlassung nach Hause zu erwirken. Außerdem fürchtete man die nachteilige Propaganda dieser Männer in ihrer Heimat, die andere vor dem Eintritt als Freiwillige in die Waffen-SS abhalten könnte. Das Hauptamt SS-Gericht plädierte deshalb dafür, diese Männer wie die ausgeschiedenen SS-Angehörigen der Arbeits-Abteilung zuzuführen und dort für sie besondere Einheiten in Gruppen-, Zug- oder Kompaniegröße aufzustellen. [108] Nach Vortrag durch den Richter beim Reichsführer-SS und Chef der

Deutschen Polizei, SS-Gruppenführer Bender, entschied Himmler Anfang August 1942, eine besondere Bewährungseinheit für Legionsangehörige und germanische Freiwillige der Waffen-SS einzurichten und bei der bestehenden Arbeits-Abteilung eine besondere Sektion für sie aufzustellen. Polizeigerichtlich verurteilte Legionsangehörige und ausländische Freiwillige bei der Polizei, z. B. Angehörige der Schutzmannschaften oder der Hilfspolizei, sollten nach der Strafvollstreckung ohne Bewährungszubilligung entweder der Arbeits-Abteilung zugewiesen werden oder zur Arbeit im Reich zwangsverpflichtet werden. Nur in besonderen Fällen käme ihre Entlassung in die Heimat in Frage. [109]
Als das SS-Führungshauptamt für Legionsangehörige und nicht der SS angehörende ausländische Freiwillige je einen Zug bei der Bewährungs-Abteilung des Wachbataillons Prag und der Arbeits-Abteilung der Waffen-SS bei der Nachschubkommandantur Bobruisk eingerichtet hatte, beklagte der Kommandeur der 2. SS-Infanteriebrigade (mot), die am 18. 6. 1943 in Lett. SS-Freiwilligenbrigade (mot) umbenannt wurde, daß zahlreiche Legionsangehörige seiner Einheit versuchten, durch Begehung einer Straftat in eine dieser beiden Abteilungen, weit weg von der Front, geschickt zu werden. Er schlug vor, diese Männer gleich an Ort und Stelle in einer besonderen Einheit »vor den Augen der gesamten Brigade und unter erschwerten Kampfbedingungen« einzusetzen, weil dies auf wankelmütige Elemente »die erwünschte und abschreckende Wirkung« habe. Der Chef des SS-Führungshauptamtes, SS-Gruppenführer Jüttner, hielt die Schaffung einer besonderen Infanterieeinheit für diese Personen jedoch nicht erforderlich, weil die verurteilten Legionsangehörigen unmittelbar nach ihrer Verurteilung erst ihre Strafe oder wenigstens einen Teil derselben im Strafvollzugslager der SS und Polizei in Danzig-Matzkau oder Salaspils zu verbüßen hätten. Bei milderen Straffällen habe das erkennende Gericht ohnedies Gelegenheit, den Männern die Möglichkeit der Bewährung bei der eigenen Truppe zu geben. Der Chef des Hauptamtes SS-Gericht schloß sich dieser Meinung an. Er sah in einem Urteil mit sofortiger Feindbewährung in der eigenen Truppe geradezu eine Belohnung für Straftaten. [110] Himmler entschied jedoch anders. Am 17. 7. 1943 teilte er dem Chef des SS-Führungshauptamtes und dem Chef des Hauptamtes SS-Gericht mit, daß für verurteilte germanische SS-Männer eine Bewährungseinheit im Rahmen des Germanischen Panzerkorps, und zwar als

Kompanie beim Pionierbataillon der SS-Panzergrenadierdivision Nordland, errichtet werde. Für lettische Verurteilte wurde bei der Lettischen Division, für estnische Verurteilte bei der Estnischen Brigade, für galizische Verurteilte bei der Galizischen Brigade und für Muselmanen in der Bosniaken-Division eine entsprechende Bewährungseinheit aufgestellt. Gesammelt wurden die Männer bei der Bewährungs-Abteilung der Waffen-SS in Chlum bei Seltschan im Protektorat Böhmen und Mähren. Keinem der Verurteilten durfte die Wehrwürdigkeit abgesprochen sein. [111] Zuchthäusler kamen in das Sonderregiment Dirlewanger [112] oder ins KZ Salaspils. [113]

Die Frontdiensttauglichkeit der zu den Bewährungseinheiten geschickten Verurteilten war zweitrangig. Auch beschränkt Wehrdiensttaugliche kamen in diese Einheiten. Himmler begründete diese Maßnahmen folgendermaßen:

»Jeder Angehörige der SS und Polizei muß sich darüber klar sein, daß er nach Begehen einer Straftat oder Disziplinarverfehlung seine ganze Kraft zusammennehmen muß, um seine Tat wiedergutzumachen und sich einen Gnadenerweis zu verdienen. Die Hand hierzu wird ihm gereicht werden. Zieht er diese Folgerung, zumal jetzt im Schicksalskampf unseres Volkes, nicht, so trifft ihn die Verachtung jedes aufrechten deutschen Menschen. Dementsprechend verlange ich von jedem straffällig gewordenen Angehörigen der SS und Polizei, daß er unter Außerachtlassung der Gesundheit, etwa wegen Körperschäden, und ohne Rücksicht auf Tauglichkeit den Versuch macht, sich im Einsatz an der Front oder im Bandengebiet zu bewähren, sofern nicht sein körperlicher Zustand den Dienst mit der Waffe völlig ausschließt.« [114]

SS- und polizeigerichtlich Verurteilte, die nicht strafweise aus der SS entfernt wurden, durften während des Bewährungseinsatzes die bisher erworbenen Orden und Ehrenzeichen tragen und neue verliehen bekommen. Wer dagegen aus der SS entlassen worden war, durfte keine neuen Orden und Ehrenzeichen erhalten, »da während des Einsatzes erbrachte Mutbeweise und hervorragende Leistungen« zur Bewährung gehörten. Er konnte sich lediglich das Verwundetenabzeichen und die Ostmedaille verdienen. Aber auch diese Abzeichen durften ihm erst nach der Rehabilitierung ausgehändigt werden. [115] Zur Beförderung gerichtlich vorbestrafter Waffen-SS-Angehöriger mußten feste Fristen eingehalten werden. Wer z. B. eine Freiheitsstrafe zwischen drei Monaten und einem Jahr auferlegt bekommen hatte, mußte 1 ½ Jahre bis zur nächsten Beförderung warten. [116]

Rehabilitierungen

Verschiedene Mißstände in den Bewährungseinheiten veranlaßten Himmler Mitte 1943, diese Einheiten entsprechend ihrer Größe gemäß der Kriegsstärkenachweisung »sofort mit guten Führern und Unterführern« zu besetzen. Diese sollten »eine einwandfreie Erziehung und Beurteilung« der Männer gewährleisten. Dem Führer der Bewährungseinheit war ab sofort für jeden neu überstellten Mann ein kurzer Sachbericht über seine Verfehlungen und ihre Bestrafung, über den Stand der Strafvollstreckung und die bisherige militärische Ausbildung mitzugeben. Er erhielt das Recht, »zu gegebener Zeit die Rehabilitierung vorzuschlagen«, auch wenn der Zeitpunkt für die Prüfung der Rehabilitierungsfrage von Amts wegen noch nicht gegeben war. Die damit verbundene Papierflut versuchte man einzudämmen. Für den SS-Obergruppenführer von dem Bach, dem ab Mai 1943 sehr viele Bewährungsschützen aus der Waffen-SS und Deutschen Polizei für den Partisaneneinsatz zugewiesen wurden, übernahm das SS- und Polizeigericht Rußland-Mitte das Aktenstudium. Es sollte von dem Bach unter persönlicher Vorstellung der Verurteilten gruppenweise bei der Einstellung über deren Verfehlungen und bei ihrer Bewährung über ihre Leistungen berichten. [117]
Ohne außerordentliche Tapferkeit oder schwere Verwundung wurde zur Rehabilitierung im allgemeinen ein Bewährungsfronteinsatz von drei bis sechs Monaten für angemessen gehalten. »Jeweilig nach Abschluß eines Kampfeinsatzes« mußte der Kompanieführer einen Bewährungsbericht über seine Männer schreiben. Darin sollte eingehend erörtert werden, wie sich der Verurteilte geführt hatte. Die Kampfhandlungen und Gefechte, an denen er teilgenommen hatte, oder sein sonstiger Einsatz vor dem Feind oder unter schwierigen und gefahrvollen Umständen mußten genau dargestellt werden. Bewährungsberichte, die diesen Anforderungen nicht entsprachen, wurden vom Hauptamt SS-Gericht zurückgereicht.
Die Rehabilitierung war für die Bewährungssoldaten der SS und Deutschen Polizei das höchste Ziel. Damit war die Einsetzung in

den alten Dienstgrad und die Rückversetzung zu ihrer Stammeinheit in allen Ehren verbunden.

Der Todeszoll in den Bewährungseinheiten war überdurchschnittlich groß; viele Männer wurden regelrecht »verheizt«. Ab 1943 wurden sie häufig eingesetzt, um die Rückzugsbewegungen der benachbarten Verbände zu erleichtern und feste Plätze bis zur letzten Patrone zu halten. Oft wurden sie eingeschlossen und mußten sich aus eigener Kraft zu den deutschen Linien zurückkämpfen. [118]

Wegen der hohen Verluste erreichte die Rehabilitation nur wenige Lebende. Zahlen sind nicht überliefert. Bekannt sind lediglich die Kämpfe, nach deren Abschluß Bewährungen ausgesprochen wurden, z. B. die Verteidigung der Grenadierhöhe im Juli und August 1944 durch die Bewährungskompanie der Division Nordland, deren Überlebende in das SS-Panzer-Grenadier-Regiment Danmark (dänisch Nr. 1) eingegliedert wurden. [119] Viel häufiger steht in den Quellen, daß die Bewährungseinheiten »vollständig aufgerieben« wurden. Dieses Schicksal ereilte am Ende des Krieges auch die letzten Bewährungssoldaten der Waffen-SS. Es handelte sich um die in Dublowitz bei Seltschan im Protektorat im Mai 1945 gesammelten Bewährungsschützen, die ab 6. 5. 1945 gegen die tschechische Aufstandsbewegung in Prag eingesetzt wurden. [120]

Schwebten verwundete oder erkrankte Männer der Bewährungseinheit in Lebensgefahr, so sollte unverzüglich über den Divisionskommandeur fernschriftlich ein Bewährungsvorschlag beim Hauptamt SS-Gericht gemacht werden. Dadurch wollte man erreichen, daß diese Männer noch vor ihrem Ableben rehabilitiert werden konnten. [121] Bei Polizeibeamten im Bewährungseinsatz wurde in ähnlichen Fällen das Rehabilitierungsverfahren auf die beamtenrechtlichen Fragen ausgedehnt. [122] Wehrwürdige, die im Verlorenen Haufen, in der Bewährungs-Abteilung oder in der Arbeits-Abteilung den Tod fanden, wurden voll rehabilitiert. In den Augen der SS war dies wichtig »für die Ehre der Sippe des Verurteilten«, für die Angehörigen wegen der Versorgungsleistungen, die dann fällig wurden. [123]

Freiheitsentzug

Straflager der SS und Polizei Dachau

Bis Anfang 1941 besaß die SS keine eigenen Strafvollzugsanstalten. Die SS- und polizeigerichtlich zu Arrest-, Gefängnis- und Zuchthausstrafen Verurteilten wurden der allgemeinen Justiz zur Strafvollstreckung übergeben, wenn die Strafen nicht zur Bewährung ausgesetzt werden konnten. Mitte März 1941 wurde der eigene Strafvollzug im Konzentrationslager Dachau aufgenommen. Es gab eine Abteilung G (Gefängnis), eine Abteilung V (Verurteilte mit Straflagerverwahrung) und eine Abteilung Z (Zuchthaus). Von diesem Zeitpunkt an wurden den Justizvollzugsanstalten nur noch verurteilte Soldaten übergeben, die an Lungentuberkulose litten oder wegen sonstiger körperlicher oder geistiger Gebrechen einer besonderen ärztlichen Behandlung oder anderweitigen Betreuung bedurften.
Wie bisher blieb der Strafvollzug gegen nicht der SS oder Polizei angehörende Verurteilte, z. B. Mitglieder des Gefolges oder Landeseinwohner, bei den Justizvollzugsanstalten. In den folgenden Wochen wurden alle SS- und polizeigerichtlich verurteilten Angehörigen der SS und der Deutschen Polizei aus den zivilen Strafanstalten in den Strafvollzug des Hauptamtes SS-Gericht überführt. Bis zum 25.6.1942 waren es insgesamt 182, von denen 106 aus Gefängnissen, 29 aus Zuchthäusern und 47 aus Strafgefangenenlagern kamen. Es stellte sich jedoch bald heraus, daß es um ihre »Erziehungs- und Besserungsfähigkeit« schlecht stand: Die meisten mußten in ein Konzentrationslager, sobald sie ihre Strafe verbüßt hatten, weil sich ihr Verhalten im Laufe des SS-Strafvollzugs nicht geändert hatte. [124]
Im Frühjahr 1942 wurde die Gefängnisabteilung des Strafvollzugslagers Dachau nach Danzig-Matzkau verlegt. Nur die SS- und Polizeiangehörigen, deren Urteil neben der Freiheitsstrafe eine Verwahrung unter Aufschub des Strafvollzugs vorsah und die zu Zuchthausstrafen verurteilt worden waren, sowie die zum Tode Verurteilten, die auf die Entscheidung über ihr Gnadengesuch

warteten, blieben in Dachau. [125] Ihre Zahl stieg bis zum Kriegsende auf 1200 Mann an. Zwei Drittel von ihnen arbeiteten in der Außenstelle Allach bei München in einem Rüstungsbetrieb von BMW. Erst als die Aufnahmekapazität des SS-Straflagers Dachau erschöpft war, kamen auch solche Fälle nach Danzig-Matzkau. [126]
Im allgemeinen waren die aus der SS und Polizei ausgestoßenen Zuchthäusler in Gemeinschaftszellen untergebracht. Nur »besonders üble Elemente, bei denen unter Umständen mit Gewalttätigkeiten oder Ausbruch zu rechnen« war, kamen in Einzelzellen. Im August 1943 drohte eine Katastrophe, als das Reichssicherheitshauptamt für eine Sonderaktion zur Unterbringung von 90 Häftlingen auch die 53 Einzelzellen der Abteilung Z des Straflagers für sich beanspruchte. Nur 15 Zellen durften für den Bedarf des Straflagers zurückbehalten werden. Als die Lagerleitung auf die Probleme aufmerksam machte, entschied Himmler persönlich, daß die in Einzelzellen untergebrachten Gefangenen während der Sonderaktion mit Handschellen und Fußfesseln zu fesseln und in Gemeinschaftszellen unterzubringen seien. [127]
Noch eine zweite Episode wird erzählt. Im September 1943 wurde eine größere Gruppe kroatischer Volksdeutscher in das SS-Straflager Dachau eingeliefert. Sie hatten bei der 7. SS-Freiwilligengebirgsdivision Prinz Eugen den Dienst verweigert und waren ohne Strafverfahren nach Dachau geschickt worden. Da die Dienstverweigerung »vorwiegend auf falsche Behandlung der Volksdeutschen durch ihre Dienstvorgesetzten zurückzuführen« war, hielt das Hauptamt SS-Gericht den Verbleib der Männer in Dachau »aus volkstumspolitischen Gründen« für unzweckmäßig. Daraufhin wurden sie vom SS-Führungshauptamt zum SS-Truppenübungsplatz Kurmark bei Guben weitergeleitet, wo »geeignete Erziehungsmaßnahmen« an die Stelle eines Strafverfahrens treten sollten. [128]
Für alle SS- und Polizeiangehörigen galt Dachau als der schlimmste Platz in der Welt. Bei den Belehrungen über die Sondergerichtsbarkeit und über gerichtliche Bestrafungen, die alle acht Wochen in den Einheiten von Disziplinarvorgesetzten durchzuführen waren, sollte die Erwähnung Dachaus abschreckend wirken: »14stündige schwere Arbeit täglich, verminderte Kost, keine künstliche Beleuchtung nach Dienstschluß« waren die Stichworte. [129]

Strafvollzugslager der SS und Polizei Danzig-Matzkau

Am 21. Juli 1941 übernahm das Hauptamt SS-Gericht von der Volksdeutschen Mittelstelle durch Vermittlung der Einwandererzentrale der Sicherheitspolizei ein Barackenlager in Danzig-Matzkau, das bisher zur Unterbringung volksdeutscher Umsiedler gedient hatte, die, aus dem Baltikum oder aus Wolynien kommend, in den neuen Reichsgauen Danzig-Westpreußen und Wartheland angesiedelt wurden. Um es den Erfordernissen des Strafvollzugs der SS anzupassen, mußten erhebliche Bauarbeiten vorgenommen werden. Es wurden ein elektrischer Zaun, mehrere Wachtürme, Krankenbaracken usw. erstellt. Die Unterkünfte für die Wachmannschaften mußten mit Heizungen versehen werden, damit sie den schwankenden Witterungsverhältnissen des Talkessels weniger ausgesetzt waren. Für diese Arbeiten kamen die ersten SS-Häftlinge aus dem Straflager der SS und Polizei im KZ Dachau. Im März 1942 waren die Umbauten abgeschlossen, so daß die ganze Abteilung G (Gefängnis) von Dachau nach Danzig-Matzkau umziehen konnte. Von da an kamen alle Angehörigen der SS und Polizei, die zu längeren Arrest- bzw. Gefängnisstrafen ohne Bewährung verurteilt wurden, nach Danzig-Matzkau.

Abgesehen davon, daß das Konzentrationslager Dachau nicht für SS-Angehörige eingerichtet war, wurde der Großteil auch deshalb aus dem KZ ausgelagert, damit bei den Verurteilten und ihren Angehörigen keine falschen Vorstellungen über den SS-Strafvollzug aufkommen konnten. Vor allem für Soldaten der Waffen-SS, die kurze Gefängnisstrafen verbüßten und anschließend zu ihren Einheiten zurückkehrten, war der Aufenthalt in einem Konzentrationslager diskriminierend. Durch die Verlegung eines Teils des SS-Strafvollzugs weg von Dachau sollte auch vermieden werden, daß Konzentrationslagerhäftlinge Gerüchte über die Kriminalität in der SS verbreiten konnten. [130]

Das Strafvollzugslager in Danzig-Matzkau hatte ein Fassungsvermögen von 2000 Häftlingen. Bei enger Belegung konnten sogar 2500 untergebracht werden. Die Lagerküche war für 3000 Personen ausgelegt. Von Januar 1942 bis Dezember 1942 stieg die Zahl der Häftlinge von 347 auf 1858. [131] Das starke Anwachsen der Häftlingszahlen ging jedoch nicht auf eine erhöhte Straffälligkeit in der SS und Polizei zurück, sondern auf die Vermehrung der Einheiten, die der SS- und Polizeigerichtsbarkeit unterstanden. Allein die

Waffen-SS, die zu Beginn des Rußlandfeldzuges im Juni 1941 eine Stärke von 160 405 Mann hatte, wuchs durch die Eingliederung von nichtdeutschen Freiwilligen und von Volksdeutschen bis Ende 1942 auf etwa 350 000 Mann. Insgesamt erstreckte sich die Zuständigkeit der SS-Gerichte zu diesem Zeitpunkt auf 636 000 SS- und Polizeiangehörige, angefangen vom Offizier der Waffen-SS bis zu den Mannschaften der Sicherheitspolizei und der Ordnungspolizei und den Angehörigen der ausländischen Schutzmannschaften. Die durchschnittliche Haftzeit in Danzig-Matzkau betrug 6–9 Monate. Im Laufe des Jahres 1942 wurden 1100 Häftlinge aus dem Strafvollzug entlassen, die meisten von ihnen nach Verbüßung nur eines Teils der Strafe zu Bewährungseinheiten oder zur Truppe. 1943 und 1944 kamen pro Monat bis zu 500 neue Häftlinge nach Danzig-Matzkau, mehr als entlassen werden konnten. Unter ihnen waren immer mehr Legionsangehörige und ausländische Freiwillige, die der deutschen Sprache nicht mächtig waren. Für sie mußte eine eigene »Unterabteilung« geschaffen werden. [132] Nur für die litauischen, lettischen und estnischen Schutzmannschaftsangehörigen gab es ein eigenes Straflager im Konzentrationslager Salaspils [133]. Die Neuzugänge in Danzig-Matzkau führten zu einer Überbelegung des Lagers, gegen die wegen drohender Seuchengefahr schwere ärztliche Bedenken erhoben wurden. Die TBC-Fälle häuften sich. Die Situation besserte sich erst, als im Oktober 1944 wieder 1200 Häftlinge zu Bewährungseinheiten an die Front verlegt wurden. Von den 1013 Zurückgebliebenen lagen immerhin 250 im Revier. [134]

Hauptmerkmal des SS-Strafvollzugs in Danzig-Matzkau war der geregelte Arbeitseinsatz der Häftlinge. Um 5 Uhr morgens wurde geweckt; der Zapfenstreich war um 21 Uhr. Dazwischen lagen mindestens 10 Stunden Arbeit und 2 Stunden Exerzierdienst, natürlich ohne Waffen. Die Außenkommandos rückten spätestens um 6.30 Uhr zum Arbeitseinsatz ab. Für die nicht zum Außendienst eingeteilten Häftlinge begann der erste Teil des Exerzierdienstes um 7 Uhr; der zweite Teil fand am Nachmittag statt. Der Innendienst war am Feierabend angesetzt: Reinigungs- und Instandsetzungsarbeiten, Kleider- und Spindappelle.

Alle Formen des Arbeitseinsatzes boten den Häftlingen gewisse Vorteile. Im Innendienst waren 1942 nur rund 50 Häftlinge in den lagereigenen Werkstätten (Tischlerei, Schlosserei, Schmiede, Korbflechterei, Malerei, Sattlerei, Schneiderei, Schusterei, Auto-

werkstatt) beschäftigt. Ihre Zahl stieg auf 150, obwohl die Ausstattung der Werkstätten mit Werkzeug und Maschinen unzureichend blieb. Einschlägige Berufserfahrungen waren die Voraussetzung für diese Arbeiten. Die Zahl der Häftlinge, die innerhalb des Lagers im Küchendienst, Reinigungsdienst, Kammerdienst, in der Kohlenversorgung und bei Entwässerungs- und Erdarbeiten eingesetzt waren, blieb konstant bei etwa 200. Diese Leute hatten oft die Möglichkeit, etwas zu »organisieren«, was anderen Häftlingen abging. In der lagereigenen 25 Morgen großen Landwirtschaft arbeiteten etwa 60 Häftlinge. Sie waren nicht auf die dürftige Lagerkost angewiesen und tauschten Feldfrüchte gegen Zigaretten. [135] Eine Besonderheit war das sogenannte »Stiefelkommando«. Jeder in der Gruppe empfing ein paar neue Knobelbecher aus hartem Leder, die er im Laufschritt weichzulaufen hatte, damit sie an Frontsoldaten ausgeliefert werden konnten: immer im Kreis herum. Dicke Wasserblasen an den Füßen waren das Ergebnis, wenn ein halbes Dutzend Stiefel weichgelaufen waren. Die Blasen wurden anschließend im Revier aufgeschnitten und das rohe Fleisch mit Jod bepinselt. Am nächsten Tag gehörten die Fußkranken zu einem anderen Kommando. [136]
Bei den im Außendienst eingesetzten Häftlingen war die Aufsicht lascher als im Lager. Sie arbeiteten im Hafen oder bei Privatfirmen im Danziger Gebiet. Da gab es ein beliebtes Außenkommando von 50 Mann im Schlachthof Danzig, wo 1942 große Mengen russischen Beuteviehs verarbeitet werden mußten. 150 Häftlinge gehörten zu einem Außenkommando, das in der Schlosserei Hardtke mit Wehrmachtlieferungen, in der Holzhandlung Sperber mit der Bearbeitung von Brennholz, in der Kohlenhandlung Stillert mit Heizmaterialtransporten, in der Warengenossenschaft Danzig bei Lagerarbeiten, im Wehrmachtverpflegungsamt mit Verladearbeiten und in den Städtischen Werken der Hansestadt Danzig zu Hilfsarbeiten eingesetzt war. In den Danziger SS-Dienststellen, z. B. beim SS-Oberabschnitt, beim Sicherheitsdienst, bei der SS-Reiterinspektion und im Hauptwirtschaftslager der Waffen-SS arbeiteten bis zu 100 Häftlinge. Im Hafen- und Werftgelände wurde Erde gekarrt, wurden Gräben für Rohrleitungen ausgehoben oder es wurde an der neuen Straße gebaut, die am Werftgelände entlang führte. Die schlechten disziplinarischen Erfahrungen, die mit den Außenkommandos gemacht wurden, führten zu dem Befehl Himmlers, einen Teil der Häftlinge

auf zwei Kolchosen zu verlegen, die das SS-Wirtschafts- und Verwaltungshauptamt in Rußland-Mitte besaß. Aus dieser Anordnung wurde jedoch nichts, weil es an der großen Zahl von Wachkräften fehlte, die bei einem Arbeitseinsatz in der Landwirtschaft für erforderlich gehalten wurde. [137]
In allen Außenkommandos war die Beaufsichtigung der Häftlinge so schwierig, daß der erzieherische Auftrag des Strafvollzugs zu kurz kam, nämlich die Verurteilten »für die Volksgemeinschaft zurückzugewinnen« und sie auf die Frontbewährung vorzubereiten. In den Danziger Betrieben hatten die Häftlinge z. B. Gelegenheit, sich mit Hilfe der zivilen Arbeiter Zigaretten und Alkohol zu beschaffen, zusätzliche Briefe zu den in der Lagerordnung vorgesehenen abzusenden bzw. zu empfangen, sich Zivilkleider und Geld an Deckadressen schicken zu lassen und Fluchtversuche vorzubereiten. Beklagt wurde auch die fehlende Unterstützung der Wachmannschaften durch die Unternehmer, die den Häftlingen Arbeitsplätze zuwiesen, an denen eine »ordnungsgemäße Beaufsichtigung« unmöglich war. Bestenfalls konnte im Außendienst 1 Wache für 14 Häftlinge bereitgestellt werden. [138]
Um einen zweckmäßigeren Einsatz der Häftlinge zu ermöglichen und eine bessere Beaufsichtigung durch das Wachpersonal zu gewährleisten, befahl Himmler im Oktober 1942, den größten Teil der Häftlinge des Lagers Danzig-Matzkau nach Großramming an der Enns zum Kraftwerkbau zu schicken. Für die vorgesehenen 1000 Strafgefangenen sollte in der Nähe der Kraftwerkbaustelle ein Barackenlager errichtet werden. Das Projekt scheiterte daran, daß die Bauleitung in Großramming in der Zwischenzeit eine genügende Zahl von Häftlingen aus den Konzentrationslagern zugewiesen bekommen hatte. [139] Die Alternativlösung, 1000 Strafgefangene aus Danzig-Matzkau für Bauarbeiten auf die Truppenübungsplätze Debica und Beneschau zu verlegen, wurde von Himmler im Jahr 1943 storniert, weil er darin eine »Verschwendung an Menschen« sah. In Debica sollten polnische und in Beneschau tschechische Arbeiter eingesetzt werden. [140]
Eine neue Anordnung Himmlers, das gesamte Strafvollzugslager nach Sachsenhausen zu verlegen und dort die Häftlinge in einem SS-eigenen Rüstungsbetrieb zu verwenden, war bereits 14 Tage später wieder überholt, möglicherweise, weil der Zustand, der bis 1942 in Dachau geherrscht hatte, nicht wieder geschaffen werden sollte, nämlich daß Konzentrationslagerhäftlinge und SS-Strafge-

fangene in ein und demselben Areal untergebracht waren und in ein und demselben Unternehmen arbeiteten. [141]
Die Beschäftigung einer größeren Zahl von Häftlingen in lagereigenen Werkstätten, vor allem in der Holzverarbeitung, scheiterte daran, daß das SS-Wirtschafts- und Verwaltungshauptamt nicht die nötigen Maschinen beschaffen konnte. Deshalb war Himmler für das Angebot der Daimler-Benz-Werke in Berlin-Tegel dankbar, bis zu 1400 SS-Häftlinge in die Produktion zu übernehmen und sie in werkseigenen Baracken unterzubringen. Am 1. 3. 1943 traf das erste Arbeitskommando von 100 SS-Strafgefangenen in Berlin-Tegel ein. Das Bewachungspersonal wurde von Danzig-Matzkau gestellt. Die Verwendung der SS-Häftlinge »in einem unserer hochwertigen Rüstungsbetriebe« entsprach ganz den Vorstellungen des Reichsführers-SS, da es sich bei ihnen um »eine sehr disziplinierte, vielfach aus Berufsarbeitern zusammengesetzte Arbeiterschaft« handelte. »Wenn es in solchen Rüstungsbetrieben möglich ist, Frauen in 2-3 Wochen anzulernen, dann wird es auch möglich sein, ehemalige SS-Männer anzulernen«, schrieb er. [142] Die sich bei der Arbeit in den Werkshallen ergebenden Kontakte der SS-Häftlinge mit Zivilarbeitern nahm er in Kauf. [143]
Das Lagerpersonal in Danzig-Matzkau und die Wachmannschaften – vor allem die für den Außendienst – fühlten sich während der ganzen Existenz des Straflagers Danzig-Matzkau überfordert. Mitte Mai 1942 gehörten 7 Führer, 29 Unterführer, 113 SS-Wachmannschaften, 1 Polizeioffizier, 87 Wachtmeister und 5 Zivilangestellte zum Lagerpersonal. Die 7 Führer waren der Lagerkommandant SS-Sturmbannführer Dr. Ernst, der 1. und 2. Lagerführer, der Lagerarzt, der Zahnarzt, der Wachkompanieführer sowie der Leiter der Neubauabteilung. [144] Wegen der »angespannten Ersatzlage der Waffen-SS« sank die Zahl der SS-Wachmannschaften im Laufe des Jahres 1942 auf 60, so daß die Polizei-Wachkompanie, die ursprünglich nach der Fertigstellung des elektrischen Drahtzaunes abgezogen werden sollte, im Lager bleiben mußte. Ein weiteres Übel bestand darin, daß zu viele junge und nicht-reichsdeutsche SS-Männer als Wachen fungierten. Am 22. 8. 1942 kamen z. B. 94 Mannschaftsdienstgrade des SS-Infanterie-Ersatzbataillons Westland nach Danzig-Matzkau, von denen mehr als die Hälfte Ausländer waren, nämlich Belgier und Holländer. [145] In einem Bericht wird ausgeführt, daß es dem Ansehen der Waffen-SS schade, wenn Männer nicht-reichsdeutscher Abstammung sähen, »daß so viele

deutsche Häftlinge in den Straflagern sind, welche Taten sie begangen und welche Dienstgrade sie bekleidet haben, zumal sie darüber in der Heimat berichtet werden«. [146] Es wurde vorgeschlagen, nur Deutsche über 25 Jahren als Wachen zu verwenden. Daraufhin ordnete Himmler zwar am 17. 11. 1943 an, daß mit Ausnahme der Dolmetscher nur ältere und reichsdeutsche Männer als Wachmannschaften dienen sollten, aber es ist zweifelhaft, ob dieser Befehl Beachtung fand. Das SS-Führungshauptamt unter SS-Gruppenführer Jüttner gab keine frontverwendungsfähigen Soldaten für diesen Zweck ab. Nur ausgeheilte Schwerverletzte standen zur Verfügung. [147] Sie trugen nach ihren Lebenserfahrungen nicht dazu bei, daß die erzieherische Komponente des Strafvollzugs zur Wirkung kam. Zwar war bekannt, daß es sich bei den Häftlingen überwiegend um »einmalig gestrauchelte Menschen« handelte, deren Verfehlung auf jugendlichen Übermut oder Unbedachtheit und nicht auf verbrecherische Veranlagung zurückzuführen war, aber Konsequenzen für den Strafvollzug wurden daraus nicht gezogen. Alle wurden wie Kriminelle behandelt. Sie wurden beschimpft und schikaniert und mit Sonderstrafen wie Zusatzarbeiten und Essensentzug bedroht. Aber den Vergleich mit einem KZ wies man in Danzig-Matzkau weit von sich. KZ-Methoden wurden »in jeder Form« verneint. Vielmehr würden »die Häftlinge als ehemalige SS-Männer und Polizeiangehörige behandelt, zumal das Ziel bei einem großen Teil dieser Männer sogar ist, sie nach Bewährung wieder für die Schutzstaffel und Polizei zu gewinnen«. [148]

Als die Brutalitäten des Bewachungspersonals schließlich an Himmlers Ohr drangen, schritt dieser energisch ein. Im März 1944 befahl er dem Chef des Hauptamtes SS-Gericht, SS-Gruppenführer Breithaupt, »sich persönlich um die offenkundig reichlich vorhandenen Mißstände im Lager Danzig-Matzkau zu bekümmern«. Zusammen mit dem Höheren SS- und Polizeiführer Danzig-Westpreußen solle er dafür sorgen, »daß dieses Lager eine Erziehungsanstalt bleibt und nicht ein Tummelplatz von Sadisten wird«. [149]

Die Mehrzahl der Straflagerinsassen war sehr jung, im Durchschnitt nur 20 Jahre alt. Viele von ihnen waren Volksdeutsche und germanische Freiwillige, »denen bisher überhaupt die genügende Erziehung fehlte und die erst durch die Schule der SS zu anständigem Denken und soldatischer Haltung erzogen werden sollten«, wie es ein Bericht vom 1. 2. 1943 formulierte. Auf dem Papier hatten alle Häftlinge Anspruch, »nach truppenmäßigen Gesichts-

punkten« geführt zu werden, solange sie sich nicht als unverbesserlich erwiesen. [150]
Die von Himmler geforderte Gefechtsausbildung der Straflagerinsassen blieb völlig auf der Strecke, weil es an Ausbildern fehlte. Außerdem schien es dem Hauptamt SS-Gericht fraglich, »ob die Gefechtsausbildung der Häftlinge ohne Waffen und ohne die Möglichkeit der freien und unbeaufsichtigten Bewegung im Gelände in einer für den späteren Fronteinsatz geeigneten Weise durchgeführt werden kann«. In den Sondereinheiten würden die Männer ohnedies 6–8 Wochen ausgebildet, bevor sie zum Fronteinsatz kämen. Aus diesen Erwägungen beschränkte man sich während des täglichen zweistündigen Exerzierdienstes auf Formalausbildung und Sport. [151]
Wer seine Gefängnisstrafe verbüßt hatte oder einen Strafrest zur Bewährung ausgesetzt bekam, verließ das Strafvollzugslager. Die Überbelegung des Lagers und der Mangel an frontverwendungsfähigen Soldaten in den SS- und Polizeiverbänden machten es den »Besserungswilligen« im Laufe des Krieges immer leichter, unter Aussetzung eines immer größeren Teils der Reststrafe zur Bewährung in einen Verband der Waffen-SS oder in eine Sondereinheit kommandiert zu werden. Darüber entschied das Hauptamt SS-Gericht auf Vorschlag des Kommandanten. Selbst zu Zuchthaus Verurteilte und von der Todesstrafe Begnadigte gehörten ab November 1944 zum Personenkreis derer, die sich bewähren durften. Wenn neue Häftlinge in Danzig-Matzkau ankamen, die das Lager zu sprengen drohten, wurden entsprechend viele Häftlinge zur Entlassung vorgeschlagen, die sich gut geführt hatten. In die regulären Einheiten der Waffen-SS bzw. der Polizei konnten jedoch nur solche Männer zurückgehen, bei denen nicht zu befürchten war, »daß sie als unzuverlässige Elemente die Truppe zersetzen könnten«. Strafgefangene, die bei der Verurteilung wegen schwerer Straftaten aus der SS oder der Polizei ausgeschieden waren, durften nur zur Bewährungs-Abteilung der Waffen-SS bzw. zur Sondereinheit der SS-Polizeidivision kommandiert werden, falls sie mindestens »bedingt wehrwürdig« waren. In diesen Einheiten erhielten sie, ggf. im Fronteinsatz unter erschwerten Bedingungen, die Chance, wieder SS-würdig zu werden. Wer aus gesundheitlichen Gründen für den Fronteinsatz bei der Bewährungs-Abteilung untauglich war, durfte unter Aussetzung der Strafvollstreckung im Rahmen der Arbeits-Abteilung kriegswichtigen militärischen Ein-

satz im rückwärtigen Dienst des Ostens« leisten oder in Rüstungsbetrieben, die für die Waffen-SS arbeiteten, beschäftigt werden.
Von den im Februar 1943 aus dem Strafvollzugslager Danzig-Matzkau entlassenen 600 Häftlingen erhielten nur 40 Männer die Erlaubnis, zu ihren Einheiten in der Waffen-SS zurückzugehen. Für den Sondereinsatz »Sprengausbildung an der Pionierschule Beneschau« waren nur 31 Mann tauglich. Alle anderen Verurteilten kamen zur »Bewährungs-Abteilung der Waffen-SS«, wenn es sich um SS-Angehörige handelte, oder zur »Sondereinheit der SS-Polizei-Division«, wenn es sich um Polizeiangehörige handelte. [152] Im Herbst 1943 wurde der größte Teil der Entlassenen dem SS-Fallschirm-Jäger-Bataillon 500 zugewiesen, dessen Aufstellung Himmler befohlen hatte. [153] Im September 1944 kamen 1500 Häftlinge in die Brigade Dirlewanger zur Niederschlagung des Warschauer Aufstandes. [154]
Weil Danzig-Matzkau trotz der zahlreichen Entlassungen aus allen Nähten platzte, trug der Chef des Hauptamtes SS-Gericht am 1.2. 1944 dem Reichsführer-SS den Wunsch vor, ein weiteres Strafvollzugslager für die SS-und Polizeiangehörigen im Schloßgut Homburg bei Mühlhausen im Elsaß zu errichten. Es handelte sich um den Besitz des früheren französischen Zigarettenfabrikanten Burrus, dem eine deutschfeindliche Haltung nachgesagt wurde. Zu dem Schloßgut gehörten neben dem Gutshaus mit etwa 65 Räumen und den Ställen und Scheunen etwa 200 ha Feld und 270 ha Wald. Nach einer Besichtigung durch den stellvertretenden Amtschef des Hauptamtes SS-Gericht, Obersturmbannführer Burmeister, und den Leiter der Bauinspektion der SS und Polizei Reich-West, Obersturmbannführer Görke, wurde das Objekt ausgewählt, um 200 bis 300 Gefangene im Gemüseanbau, bei der Kultivierung von Brachland und für die Rohdung des Waldes einzusetzen. Als Abnehmer der landwirtschaftlichen Erzeugnisse hatte man das SS-Ausbildungslager Sennheim im Auge. Außerdem könnten auf dem Gutsgelände mehrere Werkstätten für handwerkliche Arbeiten eingerichtet werden. Für die Gefangenen wollte man auf dem Gelände Baracken« errichten. Am 22.2. 1944 erteilte Himmler die Genehmigung zum Ankauf des Schloßgutes. Am 28.2. 1944 widerrief er sie jedoch, weil ihm aus politischen Gründen abgeraten wurde, im Elsaß ein Strafvollzugslager der SS und Polizei einzurichten. Er empfahl, das Schloßgut für

das Lager Sennheim zu erwerben. [155] Nach der alliierten Invasion in Fankreich blieben die Planungen liegen.
Angesichts der näherrückenden Front wurde das Strafvollzugslager der SS und Polizei Danzig-Matzkau im Februar 1945 geräumt. Zuvor wurden alle Insassen noch einmal durchkämmt, ob sie für eine Sondereinheit der Waffen-SS oder für die Arbeits-Abteilung der Waffen-SS geeignet wären. Über die Zahlen und Verwendungen ist nur bekannt, daß sich das SS-Regiment Kaltofen, das von dem ehemaligen Lehrgruppenkommandeur der SS-Grenadierschule Westpreußen aufgestellt wurde, zu großen Teilen aus Bewährungssoldaten zusammensetzte, die aus Danzig-Matzkau stammten. Die Einheit zeichnete sich bei den Kämpfen an der Nogat aus. Dann verlieren sich ihre Spuren. [156] Die Reste des Lagers Danzig-Matzkau wurden auf die Lager Hersbruck bei Nürnberg und Moosbach in Baden verteilt. Hersbruck sammelte die mit Gefängnis bestraften bewährungsuntauglichen SS- und Polizeiangehörigen, während die mit Zuchthaus bestraften in das Straflager der SS und Polizei nach Dachau eingeliefert wurden, von wo sie in das Zweiglager Moosbach weiterbefördert wurden. [157]
Die 1200 »Matzkauer«, die zu dieser Zeit in der Außenstelle Ludwigsfelde für die Daimler-Benz-Werke in Teltow arbeiteten, wurden nach dem Durchbruch der Roten Armee bei Forst zu einem Bewährungsregiment mit drei Bataillonen zusammengefaßt und dem Befehlshaber des Verteidigungsbereichs Berlin-Süd, Generalleutnant Reymann, unterstellt. Der Gefechtsstand des Regiments lag in der aufgegebenen Feuerstellung der Berliner 1. Flakdivision in Siethen. Beim Sturm der 1. Ukrainischen Front auf Berlin wurde die Einheit bei Groß-Beeren vernichtet. [158]

Straflager Salaspils

Wie das Konzentrationslager Dachau diente auch das Lager Salaspils in Lettland sowohl der Unterbringung von Zivilhäftlingen als auch der Verwahrung von SS-Sträflingen. In der Hauptsache handelte es sich um Angehörige der estnischen und lettischen SS-Einheiten und der litauischen, lettischen und estnischen Schutzmannschaften. Im Februar 1943 waren die ersten Baracken zur Aufnahme von Straflagerverwahrten fertig. Die einrückenden Häftlinge wurden beim Barackenbau, im Steinbruch, im Kalkwerk, in der Zementfabrik und im Torfwerk des Lagers beschäftigt und hatten Arbeiten im Lager, z. B. in der Tischlerei und Schuhmacherei, zu verrichten. Zur Bewachung war eine lettische Wachkompanie eingesetzt. [159] Als das Lager vor der Roten Armee geräumt wurde, kam ein Großteil der Waffenträger zum Grenadierbataillon z.b.V. (lett. Nr. 1) nach Riga-Bolderaa. [160] Der Rest wurde den Konzentrationslagern Buchenwald und Stutthof zur Zwangsarbeit für Rüstungszwecke übergeben. [161]

Arrestanstalt der SS und Polizei

Wie in der Wehrmacht waren auch bei der Waffen-SS Arreststrafen grundsätzlich in der Truppe durchzuführen. Ende 1941 stellte sich heraus, daß es für disziplinar Bestrafte bei den SS-Einheiten und SS-Dienststellen im Reich an Arrestzellen mangelte. Deshalb erlaubte das Hauptamt SS-Gericht, daß Arreststrafen, die nicht vor Ort verbüßt werden konnten, im Behelfsvollzug beim SS-Sanitäts-Ersatzbataillon in Oranienburg vollstreckt werden konnten. [162]
Besonders viele Arrestzellen fehlten im Raum Berlin, wo sich die SS-Dienststellen häuften. Am 25. 2. 1942 befahl Himmler die Errichtung einer eigenen SS- und Polizei-Standort-Arrestanstalt, in welcher disziplinare und gerichtliche Arreststrafen verbüßt und Angehörige der SS und Polizei zur Untersuchungshaft eingewiesen werden konnten. Der Chef des Hauptamtes SS-Gericht gab die Weisung an den SS-Sturmbannführer Wetzling beim SS- und Polizeigericht III Berlin weiter. Während man beim SS-Führungshauptamt mit einer Barackenanstalt für 200 Arrestanten zufrieden war, wandte sich das Wirtschafts- und Verwaltungshauptamt der SS gegen diese Notlösung. Dort dachte man an einen massiven Ziegelbau. Als schließlich ein Grundstück in Berlin-Lankwitz an der Marienfelder Straße für diesen Zweck gefunden worden war, entschied Himmler am 16. 10. 1942 zugunsten einer provisorischen Arrestanstalt aus Baracken für 200 Untersuchungshäftlinge und 200 Arrestanten an dieser Stelle. Daneben sollten Unterbringungsmöglichkeiten für eine Wachkompanie sowie Platz für Wirtschafts- und Sanitäreinrichtungen und Vernehmungsräume geschaffen werden. Am 11. 11. 1942 trafen sich die Vertreter des SS-Wirtschafts- und Verwaltungshauptamts, SS-Brigadeführer und Generalmajor der

Waffen-SS Dr.-Ing. Kammler, des Hauptamtes SS-Gericht, SS-Obersturmbannführer Burmeister, des SS- und Polizeigerichts Berlin, SS-Sturmbannführer Dünichen, und der Bauinspektion der Waffen-SS und Polizei Reich-Nord und beschlossen, auf dem Areal an der Marienfelder Straße Baracken für insgesamt 688 Arrestanten bzw. Untersuchungshäftlinge aufzustellen. Mit der Fertigstellung rechnete man für den Oktober 1943. Die fast fertigen Bauten wurden jedoch bei einem Luftangriff in der Nacht vom 23. zum 24. 8. 1943 vollkommen zerstört. Wegen des Bauverbotes, das der Reichsverteidigungskommissar für Berlin, Gauleiter Goebbels, durchgesetzt hatte, konnten die Bauarbeiten nicht weitergeführt werden. Außerdem weigerte sich der Generalbevollmächtigte für die Regelung der Bauwirtschaft, Reichsminister Albert Speer, Baumaterial zur Verfügung zu stellen. [163] Am 8. 1. 1944 wurde die Einstellung aller Bauten verfügt. Da auch die Einrichtung einer SS-Arrest- und Haftanstalt im Konzentrationslager Oranienburg mangels geeigneter Räume wegfiel, blieb die Angelegenheit bis zum Ende des Krieges unerledigt. Auch aus diesem Grunde wurden in der Folgezeit viele Arreststrafen zur Bewährung ausgesetzt.
Auf die Errichtung einer »Standort-Arrestanstalt der SS und Polizei« in Paris hatte Himmler im Januar 1943 verzichtet, weil damals die Masse der SS-Einheiten aus Nordfrankreich abgezogen wurde und die Bauten in Berlin einen scheinbar guten Verlauf nahmen. [164]

Sondereinheiten zur Partisanenbekämpfung

SS-Fallschirmjäger-Bataillon 500

Bereits vor dem Krieg hatte Himmler damit geliebäugelt, der SS-Verfügungstruppe eine Fallschirmspringer-Einheit hinzuzufügen. Im Sommer 1942 konnte er den Gedanken endlich verwirklichen: Die Fallschirmjäger-Einheit sollte aus Bewährungssoldaten bestehen und zur »Bandenbekämpfung« eingesetzt werden. Der Kommandant des Strafvollzugslagers der SS und Polizei Danzig-Matzkau war gehalten, der Einheit monatlich 100 Mann zuzuleiten. Der Aufstellungsbefehl vom 6. 9. 1943 sah unter der Verantwortung der Inspektion Infanterie im SS-Führungshauptamt ein SS-Fallschirmjäger-Bataillon bei der Bewährungs-Abteilung der Waffen-SS in Chlum vor. Das Stamm- und Ausbildungspersonal durfte nicht vorbestraft sein. Es kam überwiegend vom ursprünglichen Bataillon 500. Am 20. 2. 1944 bestand die Einheit aus 11 Führern, 63 Unterführern und 178 Mannschaften. Bis zum Sommer 1944 wuchs sie auf drei Kompanien.

Nach der Springerausbildung an der Fallschirmspringerschule III in Kraljevo, 150 km südlich von Belgrad, wurde das SS-Fallschirmjäger-Bataillon 500 beim V. SS-Gebirgs-Armeekorps eingesetzt. Im März 1944 sicherte es während eines Sprungeinsatzes im Rahmen des Unternehmens »Margarethe« kriegswichtige Objekte im Raum Budapest. Das hervorstechendste Unternehmen des Bewährungsbataillons war der Einsatz gegen das Hauptquartier des Führers der jugoslawischen Partisanen, Josip Brosz Tito, bei Drvar in Bosnien. Das sogenannte Unternehmen »Rösselsprung« fand vom 25. 5. bis 4. 6. 1944 statt. Es war insgesamt ein Fehlschlag: Tito, der Oberste Stab und die britische und sowjetische Militärmission konnten entkommen. Mehr als die Hälfte der Fallschirmjäger fiel. Aber der OKW-Bericht vom 6. 6. 1944 stellte das Unternehmen als Erfolg dar: »In Kroatien haben Truppen des Heeres und der Waffen-SS unter dem Oberbefehl des Generalobersten Rendulic das Zentrum der Bandengruppen Titos überfallen und nach tagelangen schweren Kämpfen haben sich die 7. SS-Gebirgs-Division ›Prinz Eugen‹ ...

Sondereinheiten zur Partisanenbekämpfung 265

und das SS-Fallschirm-Jäger-Bataillon 500 unter Führung des Hauptsturmführers Rybka hervorragend bewährt.«[165] Aufgrund ihres Einsatzes bei dem Unternehmen Rösselsprung wurde den Überlebenden des SS-Fallschirmjäger-Bataillons 500 Bewährung zugesprochen. Alle wurden rehabilitiert.
Nach dem Weggang einiger Bewährungsschützen zu ihren ehemaligen Einheiten wurde die Einheit im Juni 1944 in Laibach frisch zusammengestellt. Neue Kompanie- und Zugführer meldeten sich freiwillig aus den Einheiten der Waffen-SS zum Bataillon. Die Mannschaften bestanden nach den Befehlen des Reichsführers-SS vom 6.6. 1944 aus SS- und polizeigerichtlich Verurteilten mit »besonderer Eignung«. Nach einer vorübergehenden Stationierung in Gotenhafen für den »Fall Tanne«, d. h. die Besetzung der Insel Hangö zur Sperrung des finnischen Meerbusens im Hinblick auf den zu erwartenden Abfall Finnlands, wurde das SS-Fallschirmjäger-Bataillon 500 der Heeresgruppe Nord zugeteilt und in den Raum westlich von Narwa transportiert. Statt des geplanten Sprungeinsatzes zur Besetzung der Insel Hogland mußte das Bataillon an den Abwehr- und Rückzugskämpfen der Heeresgruppe während der sowjetischen Sommeroffensive teilnehmen. Ende Juli 1944 stand es am unteren Njemen. Bei den Abwehrkämpfen im Raum ostwärts Pilivona verlor das Bataillon einen Führer, 6 Unterführer und 211 Mannschaften.
Nach der Eingliederung von 100 Mann Ersatz stand das Bataillon im August 1944 in Litauen. Vom 19. 8. 1944 bis 26. 9. 1944 führte es Stellungskämpfe an der ostpreußischen Grenze. Die Gefechtsstärke sank auf 90 Mann. Die Überlebenden wurden am 1. 10. 1944 rehabilitiert. Anstatt in ihre bisherigen Stammverbände zurückzugehen, blieben die meisten im Bataillon, das einen neuen Namen erhielt: SS-Fallschirmjäger-Bataillon 600. Nach der Verlegung im Lufttransport nach Wien Ende September 1944 war das Bataillon am 15.10. am Handstreich auf die Budapester Burg und an der Entführung des ungarischen Reichsverwesers Horthy beteiligt. Danach wurde es in Neustrelitz aufgefrischt und ergänzt, wobei viele Freiwillige des Heeres aus Westfalen und Niedersachsen dazustießen.
Während der Ardennenoffensive zur Jahreswende 1944–45 beteiligten sich Angehörige des SS-Fallschirmjäger-Bataillons 600 am »Unternehmen Greif«, wobei ihnen Sicherungsaufgaben im Raum Malmedy zufielen. Nach dem Scheitern der Schlacht wurden die

Reste der Einheit ergänzt und nach Osten verlegt. Den ganzen Februar 1945 über hatte das Bataillon im Rahmen der Stellungskämpfe an der Oder die Verteidigung des Brückenkopfes Schwedt zu gewährleisten. Die Stärke betrug damals 17 Offiziere, 160 Unteroffiziere und 512 Mann. Im März 1945 verteidigte das Bataillon den Brückenkopf Alt-Küstrinchen im Rahmen des SS-Regiments Solar. Er wurde unter erheblichen Verlusten in der Nacht zum 29. 3. 1945 geräumt. Im April 1945 kämpfte das Bataillon zersplittert im Bereich der Armeegruppe Steiner und des III. Panzerkorps in Vorpommern und Mecklenburg. Ein Rest von 180 Mann unter Führung des Kommandeurs begab sich bei Hagenow am 2. 5. 1945 in amerikanische Gefangenschaft. [166]

SS-Kampfgruppe Matingen

Ende Mai oder Anfang Juni 1944 befahl SS-Obergruppenführer Jeckeln, der seit 1941 Höherer SS- und Polizeiführer Ostland war, aus Angehörigen der Waffen-SS und Deutschen Polizei, die in der Arrestanstalt Montelupich in Krakau einsaßen, eine Bewährungseinheit aufzustellen. Sie sollte dem Kommandeur der Ordnungspolizei Krakau zur Partisanenbekämpfung zur Verfügung gestellt werden. Das SS- und Polizeigericht Krakau brachte 250 Männer in Vorschlag, von denen 60–70 als geeignet ausgewählt wurden. Dieser Stamm wurde aus Versprengten verschiedener Waffen-SS-Einheiten ergänzt, in der Mehrzahl Soldaten der 3. SS-Panzerdivision und der 4. SS-Polizei-Panzer-Grenadierdivision. Dazu kamen Volksdeutsche aus Polen und Rußland und Ukrainer von SS- und Polizeidienststellen im Generalgouvernement. Die Unterführer stellte das SS-Panzergrenadier-Ausbildungsbataillon 3. Die etwa 180 Mann umfassende Einheit erhielt den Decknamen »Pavian«. Im Rahmen des SS- und Polizeiregiments 23 mußte sie bereits Ende Juli statt gegen Partisanen gegen durchgebrochene Panzerspitzen der Roten Armee westlich von Wisloka kämpfen. Anschließend wurden alle überlebenden Bewährungsschützen rehabilitiert. Da in der Einheit viele Russischsprechende waren, erhielt sie Mitte August 1944 den Auftrag, hinter der 1. Ukrainischen Front bewaffnete Aufklärung zu treiben. Die meisten Kundschaftergruppen kehrten nicht zurück. Die Reste der Kampfgruppe verschlissen sich von September bis Dezember 1944 in Partisanenkämpfen gegen Widerstandsgruppen in Galizien und in den Ostbeskiden. Zur Jahreswende 1944/45 wurde unter dem gleichen Namen ein »Großjagdverband« mit rund 1500 Mann aufgestellt, der aus Angehörigen aufgelöster Dienststellen des Generalgouvernements, z. B. der Volksmittelstelle, und aus versprengten Bewährungsschützen der Waffen-SS und Polizei bestand. [167]

SS-Sondereinheit Dirlewanger

Die Aufstellung der Sondereinheit Dirlewanger geht auf eine kuriose Idee Adolf Hitlers zurück. Mitte März 1940 wünschte er in einem Gespräch mit Himmler, »daß sämtliche Wildschützen, besonders die bayrischer und ostmärkischer Herkunft, die nicht durch Schlingen, sondern durch Jägerei mit der Büchse das Gesetz übertreten haben, durch Dienst in der SS angegliederten besonderen Scharfschützenkompanien für die Dauer des Krieges von der Abbüßung ihrer Strafe befreit und bei guter Führung amnestiert werden können«. Die Auswahl der in Frage kommenden Männer überließ er Himmler. [168]
Am Nachmittag des 23. 3. 1940 bat Himmlers Adjutant, SS-Gruppenführer Wolf, den persönlichen Referenten des Reichsjustizministers fernmündlich, ihm die Namen aller in den Strafanstalten einsitzenden Wilderer zu nennen. Da es sich um einen Führerbefehl handle, sei Eile geboten. Am 28. 3. 1940 gab das Reichsministerium der Justiz den Generalstaatsanwälten des Reiches fernmündlich die Weisung, alle Personen zu benennen, die sich eines Verbrechens oder Vergehens der Jagdwilderei im Sinne des § 292 RStGB und des Verstoßes gegen den § 60 Abs. 1 Reichsjagdgesetz schuldig gemacht hatten. Eine Liste mit 48 Namen von angeblichen Wilderern wurde auf Anordnung des Reichsführers-SS vom Reichskriminalpolizeiamt aufgrund von Hinweisen der örtlichen Kriminalpolizeistellen angefertigt. Weitere Listen folgten. Alle Betroffenen sollten in das KZ Sachsenhausen überwiesen werden, wo das Weitere veranlaßt würde. Gemessen an dem Verwaltungsaufwand war die Ausbeute der »Aktion Wilderer« in den zivilen Justizvollzugsanstalten lächerlich gering. Insgesamt wurden 1940 88 Mann in das KZ Sachsenhausen überstellt. 33 kamen zurück, weil entweder ihr Gesundheitszustand nicht ausreiche oder ihre politische Einstellung für den Dienst in der SS untragbar war. Die 55 Übriggebliebe-

nen wurden zum 5. SS-Totenkopfregiment in Oranienburg geschickt. Dort wurde das »Wilddiebkommando Oranienburg« zusammengestellt. Die Ausbildung lag in den Händen von Unterführern, die das Ersatzbataillon des Regiments Germania zur Verfügung gestellt hatte.[169] Kommandeur war der SS-Sturmbannführer Dr. Oskar Dirlewanger, nach dem die Einheit ab 1. 9. 1940 den Namen »SS-Sonderkommando Dirlewanger« erhielt.[170]

Dr. Oskar Dirlewanger wurde 1895 in Würzburg geboren. Nach dem Ersten Weltkrieg, an dem er zuletzt als Leutnant teilgenommen hatte, schloß er sich einem Freikorps an. 1923 trat er erstmals der NSDAP bei, verließ sie aber bald wieder, als er bei einem jüdischen Unternehmen Beschäftigung fand. Trotzdem wurde er 1933 als »Alter Kämpfer« anerkannt. Zu dieser Zeit leitete er das Arbeitsamt Heilbronn. 1934 wurde er wegen Verführung einer abhängigen Minderjährigen zu zwei Jahren Zuchthaus verurteilt. Nach seiner Haftentlassung ging er nach Spanien und beteiligte sich am Bürgerkrieg. Erst 1939, kurz vor Kriegsausbruch, kehrte er nach Deutschland zurück. Durch einen alten Freund, SS-Gruppenführer Berger, Himmlers rechte Hand, den er seit dem Ersten Weltkrieg kannte, kam Dirlewanger mit der SS in Kontakt. Im Juni 1940 wurde er als Obersturmführer (Oberleutnant) übernommen. Am Ende des Zweiten Weltkriegs hatte er den Rang eines Oberführers (zwischen Oberst und General). Dirlewanger war ein hochdekorierter Mann. Im Ersten Weltkrieg erhielt er das EK 2 und EK 1, die Goldene Württembergische Tapferkeitsmedaille und das Ehrenkreuz für Frontkämpfer. Im Spanischen Bürgerkrieg erwarb er das Spanische Militärverdienstkreuz, die Spanische Kämpfermedaille und das Spanienkreuz. Im Zweiten Weltkrieg erhielt er die Spangen zum EK 1 und EK 2, die Tapferkeitsmedaillen 1. und 2. Klasse, das Infanteriesturmabzeichen, die Ostmedaille, das Deutsche Kreuz in Gold, das Verwundetenabzeichen in Gold und das Ritterkreuz.[171] Dirlewanger starb am 7.6.1945 in Altshausen bei Saulgau in französischem Gewahrsam. Angeblich wurde er erschlagen. Weil Zweifel an seiner Identität aufkamen, wurde der Leichnam 1960 exhumiert. Es war Dirlewanger, der im Grab lag.

1941 ruhte die »Aktion Wilderer«. Um so erstaunter war man im Reichsjustizministerium, als im Juli 1942 ein Schnellbrief des Reichssicherheitshauptamtes eintraf, in dem mitgeteilt wurde, »daß sich die Notwendigkeit ergeben hat, weitere Wilderer zur kkpVerfügung zu stellen«. Folgendes war geschehen: Im Januar 1942 hatte der Reichsführer-SS das Sonderkommando Dirlewanger in eine Freiwilligen-Abteilung der Waffen-SS ähnlich den germanischen Freiwilligen-Verbänden umgewandelt. Als solche war es dem SS-Führungshauptamt unterstellt worden. Es bestand damals aus einer deutschen Kampfgruppe mit 4 Offizieren und 220 Mannschaften, einer Russenkompanie aus Hilfswilligen mit 1 Offizier und 160

Mannschaften und einer Batterie mit 2 Offizieren und 35 Mannschaften. [172] Die ersten Einsätze zur Partisanenbekämpfung im Bezirk Lublin waren vorüber. Sie erfolgten nach dem offen ausgesprochenen Motto: »Lieber zwei Polen zuviel erschießen, als einen zu wenig«. Das war selbst dem Höheren SS- und Polizeiführer im Generalgouvernement, SS-Obergruppenführer Krüger, zuviel. Er erreichte die Abschiebung Dirlewangers aus dem Bezirk »auf eine mehr oder weniger schöne Art«, wie Berger, der Freund und Förderer Dirlewangers, an Himmler schrieb. Hämisch fügte er hinzu, daß die Bandenüberfälle im Lubliner Bezirk »schlagartig« zunahmen, als Dirlewanger weg war. [173]
Im Frühjahr 1942 wurde die Einheit im Bereich des Höheren SS- und Polizeiführers Rußland-Mitte zur Partisanenbekämpfung eingesetzt. Dort zog sie sich wegen ihrer unkonventionellen Kampfweisen und wegen der Härte ihres Vorgehens das Lob der höheren Stäbe zu. Der SS- und Polizeiführer Rußland-Mitte, Gruppenführer von dem Bach, bestätigte in einem Schreiben an das SS-Führungshauptamt vom 23. 4. 1942, daß sie »wie keine andere Truppe zur Partisanenbekämpfung in schwierigem Gelände geeignet« sei. Er forderte die Verstärkung des Kommandos auf 250 Mann. [174] Am 19. 6. 1942 ergänzte er seine Ausführungen: »Das Kommando Dirlewanger ist infolge seiner besonderen Eigenart in der Lage, den Partisanen mit gleichen Mitteln zu begegnen. Es hat durch seine Kampfesweise sehr beachtliche Erfolge errungen. Auch im Zusammenwirken mit Polizei und Wehrmacht ist das Kdo. durch seine große Beweglichkeit, die Anpassungsfähigkeit der Männer an Gelände und Kampfesweise des Gegners besonders für Aufklärung, Erkundung und Sicherung zu verwenden.« [175]
Im Zusammenwirken mit dem Leiter des Amtes V des Reichssicherheitshauptamtes, Arthur Nebe, stellte der Reichsjustizminister weitere 115 wegen Wilddiebstahls vorbestrafte Männer zur Verfügung. Sie trafen am 20. 9. 1942 in Mogilew, dem Standort Dirlewangers, ein. Außerdem stieß eine größere Zahl russischer Freiwilliger zur Einheit, damit ein Netz von V-Männern und Meldern aufgebaut werden konnte, wie es Berger empfahl. [176] Auch Göring suchte in seinem Befehlsbereich für Dirlewanger »verwegene Burschen, die im Osten als Sonderkommandos eingesetzt werden und hinter den Linien Störaufgaben durchführen können«. Er dachte dabei neben den »wegen Jagdvergehens Bestraften« auch an »die passionierten Angehörigen von Schmugglerbanden, die sich in Feuergefechten an

den Grenzen herumschlagen und deren Passion es ist, unter eigenem Lebenseinsatz den Zollschutz zu überlisten«. [177]
Trotzdem war Dirlewanger unzufrieden. Das Führungshauptamt verweigerte ihm die nötigen Waffen. Dirlewanger schrieb an den Chef des SS-Hauptamtes Berger: »Es ist tatsächlich schlimm, erleben zu müssen, wie man uns hängen läßt. Wir haben uns einen guten Namen gemacht, werden an Wehrmacht und Polizei bei Einsätzen ausgeliehen und bemühen uns stets, unsere Pflicht zu tun... Wir sind Spezialisten im Heckenschützenkrieg geworden und verfügen über eine reiche Erfahrung.« [178]
Dirlewanger lud alle an der Auswahl von Bewährungssoldaten beteiligten Dienststellen zu einem Besuch beim Sonderkommando ein, damit sie Einblick bekämen, wie die Männer behandelt würden und was von ihnen verlangt werde. Er versprach sich davon mehr Engagement für seine Sache. [179] Die Resonanz war null. Nirgendwo ist der Erfahrungsbericht eines Besuchers registriert.
Am 25. 8. 1942 gab Himmler einen »Befehl zur Aufstellung von Jagd-Kommandos zur Bandenbekämpfung« heraus. Danach sollten bei jedem Polizeiregiment, »das in einem durch Banden verseuchten Gebiet eingesetzt ist«, kleine, gut ausgerüstete und bewaffnete Gruppen für den Partisanenkampf ausgebildet werden. Diese Anweisung entsprach ganz dem Vorgehen Dirlewangers. Die Ausführungsbestimmungen des Höheren SS- und Polizeiführers Rußland-Mitte tragen seine Handschrift (vgl. S. 272–273). [180]
Nachdem das Wildererkontingent in den deutschen Strafanstalten ausgeschöpft war, erhielt Dirlewanger immer häufiger kriminelle KZ-Insassen, sogenannte »Vorbeugungshäftlinge«, die mit Wilddieberei nichts zu tun hatten. [181] Um eine größere Auswahl zu haben, betrieb Himmler die Überstellung von Zuchthäuslern mit höheren Strafen als acht Jahren aus den zivilen Haftanstalten zum Strafvollzug in die Konzentrationslager. Dabei mußte er vom Reichsjustizminister erfahren, daß das verfügbare Personal zusammengeschmolzen war, weil Hitler aus diesem Personenkreis bereits die Brigade Z (Division 999) aufstellen ließ [182] und Göring Arbeitsabteilungen für die wirtschaftliche Ausbeutung der besetzten Gebiete der UdSSR daraus rekrutierte. [183] Immerhin erhielt Dirlewanger Anfang Juni 1943 wieder 350 Männer, die aus verschiedenen Konzentrationslagern in Oranienburg zusammengezogen und von dort mit 15 Unterführern nach Mogilew transportiert wurden. [184] Zu diesem Zeitpunkt bestand dort das SS-Sonderba-

Anlage 1

Auszug aus einem Befehl des Höh.SS-und Pol.-Führers
Rußland - Mitte.

- -

"......

10.) Um einen Verrat oder eine Warnung des Feindes von vorn herein auszuschließen, marschieren die Jagdkommandos in mehrnächtlichen Fußmarsch in ihr Aufgabengebiet hinein. Am Tage verschwinden sie unauffällig in Waldstücken abseits der Dörfer, sodass kein Einwohner von ihnen oder ihren Posten etwas wahrnehmen kann.
Bei den Nachtmärschen sind alle Metallteile so zu umwickeln, dass jedes Klappern von Waffen oder Ausrüstungsgegenständen vermieden wird.
Rauchen während der Nacht ist verboten. Genau so lautes Sprechen.

11.) Im Einsatzgebiet angekommen, benimmt sich das Jagdkommando genau so wie wir es bei den feindl. Partisanen kennen gelernt haben, d.h.

   a) Dem Feinde werden nach sorgfältiger Erkundung des Geländes überall da Fallen gestellt, wo mit seinem Auftreten zu rechnen ist; z.B. an Strassen, wo der Gegner gewohnt ist, nachts Minen zu legen. An Holzbrücken, die er immer wieder abzubrennen versucht oder an Waldrändern, dicht an einem Dorfe, das nach Einwohnermeldungen eine Ernährungsbasis für die Partisanen darstellt.

   b) Die Jagdkommandos vernichten jeden in die Falle hineingelaufenen Gegner. Die Leichen sind nach wichtigen Papieren zu durchsuchen. Mit stark Überlegenem wird der Kampf nicht aufgenommen. In diesem Falle sofertige Meldung an den Höheren SS und Polizei-Führer zur Einleitung einer grösseren Aktion. Bis zum Eintreffen der einzusetzenden Truppe verbleibt das Jagdkommando als Spähtrupp am Feinde.

   c) Eine gestellte Falle hat nur Erfolg, wenn die auflauernden Männer grösste Geduld haben. Unter Umständen muss 3 Tage und 3 Nächte hintereinander am selben Platze ausgeharrt werden.

   d) Jeder Feuerüberfall ist wirkungslos, wenn auch nur ein Schütze nervös vorzuckt ! Feuerschlag daher nur auf vorher vereinbartes Signal mit der Trillerpfeife.

   e) Ist das Moment der Überraschung nicht mehr gegeben, zum Beispiel dadurch, dass zufällig Einwohner auftauchen, so ist der ausgesuchte Platz sofort aufzugeben, wenn die lästigen Zeugen nicht geräuschlos beseitigt werden können.

- 2 -

× ×

- 2 -

f) Desgleichen ist nach einem gelungenen Überfall diese Gegend zu verlassen und in einem anderen Gebiet eine neue Aufgabe anzupacken.

12.) Jedes Jagdkommando erhält ein kleines Funkgerät. Der Nachrichtenführer beim HSSuPF. richtet bei weiteren Entfernungen Zwischenstellen ein.

13.) Da eine solche Kampfesart niemals überstürzt werden darf und viel Zeit erfordert, wird eine Einzelaktion wenigstens 8 - 14 Tage dauern.

14.) In dieser Zeit muss das Jagdkommando von jeder Feldküche bezw. von jeder Requirierung unabhängig sein.
Die Wirtschaftsinspektion hat daher eine sorgfältig zusammengestellte eiserne Verpflegung für wenigstens 14 Tage mitzugeben. Diese Verpflegung muss bestehen aus:
Büchsenfleisch, Schokolade, Rauchwaren, Kommissbrot,
Kaffee bezw. Tee zum Selbstkochen.

15.) Nach erfolgreichem Abschluss einer Aktion beziehen die Jagdkommandos für 8 Tage Ruhequartier. In dieser Zeit sollen die Männer sehr gut verpflegt werden und durch Kameradschaftsabende und Vorführung von Kinostücken usw. Entspannung finden. Für die Kameradschaftsabende stellt die Wi-Insp. zusätzlich Wein oder Bier zur Verfügung.

16.) Vor Abrücken zum neuen Auftrag sind jedesmal die Jagdkommandos 3 Tage zum schärfsten Gefechtsdienst heranzuziehen. Während dieses Gefechtsdienstes muss häufig scharf geschossen bezw. mit scharfen Handgranaten geworfen werden. Besonders die M.G. und M.Pi.- Schützen müssen durch ständiges Scharfschiessen lernen, auch im Gehen und Laufen genau zu treffen-. "

F.d.R. des Auszuges
/Unterschrift/
Hauptmann d.Sch.
u.SS-Hstuf.

taillon aus einer deutschen Kompanie mit 150 Mann, einem deutschen Kradschützenzug mit 40 Mann, 3 russischen Kompanien mit je 150 Mann, 1 Zug Ukrainern mit 40 Mann, 1 Batterie mit 40 Deutschen und 40 Russen, zusammen also 760 Mann. [185]
Ein neues Rektrutierungsreservoir für Dirlewanger entdeckte man in Polen. Als Himmler im Frühjahr 1943 das Generalgouvernement »nach allen sich dort illegal und unberechtigt aufhaltenden Reichsdeutschen« auskämmen ließ, befahl er, alle Männer der Jahrgänge 1901 und jünger, die noch keine militärische Ausbildung gehabt hätten, dem Bataillon Dirlewanger zuzuführen. Über jeden einzelnen wolle er nach 18 Monaten einen Bericht, aus dem hervorgehen müsse, »ob er durch tapferen Einsatz im Bandenkampf sein Verbrechen, das er durch seine unerlaubte Tätigkeit im Generalgouvernement und seine Drückebergerei in 3½ Kriegsjahren begangen hat, gesühnt« habe. [186]
Am 26.1. 1943 erhielt das Sonderkommando Dirlewanger von Himmler eigene Kragenspiegel verliehen: eine waagrechte Handgranate unter gekreuzten Karabinern. Zum Tragen der SS-Runen waren ihre Angehörigen verständlicherweise nicht befugt.
Die Einsätze gegen die russischen Partisanen brachten hohe Verluste, aber sie waren wirkungsvoll. Dirlewangers Männer schreckten vor keinen Greueltaten zurück. Ihr Schreckensruf verbreitete sich schnell in der Zivilbevölkerung und bei den Partisanen. Seine Männer kämpften rücksichtslos. Die Erfolge des Sonderkommandos veranlaßten den SS-Brigadeführer Kammerhofer, der in Kroatien zur Partisanenbekämpfung eingesetzt war, Dirlewanger für eine begrenzte Zeit für seinen Bereich anzufordern. Obwohl der Chef des SS-Hauptamtes Berger diesen Wunsch unterstützte, lehnte Himmler ab. [187] Er hielt Dirlewanger für einen wichtigen Ordnungsfaktor in Weißrußland, ganz im Gegensatz zur Meinung des Generalkommissars Erich Kube, der die Ablösung Dirlewangers betrieb, indem er Berichte über die Greueltaten dieser »Verbrecher« nach Berlin schickte. Himmler ließ Kube durch Berger ausrichten, »daß es sich bei diesen ›Verbrechern‹ größtenteils um ehemalige Parteigenossen handelt, die ehemals wegen Wilddiebstahl oder wegen einer Dummheit bestraft wurden, jetzt herausgenommen sind und sich bewähren können und das auch mit unerhörtem Einsatz an blutigen Verlusten tun«. [188] Daß die Dirlewangermänner Verbrechen begangen hatten, wollte auch Himmler nicht leugnen, hatte doch das SS-Hauptamt selbst völkerrechtswidrige

Aufträge erteilt. Am 26. 2. 1943 wurde Dirlewanger z. B. angewiesen, in Minsk weibliche Arbeitskräfte zu beschaffen, die als Hausgehilfinnen bei verheirateten SS-Führern des SS-Hauptamtes beschäftigt werden könnten. Noch drastischer war die Formulierung eines Befehls vom 24. 6. 1943. Danach wurde Dirlewanger aufgefordert, »ca. 50 männliche und 10 weibliche russische Arbeitskräfte einzufangen und dieselben zum SS-Hauptamt transportieren zu lassen«, damit sie dort 50 Letten ersetzten, die zur Lettischen Legion in Marsch gesetzt wurden. [189]

Ob es sich um Viehdiebstahl oder Menschenraub handelte, auf Dirlewanger war immer Verlaß. Für die Wellin-Werke besorgte er in kürzester Zeit 1200 Arbeitskräfte, indem er die Bevölkerung ganzer Dörfer in Waggons nach Deutschland transportierte. Gauleiter Sauckel lobte ihn: »An Hand dieses Beispiels soll einmal gezeigt werden, in welcher Form tatkräftig die Erfassung von Arbeitskräften durchzuführen ist.« [190] Selbst Gauleiter Kube, der Dirlewanger vor kurzem noch abschieben wollte, lobte ihn jetzt wegen seiner Leistungen bei der Verladung von Vieh. Gebietskommissare, die sich gegen Dirlewanger stellten, werde er zurechtweisen, »da er die Handlungsweise des Brigadeführers voll und ganz billige«. [191] Solche »Erfassungsaktionen«, wie man die Raubunternehmungen euphemistisch nannte, gehörten zu den Spezialitäten der Dirlewangerleute. Die Einsatzbefehle und -berichte sind voll davon. Allein im Januar 1943 sind vier erfolgreiche Aktionen dieser Art belegt. [192]

Trotz aller krimineller Taten seiner Männer bemühte sich Dirlewanger, den Ruf einer Verbrechereinheit loszuwerden und das edlere Image eines Wildererverbandes zu pflegen. Himmler half ihm, indem er sich an Göring um Nachschub aus Wildererkreisen wandte. In seiner Funktion als Reichsjägermeister wies dieser am 4. 6. 1943 die Landes- und Gaujägermeister, die Landesforstverwaltungen und die preußischen Landforstmeister an, ihm Männer unter fünfzig Jahren zu melden, die der Wilderei »verdächtig« seien. Sie sollten gemäß Notdienstverordnung vom 15. 10. 1938 [193] zum Dienst »in besonderen Einsatzgruppen der SS« herangezogen werden. Göring fügte den Satz hinzu: »Bei den einschneidenden Folgen, die die Meldung an mich für die Betroffenen hat, erwarte ich, daß mir nur solche Fälle gemeldet werden, bei denen der Verdacht des Wilderns einwandfrei begründet ist.« Warum solche Männer bei hinreichendem Tatverdacht nicht der

Justiz übergeben wurden, blieb offen. Das OKW stimmte am 26.8. 1943 zu, daß Personen, die der Wilddieberei dringend verdächtig seien, der SS überstellt werden könnten, sofern sie nicht als Reservisten oder Wehrpflichtige zum Dienst in der Wehrmacht verpflichtet seien. [194] Als die Notdienstverpflichtungen dieser Männer für das Sonderkommando Dirlewanger in der Bevölkerung zu Gerüchten führten, die SS rekrutiere sich aus Straffälligen, wurden die Hoheitsträger der NSDAP von Himmler gebeten, solchen unwahren Behauptungen entgegenzutreten und die besondere Funktion des Sonderkommandos zu erklären: »Nach einer kurzen aber scharfen Ausbildung wird dieses Sonderkommando in den besetzten Ostgebieten an besonders gefährdeten Stellen eingesetzt und somit einer nützlichen Verwendung während des Krieges zugeführt. Vorgesehen ist ferner Einsatz in der Bewährungseinheit der Waffen-SS.« Diese Verwendung bedeute an und für sich noch keine Rehabilitierung. Diese hänge von der Führung und Bewährung des einzelnen in seiner Verwendung ab. Die aufgrund der Notdienstverordnung Einberufenen würden dadurch weder Angehörige der SS noch der Waffen-SS. [195]

Ebensowenig wie KZ-Häftlinge wünschte Dirlewanger nichtrussische Kollaborateure, sogenannte »Legionäre«, in seiner Einheit zu sehen, d.h. Esten, Letten, Usbeken, Georgier usw. Gegenüber dem »Sonderbeauftragten des Reichsführers-SS für die Bandenbekämpfung«, SS-Obergruppenführer und General der Polizei Erich von dem Bach, lehnte er die Übernahme straffälliger Letten mit folgenden Argumenten ab: »Da Letten und Russen sich wenig vertragen, wie Letten und Ukrainer, würde der Lette vermutlich schon beim 1. Einsatz von den Russen, bzw. Ukrainer (sic) erschossen werden. Ein lettischer Dolmetscher ist nicht vorhanden.« [196]

Am 19.2.1944 wurde die bis zu diesem Zeitpunkt auch »SS-Sturmbrigade Dirlewanger« genannte Einheit umgewandelt in das 36. SS-Waffen-Grenadier-Regiment. Die Ist-Stärke war zu diesem Zeitpunkt auf 7 Führer, 41 Unterführer, 257 Mannschaften und 236 Hilfswillige geschmolzen. [197] Zur Auffüllung ordnete Himmler die Zuführung von weiteren 800 Berufsverbrechern aus den Konzentrationslagern mit der entlarvenden Begründung an, daß es besser sei, wenn »vorbelastete Menschen sterben und dafür vielleicht mancher gute im Knabenalter stehende deutsche Junge geschont werden kann«. [198] Gleichzeitig erließ er speziell für diese

Einheit einen »Befehl über die Gerichtsbarkeit beim Einsatz«. Danach stand dem Kommandeur im Kampfeinsatz das Gerichtsrecht über Leben und Tod für alle Angehörigen der Division zu. Außer für den Personenkreis der zur Rehabilitierung anstehenden ehemaligen SS-Männer, die im Ruhequartier und in den Feldgarnisonen der SS-Sondergerichtsbarkeit unterstanden, besaß Dirlewanger über alle Angehörigen des Bataillons die höchste Gerichtsbarkeit. [199] Der Kommandeur ersetzte das Gericht. Die Strafen, die er aussprach, waren ebenso willkürlich wie irreversibel. Auch bei der Verhängung von Disziplinarstrafen ignorierte Dirlewanger die geltende Wehrmachtdisziplinarstrafordnung. Statt Arrest gab es meistens Prügel: 25 Stockhiebe für leichte Vergehen, 50 Stockhiebe für wiederholte leichte Vergehen, 75 Stockhiebe für schwere Vergehen und 100 Stockhiebe für wiederholte schwere Vergehen. Als schweres Vergehen galt versuchte Widersetzlichkeit. Vollendete Widersetzlichkeit wurde auf der Stelle mit dem Tode bestraft. Jeder Führer durfte in einem solchen Fall von der Pistole Gebrauch machen. Eine Spezialstrafe war angeblich der sogenannte »Dirlewanger-Kasten«. Der Verurteilte wurde aufrecht in einen sargähnlichen Kasten gesperrt. Wenn dieser nach ein paar Tagen geöffnet wurde, fiel der Verurteilte mit unförmig angeschwollenen Beinen heraus. [200]

Von der Zuweisung neuer Krimineller wollte Dirlewanger ab 1944 nichts mehr wissen. Sie beeinträchtigten die Schlagkraft seiner Truppe, argumentierte er, weil sie zunächst ausgebildet und »sodann noch längere Zeit überwacht werden müssen«. Er schlug vor, die aus dem Straflager der SS und Polizei in Danzig-Matzkau zur Bewährungs-Abteilung nach Prag entlassenen Männer in seine Einheit zu versetzen und die Arbeits-Abteilung der Waffen-SS in Bobruisk aufzulösen. Auch die in Berlin-Marienfelde arbeitenden Straflagerinsassen aus Danzig-Matzkau sollten besser durch andere Arbeiter ersetzt werden, meinte er, zumal die am gleichen Platz arbeitenden russischen und englischen Kriegsgefangenen beobachten könnten, wie schimpflich SS-Männer behandelt würden. Dirlewanger begründete die Aufstockung seiner Einheit damit, daß sie »trotz der Eigenart ihrer Zusammensetzung stets bewiesen hat, daß die Angehörigen aufgrund soldatisch und psychologisch richtiger Führung zum größten Prozentsatz zu brauchbaren Soldaten und Kämpfern herangebildet wurden«. Er erklärte sich bereit, alle ehemaligen SS-Männer, »ganz gleich, was sie angestellt haben«, zu übernehmen. Berger identifizierte sich »aus tiefster Überzeugung« mit diesen Vorschlägen und gab den Wunsch am 20. 3. 1944 an Himmler weiter mit dem Kommentar: »Alle SS-Männer sind einmal von uns ausgesucht, alle zeigen dadurch das Bild von Männern, die vielleicht zu Besonderem berufen sind. Bei dem raschen Aufbau der Waffen-SS läßt sich nicht entscheiden, wieviel bei den Verfehlungen der Männer auf schlechte Erziehung und schlechte Behandlung zurückzuführen ist. Nur im Krieg ist es möglich, Verfehlungen anständig und sauber zu bereinigen. Dabei weiß ich bestimmt, daß nicht alle diese Regelung verdienen und sich ihrer würdig erweisen werden; für die Mehrzahl aber wird es die Möglichkeit geben, tapferst vor dem Feind zu sterben.«[201] Diesen Wünschen entsprach Himmler nicht voll. Die zur Bewährung zugelassenen Männer wurden aufgeteilt auf das SS-Fallschirmjäger-Bataillon 500, auf den Sonderverband Friedenthal z.b.V. und auf das Sonderregiment Dirlewanger. Aber die Insassen der Arbeits-Abteilung Bobruisk kamen geschlossen zu Dirlewanger. Darunter waren viele ehemalige Legionsangehörige und ausländische Freiwillige der Waffen-SS. Dazu kamen auf Weisung Himmlers zu Zuchthaus verurteilte Ausländer, »soweit diese charakterlich so minderwertig sind, daß sie nicht in Bewährungseinsatzzüge passen«.[202] Dirlewanger erreichte auch, daß die SS- und Polizeigerichte angewiesen wurden, das »Gros der Verurteilten, soweit es nicht zum Fallschirmjäger tauglich ist«, zur Bewährung zu ihm zu schicken, darunter »alle schweren Fälle ohne Rücksicht auf Alter und Tauglichkeitsgrad«. [203]

Am 1. 5. 1944 unterstellte der Höhere SS- und Polizeiführer Rußland-Mitte und Weißruthenien das ostmuselmanische SS-Regiment 1 truppendienstlich und einsatzmäßig dem SS-Sonder-Regiment Dirlewanger. Es sollte innerhalb von drei Wochen in den Raum Usda verlegt werden. Dem Transport nach Minsk mit der Eisenbahn folgte ein langer Fußmarsch nach Usda. [204] Kommandeur des ostmuselmanischen Regiments war der SS-Sturmbannführer Mayer-Mader.

Im September 1944 wurde Dirlewanger ein Marschbataillon von 1500 Mann aus Häftlingen des Straflagers Danzig-Matzkau zur Niederschlagung des Warschauer Aufstands mit Handfeuerwaffen und Munition zur Verfügung gestellt. [205]

Bei der Räumung des Konzentrationslagers Salaspils, wo sich Angehörige der litauischen, lettischen und estnischen Schutzmannschaften in Straflagerverwahrung befanden und wo ab Mitte 1943 auch die zu Zuchthaus verurteilten estnischen und lettischen SS-Freiwilligen eingewiesen worden waren, kam ein Teil der Insassen in die Einheit Dirlewangers, Männer, die in ihrem Haß gegen die Sowjetunion vor keiner Grausamkeit zurückschreckten.

Nachdem Himmler Befehlshaber des Ersatzheeres geworden war, hatte er die Macht, auch kriegsgerichtlich verurteilte Heeresangehörige unter Strafaussetzung zu Dirlewanger zu kommandieren. Da etwa zur gleichen Zeit wegen der alliierten Invasion die Wehrmachtgefängnisse in Frankreich geräumt wurden, kamen Hunderte der nicht Unterzubringenden zu Dirlewanger. Unter ihnen befanden sich zahlreiche zum Tode Verurteilte, deren Gnadengesuche noch nicht entschieden oder deren Akten in den Kriegswirren verschwunden waren. [206] Am 11. 10. 1944 wurden 45 kriegsgerichtlich zum Tode verurteilte Angehörige der Wehrmacht, von denen die meisten zu 15 Jahren Zuchthaus begnadigt waren, zu Dirlewanger in Marsch gesetzt, unter ihnen eine größere Zahl degradierter Offiziere und Unteroffiziere.

Im Oktober 1944 kam Dirlewanger auf die Idee, sich aus den Konzentrationslagern »ehemalige Gegner der Bewegung« schicken zu lassen. Er begründete seinen Wunsch gegenüber Himmler folgendermaßen:

»Es sind in den Lagern Männer, die im Februar 1933 und vielleicht auch noch nach dem 5. 3. 1933 nicht sofort sich äußerlich als Nationalsozialisten tarnten, sondern ihrer Weltanschauung zunächst treu blieben und somit Charakter zeigten, im Gegensatz zu den vielen Hunderttausenden, die es mit dem Stärkeren hielten und am 5. 3. 1933 sofort trotz innerlicher Gegnerschaft mit erhobener rechten Hand zu uns einschwenkten.« [207]

Und wirklich befahl Himmler den Kommandanten der Konzentrationslager, in ihrem Bereich alle ehemaligen politischen Gegner auszusuchen, die sich »innerlich gewandelt und den Wunsch haben, dies durch Teilnahme am Kampf des Großdeutschen Reiches unter Beweis zu stellen«. Einzige Voraussetzung: Sie sollten unter 45 Jahre alt sein. Im November 1944 standen Dirlewanger aus dieser Aktion 1910 Mann zur Verfügung. Es kamen aus Auschwitz 400 Mann, aus Buchenwald 250 Mann, aus Dachau 300 Mann, aus Mauthausen 10 Mann, aus Neuengamme 130 Mann, aus Flossenbürg 45 Mann, aus Groß-Rosen 30 Mann, aus Ravensbrück 80 Mann, aus Sachsenhausen 750 Mann, aus Stutthof 15 Mann. Von ihnen waren 966 Schutzhäftlinge, d. h. politische Gefangene und

1064 Vorbeugungshäftlinge, d. h. Asoziale und Kriminelle. [208] Von Freiwilligkeit war zwar keine Spur, aber möglicherweise entkamen auf diese Weise einige den Seuchen, die in den überbelegten Lagern grassierten. [209]
Es ist nur ein Vorschlag Dirlewangers zur Ergänzung des Personalbedarfs bekannt, den Himmler rigoros ablehnte: die Überstellung von Untersuchungshäftlingen. Der SS-Richter beim Reichsführer-SS und Chef der Deutschen Polizei durfte dem Chef des SS-Hauptamtes Berger mitteilen, daß das nicht in Frage komme, »da eine Überstellung von straffällig gewordenen Männern aus der SS und Polizei vor der Aburteilung nach Ansicht des Reichsführers-SS das Ende jeder Strafrechtspflege in der SS und Polizei bedeuten würde«. [210]
Ende 1944 betrug der Mannschaftsbestand Dirlewangers rund 6500 Mann. Von den ehemaligen Wilderern lebten zu diesem Zeitpunkt nur noch ein oder zwei Dutzend. Trotzdem blieb das Image der Einheit von den ersten Anfängen geprägt.
Von den Wehrmachteinheiten und den Angehörigen der Waffen-SS wurden die Soldaten der Brigade Dirlewanger wie Parias gemieden. Ihr völkerrechtswidriges Vorgehen im Partisanenkrieg und ihre Grausamkeit gegen die Zivilbevölkerung waren sprichwörtlich. Die Niederbrennung von hunderten Dörfern geht auf ihr Konto.
Strafrechtlich konnte jedoch niemand belangt werden, selbst wenn seine Grausamkeit zum Himmel schrie. Am 16.12.1942 hatte Hitler befohlen, daß die Truppe im Partisaneneinsatz verpflichtet sei, »auch gegen Frauen und Kinder jedes Mittel anzuwenden, wenn es nur zum Erfolg führt«. In dem gleichen Führerbefehl steht der Satz: »Kein in der Bandenbekämpfung eingesetzter Deutscher darf wegen seines Verhaltens im Kampf gegen die Banden und ihre Mitläufer disziplinarisch oder kriegsgerichtlich zur Rechenschaft gezogen werden.« [211]
Was den ehemaligen Wilderern in Dirlewangers Einheit bei den Partisaneneinsätzen zugute kam, waren Orientierungsvermögen, leise Bewegung und ein ungewöhnlicher Spürsinn für die Nähe von Menschen. Der Wald war ihr Zuhause. Spähtrupps wurden daher mit Vorliebe unter Leitung eines bewährten Wilderers ausgesandt. Sie verirrten sich nie. Der Fehler von Anfängern kam bei ihnen nicht vor: trotz kürzester Schußentfernung schlecht zu schießen, weil die Nervenkraft fehlte, sich auf das Ziel zu konzentrieren. In

der Aufdeckung versteckter Partisanenlager waren die Leute Dirlewangers Meister. Sie konnten stundenlang auf der Lauer liegen, um die feindlichen Bewegungen auszukundschaften. Ohne genaue Beobachtung der Gewohnheiten der Lagerinsassen und ohne die Kenntnis der Fluchtwege war die Aushebung der Partisanen nur unvollkommen möglich. Im Häuserkampf kam den Soldaten Dirlewangers Umsicht und Rücksichtslosigkeit zugute. Das Aufstöbern der Hauptverstecke unter den Dielenbrettern, im Hof und in offenen Dachböden kostete vielen deutschen Soldaten das Leben, weil Partisanen, wenn sie in die Enge getrieben wurden, hemmungslos von der Schußwaffe Gebrauch machten. Dirlewangers Leute lösten das Problem kurzerhand, indem sie die Häuser anzündeten und die aus den Flammen Fliehenden risikolos erschossen. Bei der Befragung von Zivilisten waren Dirlewangers Leute brutal. Sie schlugen und folterten, bis sie die gewünschten Auskünfte bekamen. Sie profitierten von der Beobachtung, daß viele Dorfbewohner vor dem Knüppel mehr Angst hatten als vor der Schußwaffe. Die Tatsache, daß in Dirlewangers Einheit viele russische Hilfswillige dienten, erleichterte die grausame Arbeit.

Im Unterschied zu vielen Fronteinheiten, die zur Partisanenbekämpfung eingesetzt wurden, scheuten sich die Soldaten Dirlewangers nicht vor Verkleidung. Was die anderen »Theater spielen« nannten, war für sie eine Möglichkeit, die Nachrichten- und Versorgungslinien der Partisanen auszukundschaften. Ohne Armbanduhren, Ringe, Zigarettendosen, barfuß oder mit Lappen an den Füßen, in zerlumpter Kleidung und auf Panjewagen, Waffen und Munition unter Heu verborgen, Machorka rauchend, zogen sie in die Dörfer. Die unbewaffneten einheimischen Hilfswilligen, die zu den Kolonnen gehörten, hatten den Eindruck zu erwecken, es handle sich um einen Zug Partisanen. Auf diese Weise wurden die Helfer in den Dörfern aus der Reserve gelockt und unschädlich gemacht. In wenigen deutschen Einheiten klappte die Zusammenarbeit von SS-Männern und russischen Hilfswilligen so gut wie bei Dirlewanger. Zweifler oder Verräter wurden über den Haufen geschossen – oft von Dirlewanger persönlich. Aber die Verteilung von Beutegut erfolgte gerecht zwischen SS-Männern und Hilfswilligen. Was bei der Wehrmacht streng verboten war, diente bei Dirlewanger zur Hebung der Moral. Dazu gehörte auch der Umgang mit Russinnen. Ein Fall wurde akten-

kundig durch einen Befehl Dirlewangers. Am 11.5.1944 hatte er ohne Voranmeldung die Unterkunft der 1. Kompanie besichtigt und in den Räumen 22 Russinnen vorgefunden. Mit der Begründung, daß Ordonnanzen nur SS-Führern zuständen – mit dieser Begründung erlaubten sich Offiziere den Umgang mit Russinnen –, verbot Dirlewanger in Zukunft den Zutritt von Frauen zu den Unterkünften der Unterführer und Männer, aber nicht wegen »Rassenschande«, sondern wegen des schlechten Vorbilds für junge Rekruten. »Unterführer und Männer müssen verweichlichen, wenn fast jeder seine Leibrussin hat, die ihm die Stiefel putzt, das Essen serviert, das Bett macht usw. Abgesehen davon ist es unverantwortlich, die dort untergebrachten neuen Rekruten mit solchen haarsträubenden Zuständen bekannt zu machen.« [212] Eine Besonderheit im 36. SS-Waffen-Grenadier-Regiment bildete angeblich das Bataillon, in dem sich die ehemaligen Straflagergefangenen aus Danzig-Matzkau zusammenfanden. In dieser Einheit waren alle Führer degradierte ehemalige SS-Offiziere, die jetzt als Kompanieführer, Zugführer und Gruppenführer fungierten. Es gab weder Dienstgrade noch Schulterstücke, sondern nur matthelle fingerbreite Streifen auf dem Ärmel. Die Gruppenführer trugen einen Streifen, die Zugführer einen zweiten darüber und die Kompanieführer drei. Die Gruppen, Zügen und Kompanien wählten ihre Führer selber. Das war eine einmalige Erscheinung in der gesamten Wehrmacht und nur erklärbar, weil Himmler als Patron der Einheit hierin ein altgermanisches Ausleseverfahren sah. Auch sonst scheint sich diese Einheit von den anderen unterschieden zu haben: »Bewährung war ihnen ein Bedürfnis, kein Befehl«, schrieb ein Angehöriger nach dem Krieg. [213] Die Leistungsbilanz der Einheit, die nach dem Krieg als »Sturmbataillon 500« verherrlicht wurde, enthält erstaunliche Zahlen: In ihrer einjährigen Geschichte soll die Einheit 3116 Gefangene eingebracht und 338 Panzer im Einzelkampf vernichtet haben. Das Eiserne Kreuz hätten 1128 der Angehörigen getragen, die meisten aus ihrer Zeit vor der Einweisung. Während ihres Bestehens sollen 1236 Soldaten den Tod gefunden haben. [214] Dieses Bataillon hatte wesentlichen Anteil an der Niederschlagung des Warschauer Aufstandes im September 1944. Dabei verdiente sich Dirlewanger das Ritterkreuz. Der Generalgouverneur Frank empfing ihn auf der Burg in Krakau zu einem Festessen.
Wenige Einheiten hatten so hohe Verluste zu verkraften wie die

Dirlewangers. Die Verwundetenversorgung lag lange Zeit im argen.

Am 11. 4. 1943 beschwerte sich Dirlewanger beim Höheren SS- und Polizeiführer Rußland-Mitte und Weißruthenien, SS-Obergruppenführer von dem Bach, daß das Bataillon keinen Arzt besitze und sich mit russischen Feldscherinnen zufrieden geben müsse und daß alle schweren Fälle in das ca. 40 km entfernte SS-Lazarett nach Minsk verbracht werden müßten. Die Ausfälle seien wegen des Partisaneneinsatzes groß.»Auf die Dauer ist dies ein gänzlich untragbarer Zustand für das Bataillon, das ständig in Feindberührung steht.«[215] Erst 1944 wurde dem Regiment, das damals mehr als 1000 Mann umfaßte, erstmals ein SS-Arzt zugewiesen, ein Mann, gegen den ein Verfahren wegen Untreue anhängig war. Zahlreiche Angehörige der Einheit Dirlewangers starben unversorgt, weil sie im Stich gelassen wurden. Es gehörte zum Ritual der Einheit, ihnen entsicherte Pistolen in die Hand zu geben, bevor die Kameraden abzogen.

Sehr viele Dirlewangerleute erfuhren eine Rehabilitierung. Sie wurde vom Reichsjustizminister oder vom Hauptamt SS-Gericht ausgesprochen, je nachdem, von wo die Männer herkamen. Im Sterben Liegenden konnte Dirlewanger selbst in Vertretung des Reichsführers-SS volle Rehabilitierung gewähren. [216]

Vom Februar 1942 bis Juni 1944 wurden im besetzten Teil der Sowjetunion 43 größere Kampfaktionen gegen Partisanen durchgeführt. An fast der Hälfte von ihnen hatte Dirlewangers Einheit maßgebenden Anteil. Hunderte kleinerer Unternehmungen, sogenannte »Jagdkommandos«, machten die Soldaten Dirlewangers allein. Die meisten davon verliefen erfolgreich.

Nach der Niederschlagung des Warschauer Aufstandes bewährte sich die Brigade im Kampf gegen die Aufständischen in der Slowakei, wohin sie von dem dort kurzfristig tätigen Militärbefehlshaber und bewährten Förderer, SS-Obergruppenführer Gottlob Berger, angefordert worden war. Als die Brigade anschließend in Revuca in Ruhestellung lag, untersuchte der SS-Richter Dr. Wille die anstehenden Rehabilitierungsfälle. Von ihm ist folgender Bericht erhalten:

»Anfangs Dezember 1944 traf ich bei der Brigade in der Slowakei ein. Die Zustände, die ich dort vorfand, waren aber derart, daß ich ein langsames, vorsichtiges Vorgehen im Interesse der Menschlichkeit und Gerechtigkeit nicht rechtfertigen zu können glaubte. Die Brigade war damals rund 6500 Mann stark

Sondereinheiten zur Partisanenbekämpfung

und hatte folgende Zusammensetzung: Der alte Stock waren Wilddiebe, die inzwischen von Dirlewanger bis zu den höchsten Unterführerstellen befördert worden waren und vollkommen unberechtigt zum Teil die volle SS-Uniform trugen, ohne je der SS angehört zu haben. Ein kleiner Teil, schätzungsweise 10–13 Prozent, waren bestrafte und aus der SS entfernte frühere Angehörige der Waffen-SS und Polizei, die hier ihren Bewährungseinsatz zwecks Rehabilitierung erbringen sollten. Rund 30 Prozent waren KL-Insassen, teils politischer, teils krimineller Richtung, die auf Befehl Himmlers ebenfalls Gelegenheit zur Bewährung erhalten sollten. Der weitaus größte Teil der Brigade – jedenfalls über 50 Prozent – waren bestrafte Angehörige der drei Wehrmachtsteile (Heer, Luftwaffe, Marine). Diese Leute, die fast alle wegen Kapitalverbrechen verurteilt waren und menschenmäßig das Schlechteste darstellen, was von einem Volk einer Truppe zugeführt werden kann, waren bei der überstürzten Räumung der Wehrmachtsgefängnisse in Frankreich, anläßlich des Fortschreitens der Invasion, zur Bewährung zur Sturmbrigade versetzt worden. Sie waren nach wie vor Angehörige ihres Wehrmachtsteiles. Auch bestrafe Wehrmachtsoffiziere waren in größerer Zahl, wohl auf Befehl Hitlers, bei der Einheit. Daneben waren der Brigade noch zwei Batterien regulärer Polizeiartillerie zugeteilt. Außer dieser Artillerie gab es wohl nur eine Hand voll unbestrafter Offiziere und Männer in der ganzen Einheit. Alle Einheiten, einschließlich der Bataillone wurden von ehemaligen Offizieren ohne Dienstgradabzeichen geführt. Auch im Brigadestab waren vorwiegend bestrafte, dienstgradherabgesetzte, oder zumindest strafversetzte Offiziere. Die Einheit war weder ihrer Zusammensetzung, noch ihrer Führung nach eine SS-Einheit, ganz abgesehen von der reinen Äußerlichkeit, daß die wenigsten eine SS-Uniform trugen. Aus verschiedenen Äußerungen Dirlewangers und der Beobachtung der Praxis während der kurzen Zeit meiner Anwesenheit, glaube ich sagen zu können, daß die zentrale Führungsstelle der gesamten Waffen-SS, das SS-Führungshauptamt, über die Sturmbrigade keine Macht und Befehlsgewalt hatte, sondern daß Dirlewanger alle ihn betreffenden Fragen direkt mit Himmler, bei dem er eine ganz bevorzugte Stellung genoß, dem SS-Obergruppenführer Nebe vom Kriminalpolizeihauptamt oder seinem intimen Freund SS-Obergruppenführer Berger regelte, der alles für ihn tat. Anfragen und Beschwerden von anderen Dienststellen, darunter auch von Hauptämtern, wurden soweit sie unangenehm waren, einfach in den Papierkorb geworfen, wobei sich Dirlewanger immer auf seine Stellung bei Himmler berief.« [217]

So gut sich die Dirlewangermänner im Partisanenkampf bewährten, in den Fronteinsätzen, die am Ende des Krieges auf sie zukamen, hielten die Sträflingskompanien nicht, was man sich von ihnen versprochen hatte. Sowohl in Nordungarn im Dezember 1944 als auch an der Oderfront im Februar 1945 häuften sich die Desertionen. Allein zwischen 11. und 18. 12. 1944 liefen an der Eipel-Front mindestens 500 Angehörige der Brigade Dirlewanger zur Roten Armee über, darunter das ganze III. Bataillon, das aus politischen Konzentrationslagerhäftlingen bestand. Für die meisten lohnte sich die Desertion nicht. Sie starben unter den Mißhandlungen der Sowjetsoldaten, an den Strapazen der folgenden Gewaltmärsche oder am Hunger in den Lagern. Niemand glaubte ihnen, daß sie als Hitlergegner im KZ gewesen waren. [218] Wegen der erwiesenen Unzuverlässigkeit der Männer in der Brigade Dirlewanger wurde der Verband aus Ungarn abgezogen und zur Oderverteidigung nach Guben verlegt. Um ähnliche Massenfluchten wie in Ungarn auszuschließen, befahl Hitler am 14. 2. 1945, bei der Aufstockung der SS-Brigade Dirlewanger zu einer Division reguläre Einheiten einzubeziehen: die Panzerabteilung 1 (Stahnsdorf), zwei Kompanien der Panzerjäger-Abteilung 681, die Heeres-Pionierbrigade 687 aus Brandenburg-Rathenow und das Grenadierregiment 1244. Als Unterführer sollte die Hälfte der bei der Division Hermann Göring eingesetzten Angehörigen der SS-Junkerschule Braunschweig (Posen-Treskau) übernommen werden. [219]

Der neue Verband erhielt den Namen 36. Waffen-Grenadier-Division der SS. Das SS-Führungshauptamt unter SS-Obergruppenführer Jüttner hatte sich bis zu diesem Zeitpunkt gegenüber dem von SS-Obergruppenführer Berger gesteuerten Himmler gesträubt, die Dirlewangermänner als reguläre Waffen-SS-Soldaten und die Brigade als Waffen-SS-Einheit anzuerkennen. Es sei den Freiwilligen der Waffen-SS nicht zuzumuten, mit Wilddieben, Zuchthäuslern und KZ-Insassen auf eine Stufe gestellt zu werden. Auch die Abneigung Jüttners gegen Dirlewanger, den er für ungeeignet hielt, eine Division zu führen, spielte eine Rolle. Der Kompromiß, den Jüttner und Berger aushandelten, bestand darin, daß Dirlewanger zwar das Kommando über die Division erhielt, ihm aber als taktischer Führer der SS-Brigadeführer Schmedes vorgesetzt wurde. [220] Die Reaktion Dirlewangers ist nicht bekannt. Von seinen Einheitsführern setzte sich keiner für ihn ein.

Zum geschlossenen Einsatz der Division kam es bis zum Kriegsende nicht mehr. Die Masse des bisherigen Regiments Dirlewangers wurde Mitte Februar zur Heeresgruppe Schörner für den Einsatz bei der 4. Panzerarmee in den Bober-Abschnitt transportiert. Dort wurde Dirlewanger verwundet. Die Reste seiner Männer wurden am 27.4.1945 in der Nähe von Halle eingekreist und gerieten in amerikanische Gefangenschaft. 41 Jahre später konnte man eine kuriose Würdigung Dirlewangers lesen:

»Bei den schweren Kämpfen zwischen Oder und Lausitzer Neiße ist der persönlich stets tapfere Kommandeur, Ritterkreuzträger SS-Oberführer d.R. Dr. Oskar Dirlewanger, verwundet worden. Mit ihm schied ein befähigter, von seinen Männern geachteter Soldatenführer aus dem Kampf, dessen Maßstäbe bei berühmten Landsknechtsführern spätmittelalterlicher Heere zu suchen sind. Er war nicht nur Führer im Kampf, sondern bei aller Strenge, mit der er seine Truppe in Ordnung hielt, ein fürsorglicher Vorgesetzter, der nach dem Zeugnis nicht zuletzt auch seiner Bewährungsschützen, allgemein wie ein Vater verehrt worden ist. Das mögen seine damaligen und heutigen Kritiker nicht außer acht lassen.«[221]

Belegstellen

1 Verordnung für eine Sondergerichtsbarkeit in Strafsachen für Angehörige der SS und für die Angehörigen der Polizeiverbände bei besonderem Einsatz vom 17. 10. 1939, RGBl. 1939 I S. 2107
2 Vgl. Erste Verordnung zur Durchführung der Verordnung über eine Sondergerichtsbarkeit in Strafsachen für Angehörige der SS und für die Angehörigen der Polizeiverbände bei besonderem Einsatz vom 1. 11. 1939, Artikel IV, RGBl. 1939 I S. 2293
3 Vgl. Schreiben Hauptamt SS-Gericht an den SS-Richter beim Reichsführer-SS und Chef der Deutschen Polizei vom 28. 10. 1943, BDC SL 4
4 Vgl. §§ 1–7 der Ersten Verordnung zur Durchführung der Verordnung über eine Sondergerichtsbarkeit in Strafsachen für Angehörige der SS und für die Angehörigen der Polizeiverbände bei besonderem Einsatz vom 1. 11. 1939, RGBl. 1939 I S. 2293
5 Vgl. Der SS-Richter beim Reichsführer-SS und Chef der Deutschen Polizei vom 13. 7. 1944, BA NS 7/352
6 Vgl. Zweite Verordnung zur Durchführung der Verordnung über eine Sondergerichtsbarkeit in Strafsachen gegen Angehörige der SS und für die Angehörigen der Polizeiverbände bei besonderem Einsatz vom 17. 4. 1940, RGBl. 1940 I S. 659
7 Erlaß des Reichsführers-SS und Chefs der Deutschen Polizei zur Verordnung über eine Sondergerichtsbarkeit in Strafsachen für Angehörige der SS und für die Angehörigen der Polizeiverbände bei besonderem Einsatz vom 17. 10. 1939, Erlass-Sammlung des Hauptamtes SS-Gericht vom 30. 10. 1942, BA NSD 41/39, S. 13 ff.
8 Vgl. Erlass-Sammlung des Hauptamtes SS-Gericht vom 30. 10. 1942, a.a.O., S. 17 ff.
9 Belehrung der der Sondergerichtsbarkeit der SS und Polizei unterworfenen SS- und Polizei-Angehörigen über gerichtliche Bestrafungen usw., Erlass-Sammlung des Hauptamtes SS-Gericht vom 30. 10. 1942, a.a.O., S. 190; VBlWaffen-SS 1940, Nr. 153
10 Ebenda

11 Vgl. Mitteilungen des Feldgerichts der SS-Totenkopfdivision vom 3.3. 1941, Archiv Vopersal
12 Beurteilung und Bekämpfung von Diebstählen in der SS und Polizei, Hauptamt SS-Gericht vom 15.9. 1942, in: Erlass-Sammlung des Hauptamts SS-Gericht vom 30. 10. 1942, a.a.O., S. 194 f.
13 Vgl. VBlWaffen-SS 1940, Nr. 1530; Der Reichsführer-SS Hauptamt SS-Gericht vom 26. 3. 1943, BA NS 7/6, Bl. 2 f.
14 Vgl. Der Chef des Hauptamtes SS-Gericht vom 16.5. 1944, BA NS 7/6, Bl. 13 ff.
15 Divisionsbefehl vom 22. 11. 1939, Archiv Vopersal
16 Vgl. BDC Akte Bruns
17 Erlaß des Führers zur Reinhaltung von SS und Polizei vom 7.3. 1942, Erlass-Sammlung des Hauptamtes SS-Gericht vom 30. 10. 1942, a.a.O., S. 193 f.
18 Belehrung germanischer und anderer nichtdeutscher Freiwilliger der Waffen-SS vom 15. 10. 1941, in: Erlass-Sammlung des Hauptamtes SS-Gericht vom 30. 10. 1942, a.a.O., S. 196
19 Der Kommandant des Strafvollzugslagers Danzig-Matzkau vom 10.2. 1943, Archiv Vopersal
20 Vgl. Fernschreiben Himmler vom 8. 3. 1944, Archiv Vopersal
21 Vgl. Personalakten Denzel und Murr, BDC
22 Vgl. Die SS- und Polizeigerichtsbarkeit. Ein Leitfaden, hrsg. vom Hauptamt SS-Gericht, vom 1. 7. 1944, BA NSD 41/41, S. 38
23 Vgl. Auszug aus der Kriminalstatistik für das erste Vierteljahr 1943, BA NS 19/1916, Bl. 132 ff.
24 Vgl. Disziplinare Ahndung von leichteren gerichtlich verfolgbaren Straftaten vor Meldung an den Gerichtsherrn, VBl Waffen-SS 1940, Nr. 100
25 Vgl. BA NS 7/63, Bl. 6 f.
26 Vgl. SS-Richter beim Reichsführer-SS und Chef der Deutschen Polizei vom 28. 7. 1943, BA NS 7/63
27 Vgl. BA NS 7/63, Bl. 65
28 Die SS- und Polizeigerichtsbarkeit. Ein Leitfaden, a.a.O., S. 33
29 Ebenda, S. 36
30 Hauptamt SS-Gericht vom 12. 11. 1941, BA NS 7/378, Bl. 1
31 Vgl. Gnadenerlaß des Reichsführers-SS und Chefs der Deutschen Polizei vom 10. 7. 1942, in: Erlass-Sammlung des Hauptamtes SS-Gericht vom 30. 10. 1942, a.a.O., S. 177 ff.
32 Vgl. Sonderbestimmungen für Gnadenverfahren, in: Erlass-Sammlung des Hauptamtes SS-Gericht vom 30. 10. 1942, a.a.O., S. 188
33 Vgl. Der Reichsführer-SS Hauptamt SS-Gericht vom 23. 2. 1943, BA NS 7/332
34 Vgl. Hauptamt SS-Gericht vom 21. 1. 1944, BA NS 7/331
35 Anordnungsblatt des Reichsführers-SS und Chefs der Deutschen Polizei, Hauptamt SS-Gericht vom 25. 1. 1943, BA NSD 41/222
36 Vgl. Der SS-Richter beim Reichsführer-SS und Chef der Deutschen Polizei vom 30. 3. 1944, BA NS 7/54, Bl. 6 f.
37 Der Reichsführer-SS vom 6. 2. 1945, BA NS 7/332, Bl. 9 f.
38 Vgl. Hauptamt SS-Gericht vom 12. 11. 1941, BA NS 7/378, Bl. 12 f.
39 Vgl. Erlass-Sammlung des Hauptamtes SS-Gericht vom 30. 10. 1942, a.a.O., S. 173

40 Die SS- und Polizeigerichtsbarkeit. Ein Leitfaden, a.a.O., S. 17
41 Ebenda, S. 16f.; vgl. S. 110ff. dieses Buches
42 Vgl. VBlWaffen-SS 1940, Nr. 437
43 Vgl. Schreiben RSHA an Bender vom 11. 8. 1942, BA NS 7/357
44 Vgl. Anordnungsblatt des Reichsführers-SS und Chefs der Deutschen Polizei 1943, Nr. 151, BA NSD 41/222
45 Vgl. BA NS 7/362
46 SS-Leitheft 7 (1941), Folge 4b, Archiv Vopersal
47 Hauptamt SS-Gericht vom 12. 11. 1941, BA NS 7/378, Bl. 2f.
48 Vgl. S. 253 ff. dieses Buches
49 Vgl. Hauptamt SS-Gericht vom 12. 11. 1941, BA NS 7/378, Bl. 8
50 Vgl. Hauptamt SS-Gericht vom 12. 11. 1941, BA NS 7/378, Bl. 12 f.
51 Vgl. S. 42 ff. dieses Buches
52 Befehl Himmlers vom 20. 6. 1943, MAP SF-01/16312, Bl. 658
53 Kommandeur der SS-Geb. Div. Nord an Reichsführer-SS vom 28.10. 1943, MAP SF-01/16312, Bl. 655
54 Kommandeur 14. Waffen-Gren. Div. der SS (ukr. Nr. 1) vom 7. 12. 1944, BDC O. 234 I
55 Vgl. BA NS 7/75
56 Der Reichsführer-SS vom Oktober 1943, BDC SS-HO 805
57 Höherer SS- und Polizeiführer Rußland-Süd vom 12. 2. 1943, Archiv Vopersal
58 Meldung ohne Datum, BA NS 7/310, Bl. 47
59 Ernst Jünger: Strahlungen, 2. Teil, in: Werke, Band 3, Stuttgart 1971, S. 187 und 314
60 Vgl. Der Reichsführer-SS vom 21. 7. 1938, Archiv Vopersal
61 Vgl. Die SS- und Polizeigerichtsbarkeit. Ein Leitfaden, a.a.O., S. 35
62 Vgl. Aktennotiz für Reichsführer-SS vom 10. 8. 1942, BA NS 7/378, Bl. 59
63 Vgl. Hauptamt SS-Gericht vom 1. 2. 1943, BA NS 7/365, Bl. 47
64 Vgl. Hauptamt SS-Gericht vom 25. 6. 1942, BA NS 7/378, Bl. 42
65 Der SS-Richter beim Reichsführer-SS und Chef der Deutschen Polizei vom 26. 10. 1943, BA NS 7/258
66 Der Reichsführer-SS Hauptamt SS-Gericht vom 28. 10. 1942, BA NS 7/5, Bl. 190f.
67 Der SS-Richter beim Reichsführer-SS und Chef der Deutschen Polizei vom 13. 12. 1941, BA NS 7/378
68 Vgl. Ebenda, Bl. 192 ff.
69 RGBl 1900 I S. 536; vgl. RSHA vom 29. 9. 1944, BA NS 7/361
70 Vgl. OKW vom 9. 2. 1945, BA NS 7/378, Bl. 73 f.
71 Vgl. MVBl 1945, Nr. 11
72 Vgl. Kriegsbericht, in: Bild am Sonntag vom 13. 8. 1978
73 Vgl. Franz W. Seidler: Alkoholismus und Vollrauschdelikte in der Deutschen Wehrmacht und bei der SS während des Zweiten Weltkrieges, in: Wehrwissenschaftliche Rundschau 28 (1979), Heft 6, S. 183 ff.
74 Vgl. Bericht Paul Maydl vom 5. 4. 1971, Archiv Vopersal
75 Vgl. Bericht Jirka vom 26. 1. 1981, Archiv Vopersal
76 Vgl. Ebenda
77 Vgl. Bericht Paul Maydl vom 5. 4. 1971, Archiv Vopersal
78 Vgl. MAP SF 01/15180

79 Vgl. Der SS-Richter beim Reichsführer-SS und Chef der Deutschen Polizei vom 21. 8. 1940, BA NS 7/384
80 Vgl. BA NS 7/383
81 Vgl. Ebenda
82 Der Reichsführer-SS vom 30. 5. 1941, BDC O. 234 I
83 Vgl. Hauptamt SS-Gericht vom 14. 6. 1941, BDC Akte Bruns
84 Ebenda
85 Vgl. Hauptamt SS-Gericht vom 8. 9. 1941, Archiv Vopersal
86 Vgl. Führungshauptamt vom 29. 7. 1941, Archiv Vopersal
87 Am 18. 8. 1941 befahl das SS-Führungshauptamt die Zusammenfassung aller auf dem SS-Truppenübungsplatz Debica befindlichen Einheiten der Waffen-SS zum »SS-Batl. SS-Truppenübungsplatz Debica«, in das auch das SS-Bau-Batl. einbezogen wurde. Die neuen Baueinheiten (Bau-Kp., Bau-Kol. Werkstatt-Kp.) standen unter der Leitung des Kommandanten und erhielten ihre Arbeitsanweisungen vom Leiter der Zentralbauleitung der Waffen-SS und Polizei in Debica. Vgl. SS-Führungshauptamt Abt. Org. vom 18. 8. 1941, BDC O. 426 II
88 Vgl. Hauptamt SS-Gericht vom 12. 11. 1941, BA NS 7/378, Bl. 6 f.
89 Vgl. Bericht Archiv Vopersal
90 Befehl Himmlers vom 7. 1. 1944, BA NS 7/387, Bl. 6
91 Vgl. Archiv Vopersal Nr. 22825
92 Vgl. SS-Führungshauptamt vom 31. 10. 1941, BDC O. 234 I
93 Vgl. Die SS- und Polizeigerichtsbarkeit. Ein Leitfaden, a.a.O., S. 34
94 Vgl. S. 267 ff. dieses Buches
95 Vgl. Hauptamt SS-Gericht vom 11. 4. 1942, BA NS 7/384, Bl. 44 f.
96 Kdr. SS-T.Div. vom 30. 1. 1942, BA NS 7/385, Bl. 1
97 Vgl. Gericht der SS-Totenkopfdivision vom 21. 1. 1942, Archiv Vopersal
98 Vgl. Hauptamt SS-Gericht vom 25. 3. 1942, BA NS 7/385, Bl. 1 f.
99 Vgl. Vermerk für Himmler zum Gespräch mit Jüttner vom 11. 5. 1942, BDC O. 234 I
100 Hauptamt SS-Gericht vom 25. 3. 1942, NS 7/385, Bl. 1 f.
101 Vermerk von SS-Obersturmbannführer Bender, BDC CC-HD 2086
102 Vgl. BA NS 7/378
103 Vgl. Archiv Vopersal F 03589
104 Vgl. BDC O. 234 I
105 Kamerad, wo bist du? Mitteilungsblatt der 4. SS-Polizeidivision, hrsg. von Werner Oschassek, Archiv Vopersal
106 Hugo von Dörnberg: Wehrmachtsjustiz im Dritten Reich. Von Newel bis Remagen, in: Historische Reihe der Forschungsgemeinschaft Das Andere Deutschland, Hannover 1948, S. 9
107 Vgl. 10. Sammelerlaß des Reichsführers-SS und Chefs der Deutschen Polizei vom 15. 1. 1942, BA NS 7/4, Bl. 17
108 Vgl. Hauptamt SS-Gericht vom 24. 6. 1942, BA NS 7/379, Bl. 1 ff.
109 Der SS-Richter beim Reichsführer-SS und Chef der Deutschen Polizei vom 12. 8. 1942, BA NS 7/379, Bl. 9
110 Vgl. Der SS-Richter beim Reichsführer-SS und Chef der Deutschen Polizei vom 6. 1. 1943 und 9. 6. 1943, BA NS 7/379, Bl. 16 ff.
111 Vgl. BA NS 7/380
112 Vgl. S. 267 ff. dieses Buches

113 Befehl Himmlers vom 18. 7. 1944, BA NS 7/380, Bl. 7
114 Befehl Himmlers vom 26. 9. 1943, BA NS 7/374
115 Vgl. VBlWaffen-SS 1944, Nr. 153
116 VBlWaffen-SS 1944, Nr. 212
117 Vgl. Der SS-Richter beim Reichsführer-SS und Chef der Deutschen Polizei vom 19. 5. 1943, Archiv Vopersal
118 Vgl. Ingo Petersson: Ein sonderlicher Haufen. Die Saga vom Sturmbataillon 500, Neckargemünd 1959
119 Vgl. BA/MA RS 3-36/10
120 Vgl. Ebenda
121 Der SS-Richter beim Reichsführer-SS und Chef der Deutschen Polizei vom 22. 5. 1943, BA NS 7/373, Bl. 57
122 Hauptamt SS-Gericht, Amt III, vom 22. 6. 1943, BA NS 7/373, Bl. 58
123 Vgl. Hauptamt SS-Gericht vom 12. 9. 1941, BA NS 7/373
124 Hauptamt SS-Gericht vom 25. 6. 1942, BA NS 7/378, Bl. 39 ff.
125 Vgl. Hauptamt SS-Gericht vom 1. 2. 1943, BA NS 7/365, Bl. 45 ff.
126 Vgl. Hauptamt SS-Gericht vom 11. 3. 1942, BA NS 7/4, Bl. 58
127 Vgl. Der Reichsführer-SS und Chef der Deutschen Polizei vom 2. 8. 1943 und 9. 8. 1943, BA NS 7/366, Bl. 1 f.
128 Vgl. Hauptamt SS-Gericht vom 2. 10. 1943, MAP SF-01/16212, Bl. 636 f.
129 VBlWaffen-SS 1940, Nr. 153
130 Vgl. Hauptamt SS-Gericht vom 1. 2. 1943, BA NS 7/365, Bl. 45 ff.
131 Ebenda
132 Vgl. Der SS-Richter beim Reichsführer-SS und Chef der Deutschen Polizei vom 12. 8. 1942, BA NS 7/379, Bl. 8
133 Vgl. BA NS 7/368
134 Vgl. Fernschreiben Zolly an Bender vom 30. 9. 1944, BA NS 7/365
135 Hauptamt SS-Gericht vom 1. 2. 1943, BA NS 7/365, Bl. 51
136 Vgl. Ingo Petersson, a.a.O., S. 12
137 Vgl. Der SS-Richter beim Reichsführer-SS und Chef der Deutschen Polizei vom 12. 8. 1942, BA NS 7/365, Bl. 22
138 Hauptamt SS-Gericht vom 15. 5. 1942, BA NS 7/365, Bl. 5 ff.
139 Vgl. Fernschreiben Glücks an Himmler vom 19. 10. 1942 und Hauptamt SS-Gericht vom 4. 11. 1942, BA NS 7/365, Bl. 36 ff.
140 Fernschreiben Himmler an Pohl ohne Datum, BA NS 7/365, Bl. 54
141 Vgl. Der SS-Richter beim Reichsführer-SS und Chef der Deutschen Polizei vom 4. 2. 1943, BA NS 7/365, Bl. 56 ff.
142 Fernschreiben Himmler an Pohl ohne Datum, BA NS 7/365, Bl. 54
143 Vgl. Hauptamt SS-Gericht vom 25. 2. 1943, BA NS 7/365, Bl. 66 ff.
144 Hauptamt SS-Gericht vom 15. 7. 1942, BA NS 7/365, Bl. 15
145 Vgl. SS-Führungshauptamt vom 22. 8. 1942, BA NS 7/365, Bl. 27
146 Der SS-Richter beim Reichsführer-SS und Chef der Deutschen Polizei vom 21. 10. 1943, BA NS 7/365, Bl. 79
147 Vgl. Hauptamt SS-Gericht vom 7. 11. 1943, BA NS 7/365, Bl. 80
148 Hauptamt SS-Gericht vom 1. 2. 1943, BA NS 7/365, Bl. 47
149 Fernschreiben Himmler an Breithaupt vom 8. 3. 1944, Archiv Vopersal
150 Vgl. Hauptamt SS-Gericht vom 1. 2. 1943, BA NS 7/365, Bl. 47
151 Vgl. Hauptamt SS-Gericht vom 2. 9. 1942, BA NS 7/365, Bl. 31 f.

152 Vgl. Hauptamt SS-Gericht vom 25. 2. 1943, BA NS 7/365, Bl. 69; Der SS-Richter beim Reichsführer-SS und Chef der Deutschen Polizei vom 21. 6. 1943, BA NS 7/365, Bl. 78
153 Vgl. S. 264 ff. dieses Buches; Der SS-Richter beim Reichsführer-SS und Chef der Deutschen Polizei vom 9. 8. 1943, BA NS 7/365, Bl. 101
154 Vgl. S. 281 dieses Buches
155 Vgl. BA NS 7/369
156 Vgl. BA ZNW vom 7. 1. 1965, Archiv Vopersal
157 BA NS 7/6, Bl. 28
158 Vgl. Horst Voigt: Sondertruppen zur Frontbewährung im 2. Weltkrieg. Ein Beitrag zu ihrer Geschichte, in: Deutsches Soldatenjahrbuch 35 (1987), S. 451. Nach den Unterlagen des Archivs Vopersal wurde aus den Angehörigen des SS-Strafvollzugslagers Ludwigsfelde eine Kampfgruppe im Raum Hammer ostwärts Liebenwalde gegründet, die in das SS-Bataillon Thomalla eingegliedert wurde und mit dieser Einheit unterging.
159 Der Reichsführer-SS, HA SS-Gericht o.D., BA NS 7/368, Bl. 14
160 Vgl. Schreiben Vopersal vom 1. 6. 1991
161 Vgl. BA NS 7/368 und 380
162 Vgl. Standortkommandantur Berlin vom 2. 8. 1942, Archiv Vopersal
163 Vgl. BA NS 7/364
164 BA NS 7/363
165 Vgl. Karl-Dieter Wolff: Das Unternehmen ›Rösselsprung‹. Der deutsche Angriff auf Titos Hauptquartier in Drvar im Mai 1944, in: VjHZg 1970, S. 476 ff.
166 Von April bis Oktober 1944 existierte offensichtlich eine weitere SS-Strafeinheit unter dem Namen SS-Jägerbataillon 5oo. Sie wurde am 15. 4. 1944 aus der Nachschubkommandantur Rußland-Mitte in Moorlager zusammengestellt und bei Bereza-Kartuska und Brest-Litowsk gegen die Partisanen eingesetzt. Nach den Kämpfen gegen die polnische Aufstandsbewegung in Warschau wurde das Bataillon im Oktober 1944 aufgelöst. Vgl. Georg Tessin: Verbände und Truppen der deutschen Wehrmacht und Waffen-SS im Zweiten Weltkrieg, Band 10, Osnabrück 1974, S. 307
167 Vgl. Archiv Vopersal, Feldpostnummer 57508
168 Der Reichsführer-SS vom 29. 3. 1940, BA R 22/108, Bl. 25
169 Vgl. BA/MA RS 3-36/10
170 Vgl. Hellmuth Auerbach: Die Einheit Dirlewanger, in: VjHZg 1962, S, 250 ff.
171 Vgl. u.a. Funkspruch vom 4. 3. 1944, BA/MA RS 3-36/11
172 Vgl. BA/MA RS 3-36/1
173 Vgl. Vorlage Berger vom 17. 6. 1942, BDC SS-HO 1409
174 Der Höhere SS- und Polizeiführer Rußland-Mitte vom 23. 4. 1942, BA NS 19/1
175 Ebenda
176 Entwurf vom 17. 6. 1942, BDC SS-HO 1409
177 Vermerk vom 24. 10. 1942 über die Ausführungen des Reichsmarschalls Göring, in: Ursachen und Folgen. Vom deutschen Zusammenbruch 1918 und 1945 bis zur staatlichen Neuordnung Deutschlands in der Gegenwart, Band 18, Berlin 1973, S. 36 f.
178 Schreiben Dirlewanger an Berger vom 27. 7. 1942, BA NS 19/1
179 Vgl. Schreiben Dirlewanger vom 9. 10. 1942, BA/MA RS 3-36/10
180 Vgl. BDC O. 426 II; vgl. auch Erfahrungen und Richtlinien für die Partisanen-

bekämpfung vom 19.6. 1942, BA/MA RS 3-36/21 und Führerweisung Nr. 46 betr. Richtlinien für die verstärkte Bekämpfung des Bandenwesens im Osten vom 18.8. 1942, in: Ursachen und Folgen, a.a.O., S. 33 ff.
181 Vgl. Franz W. Seidler: SS-Sondereinheit Dirlewanger. Ein Sträflingsbataillon zum Sondereinsatz im Kampf gegen die Partisanen, in: Damals 1977, Heft 7, S. 599 ff.
182 Vgl. S. 78 ff. dieses Buches
183 Vgl. Schreiben Bender an Streckenbach RSHA vom 25. 10. 1942, BDC O. 234 I
184 Vgl. BA/MA RS 3-36/10
185 Vgl. Ebenda
186 Der Reichsführer-SS vom 28. 3. 1943, BDC SS-HO 425
187 Ebenda, S. 613
188 Schreiben Berger an Bräutigam vom 13. 7. 1943, BDC SS-HO 2148
189 Vgl. BA/MA 3-36/10
190 Aktenvermerk vom 15. 7. 1943, BDC 1240 Akte Kube
191 Ebenda
192 Vgl. Einsatzgruppe Dirlewanger vom 5. 1., 19. 1., 21. 1. und 26. 1. 1943, Archiv Vopersal
193 RGBl 1938 I S. 1441
194 Vgl. BA/MA RS 3-36/10
195 Ebenda
196 Schreiben vom 17. 3. 1943, Archiv Vopersal
197 Vgl. BA/MA RS 3-36/11
198 Der Reichsführer-SS vom 9. 2. 1944, BA NS 19/1, Bl. 127
199 Der Reichsführer-SS vom 20. 2. 1944, BDC SS-HO 404
200 Vgl. Sie haben etwas gutzumachen. Ein Tatsachenbericht vom Einsatz der Strafsoldaten, in: Der Spiegel vom 4. 4. 1951, S. 28
201 Der Chef des SS-Hauptamtes vom 20. 3. 1944, BDC SS-HO 2422
202 Himmler vom 8. 7. 1944, BA NS 7/380
203 Der SS-Richter beim Reichsführer-SS und Chef der Deutschen Polizei vom 6. 6. 1944, BDC Wehrmacht Allg.
204 BA/MA RS 3-36/14
205 Fernschreiben Kommandostab Reichsführer-SS vom 20. 9. 1944, BDC SS-HO 2103
206 Vgl. BA NS 7/389
207 Schreiben Dirlewanger an Himmler vom 7. 10. 1944, BDC SS-HO 334
208 SS-Wirtschafts- und Verwaltungshauptamt vom 3. 11. 1944, BDC SS-HO 335
209 Zur Rekrutierung für die Dirlewanger-Einheiten in den anderen Konzentrationslagern vgl. Hellmuth Auerbach: Konzentrationslagerhäftlinge im Fronteinsatz, in: Miscellanea. Festschrift für Helmut Krausnick, München 1980, S. 69 ff.; Eugen Kogon: Der SS-Staat. Das System der deutschen Konzentrationslager, München 1986, S. 342 f.
210 Schreiben Bender an Berger vom 6. 6. 1944, BDC Wehrmacht Allg.
211 Befehl OKW über die Anwendung beliebiger Mittel im Kampf gegen Partisanen und Einwohner, die ihnen Unterstützung erweisen, vom 16. 12. 1942, in: Ursachen und Folgen, a.a.O., S. 39
212 BA/MA RS 3-36/10
213 Ingo Petersson, a.a.O., S. 221

214 Vgl. Ingo Petersson, a.a.O., S. 222 f.
215 BA/MA RS 3-36/13
216 Vgl. Der SS-Richter beim Reichsführer-SS vom 12. 10. 1944, BDC Wehrmacht Allg.
217 Nürnberger Dokument NO-5432, zitiert nach Hellmuth Auerbach, Konzentrationslagerhäftlinge im Fronteinsatz, a.a.O., S. 75 f.
218 Vgl. Hellmuth Auerbach: Konzentrationslagerhäftlinge im Fronteinsatz, a.a.O., S. 80
219 BA/MA RS 3-36/12
220 Vgl. Horst Voigt, a.a.O., in: Soldatenjahrbuch 34 (1986), S. 426
221 Ebenda, S. 427

Anhang

Zusammenfassung
Dokumente
Bildtexte
Bildquellen
Abkürzungen
Archive
Literatur
Personenregister
Ortsregister
Sachregister

Zusammenfassung

1. Die Ideologisierung der zivilen Strafrechtsprechung ab 1933 beeinflußte auch die Militärgerichtsbarkeit im Zweiten Weltkrieg. Nicht nur daß viele zur Wehrmacht einberufene Richter die Spruchpraxis der zivilen Strafgerichte weiterführten, die Militärrichter übernahmen auch das System der nach oben offenen Strafmaße, die Einteilung in Tätertypen, die Analogieschlüsse und die Straffunktionsüberlegungen des zivilen Bereichs.
2. Schlüsselbegriffe des Militärstrafrechts waren »Mannszucht«, »Sicherheit der Truppe« und »Aufrechterhaltung der Kampfkraft«. Verstöße dagegen wurden als Wehrkraftzersetzung besonders hart geahndet.
3. Entscheidender als die Kriegsrichter waren im Wehrmachtstrafwesen die »Gerichtsherren«, d. h. die militärischen Führer der Verbände. Ihren Strafmaßvorstellungen konnten sich nur wenige Richter entziehen, weil jedes Urteil vom Gerichtsherrn bestätigt werden mußte. Es gab keine Rechtsmittel gegen Urteile und keinen richterlichen Instanzenzug für Berufungen.
4. Unter dem Aspekt der Urteilsfindung gab es wesentliche Unterschiede zwischen den Wehrmachtteilen. Harschen Urteilen der SS- und Polizeigerichte standen bei gleichem Straftatbestand milde Urteile der Luftwaffengerichte gegenüber. Die Kriegsgerichte der Kriegsmarine urteilten strenger als die des Heeres, erreichten aber nicht die Härte der SS- und Polizeigerichte.
5. Das Gnadenrecht wurde in der Wehrmacht großzügig gehandhabt. Wenn die Kriegsgerichte nicht ihrerseits einen Teil der Strafe zur Bewährung aussetzten, taten es die für Gnadensachen zuständigen Behörden der Wehrmachtteile. Auch die Rehabilitierung von Bewährungssoldaten war Sache der Gnadeninstanzen im Zusammenwirken mit den Gerichtsherren.
6. Damit alle zur Bewährung vorgeschlagenen kriegsgerichtlich Verurteilten die gleiche Chance bekamen, sich zu rehabilitieren, richtete die Wehrmacht an der Front spezielle Bewäh-

rungseinheiten ein. Die bekanntesten waren die Bataillone 500, 540 und 550, 560 und 561 beim Heer und die Luftwaffen-Feldbataillone (Luftwaffen-Jägerbataillone) 1 bis 10.

7. Wegen des steigenden Bedarfs an Wehrpflichtigen erhielten ab 1942 auch wehrunwürdige Zivilisten, die sich im Strafvollzug befanden oder ihre Strafe bereits verbüßt hatten, als »bedingt Wehrwürdige« die Möglichkeit, »ihre Ehre wiederherzustellen«. Gegen ihren Willen wurden sie zur Afrika-Division 999 und zu den Baubataillonen 999 einberufen.

8. Während Arrest-, Festungshaft- und Gefängnisstrafen während des ganzen Krieges in der Wehrmacht vollzogen wurden, wurden mit Zuchthaus bestrafte Soldaten bis 1942 aus der Wehrmacht entlassen und dem zivilen Strafvollzug übergeben. Die meisten kamen ins Moorlager Esterwegen. Ab 1943 wurden mit Zuchthaus bestrafte Soldaten in die Feldstraflager des Heeres eingewiesen, wo sie an der Ostfront im Operationsgebiet unter gefahrvollen Umständen zu härtesten Arbeiten herangezogen wurden.

9. Wegen der großen Zahl verurteilter Soldaten wurde in der zweiten Hälfte des Krieges die Entlastung der stationären Haftanstalten der Wehrmacht vordringlich. Ab 1942 wurden deshalb alle Gefängnisstrafen ab drei Monaten in Feldstrafgefangenen-Abteilungen und ab 1944 alle Arreststrafen ab sieben Tagen in Strafvolllsteckungszügen als waffenloser Dienst in den Operationsgebieten der Truppe vollstreckt.

10. Der Strafvollzug in der Wehrmacht war prinzipiell auf Bewährung ausgerichtet. Er war durchlässig. Wer sich in einem Straflager des Heeres bewährte, kam in eine Feldstrafgefangenen-Abteilung. Wer sich dort bewährte, konnte in die Bewährungstruppe 500 eingewiesen werden und daraus voll rehabilitiert hervorgehen.

11. Mit der Vollstreckung von Todesstrafen an deutschen Soldaten ließen sich viele Gerichtsherren Zeit. Auch wenn die Gnaden- und Wiederaufnahmeanträge abgelehnt worden waren, wurde die Exekution häufig verzögert. Das zog ihnen mehrfach den Tadel Hitlers und der Oberkommandos der Wehrmachtteile zu, die negative Auswirkungen auf die Truppe befürchteten. Gegen Ende des Krieges wurde eine wachsende Zahl von kriegsgerichtlichen Todesurteilen in Zuchthaus umgewandelt und die Strafe zur Bewährung ausgesetzt.

12. Für die Standgerichte im Operationsgebiet, die wie in den Armeen aller Länder auch in der Wehrmacht von Anfang an existierten, erhielten die Regimentskommandeure erst 1944 die gerichtsherrliche Befugnis zur Bestätigung von Todesurteilen an deutschen Soldaten. Bis dahin nahmen die übergeordneten Befehlshaber, d. h. in der Regel die Oberbefehlshaber der Armeen, dieses Recht wahr. Zur Bekämpfung der Auflösungserscheinungen in der Wehrmacht und in der Verwaltung wurden ab 1945 auch außerhalb des Operationsgebietes »Sonderstandgerichte«, »Standgerichte in feindbedrohten Reichsverteidigungsbezirken« und ein »Fliegendes Standgericht« aufgestellt. Sie erkannten in der Regel nur auf Freispruch oder Todesstrafe und hatten in den meisten Fällen das Recht, die Vollstreckung des Urteils an Ort und Stelle anzuordnen. Ihrem gnadenlosen Wirken verdankt die Wehrmachtgerichtsbarkeit einen Teil des schlechten Rufes.

13. Die Angehörigen der SS und der Polizeiverbände in besonderem Einsatz unterstanden im Zweiten Weltkrieg einer Sondergerichtsbarkeit in Strafsachen. Die Verfahren wurden entsprechend der Militärstrafprozeßordnung vor besonderen SS- und Polizeigerichten durchgeführt. Neben härteren Strafen drohten den Angeklagten die SS-Ehrenstrafen der Ausstoßung, des Ausschlusses und der Entlassung. Auch SS-Angehörige konnten in ein Konzentrationslager eingewiesen werden und wurden dort wie Kriminelle behandelt.

14. Weil man auch wegen kleinerer Delikte aus der SS ausscheiden mußte, wenn die zu bestrafende Handlung »unehrenhaft« war, unterschied die Waffen-SS zwischen »Bewährungs-Abteilungen« (für Angehörige der SS) und »Arbeits-Abteilungen« (für ausgeschiedene SS-Angehörige). Beide Gruppen von Verurteilten konnten neben Wilddieben und entlassenen KZ-Häftlingen auch in der SS-Brigade Dirlewanger dienen, die in Weißrußland im Partisanenkampf stand. Männer, denen lediglich Gelegenheit gegeben werden sollte »einen anständigen Soldatentod zu sterben«, kamen in den »Verlorenen Haufen«.

15. Große Probleme bereitete dem Rechtswesen der SS und Deutschen Polizei die hohe Straffälligkeit der Volksdeutschen, die zum Dienst in der Waffen-SS einberufen wurden, und der hunderttausende Ausländer, die als Legionäre, Schutzmannschaften oder SS-Freiwillige der Sondergerichtsbarkeit unter-

worfen waren. Ihr Rechtsbewußtsein unterschied sich in vielen Punkten von dem der reichsdeutschen SS-Männer, auf die die Maßstäbe zugeschnitten waren.
16. Nach verlorenen Kriegen unterliegen Rechtsprechung und Strafvollzug immer der besonderen Kritik der Öffentlichkeit. Nach dem Ersten Weltkrieg überwog in Deutschland die Ansicht, sie seien zu milde gewesen. Nach dem Zweiten Weltkrieg hielten sie viele für brutal, rechtswidrig und kriminell – einige auch zur persönlichen Rechtfertigung.

Dokumente

ÜBERLEGUNGEN DER WEHRMACHTSRECHTSABTEILUNG
ZUR AUFSTELLUNG EINER BEWÄHRUNGSTRUPPE
(Quelle: Bundesarchiv R 22/5015)

BERICHT VON GEORG REICHARDT ÜBER SEINE ERLEBNISSE
BEI DEN 999ern
(Quelle: DNZ vom 19. und 26. 4. 1963)

HINWEISE FÜR DEN SS-RICHTER
(Quelle: Berlin Document Center O.234 II)

:hef W R. Berlin, den 18. September 1940.

‎etr.: Aussetzung der Strafvollstreckung
zum Zwecke der Bewährung.

I.

Der Vollzug von Strafen während des Krieges entzieht
die bestraften Soldaten den Gefahren und Anstrengungen des
Frontdienstes. Er hat nach den Erfahrungen des Weltkrieges
für Feige und Ehrlose keine abschreckende Wirkung. Die
Kriegsstrafverfahrensordnung bestimmte daher, daß der Vollzug von Freiheitsstrafen grundsätzlich bis nach Beendigung
des Kriegszustandes auszusetzen sei.

Diese Regelung war auf die Verhältnisse einer in Kampf
verwickelten oder vor Kampfhandlungen stehenden Truppe zugeschnitten. Sie hat sich im Polenfeldzug und überall da, wo
die Truppe Feindberührung hatte, gut bewährt. Viele Verurteilte haben durch besondere Tapferkeit ihre zum Teil schweren Straftaten gesühnt.

Für große Teile der Wehrmacht aber war die grundsätzliche Aussetzung auch schwererer Strafen nicht angebracht.
Sie führte da, wo eine wirkliche Bewährung durch besondere
Tapferkeit nach der Kriegslage oder mit Rücksicht auf den
Charakter der Truppe nicht möglich war, zu der Auffassung,
die Strafrechtspflege der Wehrmacht sei eine leere Förmlichkeit. Dieser Eindruck wurde durch die überall verbreitete
Meinung verstärkt, am Ende des Krieges sei eine ganz umfassende Amnestie zu erwarten. Die Gerichtsherrn begannen daher, den Vollzug häufiger anzuordnen. Das Gesetz selbst wurde auf Wunsch der Wehrmachtteile entsprechend geändert. Der
Chef des Oberkommandos der Wehrmacht bat mit Rücksicht auf
das Amnestiegerede die Wehrmachtteile, in verstärktem Umfang
die Vollstreckung bei kürzeren und die Teilvollstreckung bei
längeren Strafen anzuordnen. Es werden daher zur Zeit unverhältnismäßig mehr Strafen vollstreckt als zu Beginn des
Krieges.

II.

Der Führer hat wiederholt darauf hinweisen lassen, daß im Kriege mit den schärfsten Mitteln durchzugreifen sei, um die Mannszucht innerhalb der Truppe zu erhalten. Die Gerichte der Wehrmacht müssen den regelmäßigen Strafrahmen überschreiten, wenn die Aufrechterhaltung der Mannszucht oder die Sicherheit der Truppe es erfordert. Sie bemessen daher in solchen Fällen die Strafe nicht entscheidend nach dem Grad der Schuld und nach der Persönlichkeit des Täters, sondern vor allem nach den Erfordernissen der Mannszucht. So werden beispielsweise, wenn Plünderungen, unerlaubte Entfernungen oder Sittlichkeitsdelikte zunehmen oder zuzunehmen drohen, aus Abschreckungsgründen sehr harte Strafen verhängt. Solche Strafen, bei deren Bemessung die wichtigsten Strafzumessungsregeln des Friedensverfahrens außer acht gelassen werden müssen, treffen manche Täter, die an sich keine Verbrecher sind, mit doppelter Schärfe dann, wenn auch die Vollstreckung rücksichtslos betrieben werden muß.

Das zusammen führt zu Ungerechtigkeiten und zu Härten, die nicht notwendig sind. Außerdem raubt diese Praxis der Truppe Soldaten, die an sich durchaus brauchbar sind. Der so bestrafte Soldat sieht, daß Kameraden, die am Anfang des Krieges wegen derselben oder einer schwereren Straftat verurteilt worden sind und vielfach eine Bewährungsmöglichkeit weniger verdient haben als er, bei der Truppe verbleiben durften, während er selbst ins Gefängnis geschickt wird. Noch schwerer bedrückt ihn, daß er keine Möglichkeit hat, sich vor dem Feind zu bewähren. Es tröstet ihn nicht, daß die Vollstreckung vielleicht nach einiger Zeit unterbrochen wird; denn er will Gelegenheit haben, seine Ehre wieder reinzuwaschen.

Männer, die den ehrlichen Wunsch haben, ihr einmaliges Versagen durch besondere Tapferkeit wiedergutzumachen, sitzen, wie der hervorragend erfahrene Kommandant des größten Wehrmachtgefängnisses versichert, zu vielen Hunderten in den Gefängnissen. Hier kann und muß geholfen werden. Es muß auch hier wieder die Aussetzung zum Zwecke der Bewährung angewandt werden; denn sie hat die kriminalpolitisch und wehrpolitisch gleich wichtige Aufgabe, zu verhindern, daß das Leben dieser sonst ordentlichen Soldaten ohne zwingenden Grund zerstört wird.

III.

Es muß also bestimmten Bestraften, die sich im Strafvollzug ordentlich geführt haben, die Möglichkeit einer Bewährung vor dem Feind auch dann gegeben werden, wenn ihr Truppenteil nicht in Kampfhandlungen verwickelt ist. Das kann geschehen, indem man sie zu einem gerade eingesetzten anderen Truppenteil kommandiert. Dieser Weg ist nach geltendem Recht möglich. Praktisch hat er kaum Bedeutung.

Der Gerichtsherr, dem kämpfende Truppen nicht unterstehen, muß zunächst einen geeigneten Truppenteil feststellen, der voraussichtlich längere Zeit in Feindberührung bleibt. Er muß sich mit dem Kommandeur in Verbindung setzen und sein Einverständnis mit der Kommandierung herbeiführen. Er muß ermitteln, wo der Truppenteil gerade eingesetzt ist, und muß den Verurteilten dorthin in Marsch setzen. Das alles ist umständlich und zeitraubend. Für die Gerichtsherrn im Heimatkriegsgebiet und alle anderen Gerichtsherrn, die nicht in der Nähe der kämpfenden Truppe eingesetzt sind, ist es besonders schwer. Damit fehlt eine praktisch durchführbare Möglichkeit der Kommandierung gerade für die Gerichtsherrn, die sie am notwendigsten brauchen.

Selbst die Gerichtsherrn, die praktisch ohne größere Schwierigkeiten dazu in der Lage sind, ihre Verurteilten zu einem fremden Truppenteil zu kommandieren, machen davon nur ungern Gebrauch, weil sie keine Gewähr dafür haben, daß die Verurteilten richtig eingesetzt und beaufsichtigt werden.

Für sehr viele Verurteilte kommt eine Kommandierung zur Zeit auch deshalb kaum in Frage, weil Truppenteile ihrer Waffengattungen nicht eingesetzt sind oder überhaupt nicht mit unmittelbarer Feindberührung eingesetzt werden können. Der Ge-

Dokumente

danke, solche Männer zu einer Sonderabteilung zu kommandieren, wäre ganz verfehlt; denn dort befinden sich nur Soldaten, die eine schwere Gefahr für die Mannszucht bedeuten. Mit ihnen dürfen an sich ordentliche Soldaten nicht zusammengebracht werden. Das wird sogar im eigentlichen Strafvollzug vermieden.

<u>Als Ausweg aus diesen Schwierigkeiten bleibt daher nur die Aufstellung einer besonderen Truppe.</u> In Frage kommt hierfür ein Infanterieregiment mit vorläufig zwei Bataillonen. Im Rahmen dieser Truppe können Soldaten aller Waffengattungen leicht eingesetzt werden.

Erstes Erfordernis ist, daß der neue Truppenteil sich nach außen nicht von einem gewöhnlichen Truppenteil unterscheidet. Unter keinen Umständen darf er den Charakter eines Strafregiments bekommen. Dienst in dieser Truppe ist Soldatendienst und kein Strafvollzug. Solange ein Soldat bei dieser Truppe ist, vergißt die Wehrmacht den Flecken auf seiner Ehre.

Von entscheidender Bedeutung ist ferner die Auswahl der Vorgesetzten. Offiziere und Unteroffiziere müssen gereifte Persönlichkeiten sein, die mit großem Ernst an ihre sehr verantwortungsvolle Arbeit herangehen. Sie müssen von dem Wunsche beseelt sein, aus ihrer Einheit eine Mustertruppe zu machen. Angehörige der Truppe selbst kommen als Vorgesetzte zunächst nicht in Betracht. Es muß ihnen aber möglich sein, sich im Laufe der Zeit hinaufzudienen. Dabei darf nur die bewiesene Tapferkeit, nicht die bisherige Stellung entscheiden.

Ebenso bedeutsam ist die Frage, nach welchen Gesichtspunkten die Angehörigen der Truppe selbst auszusuchen sind. Es muß sich um Soldaten handeln, die sich bis auf ihre Straftat einwandfrei geführt haben. Verbrecher im gewöhnlichen Sinn gehören keinesfalls in die neue Truppe. Die Anwärter müssen bereit sein, durch hervorragende Beweise von Mut zu zeigen, daß sie doch würdig sind, als Waffenträger Ehrendienst am Volk zu leisten. Grundsätzlich müssen sie einen

Teil der Strafe verbüßt haben, damit sie wissen, was ihnen droht, wenn sie sich bei der Truppe nicht zusammenreißen. Darüber hinaus lassen sich Richtlinien kaum geben. Es läßt sich insbesondere nicht sagen, daß bestimmte Straftaten überhaupt nicht und andere vornehmlich in Frage kommen. Auch die Strafhöhe kann nicht bindend nach oben oder unten begrenzt werden. Bei Strafen unter sechs Monaten wird jedoch im allgemeinen eine Versetzung zu dem besonderen Truppenteil nicht angebracht sein.

Unerläßlich ist es, bei der Auswahl der Gefangenen neben dem Gerichtsherrn dem Kommandanten des Wehrmachtgefängnisses eine entscheidende Stimme einzuräumen. Er kann die Bestraften, die für eine Bewährung in Frage kommen, während des Vollzuges genau überwachen. Er kann sie daher weit besser beurteilen, als das dem Gerichtsherrn oder dem Richter im allgemeinen möglich ist. Daher ist der Kommandant am besten in der Lage, nach einheitlichen Gesichtspunkten eine richtige Auswahl zu treffen. Je stärker diese Auswahl innerhalb der Wehrmachtgefängnisse zentralisiert wird, um so besser wird es sein.

Die aus den Bestraften aufgestellte Truppe muß, sobald sie zu einer Einheit zusammengeschweißt ist, vor dem Feind eingesetzt werden. Es sind ihr Aufgaben zu stellen, die das äußerste verlangen. Die Truppe wird sich dann, wenn die Auswahl der Vorgesetzten und der Angehörigen der Truppe richtig getroffen ist, hervorragend bewähren. Selbst die Feldsonderabteilungen, in denen sich vorwiegend Soldaten befinden, die ganz minderwertig, verlogen, haltlos und unsoldatisch sind, haben da, wo sie kraftvoll geführt und eingesetzt worden sind überraschende Erfolge aufzuweisen. In der neuen Truppe aber stehen an sich brauchbare und ordentliche Soldaten, die nur der Verführung einer unglücklichen Stunde erlegen sind, damit ihr Glück zerstört haben und die nun eine neue Hoffnung erhalten. Sie werden sich tapfer schlagen, um wieder ehrlich zu werden. Und sie werden sich als anständige Soldaten betragen, ohne daß es nötig wäre, ihrer Truppe den Charakter einer

Straftruppe zu geben.

Mit Rückschlägen im einzelnen ist selbstverständlich zu rechnen. Wer versagt, muß sofort zur weiteren Strafverbüßung zurückgeschickt werden.

IV.

Eine Versetzung zu dem neuen Truppenteil kommt in erster Linie für Gefangene in Frage, die eine Gefängnisstrafe verbüßen. Für Straflagerinsassen kommt sie in der Regel nicht in Betracht. Einweisung in das Straflager ist nur bei unerziehbaren Rechtsbrechern und Trägern wehrfeindlichen Geistes berechtigt. Aber auch im Straflager kann die Menschenkenntnis des Kommandanten Männer ausfindig machen, die des Versuchs einer Bewährung vor dem Feinde würdig geworden sind.

Für Soldaten, die während des Krieges zu Zuchthausstrafen verurteilt worden sind, besteht bisher keine Bewährungsmöglichkeit. Aber auch in den Zuchthäusern sitzen zur Zeit viele an sich ordentliche Männer, die aus Gründen der Mannszucht wesentlich härter bestraft worden sind, als sie es nach dem Grad ihres Verschuldens, nach ihrer Persönlichkeit und ihrer Führung unter gewöhnlichen Umständen verdient hätten. Mancher bisher unbescholtene Soldat, der sich vor dem Feinde bewährt hatte, mußte aus Gründen der Abschreckung eine Zuchthausstrafe erhalten, während andere bei ganz ähnlichen oder schwereren Taten mit Gefängnis davongekommen sind. Auch diesen Männern, die unter den besonderen Versuchungen des Krieges einmal, wenn auch schwer, gefehlt haben, sollte die Möglichkeit gegeben werden, ihre Tat wiedergutzumachen. Sie müssen zunächst das Kennzeichen des "Zuchthäuslers" verlieren und daher einem Wehrmachtgefängnis überwiesen werden. Wenn sie dort durch den erfahrenen Kommandanten auf ihre Würdigkeit und Einsatzfähigkeit geprüft sind, können auch sie Gelegenheit erhalten, sich bei dem besonderen Truppenteil zu bewähren. Die Wehrunwürdigkeit muß während des Aufenthalts im Wehrmachtgefängnis und während der Bewährungszeit ausgesetzt werden.

Entsprechend ist mit Straflagerinsassen zu verfahren.

V.

Die Bewährung bei dem neuen Truppenteil soll die bisher übliche Aussetzung zum Zwecke der Bewährung nicht verdrängen. Sie wird bei geringeren Strafen in Betracht kommen, ferner dann, wenn der Truppenteil des Verurteilten in Kampfhandlungen verwickelt ist, oder wenn aus besonderen Gründen die Einzelverwendung des Bestraften nötig ist.

VI.

In der Zeit vom 24. August 1939 bis zum 30. Juni 1940 sind

27 212 Wehrmachtangehörige

zu Zuchthaus- und Gefängnisstrafen verurteilt worden. Von diesen Strafen entfallen auf

lebenslanges Zuchthaus	22,
zeitiges Zuchthaus	1 405,
Gefängnis bis zu sechs Monaten	12 732,
Gefängnis von sechs Monaten bis zu einem Jahr	5 901,
Gefängnis über einem Jahr	7 152,
Gefängnis insgesamt	25 785.

In den Wehrmachtgefängnissen und Wehrmachtgefangenenabteilungen befanden sich am 31. Juli 1940

7 746 Gefangene,

und zwar 5 757 Gefängnisgefangene und
1 889 Straflagerinsassen.

Von den 25 785 Gefängnisstrafen ist etwa ein Drittel ganz ausgesetzt worden, ein großer Teil, wahrscheinlich ein weiteres Drittel, nach Verbüßung eines Teils der Strafe. Diese Aussetzungen hatten zwar alle den Zweck, den Verurteilten Gelegenheit zur Bewährung zu geben. Viele Verurteilte sind

- 8 -

aber bei ihrer Truppe eingesetzt worden, ohne dort die Bewährungsmöglichkeit zu haben, die eigentlich allein einen späteren Gnadenerlaß rechtfertigt, nämlich die Bewährung im Kampf. Es wäre besser gewesen, man hätte sie mit einem besonderen Truppenteil vor dem Feinde einsetzen können. Die Notwendigkeit, eine besondere Truppe zum Zwecke der Bewährung aufzustellen, ist also auch zahlenmäßig ohne weiteres zu belegen.

VII.

Einrichtung und Einsatz der neuen Truppe werden sich nicht so einfach gestalten wie hier auf dem Papier. Es müssen viele Vorurteile und Bedenken zurückgestellt und viele Schwierigkeiten überwunden werden.

Das sollte die Verwirklichung des Planes nicht hindern. Die Wehrmacht ist im Kriege gezwungen, zur Sicherung der Mannszucht mit ungewöhnlichen Mitteln durchzugreifen. Es ist daher ihre Pflicht, auch den Ausgleich für diese Härte zu finden, und zwar auch auf neuen und schwierigen Wegen.

Dr. Lehmann

In meinem Kreisgebiet müssen sich 21 Wehrunwürdige zur Musterung stellen. Ich komme mit recht gemischten Gefühlen dieser Aufforderung nach und bin angenehm überrascht, daß es bei dieser Musterung nicht anders zugeht wie in der früheren kaiserlichen Armee, bei der ich 1918 noch gedient hatte. Von den einundzwanzig Mann werden sieben für dienstuntauglich, weitere drei garnisonsverwendungsfähig, wir anderen kriegsverwendungsfähig befunden. Nach Beendigung erklärt uns ein Vertreter des Wehrmeldeamtes, daß wir von nun an unter Militärgesetzen stehen. Jedem Nichtwehrunwürdigen wird jedoch das gleiche mitgeteilt.

Später unterhalte ich mich mit Kameraden von 999 über die Untersuchungen in den Strafanstalten und Konzentrationslagern, die mir alle einstimmig erklärten, daß die Musterungen hier in der gleichen Form wie bei normalen Wehrpflichtigen verlaufen. Strafanstalts- oder KZ-Behörden treten bei diesen Untersuchungen nicht in Erscheinung. Wir, die wir bereits in Freiheit sind, werden vom zuständigen Kreis- bzw. Amtsarzt gemustert.

„Sonderbefehl des Führers"

Etwa sechs Wochen nach der Musterung bekamen wir Kv.-Befundene die schriftliche Einberufung: „Auf Grund eines Sonderbefehls des Führers unterstellen Sie für die Dauer Ihrer Dienstzeit bei der Wehrmacht wehrwürdig." Sonst unterscheidet sich dieser Einberufungsbefehl in nichts von jenen, wie sie jeder Wehrpflichtige bekommt. Wir melden uns auf dem Wehrbezirkskommando Mainz, auf dem auch aus anderen Gebieten Schicksalsgefährten eintreffen. Von Begeisterung ist bei uns keine Rede. Im übrigen verlangt es auch niemand von uns. Nach einigen Stunden stellt man uns zu einem Transport unter Führung eines Feldwebels und zweier Unteroffiziere zusammen. Die Unterführer benehmen sich durchaus militärisch korrekt. In Dreierreihen, allerdings ohne den Gesang „Es ist so schön, Soldat zu sein" marschieren wir zum Hauptbahnhof und fahren mit einem D-Zug zunächst über Stuttgart nach Sigmaringen. Die Nacht verbringen wir in normaler Wehrmachtsunterkunft, wo wir dieselbe Behandlung und Verpflegung erhalten wie alle anderen sich dort befindlichen Soldaten. Am kommenden Morgen fahren wir nach der Station Tiergarten weiter, von wo aus wir die ungefähr sieben Kilometer bis zum Heuberg marschieren.

Wir sind verwirrt

Da wir unser Gepäck tragen, und durchweg den älteren Jahrgängen angehörten – ich bin 43 Jahre alt – ist uns dieser Marsch, da er auch noch bergauf führt, ungewohnt. Sehr bald legt der Feldwebel eine Verschnaufpause ein, ein Vorgang, der sich noch mehrmals wiederholt. Auf dem Truppenübungsplatz werden wir von einem Unteroffizier empfangen. Dann sind wir uns selbst überlassen und können uns ungestört unterhalten. Wir sind verwirrt. In den Konzentrationslagern und Zuchthäusern sprang man anders mit uns um. Kein Wunder, wenn die meisten von uns sehr mißtrauisch sind und das schlimmste erst für später erwarten. Am nächsten Morgen weckt uns derselbe Unteroffizier und führt uns zum Kaffeeholen. Dann sind wir uns wieder bis zur Ausgabe des Mittagessens selbst überlassen. Man scheint es mit uns gar nicht eilig zu haben. Am Nachmittag machen wir einen Rundgang durch das Lager. Zu diesem Zeitpunkt sind etwa 20 000 Rekruten, wie wir von jetzt ab genannt werden, auf dem Truppenübungsplatz versammelt. Tausende laufen noch in ihrer Zuchthaus- oder KZ-Kluft herum. Ein eigenartiger Anblick für einen Truppenübungsplatz. Politische und Kriminelle sind vertreten, von einem Jahr Zuchthaus bis zu lebenslänglich. Viele Bekannte aus der Haftzeit treffen sich hier wieder, und feiern, so gut es geht, Wiedersehen. Nach einem weiteren Tag des Nichtstuns teilt man uns in Kompanien und Bataillone ein. Alle Dienstgrade vom Gefreiten aufwärts sind jedoch reguläre Soldaten. Fast alle hatten den Krieg bereits in der HKL kennengelernt.

Unsere Befürchtungen, angebrüllt oder sonstwie brutal behandelt zu werden, erfüllten sich nicht. Die früheren Soldaten unter uns – und das sind nicht wenige – erkennen bald, daß der Ton der übliche Kasernenhofton ist.

Wir treten an. Ruhig und sachlich belehrt uns der Oberst, daß wir nun als Soldaten unsere Pflicht tun müssen. Er macht uns auch auf die Sonderbestimmungen, unter denen wir nun stehen, aufmerksam:

Erst nach einem Jahr Frontbewährung vollwertiger Soldat und Erlaß der noch zu verbüßenden Strafen. Vorher kein Ausgang, solange wir uns in Deutschland befinden, kein Urlaub, keine Beförderung, Briefzensur.

Keine Zeit für Kokolores

Ich bin mit mehreren bekannten Kameraden zur ersten Kompanie des vierzehnten Bataillons eingeteilt. Dabei können auch persönliche Wünsche wegen des Zusammenbleibens von Freunden und Bekannten vorgebracht werden. In fast allen Fällen werden sie auch berücksichtigt. Von hundert Mann sind etwa sechzig kriminell und vierzig politisch. Wir werden allmählich eingekleidet, aber es dauert noch einige Zeit bis wir wie Soldaten aussahen. Es fehlt vorerst noch an allem, an einheitlichen Uniformstücken und insbesondere an Fußbekleidung.

Es kann nicht geleugnet werden, daß die Stimmung langsam besser wird. Namentlich die Kameraden, die direkt aus Zuchthäusern und KZ gekommen waren, lebten merklich auf. Die Behandlung, die sie dort hatten erfahren müssen, und die Behandlung, die wir jetzt in der Deutschen Wehrmacht erlebten, war wie Tag und Nacht. Nur wir, die wir bereits auf freiem Fuß lebten, verhielten uns zurückhaltender...

Ruhe vor dem Sturm

Vierundzwanzig Stunden später fährt unser Transportzug in Cherson an der Südfront ein. Alle Hoffnung, tatsächlich als Festungs-Infanterie zur Sicherung am Schwarzen Meer eingesetzt zu werden, ist in nichts zerflossen. Gerade als wir einfahren, krachen brüllend einige Granaten der Roten Armee, deren Batterien jenseits des Dnjepr liegen, auf den Bahnhof. Die Splitter surren, irgendwo schreien ein paar Zivilisten, die es erwischt hat, auf. Die Ausladung geht unter sowjetischen Artilleriefeuer Hals über Kopf vor sich. Wie durch ein Wunder hat das gesamte vierzehnte Bataillon keine Verluste, obwohl die Granaten manchmal in bedenklicher Nähe krepierten.

Die üblichen Scherze und dummen Witze, die Landser nun einmal reißen, selbst wenn sie Bewährungssoldaten sind wie wir, verstummen augenblicklich. Ohne Halt marschieren wir, da es kurz zuvor geregnet hatte, knöcheltief im Schlamm, bis zu dem zehn Kilometer entfernten Dorf Arnautka. Wir nehmen an, daß wir sofort in den Kampf geworfen werden. Das ist jedoch nicht der Fall. Zu unserer Überraschung gibt es für uns wieder einige Tage Ruhe und wenn wir auch Tag und Nacht das Rollen der nahen Schlacht vernehmen, so ist hier in Arnautka keine unmittelbare Gefahr. Wir reinigen Waffen, bringen unsere verschmutzten Sachen in Ordnung und warten.

Jeder spürt, es ist die Ruhe vor dem Sturm. Aber niemand sagt uns, was nun geschehen wird. Die wenigen anwesenden Ukrainer kommen uns deutschen Soldaten – sie ahnen ja nicht, daß wir sozusagen Strafsoldaten sind – überaus freundlich entgegen.

Nach ein paar Tagen rücken wir nach dem acht Kilometer weiter gelegenen Dorf Beloserka ab. Die Ortschaft ist von Zivilpersonen völlig geräumt. Hier richten wir den Troß und die Schreibstuben der einzelnen Kompanien ein. Wir rasten gegen Fliegersicht so gut es eben geht, bis zum Anbruch der Dunkelheit in zerstörten Gärten und der Umgebung der verlassenen Häuser. Dann marschieren wir im Gänsemarsch noch weitere fünf Kilometer in gut ausgebaute Stellungen. Hie und da zischt eine Leuchtkugel gegen den tiefschwarzen Himmel und erfüllt die Landschaft mit fahlem Licht. Sonst merken wir nichts. Es fällt kein Schuß.

Da lautes Reden verboten ist, lösen wir verhältnismäßig sehr junge Soldaten beinahe wortlos ab. Diese haben keine Ahnung, was wir für eine Einheit sind und wir schweigen. Die Ablösung dauert mehrere Stunden und erst kurz ehe der Morgen graut, kann das Infanteriebataillon abrücken. Mit sehr gemischten Gefühlen stehen wir in den Gräben und blicken hinaus in den dämmernden Tag. Viele von uns sind Kommunisten oder Sozialdemokraten. Wir denken alle, daß jenseits des großen Stromes unsere Gesinnungsgenossen stehen, während wir uns hier auf der falschen Frontseite befinden. Mancher mag mit dem Gedanken spielen, zur Roten Armee überzulaufen. Als es endlich hell wird, erkennen wir, daß man einen ganz besonderen Frontabschnitt für uns ausgesucht hat. Unsere Stellungen liegen auf dem diesseitigen Ufer des Dnjepr, der hier etwa zwei Kilometer breit ist. Auf dem anderen Ufer liegt die Rote Armee. Es ist offenbar, daß man uns im OKW doch nicht traut.

Wir warten gespannt, wie das Ganze weitergehen soll. Sehr bald erkennen wir, daß die Rote Armee in diesem Abschnitt und zu dieser Zeit keine Offensivabsichten hat. Im Verlaufe des Tages schießen die Rotarmisten wohl mit ihrer Artillerie in unsere Richtung, die Granaten schlagen weit hinter unseren Stellungen ein und verursachen keinen Schaden.

Einige Tage später kommen das 15. und 17. Bataillon direkt vom Heuberg hierher. Außer diesen drei Bataillonen ist während des ganzen Krieges überhaupt kein Angehöriger der Bewährungseinheiten 999 an der Ostfront. Wer Gegenteiliges behauptet, hat keine Ahnung von den tatsächlichen Vorkommnissen...

Ab und zu sieht man durch das Fernglas einen Rotarmisten auf dem gegenüberliegenden Ufer, da die Entfernung aber zu groß ist, sind wir der Aufgabe enthoben, unser Feuer zu eröffnen. Lediglich die deutsche Artillerie schießt in gewissen Zeitabständen ein paar Lagen auf das andere Flußufer.

Nach wenigen Tagen beschränken sich die drei Bataille auf Wach- und Beobachtungsdienst. Tagsüber verbessern wir unser Grabensystem ohne dazu einen besonderen Befehl erhalten zu haben. Auch wir Kommunisten haben keine Lust, unter sowjetischen Granaten zu sterben.

In den Bunkern liegen wir, ein Unteroffizier und acht Mann. Alle Bunker sind durch Laufgräben miteinander verbunden. Ich fühle mich einfach verpflichtet, an dieser Stelle ohne Pathos festzustellen, daß das Verhältnis von uns Bewährungssoldaten zu unseren Gruppen- und Zugführern sowie zu fast allen Offizieren überaus kameradschaftlich ist. Wir ziehen ja alle an einem Strang, und wenn es das Schicksal will, kann uns dieselbe Kugel treffen. Unser Hauptfeldwebel Utz von Beloserka erkundigt sich immer wieder nach unserem Ergehen und nimmt von jedem Wünsche und Beschwerden entgegen. Nicht anders ist es bei den übrigen Kompanien und Bataillonen. Einen Hauptfeldwebel, der sich so benommen ht wie die Figur Krohl in dem Film „Strafbataillon 999", hat es nie gegeben.

Ich kann überhaupt nicht verstehen, warum man mit solch erdichteten Greuelgeschichten, die ein vollkommen falsches Bild geben, die gutgläubige Öffentlichkeit betrügt. Bewußt oder unbewußt entsteht auf diese Weise ein Bericht über unsere jüngste Vergangenheit, die ohnedies schwer genug war, der mit der Wahrheit nichts zu tun hat. Das ist sehr gefährlich, denn eines Tages wird die betrogene Öffentlichkeit nach dem Motto „Wer einmal lügt, dem glaubt man nicht, und wenn er auch die Wahrheit spricht" nicht einmal jenen Berichten Glauben schenken, die die Wahrheit sagen und von allen zur Kenntnis genommen werden sollten.

Hinweise für den ⚡⚡-Richter

Herausgegeben vom RF ⚡⚡, Hauptamt ⚡⚡-Gericht

Heft 1	Vertraulich	1. Januar 1944

Inhalt: Zur Einführung S. 1 — Vom Richtertum S. 2 — Zur Frage der Strafzumessung S. 3 — Praktische Fälle zur Strafzumessung S. 6 — Zur Erzielung guter Arbeitsergebnisse S. 10 — Aus der Arbeit des Hauptamtes ⚡⚡-Gericht S. 11 — Hinweise zur Rechtsanwendung S. 12.

Zur Einführung

Das Hauptamt ⚡⚡-Gericht gibt in Zukunft neben dem „Anordnungsblatt" und den „Mitteilungen über die ⚡⚡- und Polizeigerichtsbarkeit" eine weitere zwanglos erscheinende Schriftenreihe „Hinweise für den ⚡⚡-Richter" heraus.

Im Gegensatz zu den „Mitteilungen", die sich in erster Linie an die Truppe wenden und bewußt allgemein verständlich gehalten sind, und abweichend von dem „Anordnungsblatt", das sich inhaltlich vorwiegend auf die Bekanntgabe von Befehlen des Reichsführers-⚡⚡, Erlassen der Hauptämter, Richtlinien und Verwaltungsanweisungen für die Gerichtsbarkeit beschränkt, sollen die „Hinweise für den ⚡⚡-Richter" diesen über die zu verfolgende rechtspolitische Linie aufklären, die die Gerichte einhalten müssen, damit auch ihre Arbeit allein dem einzigen Ziele gilt, das vorhanden ist: der Erringung des Endsieges. Sie sollen dazu beitragen, insbesondere den politischen und soldatischen Instinkt unserer Richter zu schärfen, der für eine ⚡⚡-mäßige Rechtspflege und Rechtsprechung ausschlaggebend sein muß. Neben Hinweisen auf häufige Fehler und der Klärung von Zweifelsfragen wird insbesondere die Frage der richtigen Strafzumessung durch Besprechung typischer Fälle in den Vordergrund gestellt werden, da sie die bei weitem wichtigste ist.

Ich erwarte, daß sich alle Richter eingehend mit den „Hinweisen" befassen, da nur so ihr Zweck erreicht werden kann, wesentlich zu einer einheitlichen Ausrichtung unserer Gerichtsbarkeit beizutragen.

Der Chef des Hauptamtes ⚡⚡-Gericht
Breithaupt
⚡⚡-Gruppenführer und
Generalleutnant der Waffen-⚡⚡

Vom Richtertum

Richten ist ein altes deutsches Wort. Es bedeutet nichts anderes als einrichten, geraderichten, wiederherrichten, also Wiederherstellung eines Zustandes, der durch die Tat eines Rechtsbrechers in Unordnung gebracht worden ist. Nach altem deutschen Rechtsdenken sind zwei Grundsätze in erster Linie maßgebend für die Wiederherstellung des Ordnungszustandes: Schutz der Gemeinschaft vor dem Rechtsbrecher und Friedensstörer und Sühne für die Tat. Das ist Sinn und Zweck des Strafrechts, damit ist dem Richter die Aufgabe gestellt. Das Schutzbedürfnis und das Sühneverlangen der Gemeinschaft finden ihren Ausdruck in der Bemessung der Strafe. Wichtigste Funktion des Richters ist also richtige und gerechte Bestrafung des Täters, der gegenüber das richtige Erkennen der Tat nur eine Voraussetzung ist, die der Richter auf Grund seiner Fachausbildung besitzt. Maßgebend für die Strafbemessung ist im allgemeinen der Grad des Verschuldens des Täters und das Maß seiner Pflichtverletzung; beide zusammen geben das Bild der Persönlichkeit des Täters wieder. Fällt in normalen Zeiten der Erfolg der Tat nicht in erster Linie für die Strafbemessung ins Gewicht, so muß doch in Kriegszeiten von diesem Grundsatz abgewichen werden. Ein Volk, das gegen eine Welt von Feinden einen Kampf auf Tod oder Leben führt, ist besonders schutzbedürftig und fordert daher gebieterisch vom Richter, dem es vertrauensvoll die Wacht über seine Unversehrtheit übertragen und den es zum Schützer gegen Friedensbrecher bestellt hat, jeden Rechtsbrecher, der durch seine Tat den Kampf des Volkes gefährdet oder es auch nur irgendwie beim Führen dieses Kampfes behindert, zu vernichten. Es fordert weiter von ihm, daß er durch seine richtende Tätigkeit alles tut, um auf seinem Gebiete das Volk im Kampf zu unterstützen. Dabei hat jeder Täter als Schädling zu gelten, der es auch nur unterläßt, mit allen seinen Kräften aktiv am Endsieg mitzuarbeiten. Die Aufgabe des Richters in diesen unseren Zeiten ist daher in erster Linie eine politische. Von diesem Standpunkt aus hat der Richter an alle die vielen Einzelfälle, die er in Ordnung zu bringen hat, heranzugehen.

Das heißt aber nicht nur, daß sich der Maßstab der Strafbemessung gegenüber anderen Zeiten theoretisch verschoben hat, sondern in erster Linie, daß der Richter sich durch nichts daran hindern läßt, diese neuen notwendigen Grundsätze der Strafbemessung auch in die Tat umzusetzen. Selbst ein vermeintlich entgegenstehendes Gesetz darf ihn daran nicht hindern. Es ist klar, daß die Gesetzgeber mit der Schnelligkeit, mit der das heutige Zeitgeschehen abläuft, nicht immer Schritt zu halten vermag. In der überwiegenden Mehrzahl der Fälle aber gibt das Gesetz die Möglichkeit, bei vernünftiger, das heißt lebensmäßiger, den Verhältnissen und Forderungen unserer Zeit rechnungtragender Auslegung zu dem richtigen Ergebnis zu kommen. Der Richter muß stets bedenken, daß das Recht, wie es sich im Gesetz verkörpert, kein toter Begriff, sondern das lebendige Gewissen des Volkes darstellt und ebenso lebendig behandelt zu werden verdient. Mit angelernten juristischen Methoden, mit dem Schielen nach der bisherigen Rechtssprechung anderer und auch höchster Gerichte, mit dem ängstlichen Klebenbleiben an dem einmal Gelernten geht das natürlich nicht. Der Richter, in voller Erkenntnis der politischen Notwendigkeiten im fünften Kriegsjahr, hat sich innerlich von früheren Bindungen und Hemmungen frei zu machen, hat verantwortungsfreudig, selbständig, eben ein Kämpfer zu sein. Er braucht dazu nichts als ein gesundes, in unserer Weltanschauung wurzelndes Rechtsempfinden und einen klaren Verstand; damit ausgestattet meistert er alle Schwierigkeiten.

Ich gebe einige Beispiele:

Der Tatbestand der Zersetzung der Wehrkraft verlangt öffentliche Betätigung. Wiederholt haben Richter das Vorliegen der Zersetzung der Wehrkraft verneint, da das Tatbestandsmerkmal der Öffentlichkeit fehle. Die in Frage stehenden Äußerungen seien einmal entweder nur zu einer Person oder nur im engsten Freundeskreise oder in der Familie usw. getan worden; diese Auffassung entspreche auch der bisherigen allgemeinen Rechtssprechung. Eine solche Auffassung ist beim heutigen Stande unseres Daseinskampfes grundverkehrt. Der Richter, der sie sich heute noch zu eigen macht, beweist nur, daß er vielleicht ein guter Paragraphenschuster, aber kein politisch denkender Richter und deshalb fehl am Platze ist. Es steht fest, daß der Zersetzer, um seinen Bestrebungen den entsprechenden Erfolg zu sichern, sich ausgezeichnet tarnt. Er wird also nicht auf die Straße gehen und dort seine Parolen öffentlich herumschreien, weil er so sofort hinter Schloß und Riegel sitzt. Im Gegenteil: Er wird ver-

2

suchen, sich einen kleinen Kreis von Vertrauten zu schaffen, an seine Freunde wird er herantreten, an einzelne Personen wird er sich wenden, von denen er glaubt, sie seien nicht fest im Glauben an die Berufung unseres Volkes und deshalb die geeigneten Verbreiter seiner Parolen. Gerade in solchem kleinen Kreis wird er seine Zersetzungsarbeit beginnen, von hier aus nimmt die Zersetzung ihren Anfang. Einem solch kleinen Kreis aber fehlt nach Auffassung mancher Richter das Merkmal der Öffentlichkeit, weshalb das Vorliegen der Zersetzung der Wehrkraft verneint wird. Damit wird das Recht in sein Gegenteil verkehrt: Das Gesetz, das das Volk vor der Zersetzung seiner Wehrkraft schützen soll, schützt den Brecher dieses Gesetzes und bewahrt ihn vor dem verdienten Tode.

Vom gleichen politischen Standpunkt aus hat der Richter alle Verfehlungen zu beurteilen, die sich gegen die Mannszucht und die Schlagkraft und Schlagfertigkeit der Truppe wenden. Auch hier kommt es nicht darauf an, „unter Abwägung aller für und gegen den Angeklagten sprechenden Umstände", wie diese von altersher überkommene, im Grunde liberalistische Formel der Gründe der Strafzumessung bei manchen Richtern noch heute heißt, die Strafe festzusetzen, also die Einzelperson des Täters in den Mittelpunkt aller Erwägungen über die Strafzumessung zu stellen, sondern an erster Stelle hat die Überlegung zu stehen: Welchen Schaden hat der Täter in der Truppe angerichtet und welches ist die geeignete Strafe, um diesen Schaden wieder gutzumachen. Die Gesamtverfassung der Truppe, die Bewahrung ihrer Schlagkraft und Schlagfertigkeit, die Abschreckungswirkung vor dem bösen Beispiel, das müssen die ersten Gesichtspunkte sein, die der Richter bei der Beurteilung einer strafbaren Handlung zugrunde legt. Erst dann kommt die Berücksichtigung der Person des Täters. Als ausgesprochener Verbrechertyp, ganz gleichgültig ob bisher Vorstrafen vorliegen oder nicht, hat dabei der Fahnenflüchtige und der Selbstverstümmler zu gelten; beide wollen sich ihrer Wehrpflicht entziehen, greifen damit an das innere Gefüge der Truppe und gefährden ihren Bestand und ihre Schlagfertigkeit. Sie sind rücksichtslos auszumerzen.

Noch ein dritter Verbrechertyp glaubt mit der zunehmenden Dauer des Krieges seine Geschäfte umso besser und rücksichtsloser machen zu können und greift in das innere Gefüge und an den Bestand des Volkes: Das ist der Korruptionsverbrecher. In ihm muß der Richter nicht einen Täter sehen, der sich lediglich gegen ein Strafgesetz vergangen hat, sei dies die Kriegswirtschaftsverordnung, sei es Wucher, Bestechung oder Betrug. Er muß als der Unterhöhler der Volksmoral und als Zersetzer der Volkskraft erkannt, rücksichtslos bekämpft und ausgerottet werden, wo man ihn auch antrifft.

Erfaßt der Richter seine Aufgabe im Sinne der drei hier gegebenen Grundbeispiele, dann ist er dem Truppenführer Helfer bei der Führung der Truppe, in der Heimat aber Organ der politischen Führung, immer aber Wahrer des Rechts, weil er das Volk und seine Waffenträger schützt und stärkt, indem er wahres Recht spricht. Und das ist Aufgabe des Richters.

Dr. R.

Zur Frage der Strafzumessung

Solange sich das deutsche Volk in einem Kampf auf Leben und Tod befindet, muß jede Maßnahme, also auch eine Bestrafung, in erster Linie dem Ziel dienen, dieses Ringen siegreich zu beenden. Im Vordergrund der Erwägungen für das Strafmaß muß daher die Frage stehen, welche Auswirkungen die Straftat auf die Kriegsführung hat oder haben kann, und welche Strafe erforderlich ist, um diese Auswirkungen zu beseitigen oder einzudämmen. Nur die Strafe ist gerecht, die diesem Ziele dient. Das bedeutet nun keineswegs, daß diese Aufgabe der Strafrechtspflege nur durch harte Strafen erfüllbar sei. Denn nur Härte kann ebensowenig wie nur Milde oder wie die schematische Behandlung von Fällen, das Abrichten nach „bestimmten Taxen" oder gar die Aussicht auf ein korrigierendes Eingreifen der Gnadeninstanz Grundlage bei der Bemessung der Strafe sein. Der materielle und vor allem ideelle Schaden, den Tat und Täter innerhalb der Volksgemeinschaft, insbesondere auch innerhalb der engeren soldatischen Gemeinschaft angerichtet haben oder wegen ihrer Gefährlichkeit anzurichten vermögen, muß durch die Strafe das richtige Gegengewicht erhalten.

Ausgangspunkt der Strafzumessung muß die Erwägung sein, daß unser Volk in einem Kriege um Sein oder Nichtsein alle Kräfte auf ein bestimmtes Ziel ausgerichtet hat und sich gegen heimtückische Angriffe verbrecherischer Elemente im Innern mit eigenen Kräften ebenso gut schützen kann, wie im Frieden. Hier tritt der Richter als Schützer des Volkes gegen Verbrecher, die seine Lebensinteressen geschädigt oder gefährdet haben oder wegen ihrer Persönlichkeit dem Ganzen in Zukunft gefährlich werden können, ein. Besserungsexperimente scheiden hier im Kriege aus. Mit dem nach Straftat oder Täterpersönlichkeit im dargelegten Sinne gefährlichen Verbrecher muß im Kriege schonungslos verfahren werden; er wird vernichtet.

Nur mit dem kleinen Rechtsbrecher, dem erstmalig Gestrauchelten, der mit seiner Tat einmal aus der Reihe getanzt ist und dadurch auch keine Lebensinteressen des Volkes geschädigt oder gefährdet hat oder in Zukunft schädigen oder gefährden wird, kann milde verfahren werden. Ihm gibt man einen Denkzettel, der ihn für die Zukunft wieder zur Vernunft bringt.

Der im derzeitigen Stand des Krieges wohl gefährlichste Verbrecher ist derjenige, der mit seiner Tat der Moral der größeren oder engeren (soldatischen) Gemeinschaft oder dem Glauben des Volkes an die Notwendigkeit und Heiligkeit seines Kampfes Abbruch tut. Je länger der Kampf andauert, je härter die Kräfteanspannung wird, das Ziel in der Ferne steht und sich noch nicht klar für jeden abhebt, umso größer werden die Anforderungen, die an den Glauben jedes einzelnen gestellt werden. Dann ist aber auch die Zeit gekommen, die der im Grunde Glaubenslose für geeignet hält. Er schlägt sich auf die andere Seite und macht deren Geschäfte in Gerüchten und Defaitismus. Da er immer welche findet, die einmal hinhorchen, im Augenblick einmal irre zu werden vermögen und Zweifel bekommen, ist der Schaden, den ein solcher **Gerüchtemacher** und **Defaitist** anrichtet, in jedem Falle groß. Bei der inneren Verworfenheit, die er durch seine Tat zu erkennen gibt, dem Schaden, den er durch diese anrichtet, ist es geradezu ein Gebot der Notwehr, ihn auszumerzen. Dabei ist zu berücksichtigen, daß nur ein geringer Prozentsatz dieser Verbrecher bei der feigen und hinterhältigen Art ihres Vorgehens auch tatsächlich gefaßt werden. Auf Feige macht aber immer nur das **Starke Eindruck**, d. h. je unnachsichtiger man mit dem gefaßten Feigling umgeht, umso nachhaltiger ist der Eindruck bei den anderen, die noch glauben, im Verborgenen ihr Handwerk ausüben zu können. Unbedingt geboten ist die Todesstrafe daher in jedem Falle bei solchen Gerüchtemachern und Defaitisten, die um den Kraftquell der Nation, den Führer und seine engsten Mitarbeiter in Staat und Partei, ihre Gerüchte und ihren Defaitismus ranken. Sie wollen damit den Glauben des Volkes an der Wurzel fassen. Irgendwelche Entschuldigungsgründe gibt es für solche Verbrecher nicht. Daß sie häufig noch nicht vorbestraft, politisch bisher nicht in Erscheinung getreten sind, möglicherweise sogar eine geachtete Stellung im öffentlichen Leben bekleiden, spricht nicht für sie. Ganz abgesehen davon, daß sie gerade dann umso gefährlicher sind, weil ihrem Verbrechen in seiner Auswirkung ein entsprechend größeres Gewicht zukommt, war es ja auch nicht schwer, in ruhigen Zeiten mit dem Strom zu schwimmen.

Der Defaitist und Gerüchtemacher arbeitet immer im geheimen. Ist er gefaßt, so wird er niemals zugeben, daß er mit seinem Gerücht und seinem Defaitismus in bewußter Zielsetzung auf die Vernichtung der Moral des deutschen Volkes an den Mann gebracht hat. Er spielt immer den Dummen oder den Wichtigtuer. Äußerste Vorsicht ist gegenüber diesen Elementen daher am Platze. Der Richter muß sich auf den Standpunkt stellen, daß es für das Ganze besser ist, auch in solchen Fällen zu hart als zu milde zu sein. An der Front fallen täglich viele unserer besten Männer. Sollte da der, auch wenn er wirklich aus Dummheit oder Wichtigtuerei gegen die Front wirkt und daher die Geschäfte des Feindes macht, geschont zu werden verdienen? Maßgebend für seine Behandlung muß immer die Auswirkung seiner Tat sein. Sie wird in den meisten Fällen eine erhebliche sein. Auch hier kann daher die Antwort auf die Tat nur die Vernichtung des Täters. Freilich wird ein Zeuge der Zersetzungsarbeit des Gerüchtemachers oder Defaitisten vor Gericht niemals zugeben, daß die Gerüchte oder Redereien irgendwie auf seine innere Einstellung gewirkt hätten; er wird behaupten, daß er deshalb alle die gehörten Dinge niemals weiter verbreitet hat. In den meisten Fällen ist dies unrichtig, da der Zeuge sich selbst vor Strafe schützen will. Auch hier ist daher äußerste Vorsicht geboten und im allgemeinen davon auszugehen, daß die Tat wirklich erhebliche Auswirkungen nach sich gezogen hat.

Ebenso gefährlich wie die Taten der Gerüchtemacher und Defaitisten im allgemeinen sind in der engeren soldatischen Gemeinschaft die strafbaren Handlungen, die die Moral der Truppe, deren Schlagkraft und Schlagfertigkeit beeinträchtigen oder zu beeinträchtigen vermögen. Jeder Soldat hat jetzt, wie es der Führer in seiner Rede vom 10. September 1943 klar zum Ausdruck brachte, mehr noch als bisher seine soldatische Pflicht zu erfüllen. Strafbare Handlungen gegen die **soldatische Ehre** und **Treue**, gegen die Pflichten zum **Gehorsam** und zur **Unterordnung** (§§ 64–80, §§ 84–86, §§ 89–112 MStGB, § 5 Abs. 1 Ziffer 3 KSSVO) müssen also mehr denn je unter dem Gesichtspunkt der Kriegsnotwendigkeiten und ihrer Geeignetheit, dem inneren Gefüge der Truppe abträglich zu sein oder gefährlich werden zu können, betrachtet werden. Eine Rücksichtnahme auf die in der Person des Täters gelegenen Milderungsgründe verbietet sich dann, wenn der Tat gefährliche Werbekraft innewohnt oder sie sonst geeignet ist, die Mannszucht in der Truppe zu erschüttern oder Schlagkraft und Schlagfertigkeit zu gefährden. Dabei sei mit allem Ernst an den vorigen Weltkrieg erinnert, in dem eine schwache Kriegsgerichtsbarkeit mit dazu beitrug, die Elemente, die man aus falsch angewandter Milde zuvor in Zuchthäusern und Gefängnissen konserviert hatte, zu Bannerträgern der späteren Revolte zu machen. Ein rechtzeitiges rücksichtsloses Durchgreifen würde dabei nicht nur einen solchen Unruheherd schon im Entstehen festigt, sondern auch viele gleichschwache und gleichgefährliche Elemente davon abgehalten haben, ebenfalls vom Wege der Pflicht und der Ehre abzuweichen.

Ein Reichsdeutscher, der aus **Feigheit** seine militärische Dienstpflicht verletzt, aus gleichem Grunde **Fahnenflucht** begeht oder sich feige sonst der Erfüllung des Wehrdienstes durch Selbstverstümmelung, Täuschung oder auf andere Weise zu entziehen versucht, muß in diesem Stadium des Krieges bedingungslos ausgemerzt werden, auch daß seiner bisherigen Lebensführung besondere Bedeutung zukommt. Wurde die Tat aus einem anderen Beweggrund als Feigheit begangen, so ist in erster Linie darauf abzustellen, welche Auswirkungen auf die Mannszucht oder die Schlagkraft oder Schlagfertigkeit der Truppe gehabt hat. Erst in zweiter Linie ist den in der Person des Täters gelegenen sonstigen Umständen und dessen Beweggründen Beachtung zu schenken. Ebenfalls die Auswirkungen auf die Truppe, insbesondere die gefährliche Werbekraft solcher Taten, haben bei strafbaren Handlungen gegen die Pflichten der militärischen Unterordnung im Vordergrund zu stehen. Gleiches gilt aber auch bei sonstigen militärischen Straftaten, unter denen Plünderung, Fledderei, Wachverfehlungen, aber auch die auf die Moral der Truppe sich oft verheerend auswirkenden militärischen Eigentumsvergehen besondere Beachtung verdienen. Der Gesichtspunkt, für die entscheidenden, letzten Waffengänge eine in ihrer Moral, Schlagkraft und Disziplin ungebrochene Truppe ins Feld führen zu können, muß ausschlaggebend für die Beurteilung aller militärischer Straftaten sein, wogegen jede Rücksichtnahme auf die Person des Täters zurücktreten muß.

Bei allen anderen Straftaten, die sich nicht wie die vorbezeichneten unmittelbar gegen die Moral und die Kampfkraft der Gemeinschaft in ihrem schicksalhaften Ringen gegen eine Welt von Feinden richten, ist darauf abzustellen, inwieweit durch die Tat Lebensinteressen des Volkes Nachteile zugefügt worden sind, oder welche Gefahr der Täter nach seiner Täterpersönlichkeit, insbesondere dem zutage getretenen verbrecherischen Willen, für die Gemeinschaft im Kriege darstellt. Die Strafe muß in solchen Fällen in das richtige Verhältnis zu der Gemeinschaftswidrigkeit der Tat und der aus ihr sprechenden verworfenen Gesinnung und Haltung des Täters gebracht werden. Richtet sich dabei auch das besondere Augenmerk auf den Verbrecher aus Hang und Veranlagung, so darf doch nicht verkannt werden, daß sich wie in so vielem anderen auch hier der Krieg als Reinigungsprozeß erweist. So mancher, den die straffe Ordnung des Friedens und die in ihm bestehende Möglichkeit zur Befriedigung aller Bedürfnisse davon abhielt, von rechten Wege abzuweichen, glaubt nunmehr seine Stunde für gekommen und zeigt sich jetzt von der Seite, die er bisher zu verdecken verstanden hat oder nicht offen zu zeigen brauchte. Er gibt jetzt seine wahre Gesinnung mitunter schon durch eine einzige Tat kund. Diese Gesinnung und ihre möglicherweise gefährlichen Auswirkungen heißt es, in solchem Falle zu treffen, nicht aber so entscheidendes Gewicht dem Umstand beizumessen, daß der Täter strafrechtlich bisher noch nicht in Erscheinung getreten ist. Die Tat allein richtet den Täter. Bei gefährlichen Sittlichkeits- und Gewohnheitsverbrechern kann selbst bei geringer Schuld im Einzelfalle die Minderwertigkeit des Täters so groß und die Belastung der Volksgemeinschaft durch ihn im Kriege so stark sein, daß das Sittlichkeitsempfinden und das Gerechtigkeitsgefühl der Volksgemeinschaft in Verbindung mit der Notwendigkeit, für die Wohlfahrt des deutschen Volkes zu sorgen, seine Ausmerzung verlangen. Bei Plünderungen nach Luftangriffen ist ausschlaggebendes Gewicht auf die gemeinschaftswidrige und gemeine Gesinnung zu legen, die der Täter dadurch zu erkennen gibt, daß er gewissenlos die besondere Schutz- und Hilfsbedürftigkeit der Bevölkerung nach feindlichen Luftangriffen ausnutzt, indem er sich zur Befriedigung eigensüchtiger Zwecke an dem Hab und Gut anderer Volksgenossen vergreift. Schon allein wegen dieser Gesinnung ist er grundsätzlich auszumerzen, ohne daß es auf den Wert der gestohlenen Sachen ankommen kann. Die Strafe ist in solchen Fällen bei Taten von Angehörigen der ſſ und Polizei, die der Sondergerichtsbarkeit unterliegen, dem § 129 MStGB in Verbindung mit § 2 oder § 4 der Volksschädlingsverordnung zu entnehmen.

Innerhalb der ſſ- und Polizeigerichtsbarkeit sind darüber hinaus bei der Strafzumessung noch folgende Punkte von Bedeutung:

Bei Unzuchtstaten unter Männern, soweit sie nach dem Reinhaltungserlaß des Führers zu beurteilen sind, ist die Todesstrafe dann am Platze, wenn es sich bei dem Täter um einen unverbesserlichen gleichgeschlechtlichen Schädling handelt, dessen Weiterleben für die Volksgemeinschaft gefährlich wäre, und in allen denjenigen Fällen erforderlich, in denen das Treiben des Täters wegen seiner Stellung im öffentlichen Leben oder wegen des Mißbrauchs dienstlicher oder amtlicher Befugnisse schwere Folgen gezeitigt hat. Anderseits ist Milde am Platze, wenn die Tat eine einmalige Entgleisung eines sonst tadellos beurteilten, bewährten und in gleicher Weise noch nicht in Erscheinung getretenen Mannes oder eines jungen, in der Entwicklung (Pubertät) stehenden Menschen darstellt, oder wenn es sich um einen Verführten handelt, der seinerseits keine abartige geschlechtliche Veranlagung aufweist. Bei Jugendlichen unter 21 Jahren, die verführt worden sind, kann unter Umständen auch nach dem Reinhaltungserlaß des Führers ganz von Strafe abgesehen werden.

Verstöße geschlechtlicher Natur von Angehörigen der ſſ und Polizei gegen den Befehl des Reichsführers-ſſ über die völkische Selbstachtung dürfen nicht leicht genommen werden. Für die Strafzumessung sind auch hier die Dienststellung des Täters, die Auswirkung seiner Tat auf andere und stets darauf abzustellen, inwieweit innere Bindungen zu dem fremdrassigen Partner entstanden sind. Nicht selten empfiehlt es sich, eine sachverständige rassenkundliche Beurteilung über den letzteren einzuholen. Bei einer zugleich nach dem Blutschutzgesetz zu beurteilenden Rassenschande ist grundsätzlich auf die Todesstrafe zu erkennen, wenn die Tat von einem ſſ-Führer, einem Polizeioffizier oder einem Polizeibeamten im Offizierrang begangen wurde. Die Strafe ist dann dem § 92 Abs. 2 MStGB zu entnehmen. Aber auch bei der Rassenschande von Unterführern und Männern ist die Todesstrafe dann erforderlich, wenn die Tat nach ihrem Hergang und den Beweggründen des Täters besonders verwerflich ist. Dabei ist stets besondere Beachtung dem Umstand zu schenken, daß ſſ-Angehörige einem Ausleseorden auf der Grundlage der Reinheit des deutschen Blutes und des Schutzes der deutschen Ehre angehören. Bei Verurteilung wegen gleichgeschlechtlicher Unzucht ist deshalb grundsätzlich auf eine ſſ-Ehrenstrafe zu erkennen.

Bei Verstößen gegen die kriegswirtschaftlichen Bestimmungen durch Angehörige der ſſ und Polizei ist davon auszugehen, daß die geregelte Bedarfsdeckung eine der wichtigsten Voraussetzungen für den siegreichen Abschluß des Krieges ist und gerade ſſ- und Polizeiangehörige als Angehörige von völkischen Schutzverbänden die besondere Verpflichtung haben, den anderen Volksgenossen vorbildlich voranzugehen. Von ihnen begangene Taten dieser Art haben oft besonders nachhaltige Fernwirkungen. Handelt es sich um Schiebungen und Durchstechereien übler Art in beträchtlichem Umfange und aus gewinnsüchtigen Beweggründen, so ist unabhängig von

5

der sonstigen Persönlichkeitsbeurteilung und etwaiger früherer Verdienste des Täters auf die Todesstrafe, jedenfalls auf eine empfindliche Zuchthausstrafe, zu erkennen. Die Verhängung niedriger Strafen oder die Einstellung des Verfahrens ist nur dann gerechtfertigt, wenn es sich nur um einen geringfügigen Verstoß gegen die Bestimmungen handelt.

Bei Trunkenheitsexzessen von Angehörigen der ƩƩ und Polizei ist die Beurteilung des Falles den besonderen Richtlinien und den in zahlreichen Fällen ergangenen Hinweisen des Reichsführers-ƩƩ zu entnehmen, nach denen es mit der Ehr- und Pflichtauffassung eines ƩƩ- und Polizeiangehörigen unvereinbar ist, sich haltlos dem Alkohol, sei es auch nur in einem einzigen Falle, zu ergeben und in einem solchen Zustand Unheil anzurichten. Bei in ihren Auswirkungen besonders schweren Fällen muß unter Umständen auch § 5a KSSVO angewendet werden.

Straftaten von ƩƩ-Führern, Polizeioffizieren und Polizeibeamten im Offiziersrang sind gemäß den wiederholten Hinweisen des Reichsführers-ƩƩ schon wegen der Stellung der Täter grundsätzlich härter zu bestrafen als sachlich gleichgelagerte Taten von Unterführern und Männern.

Bei Untergebenenmißhandlungen ist darauf zu achten, daß Angehörige der ƩƩ und Polizei wegen ihrer Zugehörigkeit zu einem Auslesekorps besonders nach dem Gesetz der Ehre ihren Dienst leisten. Ihre Mißhandlung durch Vorgesetzte ist daher regelmäßig eine schwere Pflichtverletzung. Eine nach der 9. DVO zur KStVO vom 12. Juli 1943 (vgl. Anordnungsblatt Ziff. 182) jetzt gemäß § 47 Abs. 1 bzw. § 63 Abs. 3 KStVO mögliche Einstellung des Verfahrens kann nur dann verantwortet werden, wenn der Täter aus bestem Wollen, etwa um das Ansehen der ƩƩ oder Polizei gegen übel wollende Untergebene zu wahren, über das Ziel hinausgeschossen ist.

Praktische Fälle zur Strafzumessung

Aus der Praxis der ƩƩ- und Polizeigerichte werden im folgenden einige Beispiele für richtige und falsche Strafzumessung mitgeteilt:

Fall 1: Ein 50jähriger Wachtmeister d. Sch. d. R. hatte die dienstliche Aufgabe, in einer besonders luftgefährdeten Stadt des Westens Jugendliche nach Eintritt der Dunkelheit in ihrem Auftreten in der Öffentlichkeit zu überwachen und sie gegebenenfalls fürsorglich nach Hause zu begleiten. In nicht weniger als sechs Fällen nutzte er das seiner Uniform entgegengebrachte Vertrauen weiblicher Jugendlicher, die er nach Hause begleitete, aus, sich ihnen unsittlich zu nähern. Mit einer zwanzigjährigen Arbeiterin, die sich gegen Mitternacht auf dem Wege zu ihrer Arbeitsstelle nach Hause befand, versuchte er gewaltsam den Geschlechtsverkehr auszuüben.

Die Taten haben in der Öffentlichkeit erhebliche Empörung hervorgerufen. Das Gericht verurteilte den Angeklagten zu acht Jahren Zuchthaus, wobei es ihm zugute hielt, daß er sich im ersten Weltkriege als Soldat bewährt, sich auch in diesem Kriege wieder freiwillig gestellt hatte, noch nicht vorbestraft war, dienstlich gut beurteilt wurde und aus einer geschlechtlichen Notlage, in der er durch die Krankheit seiner Frau gekommen sei, gehandelt habe.

Beurteilung des Falles 1: Eine Zuchthausstrafe reichte hier nicht mehr aus. Der Angeklagte war als Polizeibeamter gerade zum Schutze der Jugend berufen, an der er sich unsittlich verging, nachdem er durch seine Uniform das Vertrauen der mißbrauchten Jugendlichen zu erwecken verstanden hatte. Die im Westen durch feindliche Terrormaßnahmen schwergeprüfte Bevölkerung muß die unbedingte Gewähr haben, daß sie sich auf die staatlichen Ordnungsorgane voll und ganz verlassen kann und von diesen jeden nur erdenklichen Schutz und jede nur mögliche Unterstützung erhält. Ein Polizeibeamter, der in so verbrecherischer Weise wie es der Angeklagte getan hat, das Schutzbedürfnis der Bevölkerung mißachtet und deren Vertrauen in die Anständigkeit und Sauberkeit staatlicher Vollzugsorgane mißbraucht, hat nach gesundem Volksempfinden sein Leben verwirkt. Seine früheren Verdienste, seine gute dienstliche Beurteilung und seine Geschlechtsnot, der er auch auf andere Weise abhelfen konnte, können demgegenüber nicht ins Gewicht fallen. Aus den angegebenen Gründen hob der Reichsführer-ƩƩ das Urteil auf. Der Angeklagte wurde in der zweiten Verhandlung mit Recht zum Tode verurteilt.

Fall 2: Ein bei einer Felddivision im Osten eingesetzter 20jähriger ƩƩ-Schütze schoß sich — einem bereits seit längerem erwogenen Plan gemäß — während des schwersten Einsatzes seiner Truppe durch den Arm, um so aus der kämpfenden Truppe heraus und nach hinten ins Lazarett zu kommen. Bis zur Tat war er nicht als schlechter Soldat aufgefallen. Vorstrafen gerichtlicher oder disziplinärer Art hatte er nicht. Er wurde wegen Selbstverstümmelung zum Tode verurteilt.

Fall 3: Ein ƩƩ-Sturmmann, der einem im besetzten Westgebiet liegenden E-Rgt. angehörte, wurde fahnenflüchtig, als ihm bekannt wurde, daß er mit anderen zu einer im Osten kämpfenden Felddivision versetzt werden sollte. Er hatte sich bis dahin als Soldat gut bewährt und war nicht vorbestraft. Als Beweggrund konnte bei ihm nicht Feigheit, sondern nur ein Hang zu Genuß und Bequemlichkeit festgestellt werden, auf den er nicht mehr glaubte verzichten zu können. Er wurde auf dem Wege ins Reichsgebiet festgenommen und vom Gericht wegen Fahnenflucht zum Tode verurteilt.

Fall 4: Ein 27jähriger aktiver Oberwachtmeister der Schutzpolizei, bei dieser für tapferen Einsatz im luftgefährdeten Westen mit dem Kriegsverdienstkreuz II. Klasse ausgezeichnet, der vor seinem Eintritt in die Polizei zwei Jahre bei der Wehrmacht gedient hatte, wurde, um als Unterführer in der Waffen-ƩƩ verwendet zu werden, auf eine Unterführerschule geschickt. Im Zuge der Ausbildung nahm er an dem Lehrgang als einfacher ƩƩ-Schütze teil, da die Zuerkennung des Unterführerdienstgrades von dem Bestehen des Kurses abhängig gemacht war. Aus verletztem Ehrgefühl schoß er sich, als er eines Tages auf Posten stand, in den Fuß, um wieder mit seinem Polizeidienstgrad bei der Schutzpolizei eingesetzt zu werden. Die Folgen der Tat waren gering, er war bald wieder einsatzfähig. Wegen der Selbstverstümmelung wurde er zu 4 Jahren Zuchthaus verurteilt.

Beurteilung der Fälle 2 bis 4: Diese drei Fälle haben Selbstverstümmelung bzw. Fahnenflucht zum Gegenstand, also Treupflichtverletzungen schwerster Art. Solchen Verbrechen muß im jetzigen Stadium des Krieges grundsätzlich mit der Todesstrafe begegnet werden, wenn sie von einem Reichsdeutschen oder aus Feigheit oder Drückebergerei begangen wurden. Kommt ein anderer Beweggrund in Frage, ist in erster Linie darauf abzustellen, welche Auswirkungen die Tat auf die Mannszucht oder die Schlagfertigkeit der Truppe gehabt hat. Dagegen müssen die in der Person des Täters gelegene sonstige Umstände und seine Beweggründe zurückstehen.

Für die Tat des ₦-Schützen im **Falle 2** war Feigheit Beweggrund. Da der Angeklagte seine Truppe im schwersten Einsatz, in dem es auf jeden Mann ankommt, im Stich gelassen hat, kann nur die Todesstrafe in Betracht kommen. Für eine andere Strafe hätte die schwerkämpfende Truppe kein Verständnis. Eine solche würde die Moral der Truppe gefährden. Unter den jetzigen Verhältnissen kann es auch nicht entscheidend sein, daß der Angeklagte noch jung ist, bisher nicht als schlechter Soldat aufgefallen ist und nicht vorbestraft war. Mehr denn je gilt jetzt, daß der Soldat fallen kann, der Feigling aber fallen muß. Das auf Todesstrafe lautende Urteil ist gerecht.

Auch im **Falle 3** ist richtig auf die Todesstrafe erkannt worden. Beweggrund für diese Tat war Drückebergerei aus Bequemlichkeit und Genuß. Das ist eine Verfallserscheinung, die erfreulicherweise vereinzelt ist, aber bei der gefährlichen Werbekraft, die Taten dieser Art innewohnt, von Anfang an, wo sie auftritt, mit Stumpf und Stiel ausgerottet werden muß. Das Interesse an der Aufrechterhaltung der Mannszucht und der Schlagfertigkeit der Truppe erfordert in solchen Fällen, unabhängig von den in der Person des Täters gelegenen Milderungsgründen — bisherige gute Führung, Unbestraftheit — die Todesstrafe. Diesen Erfordernissen hat das Urteil Rechnung getragen.

Nicht in gleicher Weise ist jedoch die Tat des Polizeioberwachtmeisters in **Falle 4** zu beurteilen. Bei ihr schied Feigheit oder Drückebergerei als Beweggrund aus. Sie wurde aus verletztem Ehrgefühl begangen. Die Tat konnte daher auch als minder schwer im Sinne des § 5 Abs. 2 KSSVO beurteilt werden, zumal der Angeklagte auch seiner sonstigen Persönlichkeit nach einer solchen Beurteilung würdig erschien. Andererseits mußte jedoch auf eine empfindliche Zuchthausstrafe erkannt werden. Der Tat wohnt eine gefährliche Werbekraft inne. Jeder Soldat hat seine Pflicht dort zu erfüllen, wo er hingestellt wird. Zucht und Ordnung sind nicht mehr gewährleistet, wenn jeder glaubt, die Erfüllung seiner Einsatzwünsche, gegebenenfalls gewaltsam, durchsetzen zu können. Das mußte ganz besonders dem Angeklagten als gedientem Soldaten und aktivem Polizeibeamten bekannt sein. Sein Ehrgeiz hätte gerade darauf abzielen müssen, sich bei der Waffen-₦ ebenso zu bewähren wie bei der Polizei. Die Kriegsnotwendigkeiten erfordern daher auf jeden Fall eine empfindliche Zuchthausstrafe. Die erkannte Strafe von 4 Jahren Zuchthaus trägt diesen Erwägungen Rechnung.

Fall 5: Ein 17jähriger erst wenige Wochen dienender ₦-Schütze in einer Ausbildungseinheit befolgte in 6 Fällen dienstliche Befehle seiner Vorgesetzten nicht; in zwei Fällen verweigerte er in bewußter Erkennung der Folgen vor den Augen ausländischer Arbeiter demonstrativ den Befehl, Munitionskästen aufzunehmen, so daß sich schließlich die befehlenden Unterführer, um eine weitere Schädigung des Ansehens der Truppe zu vermeiden, genötigt sahen, die Munitionskästen selbst zu tragen. Der Angeklagte ist bereits wegen Diebstahls vorbestraft und, wie seine bisherige Lebensführung und die dienstliche Beurteilung ergeben, ein widerspenstiger, schwer erziehbarer Mensch, bei dem wiederholte gütliche Ermahnungen seitens der Vorgesetzten, selbst solche des Kompanieführers, erfolglos geblieben waren. Das Gericht verurteilte ihn zu einer Gefängnisstrafe von 3 Jahren, wobei es die Jugend des Angeklagten und dessen erst kurze Ausbildungszeit mildernd berücksichtigte.

Beurteilung des Falles 5: In diesem Falle können jugendliche Unreife und Mangel an soldatischem Gefühl wegen nur kurzer militärischer Ausbildung nicht entscheidend ins Gewicht fallen. Die Vielzahl der Taten, dazu die Vorstrafe des Angeklagten, dessen äußerst schlechte Beurteilung durch seine militärischen Vorgesetzten und die Erfolglosigkeiten aller gütlichen Ermahnungen zeigen, daß es sich bei dem Angeklagten um einen bereits verdorbenen jungen Menschen handelt, der gerade in einer Ausbildungseinheit, insbesondere bei dem nicht mehr so guten Nachersatz wie früher, schweren Schaden anzurichten vermag. Da der Angeklagte durch einen Teil seiner Taten überdies das Ansehen der ₦ vor ausländischen, politisch nicht gerade zuverlässigen Arbeitern in hohem Maße geschädigt hat, ist unter Berücksichtigung der Kriegsnotwendigkeiten eine Zuchthausstrafe unabhängig von der Jugend des Angeklagten und seiner erst kurzen militärischen Ausbildung erforderlich.

Fall 6: Ein 35jähriger, unverheirateter Hauptwachtmeister d. Sch., Stabsfeldwebel in einer E-Einheit der ₦- und Polizeidivision, nahm mit 16 Untergebenen, die alle das 21. Lebensjahr noch nicht erreicht hatten, unter Ausnutzung seiner Vorgesetzteneigenschaft widernatürliche Handlungen übelster Art vor. Er war bisher noch nicht vorbestraft und als Homosexueller noch nicht in Erscheinung getreten. Dienstlich hatte er sich günstig beurteilt. Im Einsatz hatte er sich bewährt. Das Gericht verurteilte ihn zum Tode. Bei den jugendlichen Untergebenen wurde von Strafe abgesehen.

Fall 7: Ein mit mehreren Kameraden auf einer Stube untergebrachter 17jähriger ₦-Schütze näherte sich nachts einem schlafenden Kameraden, der sich im Schlaf entblößt hatte, unsittlich. Er nahm mit der einen Hand dessen Geschlechtsteil und rieb daran, während er sich mit der anderen selbst befriedigte. Dabei brauchte er sich aus seinem Bett nicht zu erheben, da das Bett des Kameraden unmittelbar neben dem seinigen stand. Es genügte ein Hinüberlangen mit der Hand, um die Tat auszuführen. Der Kamerad erwachte infolge der unsittlichen Berührung und veranlaßte die Festnahme des Täters, der vom Gericht wegen Verbrechens gegen den Reinhaltungserlaß zu zwei Jahren Zuchthaus verurteilt wurde. Das im Nachprüfungsverfahren eingeholte Gutachten des Reichssicherheitshauptamtes ergab, daß der Angeklagte ein normal veranlagter, stark in der Entwicklung begriffener Jugendlicher war, dessen durch die Umstände begünstigte Tat als eine einmalige Entgleisung anzusehen sei.

Beurteilung der Fälle 6 und 7: Die Tat des Stabsfeldwebels stellt das Schulbeispiel für die Anwendung der Todesstrafe auf Grund des Reinhaltungserlasses dar. Der Angeklagte ist ein besonders gefährlicher gleichgeschlechtlicher Schädling, der nicht zurückgeschreckt ist, sich an dem ihm zur militärischen Erziehung und Ausbildung zugewiesenen jungen Menschen zur Befriedigung seiner widerlichen, abartigen Gelüste zu vergehen und ihnen möglicherweise fürs ganze Leben schweren seelischen Schaden zuzufügen. Mit Recht hat das Gericht auf die bisherige Bewährung des Angeklagten keine Rücksicht genommen und nur dessen nunmehr zutage getretene Gefährlichkeit als Homosexueller entscheidend sein lassen und demgemäß auf die Todesstrafe erkannt. Zutreffend ist aber andererseits bei den verführten Jugendlichen ganz von Strafe abgesehen worden.

Ganz anders ist dagegen die Tat des 17jährigen ʠ-Schützen zu beurteilen. Nach dem Sachverständigengutachten steht fest, daß der Angeklagte kein gleichgeschlechtlicher Schädling ist, der im Interesse der Reinhaltung der ʠ und Polizei von einer so gefährlichen und ansteckenden Seuche wie der gleichgeschlechtlichen Unzucht mit einer schweren Strafe zu belegen war. Nach Lage der Sache reichte eine Gefängnisstrafe aus, die ein Jahr nicht zu übersteigen brauchte. Eine Zuchthausstrafe ist in diesem Falle nicht am Platze.

Fall 8: Ein bis dahin bewährter und gut beurteilter Rev.-Leutnant der Polizei, Besitzer eines Hühnerhofes, verschaffte sich im Schleichhandel zusammen mit einigen Zivilpersonen für die Fütterung seiner Hühner 29 Zentner teils hochwertigen Getreides, von denen er persönlich 3 Zentner erhielt. Für die Beförderung dieses Gutes besorgte er den LKW, den ein anderer zur Verfügung gestellt hatte. Er wurde wegen Verstoßes gegen die Verbrauchsregelungsvorschriften zu 5 Monaten Gefängnis verurteilt.

Fall 9: Der Revierleutnant d. Sch. K. trat im Jahre 1940 in freundschaftliche Beziehungen zu einem Fleischermeister, der in der von dem Angeklagten geführten NSKK.-Staffel als NSKK-Mann Dienst tat. Der Fleischermeister, der bestrebt war, sein Geschäft in die Höhe zu bringen, wog aus diesem Grunde seinen Kunden, darunter auch dem K., immer etwas mehr Fleisch oder Wurst zu. Die Folge war, daß er die erforderlichen Bezugscheine durch seine Kundschaft allein, die von Tag zu Tag zunahm, nicht mehr aufbringen konnte. Um nun seinen Kunden weiterhin etwas mehr Fleisch oder Wurst zukommen zu lassen, nahm er Schwarzschlachtungen vor. Insgesagt schlachtete er vom Jahre 1940 bis zum Jahre 1943 mindestens 250 Kälber, 30 Großrinder und 40 Schweine. Auf eine im Jahre 1942 ergangene Anzeige eines Angestellten des Fleischermeisters hin erfuhr der Angeklagte, der bisher von den Schwarzschlachtungen keine Kenntnis hatte, von dem Treiben des Fleischermeisters. Der K. legte die Anzeige seinem Bürgermeister vor, der seinerseits mit dem Fleischermeister gut Freund war, und erklärte im Beisein des Bürgermeisters und des Fleischermeisters, daß am nächsten Tage Vernehmungen und eine Durchsuchung vornehmen müsse. Da der Fleischermeister auf diese Art und Weise vorbereitet war, war die Durchsuchung ohne Ergebnis. Der Angeklagte vernahm selbst die Angestellten des Fleischermeisters, die übereinstimmend angaben, daß ihnen nichts von Schwarzschlachtungen bekannt sei. Er ging hierbei nach seinem Geständnis nicht mit der ihm sonst gewohnten und erfolgreichen Schärfe vor, weil er kein Interesse daran hatte, daß etwas herauskam, da er selbst von dem Fleischermeister etwa 5 kg Fleisch oder Wurst ohne Markenabgabe erhalten hatte. Entgegen der Dienstvorschrift trug er auch den ganzen Vorgang nicht in sein Tagebuch ein, sondern legte ihn im Panzerschrank seines Geschäftszimmers ab in der Erwartung, daß damit die ganze Sache einschlafe. Das Gericht verurteilte den Angeklagten wegen Begünstigung im Amt und wegen Vergehens gegen die Verbrauchsregelungs-Strafverordnung zu einer Gesamtstrafe von 3 Jahren Gefängnis.

Fall 10: Ein 63jähriger Rev.-Oberleutnant der Polizei, dienstlich bestens beurteilt, als Soldat und Beamter in Krieg und Frieden bewährt, forderte von Gastwirten, die wegen Überschreitung der Polizeistunde angezeigt waren, gegen die Zusicherung, die Anzeigen „verschwinden" zu lassen, Beträge bis zu 50.– RM als Bußen, um diese, wie auch geschehen, am „Tage der Polizei" dem Kriegswinterhilfswerk zuzuführen. Er war in vielen Fällen von dem Bestreben geleitet, ein möglichst hohes Sammelergebnis zu erzielen. Wegen Nötigung im Amt, gewinnsüchtiger Urkundenunterdrückung und Begünstigung im Amt wurde er von einem Gericht der allgemeinen Justiz zu 1 Jahr 2 Monaten Zuchthaus verurteilt. Auf seine Revision gab das Reichsgericht die Sache wegen mangelnder Zuständigkeit an das zuständige ʠ- und Polizeigericht ab, das den Angeklagten zu 3 Monaten Gefängnis verurteilte.

Beurteilung der Fälle 8 bis 10: Im Falle 8 war es die dienstliche Aufgabe des Angeklagten, gerade das zu verhindern, was er tat. Er hatte überdies als Polizeioffizier anderen Volksgenossen bei der Erfüllung kriegswirtschaftlicher Bestimmungen mit bestem Beispiel voranzugehen. Aus purem Eigennutz ließ er das alles jedoch nicht nur außer Betracht, sondern ermöglichte auch die Tat der anderen erst dadurch, daß er noch den LKW. zur Heranschaffung des beträchtlichen Schleichhandelsgutes besorgte. Die schwere Tat stellt unter diesen Umständen auf seiner Seite nicht mehr nur einen Verstoß gegen die Verbrauchsregelungsstrafverordnung, sondern ein Verbrechen gegen § 1 KWVO dar, dessen Tatbestandsmerkmale klar erfüllt sind. Keinesfalls reicht auch zu ihrer Ahndung eine Gefängnisstrafe von nur 5 Monaten aus. Art und Menge der beiseite geschafften Erzeugnisse, die Persönlichkeit des Angeklagten, dessen eigensüchtige Beweggründe und dessen Stellung im öffentlichen Leben, vor allem aber die angerichtete moralische Schaden, erfordern eine empfindliche Zuchthausstrafe. Der Reichsführer-ʠ hat aus diesen Gründen auch das Urteil aufgehoben. In der zweiten Verhandlung wurde der Angeklagte zu Recht zu einem Jahr zwei Monaten Zuchthaus verurteilt.

Auch im Falle 9 verdient das Strafmaß keine Billigung. Der Angeklagte hätte mit Zuchthaus bestraft werden müssen. Zunächst hat der Angeklagte nicht nur den Fleischermeister, der inzwischen zum Tode verurteilt worden ist, begünstigt, sondern hat auch dadurch, daß er die Akten in seinen Panzerschrank einschloß, um die Sache einschlafen zu lassen, sich eines Verbrechens nach § 348 StGB in einem schweren Falle schuldig gemacht. Denn er wollte den Fleischermeister nicht nur der Schande der Bestrafung entziehen und seinem schwerbelasteten Bürgermeister gefällig sein, sondern er hatte auch ein eigenes materielles Interesse daran, daß die Sache nicht aufgedeckt werde, da er wegen seiner eigenen unberechtigt erhaltenen Fleischmenge in die Strafsache verwickelt werden konnte. Darüber hinaus war aber eine Zuchthausstrafe auch deshalb erforderlich, weil derartige Pflichtwidrigkeiten, wie sie der Angeklagte als Polizeibeamter in gehobener Stellung begangen hat, nach gesundem Rechtsempfinden nur härtestens gesühnt werden können. Die Aufgabe des Angeklagten war es gerade, Verbrechen und vor allem solche der Kriegsmoral so abträgliche Kriegsverbrechen, wie sie hier vorlagen, zu vereiteln. Jedes Vertrauen der Bevölkerung muß aber schwinden, wenn ausgerechnet ein Polizeibeamter soweit sinkt, nicht nur selbst gegen die kriegswirtschaftlichen Bestimmungen zu verstoßen, sondern auch schlimmste Kriegswirtschaftsverbrecher zu begünstigen und sich der Strafe entziehen zu wollen. Schon diese Tatsachen lassen — ganz unabhängig von den oben angestellten Erwägungen — Zuchthaus notwendig erscheinen, ohne daß es maßgeblich ins Gewicht fallen kann, daß der Angeklagte aus verständlichen Regungen seinem Vorgesetzten gefällig sein wollte, und daß er bis zu seinen Straftaten ein tadelfreies Leben geführt und sich als Mensch und Beamter Verdienste erworben hat.

Ganz anders ist Fall 10 zu beurteilen, weil entscheidend ist, daß der Angeklagte durch seine Tat der Volksgemeinschaft nicht schaden, sondern nur nützen wollte, und daß er zu diesem Zweck aus bestem Wollen lediglich einen falschen Weg beschritten hat. Da ihn auch sein bisheriger Lebensweg, insbesondere seine Bewährung als Mensch und Beamter, nur als wertvolles Glied der Volksgemeinschaft erkennen läßt, überdies der den betroffenen Gastwirten zugefügte Schaden sowohl materiell als auch ideell geringfügig ist, erscheint auf jeden Fall die von dem Gericht der allgemeinen Justiz erkannte Zuchthausstrafe, deren Folge die Ausstoßung des Angeklagten aus der Volksgemeinschaft ist, unangebracht. Die von dem zuständigen ⑅- und Polizeigericht verhängte Strafe ist immer noch etwas zu hart. In diesem besonderen Ausnahmefall hat der Reichsführer-⑅ deshalb im Hinblick auf das Alter des Angeklagten auch das Urteil des ⑅- und Polizeigerichts aufgehoben und disziplinare Bestrafung angeordnet.

Fall 11: In einer Einheit der Waffen-⑅ ereigneten sich eine Reihe von Kameradendiebstählen. Zwei Diebe wurden gefaßt. Der Bataillonskommandeur, ein hervorragender Truppenführer, ließ die Einheit antreten und den beiden Dieben vor versammelter Mannschaft die Haare kahl scheren, wobei er jedem gleichzeitig mehrere Ohrfeigen verabfolgte. Er hielt diese Maßnahme für das geeignetste Mittel, gleich schimpflichen Taten für die Zukunft vorzubeugen. Seine Führer wies er darauf hin, daß er ausnahmsweise zu dieser Maßnahme schreite und sie das nicht nachmachen dürften. Er wurde wegen Untergebenenmißhandlung zu 4 Monaten Festungshaft verurteilt.

Beurteilung des Falles 11: Der Angeklagte ist in diesem Falle aus bestem Wollen über das Ziel hinausgeschossen. Man könnte den Fall als „pädagogischen Mißgriff" bezeichnen, wenn nicht grundsätzlich von jeder vorschriftswidrigen Untergebenenmißhandlung im Interesse des Ansehens der ⑅, es sei denn, daß die hier nicht vorliegenden Voraussetzungen des § 124 MStGB gegeben wären, abzusehen wäre. Bei den Beweggründen des Angeklagten und der Persönlichkeit der Gemaßregelten erscheint jedoch die gerichtliche Bestrafung des Angeklagten, zudem mit einer Festungshaft von 4 Monaten, nicht am Platze. Dieser Fall eignet sich für die Einstellung auf Grund des neu gefaßten § 47 Abs. 1 bzw. des § 63 Abs. 3 KStVO.

Fall 12: Ein Angehöriger der Luftschutzpolizei, der der KPD bis zu deren Auflösung angehört hatte, erhielt am 1. August 1943 den Befehl, mehrere verhaftete, staatsfeindlicher Betätigung überführte Lothringer in einer Haftanstalt abzuliefern. Bei dem noch am selben Tage vorgenommenen Transport äußerte er sich gegenüber den etwa zehn Verhafteten, sie sollten den Mut nicht verlieren, die Niederlage Deutschlands wäre nur noch eine Frage der Zeit, und er schätze, daß in spätestens drei Wochen die Engländer und Amerikaner in Deutschland wären, dann wäre auch ihre — der Häftlinge — Stunde wieder gekommen. Das Gericht verurteilte den Angeklagten wegen Zersetzung der Wehrkraft nach § 5 Abs. 1 Ziffer 1 KSSVO zu einem Jahr sechs Monaten Zuchthaus.

Beurteilung des Falles 12: Abgesehen davon, daß bei der Art der Tat und insbesondere im Hinblick auf die Persönlichkeit des Täters und der Zuhörer eine Verurteilung wegen Vorbereitung zum Hochverrat im Sinne des § 83 Abs. 2 RStGB näher gelegen hätte, reicht auch die erkannte Strafe keinesfalls aus. Der Angeklagte war seiner Gesinnung nach Kommunist geblieben. In einer für das Reich kritischen Stunde, wie sie zur Zeit der Tat durch den Badoglioverrat heraufbeschworen worden war, erklärte er sich mit den wegen staatsfeindlicher Betätigung verhafteten Lothringern solidarisch und suchte sie in ihrer Einstellung und Gesinnung zu bestärken. Für einen solchen Verräter an der Sache seines Volkes kann nur die Todesstrafe als Sühne und zur Abschreckung in Frage kommen.

Bildtexte

Zu 1
Als Karrierebeamter im bayerischen Justizministerium wurde Dr. Franz Gürtner (1881–1941) 1922 bei gleichzeitigem Eintritt in die Deutschnationale Volkspartei bayerischer Justizminister. In dieser Funktion schützte und unterstützte er zehn Jahre lang die völkischen Verbände in Bayern, unter ihnen die SA. Reichskanzler von Papen holte ihn 1932 als Reichsjustizminister in sein Kabinett. Gürtner behielt dieses Amt auch unter Hitler bis zu seinem Tod. Sein größtes Vorhaben war die Strafrechtsreform zur Harmonisierung von Recht und Ideologie, deren Abschluß der Zweite Weltkrieg verhinderte. Er trat für verfahrensrechtliche Grundsätze auch in politischen Prozessen ein, konnte die KZ jedoch nicht der Rechtskontrolle seines Ministeriums unterwerfen. Es gelang ihm, die konservativen Richter mit dem Nationalsozialismus zu versöhnen und ein einheitlich ausgerichtetes NS-Richterkorps zu schaffen.

Zu 2
Obwohl erst seit 1932 Mitglied der NSDAP, wurde Dr. Otto Thierack (1889–1946), der über 10 Jahre als Staatsanwalt in Leipzig und Dresden gearbeitet hatte, 1936 Präsident des Volksgerichtshofs in Berlin. Im August 1942 ernannte ihn Hitler zum Nachfolger Gürtners als Reichsjustizminister. Zugleich war Thiersack Präsident der Akademie für Deutsches Recht und Leiter des Reichsrechtsamtes der NSDAP. In allen Ämtern betrieb er die nationalsozialistische Ausrichtung des Rechtswesens und die Umwandlung der Justiz zu einem Machtinstrument der NS-Führung. Zur Steuerung der Richter gab er »Richterbriefe« heraus und durch die Einrichtung von Sondergerichten beschränkte er die Zuständigkeiten der ordentlichen Gerichte. 1946 beging Thierack Selbstmord, bevor ihm der Prozeß als Hauptkriegsverbrecher gemacht werden konnte.

Zu 3
Das alte Zeughaus der ehemaligen Festung Germersheim mit der davorliegenden Carnot'schen Mauer wurde im Zweiten Weltkrieg als Wehrmacht-Festungshaftanstalt verwendet. Hier wurde zu Festungshaft verurteilte Soldaten von Heer, Luftwaffe, Kriegsmarine und Waffen-SS verwahrt. Festungshaft gehörte zu den seltenen Strafen, weil die Tat, die dazu führte, nach Meinung der Richter »ehrenhaft« sein mußte. Insgesamt wurden im Laufe des Krieges nur etwa 4000 Soldaten, meistens Offiziere, mit Festungshaftstrafen von unterschiedlicher Dauer belegt.

Zu 4
Festung und Schloß Akershus in Oslo wurden am 15.4.1940 von den deutschen Behörden übernommen und zuerst ausschließlich von der Wehrmacht genutzt, kurze Zeit als Unterkunft für norwegische Kriegsgefangene und dann als Gefängnis

für deutsche Soldaten. Ab 1941 belegten Sipo und SD einen Teil der Gebäude mit politischen Gefangenen, von denen einige bereits zum Tode verurteilt waren und andere auf das Todesurteil warteten. Längere Gefängnisstrafen wurden nicht in Akershus verbüßt. Hier war die Sammelstelle für alle kriegsgerichtlich Verurteilten, die von Norwegen ins Reich verbracht wurden. Die Behandlung der in Akershus Untergebrachten durch die Wachmannschaften der Wehrmacht wird in norwegischen Quellen als tadelsfrei bezeichnet.

Zu 5
Als SS-Oberführer übernahm Paul Scharfe (1876–1942) 1933 das Hauptamt SS-Gericht, das aus dem SS-Disziplinaramt und dem SS-Rechtsamt hervorgegangen war. Seine Zuständigkeit erstreckte sich auf alle Ehren-, Rechts- und Gnadensachen der SS und Deutschen Polizei. Nach der Einführung der Sondergerichtsbarkeit in Strafsachen für die SS und die Angehörigen der Polizeiverbände bei besonderem Einsatz im Oktober 1939 erließ er die Durchführungsbestimmungen, stellte die SS- und Polizeigerichte zusammen, legte die Verfahrensweisen fest und wies die Gerichtsherren in ihre Aufgaben ein. Er übernahm die Funktion Himmlers als Vorsitzender des Obersten SS-Gerichts in München, das für politische Delikte und Offizierssachen zuständig war. Für die Maßnahmen zur Bewährung von SS-Angehörigen im Fronteinsatz machte er die Vorarbeiten im Einvernehmen mit dem SS-Führungshauptamt. 1942 starb er an einem Herzinfarkt und wurde in Starnberg begraben. Die Witwe erhielt ein Dotation von 70000 RM.

Zu 6
Nach dem Übertritt von der SA zur SS im Jahre 1932 war Franz Breithaupt, geb. 1880, bis Ende 1941 Adjutant Himmlers, zuletzt im Range eines SS-Oberführers. Nach kurzen Verwendungen im Persönlichen Stab Reichsführer-SS und im Reichssicherheitshauptamt wurde er Nachfolger Scharfes als Chef des Hauptamtes SS-Gericht. In dieser Funktion war er bis zum Kriegsende verantwortlich für das Rechtswesen in der SS. Zu seinen Hauptproblemen gehörte die Bekämpfung der wachsenden Kriminalität in den volksdeutschen und ausländischen SS-Verbänden und der Erlaß geeigneter Regelungen für die Bewährung verurteilter SS-Angehöriger. Mit seiner Billigung war in den letzten Kriegsmonaten die SS-Brigade Dirlewanger das bevorzugte Auffangbecken für Bewährungsschützen aus der Waffen-SS.

Zu 7
Nach dem Ersten Weltkrieg Kaufmann und Sicherheitskommissar bei I.G. Farben, wurde Theodor Eicke (1892–1943) 1933 von seinem Freund Heinrich Himmler mit der Errichtung des KZ Dachau beauftragt. Im Juli 1934 wurde er Inspekteur aller Konzentrationslager im Reich. Als Wachmannschaften bildete er die sogenannten Totenkopfstandarten aus, die nach dem Polenfeldzug zum Kern der SS-Panzerdivision Totenkopf wurden, deren Führung Eicke übernahm. Der »Verlorene Haufen« der Division war im Frankreich- und Rußlandfeldzug die bekannteste Bewährungs- und Strafeinheit der Waffen-SS. Im Februar 1943 kam Eicke bei einem Flugzeugabsturz ums Leben.

Bildtexte

Zu 8

Die wichtigste Rolle beim Unternehmen »Rösselsprung« vom 25.5. bis 4.6. 1944 spielte das SS-Fallschirmbataillon 500. Es hatte den Auftrag, mit einem Sprungeinsatz gegen das Hauptquartier des jugoslawischen Partisanenführers Tito bei Drvar in Bosnien den Partisanenstab und die britische und sowjetische Militärmission gefangenzunehmen. Das Unternehmen mißlang. Tito entkam. Das Bataillon verlor dabei die Hälfte seines Mannschaftsbestandes. Die Einheit war erst im September 1943 als einzige Fallschirmtruppe der Waffen-SS aus kriegsgerichtlich verurteilten Waffen-SS-Angehörigen zusammengestellt worden, deren Strafe zur Bewährung ausgesetzt wurde. Der Einsatz gegen Tito verschaffte denen, die überlebten, die Rehabilitation. Sie wurden in den alten Dienstgrad eingesetzt und zu ihrer Stammtruppe zurückgeschickt.

Zu 9–11

1942 wurde die Afrika-Division 999 aus wehrunwürdigen Gefängnis-, Zuchthaus- und Straflagerinsassen aufgestellt. Zu ihnen gehörten Männer, die wegen krimineller Straftaten verurteilt worden waren, und Männer, die wegen politischer Delikte bestraft worden waren. Alle hatten bei ihrer Verurteilung einen »Ausschließungsschein« erhalten, der sie vom Dienst in der Wehrmacht freistellte. Trotzdem wurden bis zum Kriegsende etwa 20 000 unter Zuerkennung einer »bedingten Wehrwürdigkeit« zum Kriegsdienst einberufen. Sie trugen häufig umgefärbte Beuteuniformen und wurden mit Waffen ausgerüstet, die die Deutschen in den Feldzügen gegen Polen, Frankreich, Norwegen usw. erobert hatten. Eine weiße Kordel über der Schulterklappe war das Erkennungszeichen der 999er. Ordensverleihungen gab es erst, wenn sie sich im Fronteinsatz bewährt hatten.

Zu 12–13

Die Ausbildung der 999er erfolgte auf den Truppenübungsplätzen Heuberg (Schwäbische Alb) und Baumholder. Sie dauerte drei bis vier Monate. Gegen Ende der Ausbildung wurden die Rekruten vereidigt. Die meisten politischen Sträflinge bewegten nur die Lippen, weil sie den Eid auf Adold Hitler ablehnten. Danach schritt der Regimentskommandeur die Front ab. Beim Regiment 961 hieß er Oberst Vonberg. In der Ausbildung wurde viel improvisiert. Es gab zu wenig Gewehre, zu wenig Gasmasken und häufig zu wenig Stahlhelme. Wegen fehlender Zugmaschinen wurden die Pakbedienungen zum Mannschaftszug eingeteilt, um die Geschütze in Stellung zu bringen.

Zu 14–15

Auf dem Boden der Sowjetunion waren im Partisanenkrieg bis zu 190 000 Wehrmacht- und Polizeiangehörige eingesetzt, unter ihnen viele Einheiten aus Esten, Letten, Georgiern, Armeniern, Ukrainern und anderen hilfswilligen Ostvölkern. Im Verband der Deutschen Polizei trugen sie den Namen »Schutzmannschaften«. Sie kämpften in Sicherungs- und Polizeiverbänden zum Schutz der Verkehrsanlagen, Depots und industriellen bzw. landwirtschaftlichen Produktionseinrichtungen und zur Aufrechterhaltung des Nachschubs in rückwärtigen Heeresgebieten, sowie in Jagdverbänden zur Zerstörung der Infrastruktur der Partisanen und zur Verfolgung entwichener »Banditen«. Gelegentlich wurden ihnen Angehörige der Feldstrafgefangenenabteilungen, des Feldsonderbataillons und der Strafvollstreckungszüge zugeteilt. Das 36. SS-Waffen-Grenadier-Regiment (Dirlewanger-Brigade) diente bis September 1944 ausschließlich der Partisanenbekämpfung. Beauftragter Himmlers für den Partisanenkampf außerhalb des Operationsgebietes war der SS-Obergruppenführer und General der Polizei Erich von dem Bach-Zelewski als »Chef der Bandenkampf-Verbände«. Die Zahlen über die deutschen Verluste schwanken. Nach eigenen Angaben kamen auf russischem Boden 50 000 Mann im Partisanenkrieg ums Leben. Nach sowjetischen Quellen sollen im Großen Vaterländischen Krieg mindestens 300 000 deutsche Aggressoren durch Partisanen getötet worden sein.

Zu 16
Erich von dem Bach-Zelewski (1899–1972), der am Ersten Weltkrieg als jüngster Kriegsfreiwilliger teilnahm und mit dem Eisernen Kreuz 1. und 2. Klasse ausgezeichnet worden war, wurde zwar in die Reichswehr übernommen, aber 1924 wegen politischer Betätigung entlassen. Seit 1930 Mitglied der NSDAP und seit 1931 Angehöriger der SS, wurde er 1932 mit dem persönlichen Schutz Hitlers beauftragt. In dieser Funktion war er an der Liquidierung des »Röhmputsches« beteiligt. Zur Belohnung für seinen Einsatz übertrug ihm Himmler die Führung der SS-Oberabschnitte Nordost (1934–1936) und Südost (1936–1941). Zu Beginn des Rußlandfeldzugs ernannte ihn Himmler zum »Sonderbeauftragten der SS für den Bandenkampf im Osten« und später als Höherer SS- und Polizeiführer Rußland-Mitte zum »Chef der Bandenkampf-Verbände« außerhalb der Operations- und rückwärtigen Heeresgebiete. Mit Hilfe der SS-Brigade Dirlewanger schlug er im September 1944 den Warschauer Aufstand nieder. Am Ende des Krieges war von dem Bach-Zelewski Kommandierender General eines Armeekorps. Bei den Nürnberger Prozessen gegen die Hauptkriegsverbrecher übernahm er die Rolle eines Zeugen der Anklage. So entging er der Auslieferung an die Russen und der Anklage wegen seiner Kriegsverbrechen. Nur wegen des Mordes an Juden 1933 und an SA-Führern 1934 wurde er 1962 zu lebenslangem Gefängnis verurteilt.

Zu 17
Ein besonderes Anliegen der Sicherungsverbände war der Schutz der Eisenbahnwege im rückwärtigen Heeresgebiet und in den Reichskommissariaten. Um größere Materialverluste bei gesprengten Schienen zu vermeiden, wurden mit Sand beladene Waggons vor die Lokomotive gespannt und um Partisanenüberfälle auf fahrende Züge zu unterbinden, wurden die ersten Waggons mit schießbereiten Wachkommandos besetzt.

Zu 18
Das »Bandenkampfabzeichen« wurde am 30. 1. 1944 durch den Oberbefehlshaber der Wehrmacht Adolf Hitler gestiftet. Die Verleihungsbestimmungen erließ der Reichsführer-SS, dessen Polizeiverbände die Hauptlast des Partisanenkriegs trugen. Die erste Stufe in Bronze wurde für 20 Kampftage, die zweite Stufe in Silber für 50 Kampftage und die dritte Stufe in Gold für 100 Kampftage verliehen. Kampftage, die für das Bandenkampfabzeichen gerechnet wurden, durften nicht für andere Kampfabzeichen gezählt werden, ausgenommen das Panzervernichtungsabzeichen. Verleihungsberechtigt waren die Oberkommandos der Wehrmachtteile, der Reichsführer-SS und in seinem Namen die Höheren SS- und Polizeiführer und der Chef der Bandenkampf-Verbände.

Zu 19–27

Im Zweiten Weltkrieg wurden Partisanen in Übereinstimmung mit dem Kriegsvölkerrecht (Haager Landkriegsordnung 1907) entsprechend § 3 der Kriegsonderstrafrechtsverordnung vom 17. 8. 1938 als irregulär Kriegführende, Banditen, Saboteure und Freischärler mit dem Tode bestraft, wenn sie die Waffen nicht offen bei sich führten oder kein aus der Ferne erkennbares Abzeichen trugen oder nicht in einer militärisch organisierten Einheit kämpften oder das Kriegsrecht mißachteten, z. B. indem sie Gefangene folterten oder verstümmelten, oder wenn sie von Fall zu Fall vom Zivilstatus in den Kombattantenstatus wechselten (»Bauer bei Tag, Partisan bei Nacht«). Wenn eine dieser Bedingungen fehlte, waren sie auf Leben und Tod den Siegern ausgeliefert.

Am 4. 11. 1939 befahl Generaloberst von Brauchitsch als Oberbefehlshaber des Heeres, Freischärler, die nicht im Kampf oder auf der Flucht erschossen wurden, wie Verbrecher zu behandeln und sie von den Feldgerichten der Regimenter zum Tode verurteilen zu lassen. Die Kampfanweisung des OKW gegen Banditen vom 11. 11. 1942 sah vor, gefangene Partisanen nach kurzem Verhör an Ort und Stelle zu erschießen. Erst am 18. 8. 1943 kam die Weisung, alle Bandenangehörigen, »die sich in feindlicher Uniform oder in Zivil im Kampf ergeben oder ergriffen werden«, als Kriegsgefangene zu behandeln. Den Divisionskommandeuren wurde jedoch das Recht eingeräumt, bei Partisaneneinsätzen vorsorglich anzuordnen, daß »keine Gefangenen gemacht werden bzw. daß Gefangene und im Kampfraum angetroffene Bevölkerung erschossen werden dürfen«.

Nach dem Zweiten Weltkrieg wurde die Partisanenbewegung in der UdSSR wie in allen besetzten Gebieten von einem Legendenkranz umgeben. Insgesamt sollen sich mehr als 1 Million Männer, Frauen und Kinder am Partisanenkampf gegen die deutschen Aggressoren beteiligt haben. Der Partisanenkrieg wurde als Musterbeispiel eines »Volkskriegs« unter der Leitung der Kommunistischen Partei interpretiert.

Es gibt keine Zahlenangaben darüber, wie viele Sowjetbürger im Partisanenkampf umkamen. Nach dem Krieg berichteten Zeugen in der Presse vom heroischen Sterben der Ergriffenen. Zum Beispiel wurde die Partisanin Soja Kosmodemjanskaja als Heldin der Sowjetunion ein »Beispiel der Tapferkeit und des Patriotismus«, weil sie im Dorf Petrischtschewo ein deutsches Fahrzeugdepot in die Luft sprengte und bei ihrer Hinrichtung die Anwesenden zum fanatischen Kampf gegen die Eindringlinge aufrief. Nach dem Krieg erhielt sie auf dem Moskauer Prominentenfriedhof Nowo Dewitsche ein Ehrengrab. Ihr zu Ehren wurde eine eigene Briefmarke herausgegeben.

Auf deutscher Seite waren Presseberichte, Tagebuchaufzeichnungen und Fotoaufnahmen von Hinrichtungen verboten. Trotzdem scheint die Hinrichtung von Partisanen vielfach zum öffentlichen Spektakel ausgeartet zu sein, vor allem wenn Frauen zu den Opfern gehörten.

Zu 28–29

Als im August 1944 der Warschauer Aufstand ausbrach, rief der mit der Niederschlagung beauftragte SS-Obergruppenführer und General der Waffen-SS von dem Bach-Zelewski das SS-Regiment Dirlewanger zu Hilfe, das er im Partisanenkrieg wegen seiner unkonventionellen und brutalen Kampfweisen schätzen gelernt hatte. Am Anfang eine Bewährungseinheit für Wildschützen, war die Brigade Dirlewanger in der Zwischenzeit zu einem Sammelbecken von Gewaltverbrechern aus den KZ, von aus der SS ausgestoßenen Wehrunwürdigen und von Häftlingen aus dem SS-Strafvollzugslager Danzig-Matzkau geworden. Am Kragenspiegel trugen die Angehörigen eine waagrechte Handgranate unter gekreuzten Karabinern. Die SS-Runen waren ihnen verboten, weil sie vom SS-Führungshauptamt nicht als Waffenverband der SS anerkannt wurden.

Zu 30
SS-Oberführer Dr. Oskar Dirlewanger (1895–1946) bekam nach der Niederschlagung des Warschauer Aufstandes im September 1944 das Ritterkreuz verliehen. Das Infanteriesturmabzeichen und das Deutsche Kreuz in Gold hatte er als Kommandeur des nach ihm benannten Regiments für seine Erfolge im Partisaneneinsatz verliehen bekommen. Am Ende des Krieges wurde Dirlewanger einer der beiden Kommandeure der neu gebildeten 36. Waffen-Grenadier-Division der SS, die zum überwiegenden Teil aus Sträflingen bestand.

Zu 31
Nach dem Ersten Weltkrieg, den er als Offizier mitmachte, übernahm Gottlob Berger (1896–1975) eine Stelle als Turnlehrer in Württemberg. Im Anschluß an die Röhmaffäre wechselte er von der SA zur SS über. Beim Kriegsausbruch war er Leiter des Ergänzungsamtes im SS-Hauptamt. Nachdem er im August 1940 die Führung des SS-Hauptamtes übernommen hatte, lag die Rekrutierung der Waffen-SS ganz in seiner Hand. Die Einbeziehung von Volksdeutschen und von Freiwilligen aus den besetzten west- und nordeuropäischen Ländern geht auf seine Anregung zurück. Insofern ist er für die Aufblähung der Waffen-SS auf 38 Divisionen verantwortlich. Wegen der daraus resultierenden Ausrüstungs- und Ausbildungsprobleme kam es zu Kontroversen mit dem Chef des SS-Führungshauptamtes und wegen der steigenden Kriminalität zu Meinungsverschiedenheiten mit dem Chef des Hauptamtes SS-Gericht. Die Aufstellung einer Brigade aus Wilddieben, KZ-Häftlingen und Strafgefangenen unter dem Kommando seines Freundes Dirlewanger wurde von ihm gefördert. Da Berger auch drei Jahre lang Staatssekretär im Reichsministerium für die besetzten Ostgebiete war und ab Oktober 1944 für das Kriegsgefangenenwesen verantwortlich zeichnete, wurde er 1949 zu 25 Jahren Haft verurteilt, von denen er aber nur zwei Jahre verbüßte.

Zu 32–35
Zur Bekämpfung von Auflösungserscheinungen in der Truppe stellte der Chef des Oberkommandos der Wehrmacht, Generalfeldmarschall Keitel, auf Weisung Hitlers im Februar 1945 »Sonderstandgerichte« auf. Zusammen mit dem »Fliegenden Standgericht«, das Hitler im März 1945 einrichtete, sollten damit die fluchtartigen Rückzüge der deutschen Wehrmacht gestoppt und Deserteure und Drückeberger hinter der Front zur Verantwortung gezogen werden. Das Urteil lautete entweder auf Freispruch oder auf Tod. Unmittelbar nach der Bestätigung wurde das Urteil vollstreckt. Es gab kein Gnadenrecht. Die Wehrmachtführung erhoffte sich eine abschreckende Wirkung, wenn Kameraden im Angesicht der Truppe erschossen und Fahnenflüchtige an den Rückzugsstraßen aufgehängt wurden.

Bildquellen

Archiv Gerstenberg 9, 10, 11, 12
Archiv Voigt 3, 4, 8, 18, 28, 29
Archiv für Kunst und Geschichte 19
Berlin Document Center 5, 6, 30
Bildarchiv preußischer Kulturbesitz 35
Bilderdienst Süddeutscher Verlag 15, 17, 20, 22, 23, 32, 33
Bundesarchiv 1, 2, 7, 14, 16, 24, 25, 26, 27, 31
Damals-Archiv 21
Rijksinstituut voor Oorlogsdocumentatie 34
SPIEGEL-Archiv 13

Abkürzungen

AHA	Allgemeines Heeresamt
AHM	Allgemeine Heeresmitteilungen
AK	Armeekorps
AOK	Armeeoberkommando
av	arbeitsverwendungsfähig
BA	Bundesarchiv Koblenz
BDC	Berlin Document Center
BdE	Befehlshaber des Ersatzheeres
bed. kv. (E)	bedingt kriegsverwendungsfähig (Ersatz)
B-Schütze	Bewährungsschütze
ChefHRüst	Chef der Heeresrüstung
DDR	Deutsche Demokratische Republik
DNZ	Deutsche National-Zeitung
du	dienstunfähig
G	Gefängnis
GenStdH	Generalstab des Heeres
Gestapo	Geheime Staatspolizei
gvF	garnisonsverwendungsfähig Feld
gvH	garnisonsverwendungsfähig Heimat
H.Dv.	Heeres-Dienstvorschrift
HR	Heeresrechtsabteilung
HVBl	Heeres-Verordnungsblatt
IfZ	Institut für Zeitgeschichte
KHGnO	Gnadenordnung für das Heer im Krieg und bei besonderem Einsatz
KSSVO	Verordnung für das Heer im Krieg und bei besonderem Einsatz (Kriegssonderstrafrechtsverordnung)
KStVO	Verordnung über das militärische Strafverfahren im Kriege und bei besonderem Einsatz (Kriegsstrafverfahrensordnung)
kv	kriegsverwendungsfähig
KZ	Konzentrationslager
L.Dv.	Lufwaffe-Dienstvorschrift
LwVBl	Luftwaffen-Verordnungsblatt
M.Dv.	Marine-Dienstvorschrift
MA	Militärarchiv Freiburg
MAP	Militärarchiv Potsdam
MStGB	Militärstrafgesetzbuch
MVBl	Marine-Verordnungsblatt
NSDAP	Nationalsozialistische Deutsche Arbeiterpartei
ObdE	Oberbefehlshaber des Ersatzheeres

Abkürzungen

ObdH	Oberbefehlshaber des Heeres
OKH	Oberkommando des Heeres
OKL	Oberkommando der Luftwaffe
OKM	Oberkommando der Kriegsmarine
OKW	Oberkommando der Wehrmacht
RAD	Reichsarbeitsdienst
RLM	Reichsluftfahrtministerium
RM	Reichsmark
RMJ	Reichsministerium der Justiz
RSHA	Reichssicherheitshauptamt
RStGB	Reichsstrafgesetzbuch
SA	Sturmabteilung
SS	Schutzstaffel
S.St.A	Schiffsstammabteilung
SD	Sicherheitsdienst
SS-Pi-T.-Kp.	SS-Pionier-Totenkopfkompanie
SS-T.Div.	SS-Totenkopf-Division
SS-T.IR.	SS-Totenkopf-Infanterieregiment
UdSSR	Union der Sozialistischen Sowjetrepubliken
V.H.	Verlorener Haufen
VBlWaffenSS	Verordnungsblatt der Waffen-SS
VjHZg	Vierteljahrshefte für Zeitgeschichte
WGnO	Gnadenordnung für die Wehrmacht
WR	Wehrmachtrechtsabteilung
WStVzV	Wehrmachtstrafvollzugsvorschrift
wu	wehruntauglich
Z	Zuchthaus
z.b.V.	zur besonderen Verwendung
ZNW	Zentralnachweisstelle Kornelimünster

Archive

Archiv für Kunstgeschichte, Teutonenstr. 22, 1000 Berlin 38
Archiv Gerstenberg, An den Kellerwiesen, 3109 Wietze
Archiv Voigt, Wißmannstraße 17, 3000 Hannover 1
Archiv Vopersal, Kiefernweg 15, 4236 Hamminkeln 4
Berlin Document Center, Wasserkäfersteig 1, 1000 Berlin 37
Bibliothek für Zeitgeschichte, Postfach 105441, 7000 Stuttgart 10
Bildarchiv Preußischer Kulturbesitz, Postfach 610317, 1000 Berlin 61
Bilderdienst Süddeutscher Verlag, Postfach 202220, 8000 München 2
Bundesarchiv, Postfach 320, 5400 Koblenz-Karthause
Bundesarchiv-Militärarchiv, Wiesenthalstr. 10, 7800 Freiburg
Damals-Archiv, Postfach 5540, 6300 Gießen
Dokumentenkabinett Dolezalek, Burgstr. 3, 4973 Vlotho
Geheimes Staatsarchiv Preußischer Kulturbesitz, Archivstr. 12–14, 1000 Berlin 33
Institut für Zeitgeschichte, Leonrodstr. 46b, 8000 München 19
Landesbildstelle Württemberg, Postfach 131110, 7000 Stuttgart 1
Militärarchiv Potsdam, Leninallee 218, O-1510 Potsdam
Rijksinstituut voor Oorlogsdocumentatie, Herengracht 474, Amsterdam
Pressedient Herbert Ahrens, Dankworthstr. 8, 3388 Bad Harzburg 1

Literatur

Absolon Rudolf (Hrsg.): Das Wehrmachtstrafrecht im 2. Weltkrieg. Sammlung grundlegender Gesetze, Verordnungen und Erlasse, Kornelimünster 1958
Angermund Ralph: Die geprellten ›Richterkönige‹. Zum Niedergang der Justiz im NS-Staat, in: Herrschaftsalltag im Dritten Reich. Punktstudien und Texte, hrsg. von Hans Mommsen und Susanne Willems, Düsseldorf 1988
Auerbach Hellmuth: Die Einheit Dirlewanger, in: VjHZg 10 (1962)
Auerbach Hellmuth: Konzentrationslagerhäftlinge im Fronteinsatz, in: Miscellanea. Festschrift für Helmut Krausnick, München 1980
Ayaß Wolfgang: Bettler, Landstreicher, Vagabunden, Wohnungslose und Wanderer, in: Mitteilungen der Dokumentationsstelle zur NS-Sozialpolitik Hamburg 9–10/1985
Block Just: Die Ausschaltung und Beschränkung der deutschen ordentlichen Militärgerichtsbarkeit während des Zweiten Weltkrieges, Jur. Diss. Würzburg 1967
Boberach Heinz (Hrsg.): Richterbriefe. Dokumente zur Beeinflussung der deutschen Rechtsprechung 1942–1944, Boppard am Rhein 1975
Breitenstein Rolf-Dieter und Philipp Joachim: Die imperialistische Militärgerichtsbarkeit von 1898 bis 1945, Jur. Diss. Humboldt-Universität Ostberlin 1983
Broszat Martin: Zur Perversion der Strafjustiz im Dritten Reich, in: VjHZg 6 (1958)
Buchheim Hans: Befehl und Gehorsam, in: Anatomie des SS-Staates, Band 1, München 1967
Burckhardt: Wandlungen der Wehrmacht-Strafvollstreckung im Kriege, in: Zeitschrift für Wehrrecht 9 (1944)
Die Sondereinheiten in der früheren deutschen Wehrmacht, bearbeitet im Personenstandsarchiv II des Landes Nordrhein-Westfalen, Kornelimünster 1953
Dietz: Auf dem Weg zum Wehrmachtstrafgesetzbuch, in: Zeitschrift für Wehrrecht 5 (1940/41)
Dörnberg Hugo von: Wehrmachtjustiz im Dritten Reich. Von Newel bis Remagen, in: Historische Reihe der Forschungsgemeinschaft Das Andere Deutschland, Hannover 1948
Domarus Max: Hitler. Reden und Proklamationen 1932–1945, Band II, 2. Halbband, Wiesbaden 1973
Ein Menschenleben gilt für nix, in: Der Spiegel Nr.43/1987
Flanner Karl: Widerstand im Gebiet von Wiener Neustadt 1938–1945, Wien 1973
Freese Hans: Bremsklötze am Siegeswagen der Nation, Bremen 1989
Fretter-Pico Maximilian: Die Jahre danach. Erinnerungen 1945–1984, Osnabrück 1985
Gellrich L.: Die Wehrmachtstrafgerichtsbarkeit in der Zeit des Nationalsozialismus, in: Wehrwissenschaftliche Rundschau 1982, Heft 1
Görlitz Walter: Model. Der Feldmarschall und sein Endkampf an der Ruhr, München 1984

Gruchmann Lothar: Ausgewählte Dokumente zur deutschen Marinejustiz im Zweiten Weltkrieg, in: VjHZg 26 (1978)

Gruchmann Lothar: Justiz im Dritten Reich 1933–1945. Anpassung und Unterwerfung in der Ära Gürtner, München 1990

Haupt Werner: Das Ende im Westen, Dorheim o. J.

Hempel: ›Tatprinzip oder Täterprinzip‹ und andere offene Fragen aus dem Gebiet der forensischen Psychiatrie im Kriege, in: Zeitschrift für Wehrrecht 9 (1944)

Hennicke Otto: Auszüge aus der Wehrmachtkriminalstatistik, in: Zeitschrift für Militärgeschichte 5 (1966)

Hodes Fritz (Hrsg.): Wehrmachtdisziplinarstrafordnung mit den Durchführungsbestimmungen der Wehrmachtteile, Berlin 1943

Hülle Werner: Die Stellung des Wehrmachtrichters im Truppensonderdienst, in: Zeitschrift für Wehrrecht 9 (1944)

Hülle Werner: Die Änderungen der Kriegsstrafverfahrensordnung, in: Zeitschrift für Wehrrecht 5 (1940/41)

Jünger Ernst: Strahlungen, 2. Teil, in: Werke, Band 3, Stuttgart 1971

Kisser: Fragen der Strafvollstreckung im Kriege, in: Zeitschrift für Wehrrecht 6 (1941/42)

Klausch Hans-Peter: Die 999er, Frankfurt 1986

Koch Hansjoachim: Volksgerichtshof. Politische Justiz im 3. Reich, München 1988

Kogon Eugen: Der SS-Staat. Das System der deutschen Konzentrationslager, München 1986

Kosthorst Erich und Walter Bernd, Konzentrations- und Strafgefangenenlager im Dritten Reich, Band 2, Düsseldorf 1983

Kraas Ewald: Degradiert – und abgeschossen über Afrika. Die wahre Geschichte eines Jagdfliegers, in: Jägerblatt April/Mai 1984

Lattmann Erich: ...und wurden nicht erschossen. Aus der Praxis der deutschen Heeresgerichtsbarkeit 1938/41, in: Deutschland in Geschichte und Gegenwart 29 (1981) Heft 3, S. 16 ff.

Meier-Brannecke: Rechtsfragen aus dem Gebiet der Strafvollstreckung, in: Zeitschrift für Wehrrecht 6 (1941/42)

Messerschmidt Manfred und Wüllner Fritz: Die Wehrmachtjustiz im Dienste des Nationalsozialismus. Zerstörung einer Legende, Baden-Baden 1987

Mörbitz H.: ›Hohes Kriegsgericht!‹. Ein Tatsachenbericht nach den Erlebnissen eines Kriegsgerichtsverteidigers, Wien 1968

Müller Ingo: Furchtbare Juristen. Die unbewältigte Vergangenheit unserer Justiz, München 1987

Netball Kurt: Antifaschistische Bewährungsprobe in der Strafdivision 999, in: Voßke Heinz: Im Kampf bewährt, Ostberlin 1969

Noffke Arthur: Im Schatten des Domberges. Ein Soldatenschicksal, Neuhausen-Stuttgart 1985

Petersson Ingo: Ein sonderlicher Haufen. Die Saga vom Sturmbataillon 500, Neckargemünd 1959

Reichardt Georg: Strafbataillon 999. Ich war dabei, in: Deutsche Nationalzeitung Nr. 16–29/1963

Rivier Horst: Die Mützenbänder der Deutschen Reichsmarine und der Marine des III. Reiches 1920–1945, Kolbermoor 1980

Römer: Die Unterstellung des Gefolges unter die Militärgesetze, in: Zeitschrift für Wehrrecht 5 (1940/41)

Roskothen Ernst: Paris. Place de la Concorde 1941–1944. Ein Wehrmachtsrichter erinnert sich..., Bad Dürrheim und Baden-Baden 1977

Schlicht Adolf und Angolia John: Die Deutsche Wehrmacht. Uniformierung und Ausrüstung 1933–1945, Stuttgart 1991

Schluckner Horst: Sklaven am Eismeer, in: Überlebende. Nach Erlebnisberichten von Horst Schluckner, Hans-Joachim Else und Siegfried Marohn, Berlin 1956

Schorn Hubert: Der Richter im Dritten Reich. Geschichte und Dokumente, Frankfurt 1959

Schwaen Kurt: Stufen und Intervalle, Ostberlin 1978

Schweling Otto Peter: Die deutsche Militärjustiz in der Zeit des Nationalsozialismus, Marburg 1977

Schwinge Erich (Hrsg.): Militärstrafgesetzbuch nebst Kriegssonderstrafrechtsverordnung, Berlin 1943

Schwinge Erich: Die Entwicklung der Mannszucht in der deutschen, britischen und französischen Wehrmacht seit 1914, Berlin und München 1940

Seidler Franz W.: Alkoholismus und Vollrauschdelikte in der Deutschen Wehrmacht und bei der SS während des Zweiten Weltkrieges, in: Wehrwissenschaftliche Rundschau 28 (1979), Heft 6

Seidler Franz W.: Die Organisation Todt. Bauen für Staat und Wehrmacht 1938–1945, Koblenz 1987

Seidler Franz W.: SS-Sondereinheit Dirlewanger. Ein Sträflingsbataillon zum Sondereinsatz im Kampf gegen die Partisanen, in: Damals 1977, Heft 7

Seltmann Wolfgang: Wehrmachtgerichtsbarkeit und Allgemeine Strafrechtspflege, in: Zeitschrift für Wehrrecht 9 (1944)

Sie haben etwas gutzumachen. Ein Tatachenbericht vom Einsatz der Strafsoldaten, in: Der Spiegel vom 5–18/1951

Stein Robert: Vom Wehrmachtstraflager zur Zwangsarbeit bei Daimler-Benz, in: Zeitschrift für Sozialgeschichte des 20. und 21. Jahrhunderts 2 (1987), Heft 4

Steinhoff Johannes, Pechel Peter und Showalter Dennis (Hrsg.): Deutsche im Zweiten Weltkrieg. Zeitzeugen sprechen, München 1989

Strafdivision 999. Erlebnisse und Berichte aus dem antifaschistischen Widerstandskampf, Ostberlin 1966

Tessin Georg: Verbände und Truppen der deutschen Wehrmacht und Waffen-SS im Zweiten Weltkrieg, Bd. 10 und 11, Osnabrück 1974

Ueberschär Gerd: Freiburg im Luftkrieg 1939–1945, Freiburg und Würzburg 1990

Ursachen und Folgen. Vom deutschen Zusammenbruch 1918 und 1945 bis zur staatlichen Neuordnung Deutschlands in der Gegenwart, Band 18, Berlin 1973

Voigt Horst: Sondertruppen zur Frontbewährung im 2. Weltkrieg. Ein Beitrag zu ihrer Geschichte, in: Soldatenjahrbuch 28–38 (1980–1990)

Weber Werner: Vom Sinn der Todesstrafe, in: Zeitschrift der Akademie für Deutsches Recht 7 (1940)

Wolff Karl-Dieter: Das Unternehmen »Röselsprung«. Der deutsche Angriff auf Titos Hauptquartier in Drvar im Mai 1944, in: VjHZg 1970

Ortsregister

Akershus 118
Anklam 136
Assling 76
Balkan 84
Baumholder 77, 84 f.
Belgrad 118
Beneschau 256
Bialystok 73
Bizerta 83
Bobruisk 238, 247, 276
Börgermoor 124
Borissow 118, 148
Boyen 114
Bruchsal 136
Brünn 69, 72
Buchenwald 232
Chlum 238, 243, 248 f.
Dachau 222, 224, 229 ff., 235, 251 ff.
Danzig-Matzkau 223 f., 229, 235, 237, 251 ff., 276, 281
Debica 237 f., 256
Dedelstorf 165
Dodekanes 85
Drvar 264
Dubno 118, 148
Dünaburg 118
Emsland 131
Esterwegen 124, 131
Flossenbürg 144
Freiburg 136
Fulda 69, 80
Germersheim 100, 115, 119, 221
Glatz 114, 118, 121, 136
Grafenwöhr 150
Graudenz 119, 121, 136
Hersbruck 261
Heuberg 81
Ilmensee 74
Ingolstadt 114
Kaukasus 73
Kertsch 115
Krim 85
Kurland 73 f.
Ladogasee 74
Luxemburg 160
Mauthausen 231
Memel 73

Meseritz 216
Metz 155, 164
Mogilew 269 f.
Moosbach 261
München-Freimann 221
Münsingen 233
Nagold 76
Narwa 265
Natzweiler 144
Neapel 83
Newel 37
Norwegen 128 ff.
Nowgorod 74
Odessa 73, 85
Omütz 69
Oranienburg 268, 270
Ostpreußen 74
Papenburg 131
Paris 118
Peleponnes 84
Pljussa 155, 163
Ploesti 118
Posen 76
Prag 250
Prag-Rusin 237
Quedlinburg 76
Rhodos 84 f.
Sachsenhausen 143, 228, 230, 233, 256, 267
Salaspils 247, 254, 262 f., 277
Schwarzenborn 150, 164
Skierniewice 69
Soissons 84
Stablack 150
Stetten 82
Sulz am Neckar 78
Thessalien 86
Thorn 155
Tilsit 73
Torgau 60, 72, 118, 120, 136, 142
Tunesien 83
Vogelsang 37
Wandern 150
Warschau 73, 155, 164
Westwall 88
Wilna 148
Witebsk 73
Wolchow 73, 75

Personenregister

Arnim von 83
Bach von dem 249, 269 ff., 275, 282
Bender 203, 222, 247
Berger 269 ff., 277, 279, 282, 284
Bormann 244
Brauchitsch von 52, 172
Breithaupt 202 f., 258
Brückner von 84
Burmeister 229
Dirlewanger 133, 267 ff.
Dönitz 37
Dörnberg von 245
Eicke 233, 242
Frank 281
Fromm 36 f., 53
Goebbels 263
Göring 269 f., 274
Hahm 37
Hammerstein von 69
Harzer 238
Himmler 20, 114, 131 ff., 149, 173, 176, 188, 190 f., 206 f., 16, 225, 242, 271, 274 f., 277 f., 279
Hitler 28, 30, 32, 37, 52, 54, 67, 79, 175, 187, 234, 267, 270
Horthy 265
Jünger 173, 228
Jüttner 237, 247, 258, 284
Kammerhofer 271
Kastner-Kirdorf 75
Keitel 28, 31, 78, 83, 173, 190

Kleinheisterkamp 224
Krüger 269
Kube 271, 274
Laux 75
Lehmann 175
Ley 37
Müller 37, 100
Murr 210
Papen 32
Plessis du 37
Prützmann 226
Reinecke 203 f.
Remlinger 118
Rudolphi 37
Sauckel 274
Scharfe 202 f.
Schellenberg 243
Schmedes 284
Schörner 37, 284
Speer 132, 222
Sponeck von 115
Straube 37
Thierack 20, 25, 30, 132, 134
Thomas 79
Tito 86, 264
Vonberg 80
Wagner 86
Warzecha 36
Wlassow 73
Wolf 267
Wuth 151 f.

Sachregister

Abschreckung 20, 23, 26, 136 f., 141, 154, 176, 191, 207, 247
Afrika-Brigade 999 79 ff.
Afrika-Division 999 83 ff.
Alkoholiker 152
Allgemeines Heeresamt 31, 79
Amnestie 57
Amt für Vollstreckungs-und Gnadensachen der Luftwaffe 75, 77
Amtsgruppe Heeresrechtswesen 31, 39
Arbeits-Abteilung 236 ff., 242 ff., 259 f., 276
Arbeitskommando 127
Arbeitspflicht 119
Arrest 17, 18, 51, 61 f., 97, 102, 107 ff., 147, 153, 157, 167, 169 f., 218, 221, 266, 276
Arrestanstalt der SS und Polizei 262 f.
Ärztliche Versorgung 104, 112
Auswärtiges Amt 32
Auszeichnungen 56, 68, 82, 107, 156, 169, 202, 235, 248
Bataillon z.b.V. 500 67 f., 148
Beerdigungen 183
Beförderung 107
Begnadigung 54, 67, 70, 77 f., 114, 116, 173
Bekleidung 102, 116, 125, 156, 169
Beleidigung 118
Beschwerde 105, 117, 141
Besuche 116
Bewachung 106, 125, 140, 142, 147, 255 f.
Bewährung 54, 56 ff., 60, 64, 72, 76, 128, 223, 246
Bewährungs-Abteilung 236 ff., 243 ff., 259 f.
Bewährungsschütze 63, 71, 156, 238 f., 250, 265
Bewährungstruppe 999 78 ff.
Bewährungstruppen 59, 61 f., 67 f., 75, 132, 146, 189, 233 ff., 240, 249
Bewegliche Heeresgefängnisse 97, 113
Brigade Dirlewanger 133, 260
Brigade Z 79, 270
Charaktermängel 114, 124, 149, 156, 223

Chef der Heeresrüstung und Befehlshaber des Ersatzheeres 31, 54, 67, 123, 136, 156
Degradierung 18, 70, 77, 154, 156, 165, 167, 202, 278
Deutsche Demokratische Republik 39
Devisenverbrechen 81
Diebstahl 38, 42, 81, 86, 151, 207, 212, 213, 235
Disziplinarstrafen 56, 110, 140, 150, 154, 164 f.
Disziplinarvorgesetzter 55, 77
Dolchstoßlegende 44
Ehrenstrafen 202 f., 207, 237, 246
Emslandlager 81, 124 ff.
Erhängen 184 f., 190, 225
Exekution 173 ff., 187, 207, 225
Fahndung 106
Fahnenflucht 18, 25, 28, 36 ff., 64, 86, 125, 171, 185 f., 202, 206, 212, 213, 225, 242, 283
Feigheit 42, 70, 125, 173, 186, 189, 191, 202, 226, 242
Feldsonderabteilungen der Heeresgruppen 154 f.
Feldsonderbataillon 153 ff., 164 f.
Feldstrafgefangenen-Abteilungen 59, 62, 118, 122, 132, 141, 144 ff., 162
Feldstraflager 62, 131, 135 ff., 148, 166, 231
Festungshaft 18, 48, 97, 102, 114 ff., 218, 221
Festungshaftanstalten 114
Fliegende Gefängnisse 97
Fliegende Standgerichte 186, 191
Fliegeralarm 105, 120
Fluchtgefahr 106, 117, 127, 140, 169
Freiwillige 212, 220, 245 ff., 258, 268
Gandenrecht ., 218
Gefängnis 17, 19, 36, 39, 47 f., 51, 57 f., 60 ff., 68 f., 81, 97 ff., 105, 131, 158, 163, 218, 221 ff., 235, 251
Geisteskranke 152
Geldstrafen 52, 220
Gemeinschaftsschädling 25

Sachregister

General der Freiwilligenverbände 167
General z.b.V. im OKH 31, 37, 100, 148, 155
Gerichtsherr 29, 33 ff., 54, 57, 59, 62, 67, 69, 72 f., 108, 114, 123, 143, 149, 172, 175, 181, 186 f., 191, 223, 230, 236
Gerichtsoffizier 34
Gestapo 32, 120, 132, 143, 149, 232
Gesundheit 126 f., 140, 149, 170
Gewaltverbrecher 23
Gewohnheitsverbrecher 25
Gnadenrecht 52 ff, 64, 76, 82, 171, 191, 213, 236, 246, 251
Gnadensachen 32, 220
Hauptamt SS-Gericht 202 ff., 240
Hausstrafen 105, 117, 121, 127
Hochverrat 81
Homosexualität 42, 60, 62, 79, 146, 208 f., 212, 229
Justizverwaltung 60, 69, 72, 124, 130
Justizvollzugsanstalten 20, 59, 62, 76, 82, 97, 106, 112, 140
Konzentrationslager 20 f., 32, 62, 131, 141, 143, 149, 160 f., 165 f., 228 ff., 234, 248, 251, 254, 267 ff., 275, 278, 284
Kriegsgefangene 32, 41, 71, 87, 102, 108
Kriegssonderstrafrechtsverordnung 18, 171
Kriegsstrafverfahrensordnung 28, 33, 35, 110, 135, 201
Kriegswehrmachtgefängnis 97
Kriegswehrmachthaftanstalt 97, 113
Kriegswinterhilfswerk 79
Kriminalität 20, 26, 253
Kriminalstatistik 39, 212
Lager Nordnorwegen 128 ff.
Landesverrat 25, 60, 62, 79
Legionäre 41 f., 142, 146, 202, 212, 225, 238, 245 ff., 254, 275, 277
Luftwaffenamt 31
Luftwaffenfeldabteilung z.b.V. 74
Mannszucht 18, 28 f., 46, 56 ff., 61, 63, 110, 114 f., 124, 135, 154, 171 ff., 174, 186, 191, 210, 223, 235
Marinehauptamt 31, 36
Meuterei 46, 186, 202
Militärjustizbeamte 34 f.
Militärstrafgesetzbuch 17, 201
NS-Rechtswahrerbund 30
NSDAP 32, 188 f., 244, 275
Oberstes SS-Gericht 202
OKW 17, 31, 38, 55 ff., 79, 81, 101, 114, 128, 173, 175, 226
Orden und Ehrenzeichen 56, 68, 82, 107, 156, 169, 202, 235, 248

Organisation Todt 84, 234
Partisanen 147, 159, 162 f., 184, 238, 266, 269 ff., 279 ff.
Plünderung 18, 25, 186, 202, 206, 208, 226
Postverkehr 104, 116, 121, 138, 159, 170
Prüfungslager der Luftwaffe 165 ff.
Psychiatrie 151
Rangverlust 18, 70, 77, 154, 156, 165, 167, 202, 278
Rassenschande 206, 208
Rehabilitierung 249, 282
Reichsarbeitsdienst 32
Reichskriegsgericht 30, 37 f., 52
Reichsministerium der Justiz 25 f., 32, 79, 81, 106, 124 f., 128, 131 f., 136, 175, 189, 222, 267 ff.
Richter beim Reichsführer-SS und Chef der Deutschen Polizei 203, 246
Richterbriefe 25
Rösselsprung 264
Rote Armee 39
Rüstungsindustrie 102, 132, 257
Schiffsstammabteilungen 164 f.
Schutzhaft 20, 278
Schutzmannschaften 225 f., 229, 247, 254, 277
Seelsorge 104, 177, 183
Selbstmord 174, 210
Selbstverstümmelung 18, 125, 242
Sicherheit der Truppe 28, 57
Sicherungsverwahrung 20, 23, 32, 46, 60, 62, 72, 125, 229
Sittlichkeitsdelikte 151
Soldverwahrung 110
Sonderabteilungen des Ersatzheeres 157
Sondereinheit K. 235, 239
Sondereinheiten des Heeres 150 ff.
Sondergerichte 30, 32, 186
Sonderkompanien z.b.V. 166
Sonderstandgerichte 186, 190
Sonderverband Friedenthal z.b.V. 277
SS- und Polizeigerichte 201 ff.
SS-Baubrigaden 230
SS-Fallschirmjäger-Bataillon 500 250, 264 ff., 277
SS-Fallschirmjäger-Bataillon 600 265
SS-Führungshauptamt 236 f., 247, 252, 258, 262, 268 ff., 284
SS-Gerichtsoffizier 201
SS-Hauptamt 271, 274 f.
SS-Justizführer 201
SS-Kampfgruppe Matingen 266 f.
SS-Reichssicherheitshauptamt 32, 143, 230, 232, 242, 252, 268 f.

SS-Sondergerichtsbarkeit 201 ff.
SS-Sonderregiment Dirlewanger 239, 248, 267 ff.
Standgerichte 172, 186 ff., 225
Standortarrestanstalten 112
Stellungsbaubataillone 62, 77
Straflager 47, 123 ff., 153, 160, 176, 219, 222, 224, 251, 261 f., 276
Strafmaß 18, 23, 26
Strafrechtsreform 21
Strafregister 55 f.
Strafvollstreckungsplan der Wehrmacht 102, 131, 144
Strafvollstreckungszüge 113, 146, 166 ff.
Strafvollzugslager der SS 223, 253 ff.
Sühne 27, 141, 173, 216, 271
Tätertyp 22 f., 27, 30
Todesanzeigen 183
Todesstrafe 18 f., 23, 25 ff.,34, 38, 53, 64, 117, 188, 207, 210, 213, 224 ff., 242, 259
Todesurteile 27, 36, 41, 44, 54, 63, 70, 78, 143, 163, 171 ff., 191, 212, 219 f., 226, 232, 250, 278
Transport 129, 157 f., 196
Trunkenheit 26, 109, 208
Unerlaubte Entfernung 18, 28, 38, 125, 185, 202, 229
Ungehorsam 18, 28, 108 f., 117, 229
Uniform 137, 152, 239
Unterkunft 104, 159, 163
Unternehmen Greif 265
Untersuchungshaft 158
Urlaub 68, 116, 165, 170
Verlorener Haufen 208, 237, 240 ff.
Verpflegung 101, 104, 111 ff., 116 f., 127, 138, 140, 147, 149, 159, 163, 169 f.

Versorgungsrecht 55 f., 202, 231
Verweis 110
Völkerrecht 32
Volksdeutsche 42, 212, 219, 225, 252, 254, 258, 266
Volksgemeinschaft 25 ff., 54
Volksgrenadierdivisionen 226
Volksschädling 23, 25 f.
Vorbeugungshaft 20, 24, 279
Vorstrafen 106
Wachpersonal 125, 142, 169, 228, 256 f.
Wachvergehen 108, 125, 229, 235, 242
Warschauer Aufstand 260, 277, 281 f.
Wehrdienstentzug 18
Wehrkraftzersetzung 17, 26 ff., 81, 171, 206, 213, 226
Wehrmachtauskunftstelle 181
Wehrmachtdisziplinarstrafordnung 51, 107, 116, 276
Wehrmachtgefängnis 59 f., 62, 69, 72, 97, 117 ff., 135, 144, 156, 160, 162,
Wehrmachtgefolge 18, 41 f., 69, 102, 108, 146, 171, 184, 187, 229, 251
Wehrmachtgnadenordnung 52 ff.
Wehrmachthaftanstalten 97 ff., 112
Wehrmachtkommandantur Berlin 37, 53
Wehrmachtstrafanstalten 97 ff.
Wehrmachtstrafvollzugsvorschrift 100 ff., 221
Wehrpsychologie 27
Wehrsold 103, 138, 159
Wehrunwürdigkeit 17, 79 f., 123 f., 128, 202, 221 f., 231, 236, 243
Widersetzung 18, 28
Wilderer 267
Zuchthaus 19, 25, 34, 38 f., 41, 46 ff., 57 f., 60 ff., 65, 68 f., 78 f., 81, 97, 105, 117, 123, 131, 146, 149, 163, 210, 222, 235, 238, 242, 252, 259, 277